KB139850

KNOWLEDGE-INFORMATION-BASED SOCIETY

지식정보사회의 이해와
정보활용 방법

KNOWLEDGE-INFORMATION-BASED SOCIETY

지식정보사회의 이해와
정보활용 방법

유양근 지음

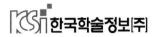

우리는 자원생산적인 측면보다 지식과 정보 등 비물질적 생산이 중요시되는 지식정보사회에서 살고 있다. 지식정보사회에서는 지식과 정보가 중요한 자원이 되고, 이를 통한 가치 생산 및 정보의 재창출을 중요시한다. 지식과 정보가 사회변화와 발전에 원동력이 되는 사회이기 때문이다. 지식정보사회에서는 경쟁이 심화되는 사회이기 때문에 개인적으로나 국가적으로 볼 때 경쟁력 강화는 필수 요건이다. 따라서 학교는 물론, 회사, 관공서, 정부기구 등 모든 영역에서 변화에 대응하는 대응력과 경쟁력을 필요로 하고 있다.

경쟁력은 자주적이고 창의적인 활동이 이루어질 때 가능하다. 자주적이고 창의적인 능력 향상은 정보활동 능력을 기르는 데서 출발해야 한다.

무선인터넷을 비롯한 새로운 통신기술도 급속히 확산되고 있어 정보탐색, 정보이용 등 정보활용 방안은 물론 정보공개, 개인정보 유출과 관련된 사회문제 등 이에 따른 방안도 연구되고 있다. 여러 가지 문제를 안고 있으면서 정보기술은 계속 발달하고 있어 지식정보사회의 변화와 발전은 더욱 가속화되고 있다. 또한 정보기술 발달에 따라 정보혁명 이후 유비쿼터스혁명시대가 도래하고 있다. 유비쿼터스혁명이 도래한 이후 사회는 엄청난 변화가 예상되고 있으며 인간의 삶의 방법이 예전과는 다른 상상할 수 없을 정도로 변화될 것으로 예측하고 있다. 유비쿼터스는 IT 영역의 단순한 기술현상이 아니라 우리 생활 전반에 걸쳐 파급효과가 클 것으로 예상되고 있다. 본서는 이러한 지식정보사회의 특징을 감안하여 우리들이 추구해야 할 일이 무엇인가를 생각해 보고 우선적으로 실천할 일이 무엇인지를 선택하는 데 일조를 가하고자 집필하게 되었다. 지식정보사회를 이해하는 것은 변화와 경쟁이라는 관점에서 대단히 중요하다. 또한 지식정보사회의 특성을 분석하는 것은 지식정보사회의 변화에 어떻게 대응하고 적응할지에 대한 방안을 찾는 데 매우 중요하다. 이러한 관점에서 본서의 제1부에서는 지식정보사회의 이해에 주력하여 설명하였다. 제2부에서는 지식정보사회에서 중요시되는 정보를 수집하고, 분석하고, 정리하고, 활용하는 능력을 향상시키기 위한 방안으로 정보활용 방법을 설명하였다. 제1부에서 다룬 내용은 지식정보사회는 어떤 사회인가, 지식정보의 생성과 유형, 정보기술과 사무자동화, 지식정보사회와 정보통신기술, 유비쿼터스의 이해와 뉴미디어에 관련된 내용을 중점으로 기술하였다. 제2부에서는 지식정보사회에서 도서관의 역할, 정보이용의 도구 인터넷, 컴퓨터 통신 활용 방법, 웹 데이터베이스 구축방법의 내용을 구성하였다.

　본서는 학부학생, 대학원생, 직장인들에게 지식정보사회를 이해하고 정보를 수집하고 활용 방법을 학습하는 데 유용할 것으로 본다. 저자의 생각으로는 21세기 지식정보사회에서는 정보활용 능력 없이는 어디서든지 환영받을 수 없다고 본다. 내용에 따라서는 아직도 수정 보완할 부분이 많을 것으로 생각되며 독자들의 계속적인 관심을 기대한다. 끝으로 본서가 출판될 수 있도록 도움을 주신 한국학술정보(주) 관계자 분들에게 심심한 감사를 드린다.

2009년 2월
연구실에서 유양근

차례

Chapter 04　지식정보의 정보통신기술　/ **113**

Chapter 05　유비쿼터스의 이해와 뉴미디어　/ **143**

Part 2

정보활용 방법

Chapter 01   지식정보사회에서 도서관의 역할 / **194**

Chapter 02   정보이용의 도구 인터넷 / **238**

Part 1

지식정보사회의 이해

지식정보사회는 어떤 사회인가?

 컴퓨터 등 정보통신의 비약적인 발전으로 모든 분야에서 정보화가 이루어진 사회를 정보화 사회 또는 정보사회라고 부르고 있다. 초고속 정보통신망에 의해 세계가 하나로 연결되고, 수많은 정보가 디지털화되고 있는 21세기는 보다 성숙된 고도의 정보사회가 될 것이다. 지식정보화 사회는 21세기 사회의 또 다른 표현이라고 할 수 있다. 고도정보사회가 정보통신의 시설과 이용 측면에서 고도화된 사회라면 지식정보사회는 그 기반 위에서 온갖 정보와 창의적인 지식이 융합되어 기술과 산업을 이끄는 사회를 말한다. 21세기에는 지적 재산이 정보로 가공 · 상품화되어 초고속 정보통신망을 통해 전 세계적으로 유통되고, 산업 분야도 창의적인 지적 재산권이 모든 산업을 견인하며, 사회 또한 지식정보를 중심으로 급격히 이동할 것이다.

 지식정보사회(knowledge information society)는 '지식의 정보화'와 '정보의 지식화'를 기반으로 하는 사회개념으로서 사회 전 부문에 걸친 지식정보화가 구현된다는 의미이다. 지식정보사회에서 지식정보[1]는 개인과 조직에서 의사결정에 차지하는 비중이 대단히 높다. 지식정보사회에서는 지식정보에 의하여 움직이고 평가받는 사회이기 때문이다. 또한 지식정보사회는 지식경제나 지식경영의 형태에서 OECD의 지식기반경제는 무엇보다도 과학기술

---

1) 지식정보는 아날로그형과 디지털형 지식정보로 구분할 수 있다. 아날로그형은 하나의 고정적이며 안정적인 형태를 유지하는 실체로서 존재하는 지식이나 정보를 지칭한다. 이러한 지식정보는 수명이 짧고 재활용이 불가능하다. 반면에 디지털형 지식정보는 실체가 아니라 양식으로서 존재하는 지식정보이다. 이러한 지식정보는 재생산, 확대성, 그리고 자유로운 변형이 가능하다.

이 산업기반과 부가가치 생산에서 더욱 중시된다는 사실에 근거하고 있다. 이러한 인식에 기반을 두어 지식정보사회에서는 교육, 사회, 문화의 발전과 특히 경제성장을 위한 지식의 창출, 확산, 이용을 고도화하고 네트워크화하기 위한 혁신 시스템의 필요성도 강조하고 있다.[2] 피터 드리커(P. Drucker)의 지식경영학에 의하면 지식의 의미 변환을 역사적으로 고찰하면서 기술혁신뿐만 아니라 다양한 사회영역에서 지식의 조직 적용을 중시하였다.[3] 지식을 적용하여 조직 자체의 혁신을 추구하는 경영을 지식경영이라 할 때, 이는 노동에 기초한 생산방식이 아니라 지식에 기초한 생산방식으로서 지식노동과 그 담당자인 지식노동자에게 새로운 의미를 부여한다고 할 것이다. 이러한 관점에서 지식정보사회에서의 관심은 노동 경제적 부가가치를 생산할 수 있는 신기술이나 공학적 지식의 지속적 생산과 아울러 조직이나 개인의 일하는 방식을 혁신하는 것이다. 이로써 경제적 가치를 창출할 수 있는 지식을 생산하는 데 있어서의 지식정보사회 개념을 지식기반경제 (knowledge-based economy) 사회라고 할 수 있다. 과거 산업화의 경제를 노동과 자본 등 물적 생산요소를 근간으로 하는 산업기반경제라고 한다면 오늘날 지식정보사회는 지식·정보·기술과 같은 무형의 자산을 개인과 기업, 산업과 국가의 경쟁력과 부가가치 창출의 원천으로 삼는 지식을 기반으로 하는 경제사회라 할 수 있기 때문이다. 지식과 정보가 인간의 일상생활과 사회관계에서 가치 있는 것으로 인식된 것은 오래되었다. 하지만 지식과 정보가 경제적으로도 중요한 가치 혹은 기업조직의 핵심역량으로 간주되기 시작한 것은 그렇게 오래되지 않았다. 지식과 정보가 최근에 특별히 각광을 받게 된 이유는 정보통신기술의 발전에 의해서 방대한 자료의 체계적 수집, 저장, 검색 활용이 쉬워졌을 뿐 아니라 일반인들의 정보화 능력이 전반적으로 향상되었기 때문이다.

---

2) 김영애, 박양주. 지식정보사회에서의 미래학교 구상(서울: 한국교육학술정보원. 2000. 7) p.11.
3) 피터 드리커(P. Drucker)는 지식기반사회에서 국가와 기업의 흥망성쇠는 '지식'의 존재 여부에 따라 결정된다고, 말하면서 지식의 적용과정을 3가지로 구분하였다. 첫 번째는(1780-1880) 지식이 작업도구, 제조공정 그리고 제품에 적용되어 산업혁명을 일으켰고, 두 번째는(1880-제2차 세계대전) 지식이 작업에 적용되어 생산성 혁명을 일으켰고, 세 번째는(1994년 미국의 제대군인 원호법 통과 이후) 지식이 지식 그 자체에 적용되어 경영혁명을 일으키는 과정으로 설명하고 있다.

지식정보사회에서 커뮤니케이션은 정치, 경제, 사회, 문화는 물론 우리의 의식구조에까지 커다란 변화를 가져오게 하였다. 커뮤니케이션 기술[4]은 다양한 개개의 표류정보(Information Float)[5]들을 체계화하고 정보전달 시간을 더 한층 단축시켜 변화의 속도를 가속시키는 정보사회의 주역이자 총아로 각광받고 있다. 이것은 사회가 항상 유동적으로 변화하고 있다는 사실과 정보관리 및 정보처리기술이 급속하게 발달하고 있는 점을 감안할 때, 지식정보사회의 사회구조의 모습은 산업사회와는 근본적으로 다른 형태로 변화할 것이라는 것은 당연한 논리일 것이다.

지식정보사회의 구조는 주변 환경과는 단절된 채 자기 내부에서만 작용하는 폐쇄체제(closed system)로부터 주변 환경과 서로 영향을 주고받는, 즉 상호작용이 활발히 전개되는 하나의 개방체제(open system)로 변화하고 있다. 이러한 변화는 사회구조의 하부구조 시스템인 행정 시스템뿐만 아니라 도서관이나 정보센터 및 학교, 기업, 국가 공공기관, 사회단체 등에서 운영하는 각종 정보관리 시스템에도 지대한 영향을 주고 있다. 따라서 정보이용과 관련이 깊은 정보관리 시스템의 구축 방향을 우선적으로 생각하여야 한다. 이러한 관점에서 지식정보사회구조의 변화 양상과 하부 시스템의 개혁 방향을 탐색하는 것은 매우 중요하다고 본다.

제1절 지식정보사회의 출현 배경 및 발전 단계

지식정보사회의 출현 논리는 학자들의 관점에서 차이가 있을 수 있으나 대체로 과학기술 이론 또는 정보학 이론에서 찾아볼 수 있다. 특히 위너(N. Wiener)의 인공두뇌학으로 번역되는 사이버네틱스이론(cybernetics)과 샤논(C.

---

4) 혹자는 정보통신기술이 정보혁명을 태동하였다고 하나 필자는 컴퓨터와 정보통신기술이 결합한 커뮤니케이션이 주요인이라고 생각하여 커뮤니케이션으로 표현하였다.
5) 정보사회의 특징 중의 하나는 다양한 종류의 정보가 생산되는 사회이기 때문에 이러한 정보가 집중 관리되기가 어려워 여기저기 흩어져 있는 상태로 남아 있을 수 있다. 이와 같이 정리가 되지 않은 상태의 정보를 표류정보라고 한다.

E. Shannon)의 커뮤니케이션이론이 그 배경으로 소개되고 있다.[6] 지식정보
사회의 출현 배경을 종합하여 설명하면 컴퓨터기술과 정보통신기술의 비약
적인 발전에서 정보와 지식의 광범위한 대량 유통을 가능하게 할 수 있는
데에서 지식정보사회가 출현되었다고 볼 수 있다. 정보가 사회의 중심적 개
념으로 부상하기 위해서는 이러한 기술적 변화가 전제되어야 한다.[7] 그리
고 경제적 여건도 지식정보사회의 출현을 가속화시킨, 즉 정보사회의 도래
에 그것 못지않게 중요한 배경으로 여겨지고 있으며 내적 환경의 변화라
말할 수 있는 사회적 배경도 지식정보화 사회의 직접적 출현 배경이라고
할 수 있다.[8] 따라서 지식정보사회가 등장된 배경의 규명을 위해서는 기술
적 요인뿐만 아니라, 사회적, 경제적 요인들을 분석하여 이들 간의 관계를
살펴볼 필요가 있다.

1. 지식정보사회의 출현 배경

컴퓨터 기술과 고도 정보통신기술의 결합으로 정보기술과 정보이용이 비
약적으로 발전하고 확산된 이후 정치, 경제, 사회, 문화 등 사회 각 부문은
급격한 변화를 초래하였다. 이러한 변화를 다니엘 벨(Daniel Bell)은 후기 산
업사회(post industrial society)라고 말하면서, 정보나 서비스의 생산이 중심
이 되는 산업구조로 변화함에 따라 사회적 경제적 가치가 자본으로부터 정
보로 이행한다고 하였다.[9] 앨빈 토플러(Alvin Toffler)는 이러한 변화를 '제3
의 물결'이라고 하였다. 앨빈 토플러는 '제1의 물결'은 농업혁명을 의미하
고, '제2의 물결'은 산업혁명, 정보사회의 출현 배경을 정보통신혁명이라고
하면서 이를 '제3의 물결'이라고 주장하였다.[10] 이러한 '제3의 물결'은 산

---

6) 최희곤, 지식정보사회의 이해(부산: 한국디지틀도서관포럼, 2006), p.14.
7) 한상완 등, 지식정보사회에서의 정보활용(서울: 한국도서관협회, 2005), pp.125 – 129.
8) 유양근, 정보사회와 정보이용(경기 군포: 한국디지틀도서관포럼, 2000), p.9.
9) Daniel Bell, The Comming Post Industrial Society: A Venture in Social Forecating(N. Y.; Basic
   Books, 1973), p.217.
10) Alvin Toffler, The Third Wave, 유재천 역, 제3의 물결(서울: 학원사, 1985), pp.66 – 82.

업사회가 안고 있는 물질자원과 에너지의 고갈, 자연파괴, 공해 및 환경오염 등의 문제를 해결하고, 풍요롭고 복된 삶을 인류에게 안겨 줄 것으로 기대하고 있다. 이러한 사회적 변화를 감안하여 정보사회의 출현 배경을 좀더 구체적으로 살펴보면, 외적 환경의 변화와 내적 환경의 변화의 두 가지 관점에서 살펴볼 수 있다. 외적 환경의 변화 즉, 경제적 배경과 관련시켜 볼 때 정보사회의 출현은 산업사회가 발생시킨 제반 모순의 해결을 1차적인 배경으로 삼고 있다고 볼 수 있으며, 내적 환경의 변화라 말할 수 있는 사회적 배경으로는 정보욕구의 다양화와 취향에 맞는 정보를 선택하려는 개인욕구의 해결 방법을 2차적 배경으로 들 수 있다. 이러한 경제적 사회적 변화와 컴퓨터와 정보통신 등의 고도 정보기술혁신이 가져온 새로운 사회적 기술 환경의 변화가 정보사회의 직접적인 출현 배경이라 할 수 있다. 정보사회의 출현 배경을 구체적으로 살펴보면 다음과 같다.

1) 기술적 배경

기술적 배경은 1970년대 후반부터 등장한 일련의 기술혁신에 기초하고 있으며 그 핵심적인 요소는 컴퓨터와 정보통신기술이라고 말할 수 있다.

컴퓨터와 정보통신기술의 발달은 지식정보사회를 등장시키고 가속화시키는 데 절대적 영향을 주었다. 이러한 컴퓨터 기술의 발전은 더욱 가속화되어 궁극적으로 인간을 대신할 수 있을 정도의 지능을 갖춘 컴퓨터가 출현할 것으로 본다. 오늘날 컴퓨터 기술은 이미 지능화되고 개인화되고 개방화되고 있다 정보통신기술은 디지털화와 네트워크화를 통해 혁신과 활용이 가속화되고 있다. 디지털기술은 산업사회를 정보화 사회로 이행시킨 핵심기술로 정보 처리와 전달비용을 획기적으로 감소시키고 신속한 확산을 가능하게 하여 정보의 대중화에 기여하였으며, 전자기기에 디지털 기술이 적용되면서 기기의 소형화, 경량화, 저가격화를 성취하였다.[11]

이와 같이 컴퓨터와 정보통신기술의 발달은 여러 가지 문제들을 해결하는

---

11) 서정욱, 지식정보사회에서의 정보통신 역할, 전자공학회지, 제27권, 제1호2000, p.17.

데 사용되기 시작하였다. 칼 도치(Karl Deutsch)는 정보의 과잉 공급(excessive supply)과 인간의 수요(demand)나 소비(consumption)의 한계성을 지적하면서, 정보처리에 대한 우선적 배려(need for priorities)를 요구하였다.[12][13]

컴퓨터 기술의 발전은 정보처리기술을 급성장시켰으며, 정보의 활용을 더욱 가속화시켰을 뿐만 아니라, 기업경영과 행정 분야의 기술혁신을 가져 왔다.[14]

한편, 정보통신 분야에서는 디지털화와 전송 매체의 기술개발에 의해 통신의 신뢰성, 효율성이 증대되었다. 위성통신의 발달은 지리적 제한을 넘어서 지구촌시대를 도래하게 하였다. 뿐만 아니라 컴퓨터와 정보통신의 기술적 결합은 정보통신 방식의 디지털화로 더욱 가속화되었다.

디지털 정보는 음성, 문자, 화상 정보의 복합 정보인 멀티미디어 정보를 대량으로 송수신하고 축적된 자료를 이용할 수 있게 되었으며, 지역정보화 및 사회의 정보화를 가속시키는 데 중심적 역할을 하고 있다.

2) 사회적 배경

지식정보사회에서는 이용자의 지식수준이 고차원되어 정보요구도 다양화되며 개인의 정보요구도 전문가 수준과 별 차이가 없다는 것에 주목할 필요가 있다. 대중매체에 의한 대량적이고 획일적인 정보의 범람에서 벗어나 오늘날의 정보이용자들은 좀 더 자신의 취향에 맞는 정보를 선택하려는 경향을 보여 준다. 또한 각 개인의 개성과 욕구를 만족시킬 수 있는 다품종 소량생산(customized production)의 개념이 등장했다.

산업사회가 고도화됨에 따라 사람들은 대중사회의 특징이었던 획일화·대량화·집권화 그리고 물질추구의 욕구에 점차 염증을 느껴 다양화·개성화·분권화 그리고 정신적 만족을 추구하려는 경향으로 나아가고 있다.[15]

---

12) Karl Deutsch, The Analyain & International Relations(Englewood Cligffs: Prentice Hall, 1968), 참고.
13) 이상철, 국제정보론(서울: 일지사, 1992), pp.78 – 80.
14) 신윤식 외, 정보사회론(서울: 데이콤출판부,1992), pp.28 – 29.
15) 유양근, 정보사회와 정보이용, 전게서, pp.10 – 11.

이와 같이 정보사회가 등장한 사회적 배경으로는 정보욕구의 다양화와 개인욕구의 변화를 들 수 있다. 개인욕구의 변화는 산업사회의 부산물인 TV, 라디오 등으로 대표되는 대중매체에 의한 대량적이고 획일적인 정보의 범람에서 탈피하려고 하는 데에서 시작한다. 사회가 발전하고 생활수준이 높아짐에 따라 정보이용자들은 자신에게 보다 더 필요하고 취향에 맞는 정보를 선택하려는 경향을 보이고 있다. 즉, 이제까지 대중매체가 던져 준 정보의 홍수 속에서 소극적 대중으로 남아 있던 개인들이 적극적이며 개성을 가진 주체로 나아가기 시작한 것이다.[16]

다시 말해 물질의 풍요에 따라 물질추구의 욕구충족에서 벗어나 사회적 욕구, 자아실현의 욕구충족을 꾀하려는 경향이 늘고 있다. 이는 사회가 발달할수록 각 개인의 개성을 중요시하기 때문에 점차로 개성화된 제품을 요구하게 되었다.

3) 경제적 배경

정보통신기술이 산업사회에서 지식사회로의 전개과정에서 주요 수단이긴 하지만 이러한 수단을 촉진시킨 배경은 경제적 맥락에서 이해해야 할 것이다. 인류는 1970년대 두 차례의 석유파동 이후 새로운 대체 에너지의 개발을 서둘러야 했다. 에너지 위기를 해결하기 위해 에너지 소비형 산업구조에서 에너지 절약형 산업구조로의 전환이 모색되었으며 정보를 또 하나의 자원으로 보려는 움직임이 일어났다.[17] 지금까지 진행되어 왔던 산업사회의 구조에서 파생된 대량생산, 대량소비라는 기존의 생산구조로는 다양화, 개성화된 개인의 욕구를 충족할 수 없게 되어 다품종 소량생산의 논리에 따라 소비에 있어서도 다양성이 강조되므로 지식정보사회의 전체적인 윤곽을 구성하는 한 특징으로 간주할 수 있다.

이러한 사회의 경제적 여건의 변화에 따라 물질 에너지와 함께 정보를

---

16) 신윤식 외, 전게서, p.28.
17) 유양근, 전게서 pp.12 - 13.

또 하나의 자원으로 보려는 움직임이 일어났으며, 과학과 기술 분야의 급속한 발달은 지식 및 정보의 중요성을 더욱 부각시켰다. 이러한 움직임은 컴퓨터, 정보통신기술의 발달과 더불어 정보에 대한 관심을 더욱 고조시켰으며, 물질자원과 에너지의 사용을 효율화하여 이에 따른 각종 공해의 발생을 억제하고 자연과 인공의 조화를 도모하려는 노력이 뒤따르게 되었다.[18]

2. 지식정보사회의 발달 단계

인류문명은 수렵과 채취를 생활방식으로 하던 태초에서 오늘날에 이르기까지 농업사회, 산업사회, 정보사회라는 세 가지 사회적 대전환기를 겪으면서 발전해 왔다. 일부 학자들은 산업사회 다음에 정보가 차지하는 중요성을 시사하면서 미국·일본과 같은 선진산업국가들은 지식정보사회에 진입하였다고 주장하고 있다. 한 사회가 지식정보사회로 정착되기 위해서는 정보산업이 농업이나 제조업보다 지배적인 산업이 되어야 한다.[19] 정보사회의 등장에 기여한 대표적 요인으로는 정보수요의 증가, 과학기술의 발달, 커뮤니케이션의 발달, 지식과 정보의 중요성에 대한 사회적 인식, 경제성장과 생활 양태의 변화 등을 들 수 있다.[20]

지식정보사회의 전개는 이와 같이 19세기 말부터 20세기 초까지 사회조직의 변화가 낳은 필요의 정보로부터 시작하여 컴퓨터와 전자공학 기술이 등장하는 20세기 중반부터 새로운 사회조직의 변화를 야기한 원인의 정보로 역조되는 과정을 밟고 있다. 또한 20세기 후반부터 고도화된 정보기술의 등장으로 인하여 새로운 생산체제와 인력구조가 형성되기 시작했고 결국 새로운 산업구조를 창출함으로써 이른바 산업의 정보화를 추진시키는 원동력이 되었다.[21]

---

18) 신윤식 외, 전게서, pp.26 - 27.
19) 차대운, 21세기 정보사회론(서울: 형설출판사, 2002), pp.10 - 16.
20) 한국문헌정보학회, 최신문헌정보학의 이해(서울: 한국도서관협회. 2007) pp.19 - 22.
21) 최희곤, 전게서, pp.128 - 130.

Tapscott & Caston은 정보기술의 패러다임을 정보화 제1기와 정보화 제2기로 분석하고 있다. 정보화 제1기는 정보형태가 데이터, 문자, 음성, 영상의 형태로 분리되어 있고 기존 반도체에 의한 호스트 중심의 체제이다. 정보화 제2기는 마이크로프로세스, 멀티미디어와 망을 중심으로 규정되는 체제이다. Negroponte는 정보사회를 전기정보사회와 후기정보사회로 구분하고 있다.

지식정보사회가 태동하기까지 인류문명사회의 발달사를 간단히 고찰해 보면 다음 [그림 1 – 1]과 같다.[22][23]

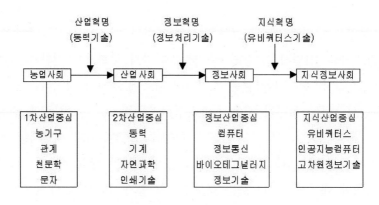

[그림 1 - 1] 사회발달 단계

사회의 발전과정을 위 그림에서 살펴본 것같이 인류문명은 3단계로 구분할 수 있다. 첫번째는 원시사회에서 수렵도구의 기술발달에 의한 농업혁명으로 목축과 농경의 정착 단계로 전환되는 농업사회이다. 두 번째는 농업사회 이후 수십 세기를 경과하여 18세기 중엽 제임스 와트(J. Watt)의 증기기관의 발명을 시초로 동력기술에 의한 산업혁명으로 이루어진 산업사회이다. 세번째는 제2차 세계대전 이후 위너(A. J. Wiener)의 사이버네틱스이론(cybernetics theory)과 샤논(Shannon)의 커뮤니케이션이론[24]을 모태로 태동하게 된 정보과학과 컴퓨터, 통신기술의 발달로 형성된 정보사회로 구분할 수 있

22) 유양근, 전게서, pp.12 – 13.
23) 한국문헌정보학회, 전게서, pp.22 – 23.
24) 이경호,고영만, 정보학(서울: 인쇄마당, 2002) pp.33 – 34.

다. 각국의 발전 정도에 따라 약간의 차이는 있겠으나 일반적으로 논의되는 사회변화의 단계를 표로 나타내면 다음 <표 1－1>과 같이 요약될 수 있다.

〈표 1－1〉 사회의 변천에 따른 사회적 기술의 변화

사회변천	사회요구기술	기술도구
수렵사회	수렵기술	돌도끼, 동화살, 발화살, 언어
농업사회	농경기술	가래, 농경구, 천문학, 문자
산업사회	산업(동력)기술	동력, 증기기관, 산업기계, 자연과학, 인쇄술
정보사회	정보기술	컴퓨터, 위성통신기술, 정보통신 (디지털, 광섬유, 바이오 테크놀로지)

또한 산업사회에서 정보사회로의 이행이 필연적인 역사적 과정으로서 개인의 생활과 국가의 경제발전 정도와 무관하게 우리 모두가 추구해야 할 것이라면 정보사회의 모습을 정확하게 이해할 필요가 있다. 지식정보사회의 발전 단계를 그림으로 나타내면 다음 [그림 1－2]과 같다.

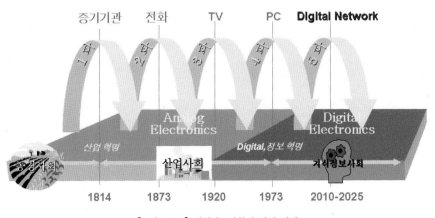

[그림 1－2] 지식정보사회의 발전 단계

정보사회의 특징을 산업사회와 비교해 보면 다음 <표 1－2>와 같다.

<표 1-2> 산업사회와 정보사회의 패러다임

구분	산업사회	정보사회
지역	서유럽, 러시아, 일본	미국
경제부문	제2차 산업: 제조업, 공업, 가공업	제3차 산업: 운송, 레크리에이션 제4차 산업: 무역, 금융, 보험, 부동산 제5차 산업: 보건, 교육, 연구
직업경향	반 숙련 노동자, 기술자	전문직, 기술직, 과학자
기술	에너지	정보
구도	자연에 대한 게임	인간 상호간의 게임
방법	경험주의, 실험	추상적 이론 모델, 시뮬레이션, 결정이론, 시스템 분석
시간적 전망	순응적 대응, 기획	미래지향, 예측
중추원칙	경제성장 위주: 투자결정의 국가적, 사적 통제	이론적 지식 중심화 내지 집약화

<표 1-2>에서 나타난 바와 같이 정보사회의 패러다임의 주요 특성은 다음과 같다.[25]

첫째, 경제적인 측면: 재화중심의 경제로부터 서비스 경제로의 변화 즉, 제1, 2차 산업에서 제3, 4차 산업으로 변화된다.

둘째, 직업적인 측면: 전문 기술직 계층의 우위 즉, 정보기술, 정보관리 및 운영자가 대우받는 사회로 변화된다.

셋째, 기축론적인 측면: 고도로 발달된 정보기술혁신과 이에 따른 전략 및 정책결정이 사회의 기축을 이루며, 특히 합리적이고 시스템적 사고가 중요시되는 이론적 지식이 중심이 되는 사회로 변화된다.

넷째, 미래의 방향성 측면: 기술 관리와 기술평가가 중요시된다.

다섯째, 의사 결정적 측면: 새로운 지적 기술과 창조적 사고가 중요시된다.

제2절 정보사회의 개념과 특성

인간 생활의 모든 영역에서 전자공학적인 정보체계의 압도적인 지배로 특징지어지는 정보사회 또는 지식정보사회로 들어서게 되었다. 그런데 새로

---

25) 전석호. 정보사회론(서울: 나남, 1993), pp.83-84.

운 사회의 특징에 대해서 지식정보화 사회, 지식정보사회, 지식기반사회 등의 용어가 경쟁적으로 사용되고 있다.

지식정보화 사회라는 용어의 기원은 1968년 도쿄에서 개최된 미국과 일본의 미래학자 심포지엄에서 후기산업사회를 가리켜 지식정보화 사회라고 부르자는 일본 측 학자의 제안에 의해 채택되어 세계적으로 통용되기 시작하였다. 일반적으로 지식정보화 사회는 지식정보화가 진행되는 과정을 강조하는 용어이고, 지식정보사회는 지식정보화의 진행이 어느 정도 이루어진 사회를 지칭할 수 있다. 특성적인 차원에서 볼 때 지식정보사회와 정보사회가 구별하기가 쉽지 않을 뿐 아니라 내용적으로 별 차이가 없다고 보기 때문에 본 절에서는 정보사회의 개념에서 지식정보사회의 특성을 찾아보고자 한다.

1. 정보사회의 개념

오늘날 급속한 정보통신기술의 발달로 인한 정보혁명은 단순한 기술의 발전으로 그치지 않고 사회 전반에 걸쳐 커다란 영향을 미치고 있다. 이와 같이 정보통신기술에 의해 선도되고 무형의 정신적 자원인 지식이 발전의 원동력으로 사회적 가치의 증대에 중대한 역할을 하는 사회를 흔히 '지식정보사회'라 명명한다.

지식정보사회(knowledge – information society) 개념은 '지식의 정보화' 또는 '정보의 지식화'를 기반으로 하는 사회개념으로서, 지식의 정보화와 정보의 지식화를 통해 사회 전 부문에 걸친 지식정보화가 구현되는 것을 말한다. 지식정보사회라는 말은 영문표기에서도 알 수 있듯이 지식과 정보가 사회의 모든 분야에서 지배적(dominating)인 사회를 의미하며,[26] 이는 사회를 유지 발전시키는 데 있어서 다른 어떤 요소보다도 가치의 비중이 사회적으로 크다는 의미이다. 지식정보사회의 개념을 최초로 논한 학자는 1962년 미국의 경제학자 프리츠 마흐럽(Fritz Machlup)이 미국 GNP에 대한 정

---

26) 최진석, 한국정보사회론(서울: 기한재, 1997), pp.142 – 144.

보활동의 공헌도를 분석하면서 주장한 지식경제(knowledge economy)의 개념에서 출발하였다.[27][28] 또한 정보사회라는 명칭은 1960년대 우메사오 타다오(梅棹忠夫), 하야시 유지로(林雄二郎) 등과 같은 일단의 일본 학자들이 명명한 것으로 알려지고 있다. 우메사오 타다오는 사회 진화의 정도가 농업, 물질 산업, 정신 산업의 구성 비율에 따라 결정되며 발달된 사회일수록 정신 산업의 비중이 확대된다는 논리를 전개하였으며, 하야시 유지로는 이러한 사회를 정보사회라고 하였다. 한편 마스나 요네지(增田米二)는 1981년 다니엘 벨이 사용한 후기 산업사회라는 용어가 모호하다고 하면서 정보사회라는 용어로 대체하였다.

이와 같이 미국 학자들의 개념이 대개 경제구조적인 측면에 초점을 맞춘 반면, 일본 학자의 경우는 경제 분야를 포함하여 기술, 정치, 사회, 문화 등 사회구조의 변동을 전반적으로 포괄하고 있다는 것이 차이점이다.[29]

정보사회의 개념은 이와 같이 사회적으로 많은 관심을 끌게 되었는데, 오늘날에도 통일된 하나의 개념이라기보다는 학자들의 시각에 따라 조금씩 의미가 변하는 다의적 개념으로 발전하고 있는 추세이다. 또한 정보사회의 여러 가지 특징 중에서 어느 부문을 강조하느냐에 따라 그 해석에 차이가 나타나고 있다. 오브라이언(Rita Cruise O'Brien)은 정보사회의 특성을 경제활동 영역의 변화로 설명하여 "정보사회는 경제활동의 영역이 상품의 제조에서 정보와 지식을 제조하는 영역으로 이동하고, 전문화된 정보와 새로운 테크놀로지의 효율적 이용에 관한 분야가 각광을 받는 사회"라고 하였다.[30] 한편, 다니엘 벨은 정보사회를 후기 산업사회라고 명명하면서 "이 사회는 정보와 지식이 사회적, 경제적 교환수단으로서 중요한 역할을 하는 사회"라고 말함으로써 정보가 사회에서 갖는 의미변화를 중요시하였다. 다니엘 벨은 이 사회의 특징으로 서비스 산업사회, 전문기술직 종사자의 지배적 현상, 지식사회의 대두, 기술의 자기 유지적 경향, 이론적 집중화 현상 등을 들었

---

27) 신윤식 외, 정보사회론, 전게서, pp.29 - 30.
28) 최진석, 한국정보사회론, 전게서, p.142.
29) 신윤식, 정보통신정책론(서울: 범일사, 1990), pp.17 - 19.
30) Frank Webster, Theories of the Infomation, 조동기 역, 정보사회이론(서울: 나남, 2007), pp46 - 49.

다.[31] 앨빈 토플러는 다가올 새 문명은 제2의 물결의 특징인 규격화(Standardization), 동시화(Synchronization), 중앙집권화(Centralization)라는 산업사회의 제약을 뛰어넘어 에너지, 부, 권력의 집중화를 극복하는 길을 열어 줄 것으로 예견하였다. 또한 존 네이스비트(John Naisbitt)도 인류는 앞으로 사회구성원 개개인의 의식발달에 보다 중점이 주어지는 탈공업사회에서 살게 될 것이라고 내다보았다. 네이스비트의 기본적인 문제의식은 산업사회의 역작용에 대한 반성으로 과학기술의 발전에 따른 사회체계의 이행을 '대변혁(Megatrends)'으로 규정하고 있다. 찰스 존셔(Charles Johnscher)는 「정보자원과 경제적 생산성」이라는 논문에서 정보에 대한 경제적 가치를 측정하였다. 즉, 경제를 정보부문과 생산부문으로 나누었는데, 이 정보부문은 정보의 생산, 처리, 분배 등의 모든 과정으로 구성되어 있는 것으로 보았다. 존셔는 실제로 미국 내에서의 생산부문에 대한 정보부문의 파급효과를 양적으로 측정한 바 있다.

또한 일본의 이토 유이치(伊藤祐義)는 정보사회를 정보의 저장과 분배에 관계되는 테크놀로지에 중점을 두어 설명하였다. 즉, "정보사회란 풍부한 정보를 저장, 유통시킬 수 있으며 정보의 분배와 변형이 신속하고 효율적이며 사회의 모든 구성원이 값싸게 정보에 접근할 수 있는 사회"로 정의하였다.[32] 다음 <표 1-3>은 정보사회를 규명하는 신조어들을 정리한 것이다.

31) Danial Bell, The comming Post Insdustrial, 전게서, p.217.
32) 노규형, 정보문화 운동의 전개방향에 관한 연구(서울: 통신개발연구원, 1988), pp.5 - 7.

<표 1-3> 정보사회를 표현하는 제 용어

인명	정보사회를 표현하는 제 용어
노라(Simon Nora) & 맹끄(Alain Minc)	텔레마띠끄(telematique): telecommunication + information
웨팅거(A. Otinger)	커뮤니케이션(communication): computer + communication
리흐다임(George Lichtheim)	탈부르주아(post-bourgeois)
다렌돌프(Ralf Darendorf)	탈자본주의(post-capitalist)
에치오니(Amitai Etioni)	탈근대(post-modern)
보울딩(Kenneta Boulding)	후기문명(post-civilized)
칸(Herman Kahn)	후기경제(post-economic)
알스트롬(Sidney Ahlstrom)	탈프로테스탄트(post-protestant)
퓨어(Lewis Feuer)	탈이념(post-ideologocal)
사이덴베르그(Roderich Sidenberg)	후기역사(post-historic)
바넷(Richard Barnet)	탈석유(post-petroleum)
브레제진스키(Brezezinsti)	전자기술사회(technetronic age)
칸(H. Kahn) & 위너(A. J. Wiener)	탈대량소비사회(post-mass consumption society)

정보사회의 개념은 이와 같이 학자들의 관점에 따라 여러 가지로 정의되고 있다. 정보사회에 대한 정의에 대하여 다양한 논의들이 많이 있지만 대체로 다음과 같은 요소들이 공통적으로 강조되고 있다.

첫째, 정보의 사회적 중요성이 증대된다.
둘째, 정보처리와 통신의 결합인 정보통신 또는 뉴테크놀로지의 발전이 강조된다.
셋째, 정보의 중요성 증대 및 정보통신의 발전에 따라 사회경제체제의 변화가 초래된다.

이상에서 볼 때, 정보사회란 사회경제활동의 중심이 재화의 생산에서 서비스나 정보, 지식의 생산으로 옮겨지는 사회라고 정의할 수 있겠다.

2. 정보사회의 구분

또한 이러한 정보사회의 출현은 컴퓨터 시대가 등장하면서 시작되었다고 볼 수 있기 때문에 컴퓨터 시대를 기준으로 정보사회를 구분하면 다음 <표 1-4>와 같이 4단계로 구분할 수 있다.

〈표 1-4〉 단계별 정보사회의 분류

구분 \ 단계	제1단계	제2단계	제3단계	제4단계
년도	1950년대 말	80년대	90년대	현재
시대	메인 프레임 시대	PC시대	네트워크 시대	유비쿼터스 (Ubiquitous) 컴퓨팅 시대
특징	하나의 컴퓨터에 수십에서 수천 명이 공유하던 시대	사람과 컴퓨터가 1대1 대응하여 사용하는 시대	네트워크를 통해 1인이 다수의 컴퓨터에 대응하여 사용하는 시대	컴퓨터를 시간과 공간의 제약 없이 사용할 수 있으며 컴퓨터가 인간의 전문 업무를 대행하는 인공지능 시대

또한 정보사회의 시작 단계를 제1기 정보화 사회라고 한다면 발전 진행 단계를 제2기 정보화 사회라 할 수 있다. 정보사회의 구분과 제2기 정보사회의 구조는 [그림 1-3]과 같이 설명될 수 있다.

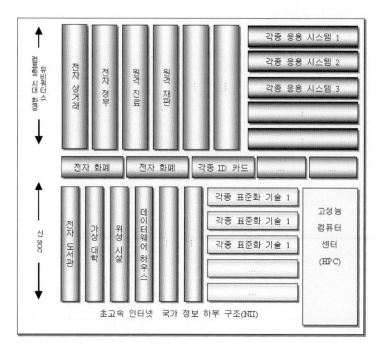

[그림 1-3] 제2기 정보사회구조

제3절 지식정보사회의 특징

　지식정보사회는 정보와 지식의 중요성이 사회에 전반적으로 자리 잡으며, 그 필요성이 인지되어 사회의 원동력이 되는 사회를 의미한다. 컴퓨터기술, 정보생산력, 컴퓨터와 네트워크 운영능력, 정보처리 및 활용 능력이 수송설비나 에너지설비보다 더 중요한 자원으로 인식되는 사회이다. 지식정보사회는 다극화, 다원화된 기능적 사회이며 분권적이고 네트워크적인 사회이다.[33]

　지식정보화 사회는 창의성과 다양성을 요구하는 지식기반사회로서 다음[34]과 같은 특징을 가지고 있다.

---

33) 한상완, 전게서, p.146.
34) 최희곤, 전게서, pp.143-144.

첫째, 정보기술(Information Technology)의 폭발적 발달을 들 수 있다. 정보기술이란 정보의 수집·축적·처리·검색·전송 등 정보유통의 모든 과정에서 사용되는 기술수단을 총칭하는 개념이다.

둘째, 컴퓨니케이션(Compunication)의 등장이다. 컴퓨터·텔레커뮤니케이션·텔레프로세싱(Teleprocessing)이 혼합된 형태라고 볼 수 있다. 즉, 정보기술에 힘입어 정보의 생산 및 축적 단계를 거쳐 정보의 분배기능을 망라한 거대한 정보교환 채널이 형성되었다는 것을 의미한다.

셋째, 새로운 기반구조(Infrastructure)의 등장이다. 최초의 기반구조는 사람과 재화를 이동케 한 수송부분이었고, 제2의 기반구조는 동력의 전달을 위한 에너지 설비였다. 제3의 기반구조는 정보량의 폭발과 인간 간의 사회적·심리적 상호관계의 확대에 관련된 매체로서의 통신수단이다.

이와 같은 특징을 가지는 지식정보사회는 기존의 사회구조의 필연적 변화를 일으켰으며, 앞으로도 계속적으로 변화를 일으킬 것이다. 즉, 지식정보사회란 정보의 유통량이 팽창하고, 정보통신기술이 급격히 발달함에 따라 정보에 대한 접근이 용이해지며, 정보의 처리, 전달이 효율적으로 이루어지고, 정보의 사회경제적 가치가 높게 부여되는 사회가 될 것이다.[35]

학자들의 입장에 따라 지식정보사회의 특징을 다양하게 정의할 수 있지만 특성을 좀 더 구체적으로 정리하면 다음과 같다.

첫째, 자원의 중요성이 바뀌어 지식사회에서 가장 중요한 1차적 자원은 인간의 내면 자원이다. 창의력, 상상력, 문제해결력, 비판적 사고력, 실천적 지식습득 등의 고등사고 기능의 신장에 중점을 두는 교육을 필요로 하고 창의적인 인재양성을 위해 개인의 소질과 적성, 잠재력 등을 존중하는 사회이다.

둘째, 정보와 지식의 배분과 함께 책임이 분담되는 새로운 민주주의가 요구된다. 평생 동안 지식을 학습하고, 공유하며, 전파하고 공급하는 사회이다.

셋째, 지리적 경계의 모호화와 더불어 학문 영역 간의 경계도 모호화되고, 공공부문과 민간 부분 간에도 경계가 모호화되어 끊임없는 상호작용과 이합집산이 발생한다.

넷째, 지식의 생명주기가 빨라지고, 지식이 폭발적으로 증가하여 혁신이 이

---

35) 한상완, 전게서, p.147.

루어진다. 시간적으로 빠르게 변화가 일어나기 때문에 과거의 모든 것이 순식간에 달라진다. 즉, 지식정보화 사회는 변화의 가속성을 특징한다.

다섯째, 네트워크 시스템 환경을 중심으로 지식과 정보가 팽창하게 되어 과학기술의 발달을 촉진시키고, 이는 지식과 정보를 저장하고 전달하는 첨단 정보통신기술을 현저하게 발달시키게 된다. 또한 독립적인 시스템들의 협력체제에 의해서 정보의 분산처리가 가능한 다원화·수평화된 사회로서 개인들은 조직의 구성원이라는 정체성을 상실하게 된다.

여섯째, 정보통신기술의 발달과 활용으로 새로운 지식을 생산해 인간의 창의성과 자아실현을 동시에 극대화시키고, 정보통신 매체가 필요한 사람에게 항상 제공될 수 있게 열려 있어야 하고, 정보가 기하급수적으로 증가하기 때문에 정보와 지식의 습득으로 필요한 지식을 쉽게 활용할 수 있게 되어 노동 생산성이 향상되는 사회이다.

지식정보시대에는 정보통신기술(ICT: Information & Communication Technology)을 기반으로 하며, 정보통신기술을 바탕으로 네트워크를 형성하고 이를 활용한 정보와 지식의 소유 및 교환, 공유가 이루어진다. 창의력과 혁신적 사고를 바탕으로 지식을 새롭게 재창조해 나가는 사회구성원이 핵심인력으로 존중받게 되며, 끊임없이 새로운 것을 받아들이고 변화하지 않으면 도태되는 특성을 가진다.

일반적으로 정보사회는 각종 기술의 발전으로 정보가 과잉 공급되는 정보홍수(information flood) 시대, 정보기술(information technology)의 혁명시대, 정보의 가치가 높은 사회로서 정보가 곧 국력, 또는 힘의 시대라고 말하고 있다.[36] 정보사회는 어떤 사회인가? 정보사회의 특성을 조명해 봄으로써 정보사회의 모습을 알 수 있을 것이다. 그러나 정보사회의 특성은 학자들의 관점에 따라 차이가 있다. 또한 정보사회를 논할 때 장점을 부각하여 논할 수도 있고 부작용의 관점에서도 그 특징을 논할 수 있다. 본 장에서는 미래학자이며 우리에게 익숙한 앨빈 토플러, 네이스비트, 다니엘 벨이 주장한 내용에서 특징을 찾아보고, 정보사회에서 발생하고 있는 순기능과 역기능의 관점에서 특징을 살펴보고자 한다.

---

36) 이상철, 국제정보론, 전게서, pp.78-84.

1. 학자들의 관점에서 본 특성

점과 점을 연결하면 선이 되고, 선과 선이 연결되면 면을 이루며, 면과 면이 만나면 입체, 즉 공간이 생겨난다. 점이 컴퓨터 안에 디지털 형태로 저장된 개개의 정보라 했을 때, 네트워크는 개개의 컴퓨터 간 정보가 서로 교환되는 선에 해당한다. 컴퓨터와 컴퓨터가 네트워크로 연결되고 네트워크와 네트워크가 전 지구적으로 연결되자 새로운 입체, 새로운 공간이 생겨났다. 사이버스페이스가 바로 그곳이다. 우리말로는 종종 '가상'의 '실재하지 않는'으로 번역되는 사이버(Cyber)라는 말은 수학자였던 노버트 위너가 자신이 창안해 낸 메시지의 소통과 통제 이론을 지칭하기 위해 '사이버네틱스'라는 용어를 만들어 내면서 처음 등장한 개념으로, 원래의 어원은 그리스어로 배의 조타장치를 뜻하는 'kyber'에서 유래됐다. 이후 윌리엄 깁슨이 1984년 '뉴로맨서'라는 소설에서 가상현실이 구현된 컴퓨터 네트워크의 세계를 '사이버스페이스'라는 용어로 사용했다. 사이버스페이스는 컴퓨터 네트워크로 연결된 정보화 사회에 등장한 새로운 커뮤니케이션 공간이다. 사이버스페이스가 현실로 다가오게 된 데에는 개인용 컴퓨터의 보급과 소유, 초고속 통신망의 연결이 크게 작용했다. 이제 사이버스페이스에서 책을 사고 시장을 보며 인터넷뱅킹으로 은행 업무를 본다. 온라인 게임을 하거나 영화를 보기도 한다. 온라인 뉴스를 실시간으로 접하면서 온라인 시위를 하거나 정치적 활동에 참여하기도 한다. 사이버 교육을 통해 누구나 쉽게 공부할 수 있다. 무엇보다도 현실세계에서 개개인을 규정하던 제약에서 벗어나 다양한 사람들과 공동체를 형성할 수 있는 기회를 얻기도 한다. 사이버스페이스는 친숙한 제2의 생활공간이 되고 있다.

다니엘 벨(D. Bell), 앨빈 토플러(E. Toffler), 존 네이스비츠(J. Naisbitt) 등 제1세대 정보화론자들이 정보사회를 이야기하던 70~80년대만 해도 사이버는 이들에게 주목할 만한 골의 대상은 아니었다. 이들의 중심적인 관심사는 놀라운 속도로 발전하고 있는 정보통신기술이 사회구조와 사람들의 일상생

활에 미치는 영향력을 전망하고 물적 자본이 아닌 정보와 지식 등 무형의
지적 자원을 중심으로 한 새로운 문명(이른바 정보사회)의 도래를 예측하는
것이었다.

1) 앨빈 토플러의 견해

앨빈 토플러는 공업화 사회를 대량생산사회로 보고 공업화 사회를 규격
화, 전문화, 동시화, 집중화, 극대화, 집권화 현상의 특징을 갖고 있는 사회
라 규정하였다. 반면에 정보사회는 디매시피케이션(demassification), 즉 탈대
량화 현상이 발생하고, 뿐만 아니라 탈공업화 사회를 말하면서 탈규격화,
탈전문화, 탈동시화, 탈집중화, 탈극대화, 탈집권화 현상이 뚜렷한 사회로
규명하고 있다. 또한 앨빈 토플러는 다음 [그림 1-4]에서 보여 주는 바와
같이 농업사회를 제1물결로 3000년이 걸렸으며 제2물결을 300년 동안 산
업사회가 유지되었으나 제3의물결인 정보사회는 50년이 걸린다고 하여 지
식정보사회로 갈수록 사회 곳곳의 변화 속도가 빠름을 제기하고 있다.

[그림 1-4] 앨빈 토플러가 주창하는 사회변화 속도

앨빈 토플러가 주창하는 정보사회의 특징은 다음과 같이 설명될 수 있다.

■ 다품종 소량생산을 추구하는 다양성이 형성되는 사회

「제3의 물결」을 통해 앨빈 토플러가 밝히고 있는 정보사회는 곧 시계열적으로는 공업화 사회, 즉 대량생산사회에 이어 나타나는 사회로서 탈대량화 현상이 두드러진다는 특성을 갖고 있는 사회이다. 즉 경제, 사회, 문화 전반에 걸쳐 다양성이 형성되고 종래의 획일적 정보수요 및 유통이 개별적, 선천적으로 형성, 유통되는 성향을 가진 사회라는 것이다. 이 같은 시각 뒤에는 기존의 획일적 대량생산의 부정적 측면을 인정하고 이를 극복하는 사회의 유형으로 보고 있다. 따라서 정보사회는 다양한 요구가 분출되는 사회이므로 이러한 요구를 충족시키려면 다양한 정보를 제공할 수 있는 사회적 환경이 조성되어야 한다. 정보사회가 되면 국민의 물질적 욕구는 어느 정도 충족되므로 이제는 정신 및 심리적 욕구가 중요하게 된다. 이러한 욕구는 사람의 개성에 따라 다르고, 시대와 지역 및 주변 환경에 따라 다르다. 따라서 산업생산도 종래의 소품종 대량생산에서 다품종 소량생산으로 변하게 된다.[37] 그리고 소득증대에 따라 소비의 성향이 다양해지고, 상품의 가치도 저렴한 가격보다는 질 중심으로 변하게 된다. 이에 따라 정보도 종래의 획일적 수요에서 개별적, 선택적 수요로 전환된다. 경제활동의 국제화 증가로 다양한 정보를 필요로 하게 되는 등 다양한 사회, 정보의 경제적 수요에 따라 정보화도 진전된다.

■ 권력의 구조가 변화되고 지식의 역할이 증대되는 사회

앨빈 토플러는 그의 저서 『권력이동』에서 정보사회에서는 "권력이 단순히 개인·기업·국가에서 다른 곳으로 이동하는 차원이 아닌 권력의 본질 자체가 변화하며, 그 궁극적 수단으로서 지식의 역할이 증대되고 있다."고 하였다. 따라서 물질이 기반이 되는 공업사회의 권력구조뿐만 아니라 지식이 재분배됨에 따라 지식이 기초하는 권력 역시 재분배된다고 하였다. 또한 앨빈 토플러는 권력의 원천을 폭력, 부, 지식으로 간주하고, 폭력은 저품질 권력(low-quality power)이며, 부는 중품질 권력(medium quality power)을

---

37) Alvin Toffler, The Third wave, 전게서, pp.50-52.

창조하지만, 고품질 권력(high-quality power)은 지식의 적용에서 나온다고 하였다. 현재 이 새로운 지식경제(knowledge economy)의 확산은 실제로 사회의 중심적 세력이 되어 개인적 사회적 영역의 권력관계에 커다란 영향을 주고 있다. 결과적으로 정치, 경제, 사회 전반에 걸친 권력구조는 소수의 중앙조직이 지배하는 권력 집중적 위계체제에서 다차원적인 모자이크형 분산체제로 형성된다. 다시 말하면 현재 세계는 국제화와 세계화라는 이름으로 신자유주의 물결로 가속화하고 있는 상태이다. 이러한 물결 속에서 모든 사회에서 타인의 의지를 움직일 수 있는 힘이라는 권력이라는 것이 변해 가고 그에 따라 사회 전체에 미치는 영향력 또한 변화해 가고 있다. 이러한 현실 속에서 권력이동의 작용을 살펴보고 이것의 이해를 통해 미래를 준비해야 할 필요성이 있다. 또한 권력이라는 것이 오직 경제사회에서의 힘으로 작용할 뿐만 아니라 정치를 비롯한 사회 전반에 지대한 영향을 끼치는 'POWER'라는 점에 주목할 필요가 있다.

① 권력이동의 의미

우리는 지금 세계를 결집시켰던 권력구조 전체가 붕괴되는 시기에 살고 있다. 지금 근본적으로 다른 권력구조가 형성되고 있다. 지금이 '권력이동 시대'의 시초이기 때문이다. 여기서 권력의 이동(power shift)은 단순한 권력의 이동을 뜻한다. 그리고 '권력이동(power shift)'은 토플러가 강조하는 핵심적 의미로 단순한 권력의 이전이 아닌 권력의 본질 자체의 심층적인 변화를 의미한다. 그리고 이것은 인간사회의 모든 차원에서 일어나고 있다. 그러나 지식에서의 변화가 엄청난 권력이동을 일으키거나 이에 기여하고 있다는 것에는 훨씬 더 큰 의미가 있다. 우리 생애의 가장 중요한 경제적 사태발전은 근육노동이 아닌 정신에 기초하여 부를 창출하는 새로운 체제가 등장했다는 데 있다. 이 새로운 지식경제(knowledge economy)의 확산은 지금 실제로 폭발적인 새로운 세력이 되어 선진국 경제들을 혹독한 세계경쟁으로 내몰고, 사회주의 국가들을 절망적인 퇴행에 직면케 하고, 수많은 개발도상국으로 하여금 전통적인 경제 전략을 폐기하도록 강요해 왔으며,

또한 지금 개인적·사회적 영역에서 권력관계를 크게 혼란시키고 있다.

② 권력·돈 그리고 정신

공작기계가 여러 대의 기계를 만들 수 있는 것처럼 물리력·부·지식도 적절히 사용하면 그 밖의 보다 다양한 여러 가지 권력의 원천을 장악할 수 있다. 결국 어떤 지배 엘리트가, 또는 사적인 관계에서 개개인이 어떠한 권력의 수단을 활용하건 간에 물리력·부·지식이 궁극적인 지렛대가 된다. 이 세 가지가 권력의 3요소를 이룬다. 폭력 또는 동물적인 힘이 갖는 가장 중요한 약점은 그 완전한 비융통성에 있다. 폭력은 응징을 위해서만 사용할 수 있다. 요컨대 폭력은 저품질 권력(low–quality power)이다. 이에 반해 부(富)는 훨씬 더 우량한 권력의 수단이다. 부는 단지 협박하거나 처벌을 내리는 대신 정교하게 등급을 매긴 현물의 보상–보수와 뇌물 또는 현금을 제공해 준다. 부는 긍정적 또는 부정적인 두 가지 방법으로 사용할 수 있다. 그러므로 부는 물리력보다 훨씬 더 융통성이 있다. 부는 중품질 권력(medium–quality power)을 만들어 낸다.

앨빈 토플러가 제시하고 있는 정보사회 권력이동의 속성을 요약하면 다음과 같다.[38]

첫째, 새로운 부의 창출체제는 데이터·정보 및 지식의 교환에 보다 더 의존한다. 지식정보의 교환 없이는 새로운 부가 창출되지 못한다.
둘째, 대량생산을 탈피하여 탄력적 주문생산, 즉 탈대량화 생산으로 나아간다. 새로운 고도정보기술에 의한 다양한 제품, 주문화 제품을 대량생산 비용에 근접한 원가로 단기간에 생산할 수 있다.
셋째, 종전의 생산요소인 토지, 노동, 원료 및 자본은 그 중요성이 감소하고 기호화된 지식정보가 이를 대체한다.
넷째, 전자적 정보의 경제적 가치가 높아진다.
다섯째, 재화 및 서비스는 모듈화하여 표준의 증식과 끊임없는 수정이 요구되는 시스템을 구성한다. 이로 인해 표준의 기초가 되는 정보를 장악하기 위한 경쟁이 일어난다.

---

38) Alvin Toffler, The Third wave, 유재천 역, 제3의 물결(서울: 학원사, 1985), pp.66–90.

여섯째, 종전의 관료체제는 탈대량화한 소규모의 작업단위체제로 변하고 복잡해지는 기업협력체와 컨소시엄에 의해 대체된다. 또한 종전의 계층적 관료체제는 의사결정을 신속히 하기 위해 수평체제로 변화되거나 폐지되며 흐름이 자유로운 정보체제로 대체된다.

일곱째, 조직단위가 다양해지고 정보가 다량 생성되고 축적 전달된다.

여덟째, 근로자의 상호교환성이 줄어들며 산업노동자가 소유하는 생산수단이 줄어들고 강력한 부의 증식도구는 근로자의 머릿속에 들어 있는 정보가 된다.

아홉째, 사회의 새로운 주역은 블루칼라 근로자나 관리자 및 자본가가 아니며, 창의적 지식정보를 갖고 이를 활용하는 사람이다.

열째, 과학적이고 시스템적인 사고와 컴퓨터 정보처리 능력이 우수한 자가 대우를 받는다.

열한째, 산업혁명에 의해 분리되었던 생산자와 소비자가 부의 창출 사이클에서 재결합하여 구매자와 공급자가 정보 및 지식을 공유하게 되어 시공간에 관계없이 소비자와 생산자가 '생산소비자'로 융합된다.

열둘째, 새로운 부의 창출체제는 지역적이며, 또한 세계적이다.

2) 다니엘 벨의 견해

다니엘 벨은 미국이 탈산업사회라고 하는 새로운 체계로 이어지는 경로를 따라 세계를 이끌어 간다고 하였다. 그는 탈산업사회의 발전이 불가피한 역사의 산물이라고 간접적으로 주장하였다.[39] 먼저 지식이나 정보를 중심으로 새롭게 구성되는 인간사회의 개념을 정립한 후, 후기 산업사회와 산업사회의 차이를 다음과 같이 5가지로 분류했다.

- 경제부문: 상품생산 경제에서 서비스 경제로의 전환
- 직업부문: 전문직·기술직 계층의 우위
- 기본원리: 혁신과 사회적 정책결정의 원천으로서의 이론적 지식
- 미래지향: 기술의 통제와 기술적 변화
- 의사결정: 새로운 지적 기술의 창조

---

39) 프랭크프르트. 조동기 옮김, 정보사회론(서울: 나남, 2007) p.87.

〈표 1-5〉 산업사회와 정보사회의 비교

양식	산업화 이전 시대	산업시대	후기산업시대
생산양식	추출	제작	프로세싱과 사이클링
산업구분	1차산업(농업, 광산업, 어업, 목재, 석유, 가스	2차 산업(생산제품, 내구제, 비내구제, 대형건설)	3차 산업(운송, 효용재) 4차 산업(무역, 금융, 보험, 동산) 5차 산업(건강, 연구, 레크리에이션, 교육, 정보)
동력원	천연동력: 사람, 물, 동물과 사람의 근력	만들어진 동력: 전기, 석유, 가스, 석탄, 원자력	정보: 컴퓨터 및 자료 전송 구조
전략적 자원	원재료	금융자본	정보: 컴퓨터 및 자료 전송 구조
기술	기능	기계 기술	지식
기술적 기초	장인, 농부, 수공업자	기술자, 반숙련 노동자	과학자, 기술자 전문직업인
방법론	상식, 실험과 실수, 경험	경험주의, 실험주의	추상적 이론: 모델, 시뮬레이션, 의사결정 이론, 체계분석
시간관념	과거지향적	임기응변적 적응, 실험주의	미래지향적: 예측과 계획
기획	자연에 대한 게임	제작된 자연에 대한 게임	사람들 사이의 게임
기본원칙	전통주의	경제성장	이론적 지식의 코드화

이 가운데 다니엘 벨이 가장 중점을 두는 것은 <표 1-5>에 나타난 바와 같이 상품생산 경제에서 서비스 경제로의 변화 및 이에 수반해서 발생하는 기존의 계급관계의 쇠퇴와 전문 기술 집단의 대두이다.

이상에서 살펴본 바와 같이 정보사회에서는 정보가 물질자원이나 에너지보다 더 큰 가치를 가지고 경제, 사회 발전의 중추적 역할을 담당하게 된다. 정보사회는 산업사회에서 형성된 사회구조를 새로운 형태로 변화하게 된다. 즉, 컴퓨터와 정보통신의 발전으로 새로운 정보유통 구조와 문화가 형성되고 있으며, 따라서 이러한 정보사회에 부응하는 제반 사회조직 및 제도의 재편성이 시급히 요구된다.

3) 존 네이스비트의 견해

존 네이스비트는 정보사회에서는 가치가 노동에 의해 증가되는 것이 아니라 지식에 의해 증대된다고 하였으며 마르크스의 노동가치설은 지식가치

설로 대체되어야 한다고 주장하였다. 특히 존 네이스비트는 앨빈 토플러와 더불어 정보사회를 탈대량화 사회라고 하면서 낙관론을 펴고 있다. 이들은 산업사회의 발전에 수반될 비인간화, 자연파괴 및 환경오염의 역기능에 대한 반성으로 인간 개개인의 욕구가 중시되고 생태적 균형을 유지할 수 있는 사회발전 방향을 추구하게 되었으며, 이러한 변화를 존 네이스비트는 '대변화(megatren-ds)'로 규정지었다. 존 네이스비트는 사회가 지속적으로 변화하고 있다는 것을 전제로 하여 오늘날 우리는 시대적 변동의 혼란을 경험하고 있으며 많은 불확실성을 내포하고 있는 사회에서 살고 있다고 하면서 다음과 같은 10가지의 추세로 변화 이동되고 있다고 하였다.[40]

① 정보의 역할이 증대되는 정보사회

정보사회는 정보의 생산과 분배에 기초를 둔 사회를 말하며 이러한 정보사회는 정보의 가치가 노동과 자본의 가치만큼이나 중요한 역할을 하는 사회로서 정도와 느낌의 차이는 있겠지만 정보의 역할이 증대되는 사회의 특징을 가지고 있다.

② 인위적 기술사회에서 고도기술사회

인간의 반응이 수반되는 새로운 기술, 즉 하이테크/하이터치의 두 가지 방향으로 사회는 움직이고 있다. 스피드 면에서 도저히 그 속도를 조절하거나 통제하기 힘든 상태로 기술이 고도로 발달하고 있으며, 이러한 기술은 인간의 기능과 유사한 속성을 가지며 그에 따른 영향을 즉각적으로 인간이 받으며 살게 된다.

③ 국가 경제체제에서 세계 경제체제의 사회

고립적이고 자족적인 국가 경제체제를 벗어나 세계 경제체제의 일환으로 존재함을 인정해야 한다는 것이다. 이른바 세계의 모습은 경제적으로 완전한 고립, 독립을 허용치 않으며 세계시장의 차원에서 시장의 논리와 규칙을 형성하여 적용해 간다.

---

40) John Naisbatt, Megatrend(New York: Waemer Book, 1982), 참고.

④ 단기정책에서 장기정책의 사회

단기적 대안으로서의 정책사회에서 장기적 비전정책을 수행하는 사회로 재편되고 있다. 즉, 이제는 단기적 처방으로는 어떤 사회적·경제적 문제도 해결될 수 없으며 장기적 측면에서 해결책을 찾지 않으면 안 되는 상황이 전개되고 있다는 것이다.

⑤ 중앙집권체제에서 지방분권체제의 사회

소규모 기구, 하부 기구 등이 변혁적으로 활동하고 훌륭한 성과를 가져오는 상향식 사회로 진입하고 있다. 분권화가 중앙집권체제보다 오히려 효과적인 양상을 띠게 되었다는 것이다. 이는 사회가 보다 다원화되고 복잡하게 되어 단순한 집권체제로는 효율성을 보장받을 수 없게 되었다는 것이다.

⑥ 제도적 복지사회에서 자조사회

우리 생활의 모든 분야는 제도적 보호대상에서 자조·자력의 방향으로 진전되고 있다. 즉, 필요한 조치를 스스로 선택하여 스스로 행하는 방향으로 사회복지의 개념이 바뀌고 있다는 것이다.

⑦ 대의민주주의에서 참여민주주의 사회

오늘날 대의민주주의체제는 이미 낡은 제도가 되었으며 전 국민이 정보를 동시에 공유하고 참여하는 참여민주주의 시대에 돌입했다. 예전에는 제도적으로나 기술적으로 참여민주주의가 불가능했으나 이제는 과학기술의 발달로 가능한 시대로 접어들고 있다는 것이다.

⑧ 종적 체제에서 수평적 협력체제의 사회

우리는 종적 위계체제를 포기하고 횡적인 비공식 네트워크체제로 나아가고 있다. 즉, 종래의 획일적이고 일체적이던 체제로는 다원화된 사회에 대응할 수 없게 되었다. 보다 협력적 차원에서 형성된 체제가 아니고는 적절한 업무수행이 힘들어지고 있다는 것이다.

⑨ 도시 시대에서 농촌 시대로

많은 미국인들이 동북부의 낡은 산업도시를 떠나 남서부 지역으로 생활 근거를 옮기고 있다. 이는 단순히 미국인의 인구이동 개념이 아니라 기존의 도시인구들이 점차 교외로, 멀리는 산업화의 폐해가 미치지 않는 지역까지 생활근거를 옮기고 있다는 것이다. 이는 도시에 살지 않아도 정보를 취득하고 생활하는 데 아무런 지장이 없는 시대가 오고 있음을 의미한다.

⑩ 양자택일 사회에서 다원 선택 사회

개인의 선택범위가 한정되어 있는 양자택일 사회에서 자유로운 다원 선택이 가능한 사회로 전개되고 있다.

한편, 앨빈 토플러와 존 네이스비트는 정치사회적 측면에서 정보사회를 산업사회와 비교하여 다음 <표 1-6>과 같이 제시하였다.

〈표 1-6〉 산업사회와 정보사회의 비교

앨빈 토플러: 3의 물결산업사회	정보사회	존 네이스비트: 대변혁	
규격화	탈규격화, 다양화	산업사회	정보사회
전문화	탈전문화	강제적 기술	하이테크, 하이터치
동시화	탈동시화	국민경제	세계경제
집중화	탈집중화	단기계획	장기계획
극대화	탈극대화	중앙집권	분권
집권화	분권화	대표민주주의	참여민주주의
		양자택일	다종선택
		사회계층	네트워크조직

2. 순기능과 역기능의 관점에서 본 특성

1) 순기능 관점에서 본 특성

정보화의 진전은 국제화 추세와 더불어 가장 중요한 사회적 변화라고 볼 수 있다. 정보사회는 정보의 부가가치가 중요한 자원으로 인식되며 다음과 같은 가치체계가 주축을 이루는 사회라 할 수 있다.

첫째, 서비스 경제를 창출
둘째, 전문적 및 기술적 계층의 우월
셋째, 사회혁신과 정책형성의 원칙으로서의 이론적 지식의 중심역할
넷째, 자립적 기술성장의 가능성
다섯째, 새로운 지적 기술의 개발 등이 이루어지는 사회

또한 기본적으로 정보의 가치를 확대하여 물질가치와 비교했을 때 그 이상으로 높은 가치가 인정되는 사회로서, 컴퓨터와 정보통신의 발전이 상호 융합하면서 이루어진 사회라고 할 수 있다. 뉴미디어의 정보통신 기기의 발전으로 정보의 최신성이 중요하게 등장하고 있으며, 보다 활발한 커뮤니케이션의 증대를 가져오고 있다. 정보사회에서는 얼마나 많은 정보를 생성할 수 있는가, 또는 얼마나 신속하게 정보를 전달할 수 있는가가 문제가 아니고 정보를 얼마나 유용하고, 유효하게 그리고 효과적으로 쓰느냐가 사회의 성숙도를 가늠하게 될 것이다. 메스로우는 정보사회에서는 자아실현 요구가 강하다고 하였으며 사회변화 단계에서 특징져지는 현상을 그림으로 나타내면 다음 [그림 1-5]와 같다.

(Abraham H. Maslow: 1908-1970) 인간의 본성을 체계적으로 규명

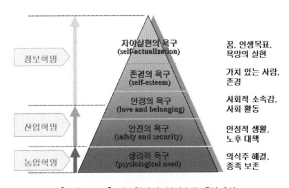

[그림 1-5] 정보혁명과 인간요구 5단계설

이러한 관점에서 정보사회의 순기능적 특성으로는 다음과 같이 집약할 수 있다.

첫째, 삶의 질을 높이고 여가선용 시간이 높아진다.

사회생활에 있어서의 편리향상을 위한 홈뱅킹, 홈쇼핑, VOD, 재택근무 등을 통해 생기는 시간적 여유를 가지게 됨으로 여가선용 시간이 풍부하고 보다 나은 창조적 활동의 시간을 가질 수 있다. 또한 재택근무로 교통체증이 줄어들고 주택문제의 해결에도 일조를 하게 된다.

둘째, 합리적으로 일처리가 가능하고 효율성이 높아진다.

컴퓨터의 활용이 보편화되고 정보통신 네트워크의 발전과 이용의 확산으로 생산, 유통, 판매, 사무관리 등 기업 활동 전반에 걸쳐 필요한 정보를 능률적으로 수집하여 활용함으로써 전반적인 일처리가 능률적이고 합리적으로 이루어져 효율성을 높일 수 있다.

셋째, 지역 발전의 자립도가 높아진다.

정보통신 네트워크를 활용하여 정보가 원활히 유통됨으로 지금까지 대도시에 집중되어 있던 사회적 기능을 지역으로 분산시킬 수 있게 되어 결과적으로 지역사회의 자립적 발전환경이 조성될 수 있다.

넷째, 정보통신의 역할이 증대된다.

국제사회의 상호이해 증진으로 말미암아 정치경제 등 여러 면에서 상호의존관계를 심화시켜 가고 있어 국제협조, 국제협력, 국제유통 등의 중요성이 더욱 높아질 것이므로 이러한 시간과 거리의 극복을 위한 정보통신은 중요한 역할을 하게 된다.

다섯째, 멀티미디어의 사용이 보편화되는 사회

오늘날 정보통신과 컴퓨터 분야에서 가장 발달하고 있는 개념인 멀티미디어(multimedia)는 정보화의 중심이 될 수 있다. 멀티미디어는 텍스트 정보뿐만 아니라 음향, 그림 등이 복합적으로 이루어져 하나의 개념으로 운영되어 의사소통에 지대한 영향을 줄 수 있기 때문에 멀티미디어가 정보의 주축이 될 가능성이 높다. 이러한 멀티미디어 정보가 보편적으로 유통되는 사회는 인간의 편리성이 극도화될 수 있는 미디어이므로 미디어의 효율적인 관리와 사용이 중요해진다.

2) 정보사회의 역기능적 특성

정보사회는 긍정적인 견해만 있는 것은 아니다. 특히, 개인의 컴퓨터 보유가 확산되고 전산망을 통한 정보교류가 활발해지는 반면 국가전산망사업의 일환으로 이루어지고 있는 개인정보의 구축은 개인정보가 유출되었을 경우 개인의 프라이버시를 침해하는 것은 물론이고 개인의 권익까지 침해할 수 있다는 염려를 가지고 있으며, 궁극적으로는 인간존엄성의 침해를 가져올 수 있을 것으로 본다. 또한 프라이버시 침해 문제는 신용사회와 향후 펼쳐질 고도 정보사회의 기반까지도 위협할 가능성이 있다. 그렇기 때문에 컴퓨터 처리에 관한 개인 데이터를 보호하기 위해 데이터의 적정한 관리나 컴퓨터 보안체제의 정비도 아울러 추진되어야 한다고 본다.

이러한 프라이버시의 침해와 아울러 정보사회의 환경변화를 좌우할 것으로서 정보격차를 예상할 수 있을 것이다. 뉴미디어가 등장할 때마다 개인이나 집단 사이에서 정보를 많이 가진 자와 그렇지 못한 자의 격차를 해소시키는 것이 아니라 오히려 심화시킨다. 정보의 부익부 빈익빈 현상이 자본주의 논리사회에 대비되는 정보사회의 한 현상으로 고착될 수 있는 위험성을 갖고 있다. 정보가 대도시로 집중되고 그곳에서 더욱 새로운 정보가 생성되어 활성화를 촉진하는 특성 때문에 정보의 지방낙후의 문제도 야기된다. 그렇지만 이러한 정보격차가 발생하는 근본적인 요인이 모든 것이 중앙에 집중되어 있는 사회 구성요소상 어쩔 수 없는 것이라고 할지라도 그것을 이용할 수 있는 통신네트워크 등 컴퓨터 시스템의 발전이 있다면 어느 정도 지역 간의 정보격차는 해소시킬 수 있을 것이다.

이러한 정보사회의 부정적인 면을 종합해 보면 다음과 같다.

첫째, 개인의 프라이버시 침해 문제
둘째, 정보의 폭발적 공급과잉으로 인한 정보의 질적 저하 문제
셋째, 과학기술의 비약적 발달로 인한 문화적 지체 현상
넷째, 컴퓨터 커뮤니케이션으로 인한 인간의 감정 표현 문제
다섯째, 정보의 소유 및 분배에 있어서의 불균형 문제
여섯째, 선진국과 개도국 사이에서 일어나는 정보 유통의 구조적 불균형으로 인한 국가 간의 정보 유통 분쟁의 발생 문제

정보의 과잉 공급과 정보 독점 사이에는 모순되는 표현이지만 정보 권력층이 가지는 정보의 질과 과잉 공급되는 정보의 질이 과연 차이가 없을까 하는 점에서 정보의 독점적인 측면이 가중되는 것이라고 본다.

이러한 정보의 편중이나 격차를 해소하고 정보의 불법유출을 막아 개인의 프라이버시를 침해시키지 않게 함으로써 진정한 정보 복지사회를 이룰 수 있으며, 정보 민주주의를 건설할 수 있을 것이다. 지역 간의 정보격차 해소와 더불어 지역의 균형발전을 위해서 필요로 하는 것이 바로 지역의 정보화라고 할 수 있고, 이러한 지역정보화가 하나의 국가정보화로 이루어질 수 있을 때 그것이 바로 국가의 경쟁력을 증가시킬 수 있을 것으로 생각한다. 결국 우리는 정보의 긍정적 효과를 최대한 살리고 부정적 효과를 최소화라는 방향으로 정보화를 추진해 나가야 할 것이라 생각한다.

제4절 지식정보사회의 영향과 문제점

지식정보사회는 인간의 생활에 일정 부분 풍요로움과 편리함을 안겨다 주는 사회이다. 그러나 정보 사용의 부당함, 정보 배분의 불균형 등은 많은 문제점을 발생시킨다. 따라서 이에 따른 국가적 대응 방안이 요구되기도 한다.

1. 지식정보사회의 영향

지식과 정보가 부의 원천이 되는 지식정보사회(Information and Knowledge-based Society)에서는 지식과 정보를 창출·가공·재생산할 수 있는 창의적인 능력이 무엇보다도 중요하다.

정보사회에서는 컴퓨터와 통신기술이 결합됨에 따라 정보의 축적, 처리, 분석과 전달 능력이 획기적으로 증대되면서 정보의 가치가 산업사회에서의 물질이나 에너지 못지않게 중요한 재화로 인식되고 있다. 정보통신망의 보급과 이용이 증가함에 따라 시간과 장소의 제약을 극복하고 다량의 정보를 손쉽고 편리하게 유통할 수 있게 되어 사회 각 분야에 영향을 미치고 있다.[41]

또, 정보화 사회로의 진입에 따른 인간생활의 정보화, 전자화, 전산화로의 탈바꿈이 인간의 삶의 질을 높여 준다는 가치 아래 모든 사람에게 다분히 강요되고 있다. 하지만 문명의 이기로 받아들여진 정보통신기술의 발달 및 확산은 급속도로 사회환경을 변화시키고, 복잡하게 만들고 호전적으로 바꾸고 있다.[42] 새로운 정보기술의 파급으로 기존의 사회와는 다른 생활환경과 성격이 판이한 새로운 문제들이 유발되기도 한다.

지식정보사회의 영향을 크게 긍정적 영향과 부정적 영향으로 나누어 간략히 살펴보면 다음과 같다.

1) 긍정적 영향

컴퓨터와 통신기술을 결합시킴으로써 과거와는 전혀 상이한 형태의 정보수집, 처리와 가공, 전송, 분배와 이용이 가능한 뉴미디어가 탄생하였다.[43] 개인이 원할 때 장소와 시간에 구애받지 않고, 비용의 부담이 거의 없이 지식정보망을 사용할 수 있다. 뉴미디어는 유무선 미디어, 각종 패키지 미디어, 멀티미디어에 이르기까지 인간의 커뮤니케이션 영역의 전반에 걸쳐 있다. 이런 다양한 뉴미디어의 등장으로 인해 영상회의나 영상전화, 위성방송, Interactive Television 등이 가능하게 되었다.

2) 부정적 영향

컴퓨터는 어느 틈엔가 우리 생활 속에 깊은 뿌리를 내리게 되었다. 어디에 가든지 컴퓨터를 사용할 수 있게 되었고, 노트북이나 손 안의 작은 컴퓨

---

41) 한상완, 지식정보사회와 지식정보의 활용(서울: 구미무역(주)출판사, 2001), p.96.
42) 김명언, 정보화 사회의 역기능과 해결방안, 서울대학교 심리과학연구소, 심리학의 연구문제 제5호 (1998.9), pp.181 – 192.
43) 김영석, 멀티미디어와 정보사회(서울: 나남출판, 1997), p.42.

터라 불리는 PDA 등의 기기로 때와 장소를 가리지 않고 정보를 얻고 있다. 이렇듯 컴퓨터가 우리 삶의 질을 높이고 있지만 다른 한편으로는 많은 문제를 발생시키고 있다.

지식정보사회의 도래로 개인의 프라이버시 침해, 정보격차(Digital Divide) 심화, 음란 폭력 사이트 범란, 사이버 테러, 해킹, 저작권 침해 등의 문제가 파생되고 있으며,[44] 사회적으로 정보를 '가진 자'와 '못 가진 자'를 확대 재생산하여 사회통합을 저해하는 결과를 낳았다.[45]

이런 정보의 격차는 더 나아가 국제적으로도 광범위한 영향을 미치고 있다. 선진국 문화가 후진국 문화를 잠식하는 문화적 제국주의 문제, 통신위성과 주파수 및 궤도 할당의 문제, 전파월경[46]의 문제, 그리고 국가 간 정보유통의 문제 등이 바로 그것이다.

2. 지식정보사회의 문제점 및 개선방안

1) 정보의 빈부격차의 발생원인

정보의 빈부 격차는 기술적인 문제가 아닌 사회적인 문제이다. 정보사회의 기본은 컴퓨터를 이용한 컴퓨터 통신에 있다고 할 수 있다. 정보가 주된 생산요소이고 생활방식에 막대한 영향을 미치는 정보사회에 있어서 정보에 대한 접근이 용이하지 않을 경우 정보 분배의 불균형이 심화되고 그에 따른 정보의 빈부 격차는 사회적 갈등을 발생시켜 사회문제화될 수 있다. 따라서 누구나 쉽게 정보에 접근할 수 있는 장치들이 마련되어야 한다.

사회체계 내에서 뉴미디어의 확산과 정보유통량이 증가하는 지식정보사

---

44) 김준형, 지식정보사회를 준비하는 교육정보화, 한국실과학회, 한국실과학회 학술대회논문집(2001), pp.1 – 5.
45) 최진석, 한국정보사회론(서울: 기한재, 1997), p.305.
46) 전파월경(Spillover)이란 한 국가영토 내에서 자국민을 대상으로 한 방송전파가 국경을 넘어서 인접한 다른 국가 영토에까지 가청권이 미치게 되는 것을 말한다.

회에서는 경제적 불평등과 같은 정보격차의 발생이 우려되는데, 이는 정보와 지식 그리고 교육기관이나 도서관·공공기관 등을 통하여 정보자원에 접근하는 기회가 불평등하게 분산되어 있기 때문이다.

정보격차가 발생하는 원인은 다음과 같다. 첫째, 사회경제적 개인별 차이이다. 정보격차는 새로운 정보기술의 채택 단계에서 소유와 비소유의 차이로 나타난다. 이것은 개인 수입의 정도와 직결된다. 사회경제적으로 높은 계층은 낮은 계층보다 정보매체의 이용과 정보의 획득이 더 용이하며, 이에 따라 계층 간의 지식격차는 감소하기보다는 오히려 증가한다. 또 정보격차는 개인별 이용 동기 여부와 교육 수준에 따라 달라질 수 있다. 교육수준이 낮을수록 정보추구의 동기가 낮으며, 이런 정도의 차이에 따라 정보의 격차가 발생하게 된다. 두 번째로는 커뮤니케이션 능력이다. 이것은 정보화 진전이 가속화됨에 따라 반드시 필요한 사회적 적응력으로 간주될 것이다. 세 번째로는 정보 상품의 집중화다. 정보기술은 소비수요가 높은 지역을 우선적으로 구축한다. 지방보다는 대도시에, 없는 자보다는 있는 자를 추구하는 실리적 편향성 때문에 정보 불평등의 잠재성을 일차적으로 조성한다.[47]

정보격차를 해소하기 위해서는 정보가 특정계층이나 지역에 독점 또는 한정되지 않고 누구에게나 분배되는 정보이용의 대중성이 실현되어야 한다. 또 정보통신기술에 대한 전문적 식견과 일상적 활용도가 높은 정보엘리트들이 자신들만의 부와 권력과 명예와 만족을 위하여 지식과 정보를 독점하지 않고, 공익을 위해 수많은 정보를 사용해야 한다.

① 문화적 제국주의
문화적 제국주의는 지식정보사회에서 국제적인 문화교류가 활발해지고, 정보통신기술이 발전하면서 이를 더 가속화시키고 문화의 전파 속도가 빨라지고 있다. 외국문화의 영향으로부터 민족이나 지역의 고유한 문화를 지키려는 경향도 있지만, 세계 어디서나 공통으로 볼 수 있는 문화 요소가 많이 등장하고 있다. 특히, 코카콜라와 맥도날드로 대변되는 소비주의의 확산

---

47) 최진석, 전게서, p.317.

은 다양성을 존중하는 세계문화의 발달에 저해가 된다. 어느 한 나라의 문화가 일방적으로 다른 나라에 전파되고, 그것이 상업성을 띠고 있다면 그것은 바람직한 현상이 아니다.[48]

문화적 측면에서 본다면 지식정보사회의 환경에서 무분별한 정보의 이용과 확산보다 우리 문화의 정체성을 탐구하고, 진지하게 접근하는 자세가 요구된다. 지식정보화에 따른 세계화 시대가 진행될수록 우리 고유의 문화특성을 찾아 발굴하여 새롭게 재조명하고, 시대에 맞는 형태로 발전시키는 노력이 필요하다.

② 정보과잉 현상

정보격차와 더불어 우려되는 사회문제로 정보과잉 현상이 있다. 정보기술의 발전으로 뉴미디어가 등장하고, 풍부한 정보의 저장과 유통, 자유로운 접근으로 우리는 몇몇의 신문과 잡지를 통해 정보에 접근하던 과거에 비해 더욱 다양하고 많은 양의 정보를 이용할 수 있게 되었다. 그러나 정보통신 기술의 발달로 정보량이 기하급수적으로 확대되어 정보의 과잉현상이 발생하였다. 이것으로 인해 양질의 정보를 찾기가 더 어려워지고, 실질적인 생활과정에서 정보가 활용되지 못하고 버려지게 된다. 특히 많은 정보가 부정확하거나 편견이 가미되어 개인의 판단력을 흐리게 한다. 따라서 인간은 오히려 과다한 정보로 인해 판단력을 상실하고 틀에 박힌 인식상태로 전락하게 되는 결과가 발생하기도 한다.

현재의 인터넷 세대들은 대부분 웹사이트를 통해 뉴스를 읽거나 쇼핑을 하고, 일상생활에 필요한 기본적인 정보를 얻는 정도이다. 그러나 지식정보 사회의 인터넷과 웹은 네티즌 업무 생산성과 경쟁력을 높이는 핵심적 수단으로서 본격적으로 활용될 것이다. 그렇기 때문에 네티즌이 더욱 정확하고 효율적으로 웹사이트를 찾을 수 있도록 도움이 되는 정보를 제공하는 인프라를 육성해야 한다. 즉 인터넷에서 단순한 정보의 검색을 하는 수준을 넘어서 주어진 문제를 해결할 수 있도록 지식을 가공하는 역할을 해야 한다.[49]

---

48) 한상완, 전게서, p.132.

③ 개인의 프라이버시(privacy) 침해

개인의 프라이버시 침해의 문제가 중요한 사회문제로 등장하고 있다. 오늘날 사회의 정보화 과정은 사회통제의 수단과 통제기관의 효율성 및 통제적인 잠재력을 크게 향상시켜 개인 프라이버시 침해가능성이 더욱 높아지고 있다.[50]

정보는 전국적 네트워크를 갖춘 고도의 정보통신망을 구축하고 있고, 사회생활 전반에 걸쳐 방대한 자료를 수집 활용하고 있다. 국세청에는 개인의 납세와 관련된 사항이 전산 처리되고, 국민보건 전산망에는 개인의 병력이 입력되며, 내무부의 행정 전산망에는 최종학력, 직장, 병력 사항, 가족 사항 등의 개인 신상에 관한 주요 정보가 전산 처리된다. 이렇게 입력된 신상들은 주민등록번호만 입력하면 언제든지 관련 사항을 입수할 수 있도록 관리되고 있으며, 이와 같은 공적(公的) 영역 이외에도 각종 기업과 금융기관들은 신용카드나 전화요금 등의 자료를 토대로 특정 집단이나 개인들의 거래 및 소비욕구 등을 수집하고 있다.[51]

개인에 대한 정보의 수집 및 관리가 컴퓨터와 통신망의 발달로 개인도 모르게 수집 목적 외에 불법적으로 사용되고, 악용될 위험성이 증대된다. 개인정보를 불법으로 가공하여 상업적으로 이용하거나, 개인의 사생활 감시와 통제의 수단으로 이루어질 경우도 문제가 된다. 따라서 정보화가 급속하게 진행됨에 따라 개인의 프라이버시 침해는 사회적으로 중요한 문제로 등장하고 있다.

이러한 정보화의 역기능을 방지하기 위해 프라이버시의 보호를 위한 효과적인 방안을 마련하여 시행하고 프라이버시 침해에 대한 강력한 규제책과 법적, 제도적 장치를 마련함으로써 지식정보화 사회의 걸림돌을 제거하여 안정적로 발전적인 미래 정보화 사회로 나아가야 할 것이다.

---

49) 상계서, p.147.
50) 최진석, 전계서 p.306.
51) 상계서, p.307.

2) 사이버 범죄

가끔 뉴스나 신문지상에 보도되는 내용 중에 정보사회에 있어서만 발생하는 범죄에 대한 사전법규 마련이 되지 못하여 제재를 가할 수 없다는 내용을 보게 된다. 정보사회에 있어서의 범죄는 피해범위 및 대상이 광역화된다. 컴퓨터 해킹, 정보 유출 등으로 인한 피해는 때로는 상상을 초월한 심각한 사회문제로 발전할 수 있다. 특히 사이버 범죄에 대한 대응방안이 요구된다.

사이버 범죄란 컴퓨터와 통신망을 활용하여 가상공간(cyber space)에서 범죄를 행하는 것을 말한다. 지식정보화 사회가 진전되고 고도의 네트워크가 발달함에 따라 사이버 범죄 또한 다양한 형태로 이루어지고 크게 증가하고 있으며, 그 피해가 심각하다.

오늘날 사이버 범죄는 과거의 단순한 '자기 과시적 차원'을 넘어 '일반 범죄'와 같은 사회적 해악을 끼치고 있다.[52] 사이버 범죄는 컴퓨터에 들어가는 입력매체의 내용이나 프로그램을 변경하는 조작에 의한 행위, 개인이나 기업의 정보를 유출하여 부당하게 사용하는 행위, 하드웨어나 소프트웨어의 변조나 파괴 및 부정정보 처리하는 행위, 음란물 유포나 사기 등의 비윤리적인 행위, 컴퓨터 바이러스 유포행위 등 다양한 범죄 유형이 있다. 이와 같은 범죄를 예방하기 위해서는 법적, 제도적 규정에 대한 정비와 강화가 시급하며 강력한 처벌이 이루어져야 한다. 그러나 체계적인 법체계가 형성되지 않았고, 범죄행위의 기술적 특수성과, 유형, 수법을 신속히 대응하기에는 현실적으로 수사기관에 무리가 따른다. 그렇기 때문에 사이버 범죄에 맞는 특별법을 제정하여 위법행위에 대한 자세한 기준과 처벌규정을 만들어야 한다.

지식정보화 사회가 급속하게 이루어지는 반면, 그것을 받아들이는 데 따른 제반 문제에 대한 교육은 미비하다. 사이버 범죄는 처벌보다는 예방이 더 중요하다는 측면에서 윤리교육 및 사용자 교육을 실시해야 한다. 일반

---

52) 상게서, p.321.

범죄에 비해 범죄의식이 희박하기 때문에 새로운 사회에 맞는 정보 윤리에 대한 규범이 마련되어야 하고 사회적으로 통용되는 윤리관의 확립이 중요하다. 또 정보윤리교육을 필수적으로 실시하여 컴퓨터 범죄에 대한 죄의식과 경각심을 심어 주어 지식정보사회에 대해 올바른 윤리관과 가치관을 정립시켜 줄 필요가 있다.

chapter 02

지식정보의 생성과 유형

    지식정보사회(knowledge − information − based society)는 지식의 정보화와 정보의 지식화를 기반으로 하는 사회개념으로 분석적으로는 정보기반의 지식사회(information − based knowledge society)이며, 또한 지식기반의 정보사회(knowledge − based information society)이다. 정보기반의 지식사회는 정보의 전달, 가공, 저장하는 기술기반 위에서 어떻게 좀 더 질 높은 부가가치 지향의 지식을 생산하고 창조하는가, 즉 지식의 정보화가 중요한 사회이다.

    다시 말하면 지식정보사회에서는 필요한 정보를 신속하고 정확하게 수집하고 활용하는 능력을 중요시하는 사회이다. 정보 또는 지식정보는 생산성 경쟁을 중요시하는 지식정보사회에서 중요한 자료이기 때문이다. 모든 지식과 지성은 정보에서 나온다. 지식이야말로 지식정보사회를 건설해 나가는 새롭고 참된 자원이라 할 수 있다. 지식을 창출해 내는 정보야말로 새로운 상품과 혁신을 낳고, 고객에게 일대일 서비스를 제공하는 사업을 이끌어 나가는 힘이 될 수 있다. 지식정보사회의 신기술은 기업의 경영자들뿐만 아니라 연구자, 학자들에게도 중요하다. 정보를 지식으로 바꾸어 나가는 능력은 이러한 점에서 대단히 중요하다. 본 장에서 설명하고 있는 정보의 개념과 가치는 정보사회에서 기반이 되는 지식과 정보에 대한 광범위한 영역으로 일반적인 개념에 중점을 두었다. 정보사회에서는 '이러한 정보를 어떻게 이용할 것인가?'가 중요하기 때문에 정보이용 교육도 중요하다.

제1절 정보의 개념

우리는 일상생활 속에서 정보관리, 정보처리, 정보산업, 정보혁명 등 정보라는 단어를 많이 사용하고 있다. 지식과 정보는 고부가가치의 고품질적인 의미를 갖고 있다. 정보와 지식은 사고, 학습, 연구, 의사결정을 하는 데 없어서는 안 될 중요한 요소이기 때문이다. 정보와 지식에 대한 정의를 바르게 내린다는 것은 쉬운 일이 아니다. 특히 정보의 개념은 학문 분야에 있어 학자들마다 관점이나 견해가 서로 다르기 때문에 한마디로 규정할 수가 없다. 또한 정보의 개념은 사회가 발전하고 정보사회가 고도화됨에 따라 계속 변화하고 있어 더욱 규정하기 어렵다. 일반적으로 '정보는 어떤 것에 대한 메시지(message)로서 개인이나 조직의 의사결정이나 행동을 위하여 사용되는 의미 있는 내용'으로서 구체적 실체를 가지고 있지 않은 무형의 재화이기 때문에 정확하고 간단명료하게 설명하기 어렵다. 정보는 불확실성을 감소시키고, 의사결정 과정에 영향을 미친다는 의미에서 그 가치를 가지게 되며, 실질적으로 인간이 하는 모든 가치판단과 행동이 정보에 의존하고 있다는 측면에서 살펴보면 정보는 매우 복잡하고 다양하게 정의될 수 있다.[53]

통상적으로 우리는 데이터와 지식과 구별하여 사용하고 있다. 일부 학자들은 '자료'는 가공되지 않은 사실, '정보'는 조직화된 '데이터' 또는 '자료'로부터 얻어지는 패턴으로 정의한다. 따라서 자료가 많을수록 정보도 많아지며, 정보가 증가할수록 지식도 증가한다고 볼 수 있다.[54]

정보사회를 전제하고 정보를 말할 때, 인간과 사회집단의 특정 목적에 대하여 평가된 자료를 의미하며, 다음과 같은 세 가지 기본요건을 갖추고 있다.

첫째, 커뮤니케이션이 존재하고

둘째, 송신자와 수신자가 있어야 하며

셋째, 양자 간에 상호교류가 이루어져야 한다.

---

53) 문헌정보학의 이해 편찬위원회, 문헌정보학의 이해(서울: 한국도서관협회, 2004), pp.43 – 44.
54) Nicolsa Jeguier and Stevan Dediger, Information, Knowledge, and Intelligence(Berg publishers Limited, Oxford, Uk, 1987), pp.1 – 23.

이러한 정보를 McDonough는 "특정 상황에 놓인 가치가 평가된 데이터"라고 정의하였으며, 내용의 확실성에 따라 [그림 2-1]과 같이 데이터·정보·지식을 구분하였다.

```
지식
지식: 자료＋일반적 상황에서의 평가
정보⇔정보: 자료＋특정 상황에서의 평가
데이터: 평가되지 않은 메시지
데이터
```

[그림 2-1] 지식, 정보, 데이터의 구분

그러나 정보의 의미가 명사나 고유명사의 투명한 단어와 같이 보편적 개념 정의가 있는 용어가 아니므로 정보의 이용이 개인의 활용 목적과 정보의 이용가치가 개인의 주관적 해석의 결과에 따라 다를 수 있다.[55] 따라서 정보의 개념은 시각에 따라 다음과 같이 다양하게 설명될 수 있다.

1. 불확실성의 감소 측면

좁은 의미의 정보는 '목적성을 가지고 의도적으로 수집한 사실이나 기호'로서 이것은 의식적으로 수집하여야 하며 불확실성을 내포하고 있다. 분석과 평가 과정을 거친 것이 아니므로 '통상 정보' 또는 'row data'라고 한다. 또한 정보의 개념을 수학적으로 정의한 전기공학자 Shannon은 불확실성의 감소 측면에서 정보를 설명하면서 정보는 불확실성을 감소시키는 것이라 하였다. 여기서 불확실성의 문제는 자연과학은 물론 모든 인문·사회과학 분야에서도 관심의 대상이 되고 있다. 특히 미래를 설계하고 적은 비용으로 큰 효과를 얻으려는 상태를 다루는 분야일수록 불확실성의 문제는 중요한 과제로 등장하고 있다. 따라서 일반 커뮤니케이션(communication)이나 의사결정론, 경영학, 경제학 등의 분야에서는 이러한 Shannon의 정보의 개념을 바탕으로 정보를 불확실성의 감소에 필요한 어떤 사실로 정의하고 있다.[56]

---

55) Hammer. M and chamy. J, 안종호 외 역, 리엔지니어링 기업혁명(서울: 김영사, 1993), 참고.

2. 정보 시스템의 유용성 측면

정보 시스템의 유용성 측면에서 처리된 정보로서 특정 목적을 달성하는 데 유용하도록 체계화된 정보를 의미하며, 이것은 Data나 1차 정보를 가공한 것을 말하며 특정 상황에 가장 적합한 행동을 선택하게 해 주는 판단기준이므로 유용성이 높다고 볼 수 있다.

정보 시스템의 유용성 관점에서 정보의 개념을 설명하고 있는 다음 [그림 2-2]와 같이 유용하지 않은 형태의 자료를 정보 시스템(information system)에 의하여 사용자에게 유용한 형태로 처리된 것을 의미한다. 따라서 정보는 수신자에게 의미 있는 형태로 처리된 자료(data)이며, 현재 또는 미래의 결정이나 행동에 있어서 실제적이거나 지각된 가치를 갖는 것이기 때문에 사용하는 사람에 따라 자료가 될 수 있고 정보가 될 수 있다.[57]

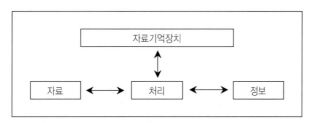

[그림 2-2] 자료와 정보의 관계

3. 생성 및 유통의 측면

정보의 생성과 유통적 관점에서 본 정보는 의미 있는 자료이고 수신자의 이해를 바꾸는 자료라고 말할 수 있으며, 이는 관리자가 조직과 환경에서 일어나는 사건들을 해석하고 사용하기 위해 실제로 사용하는 일종의 자료라는 의미로 해석한다.

---

56) 백완기, 행정학(서울: 박영사, 1994), 참고.
57) Devis and Davidson. B, 이재국 역, 경제이동(서울: 한국경제신문사, 1995), 참고.

위와 같이 정보의 개념적 정의는 관점에 따라 다를 수 있다. 우리가 흔히 사용하는 데이터와 지식과 구별하여 정보의 정의를 광의적 관점에서 살펴보면 다음 <표 2-1>과 같이 정리할 수 있다.

〈표 2-1〉 정보의 개념

	정보(광의의 정보)		
	Data	Information	Intelligence
의미	단순한 사실 기호, 소재	목적의식에 따라 수집한 사실이나 기호	일정한 절차에 따라 유용한 정보
용어	데이터	1차 정보, 첩보, 로우데이터	2차 정보, 가공정보
활동	입력	수집	평가, 분석, 가공
활동 특성	임의적	의식적	의식적
활동 주체	전임직원	전임직원	정보분석 부서
특성	무의미	불확실성	확실 많다
유용성	적다	보통	많다
시간	자동적	신속성	지연성

제2절 정보의 속성과 분류

무형의 지식정보는 유형의 물질이나 에너지와는 서로 다른 여러 가지 속성을 갖고 있다. 21세기 지식정보사회에서는 개인이나 사회가 지식정보의 속성을 이해하고 필요한 지식정보를 얼마나 잘 수집하여 활용하는가 하는 것이 관건이며 정보활용 능력이 개인의 능력을 평가하는 척도가 된다.[58]

---

58) 최희곤, 지식정보사회의 이해(서울, 한국디지틀포럼, 2006. 4. 20) p.5.

1. 정보의 특성

정보의 개념정의는 강조하는 시각의 차이에 따라 다양하게 나타날 수 있다. 지식정보는 필요할 때에 신속하게 제공되어야 하며 제공된 정보는 다양하게 응용되어 새로운 정보를 발생시키는 데 큰 의의가 있다 하겠다. 캘톤(Belindor Calton)과 도르딕(Herbert S. Dordick)이 제시한 자원으로서의 몇 가지 특성을 소개하면 다음과 같다.[59)]

> 첫째, 정보자원은 다른 자원의 적절한 기능을 위해 필수 불가결한 것이다. 정보자원이라는 것은 하나의 지식(knowledge)으로서 언제나 다른 자원의 응용과 평가에 필요한 것이지, 석탄이나 기름 등과 같은 의미의 자원은 아니다.
> 둘째, 정보자원은 분배를 해도 줄어들지 않는다. 오히려 새로운 사용자가 생김으로써 그 가치는 더욱 증대한다.
> 셋째, 정보는 하나의 상품이다. 이것은 생산되고 또 판매된다. 정보가 시장에 나오지 못한다면 그것은 하나의 측정 불가능한 지식에 불과하다.
> 넷째, 정보의 능력과 영향은 정책결정 분야에서 잘 나타나는데, 정보를 통제하고 분산하는 사람들은 사회 내에서 세력을 지닌 집단이며 새로운 정보 계층을 탄생시키고 있는 사람들이다.
> 다섯째, 정보에는 새로운 형태의 취약점이 따르는데, 정보교환을 느끼지 않는 생활이란 존재하지 않기 때문에 이러한 교환을 억제시킬 만한 힘을 가진 자원도 존재하지 않는다.
> 여섯째, 정보는 역동적이다. 정보는 교환이라는 형식을 지니지 않을 수 없는 유일한 자원이기 때문이다.
> 일곱째, 정보는 자기 규제적이고 자체 조직적이어서 정보 간의 융합이 쉽다.
> 여덟째, 정보는 사회 내에서 무한한 성장가능성을 제시할 수 있다. 왜냐하면, 정보는 소멸되거나 완전히 통제받을 수 없는 것이기 때문이며 이는 오히려 더 많은 정보와 지식 개발을 가져다준다.

한편, 로빈슨(Glen O. Robinson)은 정보를 다른 경제상품과 다음과 같이 비교하여 설명한다.

---

59) Belindor Canton & Herbert S. Dordick, "Information Strategies and International Trend Policy", Pacific Telecommunicatin Conference, Article 1982; 방석현, 행정정보체계론(서울: 법문사, 1990), pp.107 – 109에서 재인용.

첫째, 정보의 가장 두드러진 특징은 정보가 자산권(property rights)에 대한 경제적·법적 개념에 별로 적용이 안 된다는 것이다. 정보의 절도행각이 발각되기 어려우며 그것을 증명하기는 더욱 어렵기 때문에 한 사람이 정보를 소유하기는 어려운 것이다(최근에는 정보에 대한 자산권이 인정되어 가는 추세이다.).

둘째, 어떤 정보는 매우 낮은 가격으로 무한히 생산될 수 있다.

셋째, 정보는 사용함에 따라 감가 삭감되지 않는다.

넷째, 인간의 서비스와는 달리 정보 서비스는 저장될 수 있다.

이러한 관점에서 정보의 일반적인 속성을 요약하면 다음과 같다.[60][61]

1) 시한성

지식정보는 시한성을 가지고 있기 때문에 최적의 시기가 중요하다. 시효가 지나면 정보의 가치는 떨어지므로 정보의 대부분은 전달 및 획득속도(speed)와 획득기점(timing)이 중요하다.

2) 비이전성

정보의 총체는 증가한다. 즉, 정보는 타인에게 전달해도 소멸되지 않고 남아 있으며 오히려 증가한다.

3) 축적효과성

정보는 생산, 축적되면 될수록 큰 힘이 되고 가치가 커진다. 이는 데이터베이스의 사례에서 볼 수 있듯이 정보가 풍부하게 생산, 축적되면 될수록 그 가치가 높아지는 것이다.

---

60) 조병일, 정보체계론(서울: 박문각, 1996), pp.90 – 94.

61) 원우현, 현대미디어원론(서울: 나남, 1995), pp.30 – 40.

4) 신용가치성

정보의 구입 시 정보원의 신용이 중요한 판단기준이 된다. 같은 뉴스라 해도 출처의 신뢰도(source credibility)가 높은 신문뉴스가 정보의 가치가 높다.

5) 무한가치성

정보는 무한대까지 증폭될 수 있는 선별적인 가치를 갖고 있다. 물질이나 에너지는 하나의 상품에 하나의 가치밖에 없지만, 정보는 한 가지 정보도 필요한 사람 개인에게 서로 다른 가치가 있다.

6) 무형성

정보는 그 자체로 일정한 형태가 없으며 물과 같이 유동적이다. 정보 자체는 물리적 형태를 지니지 않고 다만 표현된 내용으로서만 존재한다는 것이다. 정보는 내용적·추상적 형용(expressed content)이라고 할 수 있다.

7) 보편 다재성

정보는 모든 사실, 상황, 그리고 공상적 내용에서부터 유출될 수 있으므로 인간의 모든 분야에 걸쳐 고루 발생되고 문제시되는 것이다.

8) 매체의존성

정보는 그 자체가 형태를 갖지 못하는 것으로 실제에 있어서는 어떤 매체(media)에 기생하고 있다.

9) 표현다의성

정보는 무형적이고 매체 의존적이므로 그 표현양식에 있어서 인간의 감각기관 인지조건하에서는 매우 다양한 특성을 지닌다.

10) 전환성

정보가 매체와 매체 사이로 전환을 일으킬 때 정보내용에 변화를 가져와 서는 안 되지만 표현하는 전환을 필연적으로 가져오게 마련이다.

11) 정보의 연속성 및 재생산성

정보는 또 다른 정보를 생산하는 데 유용하다.

또한 정보관리의 효율성과 비용 측면의 효과성의 관점에서 볼 때 다음과 같은 특징을 가지고 있다.

첫째, 정보활동은 연속적으로 수행될수록 유리하다.

둘째, 정보의 축적은 많을수록 유리하다.

셋째, 정보의 채널은 원활할수록 유리하다.

넷째, 정보전달은 빠를수록 유리하다.

위와 같이 일반적인 관점에서 정보의 특성을 살펴보았으나, 또 다른 관점 으로 다음 <표 2-2>, <표 2-3>, <표 2-4>와 같이 개별정보, 조직 정보, 재화로서의 정보로 나누어 특성을 생각할 수도 있다.[62]

<표 2-2> 개별매체로서의 특성

특성	해설
매체의존성	정보 그 자체로는 형태를 갖고 있지 못할 뿐만 아니라 표현되지 못하므로 실제에 있어서는 특정한 매체를 통해서 나타나게 된다.
무형성	내용적 추상적 형태만을 지니고 있기 때문에 무형적이고 정보 자체 또는 물리적 형태를 지니지 않 고 다만 표현된 내용으로만 존재한다.
보편다재성	모든 기존의 사실 상황뿐만 아니라 추정된 사실이나 상황 또는 공상적인 내용으로부터 유출될 수 있으므로 모든 분야에서 골고루 발생되어 존재한다.
표현다양성	정보가 무형적이고 매체의존적인 관계로 정보를 인지하는 조건 여하에 따라 다양해질 수밖에 없다.
표현전환성	정보가 매체적 전환을 통하여 그 의미나 내용을 전달하게 되므로 정보의 내용이 전환되어서는 안 되지만 표현상 전환이 불가피하게 발생하게 된다.

---

62) 조병일, 전게서, pp.89-94.

<표 2-3> 조직정보로서의 특성

특성	해설
다량성	조직의 규모가 증가함에 따라 복잡성의 증대와 구성원의 증가로 인하여 불가피하게 정보의 양은 많아진다.
복잡성	조직 활동이란 목적달성을 위하여 필요한 자원을 동원 및 활용하는 다수인의 장기적인 활동이므로 이에 관련된 정보의 인식 및 표현 내용이 복잡해진다.
사회성	정보활동을 하는 데 있어서 반드시 상대방에 의존하고 상대방의 반응이 정보 과정의 완성에 영향을 미친다.
지속성	견지성이라고 부르기도 한다. 정보가 조직 구성원들에게 이미 사전에 실시된 경로시간 방법 등에 의하여 계획적으로 전달되며 이런 정보 과정이 반복 순환되어도 같은 절차가 견지된다.
통신성	정보의 이동성 전달성을 의미하는 것으로서 일종의 사회정보로서 의사소통의 특성을 갖고 있다.

<표 2-4> 재화로서의 정보의 특성

누적효과성	DB에서 볼 수 있듯이 풍부하게 생산 축적되면 될수록 그 가치가 높아지는 성질을 갖는다.
무한가치성	정보는 필요로 하는 사람이면 누구에게나 가치를 발휘할 수 있는 속성을 갖는다. 정보는 아무리 사용해도 물질과 같이 없어지지 않는다.
비이전성	정보가 타인에게 양도되어도 완전히 다른 사람에게 가 버리는 것이 아니라 자신에게 여전히 남게 된다.
시한성	최신의 정보일수록 가치가 높다. 정보는 시간이 흐를수록 그 가치가 감소되거나 없어질 수 있다.
신용가치성	정보 소유자의 신용이 정보가치를 결정하는 데 중요한 역할을 한다.

2. 정보의 분류

정보의 특징적 기능을 이해하기 위하여 정보를 바르게 분류하는 것은 대단히 중요하다. 정보의 분류는 과학정보, 경제동향정보, 정치 상황 정보 부동산 시세 등 주체에 따라 분류할 수 있고 시장정보, 주가정보 등의 활용목적에 따라 분류할 수 있으며 또는 1차 정보인지 2차, 3차 정보 등 가공 방식에 따라 분류내용이 다를 수 있다.

1) 사용목적에 의한 분류

① 경제정보

경제적인 측면에 사용하기 위한 통계적 정보와 미래의 경제지표를 예측

하는 데 필요한 정보

② 과학정보

과학정보는 객관적 세계의 원리와 법칙들을 올바르게 인식하는 과정에서 얻어지는 논리적 정보로서 실제과정에서 이용된다. 과학정보는 실제 이용을 통해야만 그것이 진실임을 입증할 수 있다. 과학정보는 기초과학 분야인 생물학정보, 물리학정보, 화학정보 등을 들 수 있으며, 기술정보, 의학정보, 정치정보, 경영정보, 농업정보 등의 실용 분야도 과학 분야의 범주에 속한다고 볼 수 있다.

③ 군사정보

군사관계에 대한 정보로서 군작전전략, 군부대현황, 전쟁역사, 원자력, 미사일, 군무기고 현황, 군부대 배치도, 남북군사관계 등 대체로 비밀사항으로 비공개 정보가 많고 특수 임무 종사자에게 부여하는 비밀취급 인가자만이 취급할 수 있는 정보이다.

④ 문화정보

문화정보는 문화생활과 관계되는 정보로서 범위가 광대한 것이 특징이며, 여행정보, 지역전통 문화정보, 교육정보, 취미정보, 지역문화재 정보 등 지역과 관계있는 정보가 많다.

⑤ 사회정보

사회정보는 정치에 관계되는 정보, 경제에 관계되는 정보도 포함될 수 있으나 협의적인 의미로 취업정보, 뉴스정보, 상황정보 등 다양한 정보로 이루어지고 있다.

⑥ 생활정보

생활과 관계가 있는 정보로서 주부들이 필요한 정보나, 아동들이 필요한 정보, 지역주민에게 도움이 될 수 있는 정보 등을 말한다.

2) 정보의 전달 감각기관에 의한 분류

정보를 이용하는 인간은 주위에서 발생되는 정보를 오감을 통하여 생체 내에 흡수하고 신경을 통해 뇌에 전달한 후 뇌에 이미 축적된 정보와 비교 인식 판단하고 그 결과에 따라 행동을 결정한다. 그리고 필요한 정보는 기억 활동을 통해 뇌에 축적된다.

따라서 정보는 감각기관의 유형에 따라 다음과 같이 시각정보, 청각정보, 후각정보, 촉각정보, 미각정보로 구분할 수 있다.

① 시각정보

시각정보는 문자, 그림, 영상 등을 눈으로 받아들이는 정보로서 다음과 같이 구분할 수 있다.

- 기호정보: 수치정보(계량정보), 특수기호정보(%, ?, * 등), 표음문자정보 (한글, 영문, 일본어, 등)
- 형태정보: 조각정보(문화재, 조각 작품), 자연정보(산, 바다, 지형의 자연물)
- 형상정보: 표의문자정보(한자), 문헌정보(도서, 영화, 비디오, 그림, 간판 등)

② 청각정보

- 단신호정보: 코드정보(모스부호, 코드별 분류), 점멸정보(전등의 점멸)
- 복신호정보: 음향정보(레코드, 음악, 녹음), 음성정보(소리, 말)

③ 촉각정보

- 위촉각정보: 위기호정보(점자), 위형태정보(촉각판단)
- 진촉각정보: 촉각정보(풍향, 풍속, 방향감각)

④ 후각 및 미각정보

- 후각정보: 냄새
- 미각정보: 맛

3) 기능에 따른 분류

정보를 기능에 따라 분류하면 기술정보(descriptive information), 확률정보(probabilistic information), 설명 및 평가정보(explanatory and evaluative information), 선전정보(propaganda information), 의외정보(unexpected information) 등이 있다.

① 기술정보
기술정보는 현실세계를 묘사 기술하는 정보로서 상태 기술, 규칙묘사, 상태변화 기술이 있다.

- 상태 기술: 파일과 데이터베이스에 저장되어 있는 상당량의 정보는 특정 시점에서 현실세계의 외견상태를 기록한 것으로 이것을 상태 기술이라고 한다.
- 규칙묘사: 현실세계의 제반 문제를 지배하고 통제하는 규칙들의 묘사로 문화 속에 내면화된 변경 불가능한 관습들에 관한 자연법칙과 변경이나 해석이 가능한 입법 규칙이 있다.
- 상태변화 기술: 현실세계의 상태에서 변화에 관한 기술로 메시지나 보고서에 의해서 보고된 분명한 사건이나 활동의 결과들에 관한 변화이다.

② 확률정보
확률에 의한 기술정보는 통계적인 분포와 행위에 관한 가정에 기초하여 추론되는 방대한 양의 정보로 실세계의 표본에 관한 기술로부터 추론하거나 실세계의 통계적인 행위에 대한 가정에 근거하여 추축함으로써 도출되는 정보를 말하며, 다음과 같이 모형정보, 추론정보, 예측정보로 분류할 수 있다.

- 모형정보: 실세계의 상황이 매우 복잡해서 모든 과년 변수들을 관찰하고 측정할 수 없기 때문에 실세계의 상황에 관한 모형은 대체로 실세계에 대한 단순화된 가정들을 기초로 하므로 개략적인 지침만 제공할 수 있다.
- 추론정보: 실세계에 관한 한정된 수의 관찰과 측정으로 추론에 의한 실세계를 묘사하는 정보이다.

■ 예측정보: 미래의 실세계에 대한 제공을 위하여 미래에 관한 통계적 규칙성과 지식 또는 추측에 기초한 통계적 예측 기법의 정보이다.

③ 설명 및 평가정보

공식적인 보고서와 비공식적인 견해들의 복합물에 의하여 제공된다. 기술정보와 확률정보는 모두 객관적인 실세계를 있는 그대로, 기대하는 대로 나타내고 있지만 설명 및 평가정보는 미래 활동의 계획이나 결정에 대하여 실세계에 대한 사실뿐만 아니라 무엇이 그러한 사실을 제공했는지에 대한 설명들을 알 필요가 있다. 이것은 질문자에게 일정량의 공식 기록이나 보고서보다 특정변화의 실제요인에 대하여 보다 풍부한 통찰력을 제공하는데 이러한 정보에는 원인설명정보, 경향 및 규범에 관한 정보, 가치와 태도에 관한 정보, 판단을 위한 정보, 조절정보 등이 속한다.

■ 원인설명정보: 왜 어떻게 실세계의 상황이 전개되었는지에 관하여 설명하는 정보를 말한다.
■ 경향 및 규범에 관한 정보: 의사결정자나 기획자의 마음속에 존재하는 거의 공개되지 않은 정보로 일이 어떻게 이루어져야 하는지에 대한 기억의 일부를 형성하고 평가 판단에 있어서는 주관적 비공식적으로 사용되는 정보체제의 경향과 규범에 관한 정보를 말한다.
■ 가치와 태도에 관한 정보: 어떤 업무의 능률성에 대한 정도는 그 업무 수행에 이용 가능한 기술적 도구에도 달려 있지만 결정적으로는 근로자의 기본태도와 근로 만족도에 의해 좌우된다. 공식적인 규범의 가치 태도 권력과 같은 비공식적인 조직체계에서 비롯되는 정보를 말한다.
■ 판단을 위한 정보: 특정 상황에 관한 주관적이거나 직관적인 인식에 기초한 느낌이나 질문, 대안 제시를 통하여 자신의 개인적인 판단에 기초하여 행동을 하게 되는데 이때 작용되는 정보가 판단을 위한 정보이다.
■ 조절정보: 공식체제로부터 기술된 정보를 조절하는 데 사용되는 양적 질적 정보로서 여러 자료로부터 도출되는 데 가장 효과적인 정보체제를 위해서는 공식적인 체제와 비공식적인 정보체제가 공존하여야 한다.

④ 선전정보

선전정보는 최대 영향을 확보하는 방식으로 선택되고 조직되며 또는 은폐되기도 한다. 공식정보체제는 다른 사회집단과의 협상에서 선별적으로 사용되며 관리자는 타협 과정에서 권력을 행사하기 위하여 정보를 보유하여 숨겨두기도 한다. 대부분의 공식정보체제는 객관적이고 확증적인 자료를 취급하므로 그 자료는 운영 기획 및 의사결정을 지원하는 데 이용되나 때로는 정보체제가 태도와 신념 및 행위를 목적으로 사용되기도 한다.

⑤ 의외정보

자신에게 어떤 정보가 필요한지를 모르고 있다가 컴퓨터 체제가 실행되면 엉뚱한 정보를 요구하는 사용자들, 의사결정을 내리기 위하여 관리자들이 필요하다고 했던 것과 실제와의 엄청난 차이 등 공식적인 체제의 일부를 형성할 수 없는 것으로 자료가 기대 밖이거나 정보의 적절성이 없는 정보를 말한다.

제3절 정보의 가치

사회의 정보화는 물질과 에너지라는 유형자원의 가치부여가 정보라는 무형자원으로 전개되는 과정으로 정보의 가치는 지식정보사회의 특성에서 암시하는 가장 중요한 지식과 정보의 가치부여이다. 사회변화에 따른 정보가치 비중의 변화를 보면 지식정보사회로 이동할수록 정보의 비중이 에너지나 물질보다 증대하고 있다.[63] 정보의 경제성은 대체로 효과적인 측면과 효율적인 측면에서의 논의로 나뉘며, 정보의 가치에 관한 논의는 주로 수량화가 어려운 효과적 측면의 경제성과 관련된다. 정보의 부가가치는 '지식을 정보로 변환시키는 정보작업 과정에서 창출되는 가치'로서, 대체로 지식의 재구성, 정보의 수집, 정보의 편집과정에서 부가가치가 형성된다.[64]

이렇게 가치가 형성된 정보는 시간성(필요한 때), 공간성(필요한 장소에),

---

63) 상게서, pp.47 - 48.
64) 고영만, 정보의 경제성에 관한 담론, 한국문헌정보학회지, 제37권 제4호(2003, 12), p.65.

편리성(필요한 형태로), 진실성(진실한 내용을 갖추었을 때) 등으로 진정한 정보로서의 가치를 가질 수 있다. 더욱 중요한 것은 정보의 내용이 이용자가 원하는 내용과 일치하며 이용자가 원하는 시간에 제공될 수 있어야 정보의 질적 가치가 높다고 할 수 있다. 그리고 접근하기 쉽고 전달하기 쉬워야 하는데, 아무리 질적 가치가 높은 정보라고 해도 접근하기가 어려워 제공되지 않는다면 무용지물의 정보가 될 수 있기 때문이다.[65]

다시 말하면 정보의 가치는 정보가 인간의 행동에 어떻게 동기를 부여하고, 효과적인 정책결정에 어떻게 기여하는가에 의해 결정된다. 정보의 가치는 의사결정의 측면에서 가장 의미 있게 설명될 수 있다,

1. 정보의 경제적 가치

1) 공공재적 특성

전파에 의해 전송되는 정보의 경우(예: 라디오의 음성, TV의 영상·음성, 전신 등)는 소비의 비경합성(Non-Rival Consumption)과 비제외성(Non-Exclusion)을 갖는 공공재적 특성을 지닌다.

2) 사유재적 특성

향후 뉴미디어에 의해 전송되는 정보의 경우 적합한 단말기, 적정한 요금 등을 지불하고 정보를 구입하는 사유재적 특성이 강화될 전망이다.

3) 클럽재적 특성

사유재와 공공재의 양 특성을 동시에 갖는 정보

---

65) 문헌정보학의 이해 편찬위원회, 전게서, p.50.

2. 중간재로서의 정보

1) 중간재로서의 정보는 물질의 생산에서 투입되는 정보재이다.

2) 기계공정에서 수치제어에 관계되는 정보는 생산재(공장기계)를 생산하기 위해 사용하는 중간재이다.

3. 수단재로서의 정보

1) 수단재로서의 정보란 목적 지향적 행동선택에 유용한 정보재를 의미한다.

2) 기업의 경영진이 경영전략의 결정을 위해 경제재로서 컴퓨터 정보를 사용했다면 그 정보는 수단재이다. 또한 그 경제적 효과는 기업제품에 직접 영향을 미치는 것은 아니라 해도 경영 전체를 통해 이윤의 형태로 실현된다.

3) 컴퓨터 정보는 신문이나 TV정보와는 달리 개별적 요구에 알맞은 정보가 축적되어 있기 때문에 유력한 수단재로 될 가능성이 높다.

4) 지금까지 수단재로서의 정보는 거의 생산되지 않았으나 앞으로는 각 가정에 가정용 PC의 보급으로 레저안내, 물가, 긴급의료, 진로지도, 재교육 정보 등에 이르기까지 수단재로서의 정보가 양산될 것이다.

5) TV정보는 정서적·감정적으로 소비하는 소비재로서의 특성이 강하나 컴퓨터 정보는 오락게임 등의 소비재적 정보의 특성과 중간재적 정보의 특성을 동시에 지닌다.

이상은 경제적 측면에서 본 정보의 가치이다. 이러한 정보의 가치는 이를 수용하는 사용자의 능력에 따라 다르게 나타나며 시간적 측면의 적시성에 의해서도 그 가치는 달라진다. 그러므로 가치를 극대화하는 것은 무엇보다도 정보 그 자체를 실현하는 것이다. 또한 정보의 가치가 극대화되는 모습은 다음 두 부문에서 찾을 수 있다. 그 하나는 유가적 가치의 창출이며, 그 자체가 목적인 비유가적 가치의 실현이다.

첫째, 유가적 가치의 창출이란 바로 정보를 상품화한다는 의미이다. 정보의 상품화는 곧 정보의 산업화로 이어진다. 산업화를 통하지 않고 지속적인 정보의 상품화는 성립되지 않기 때문이다. 여기서 정보산업은 다시 정보 서비스 산업과 현실적으로 이를 확산, 보급하는 통신 서비스 산업, 그리고 이를 가능하게 뒷받침해 주는 정보통신기기 산업을 포함한다. 즉, 정보를 생산판매하는 산업 외에도 상품화와 판매하는 데 관계되는 전후 산업도 정보산업이라고 할 수 있는 것이다. 이러한 광의의 정보산업 중 가장 직접적으로 정보의 유가가치를 창출하는 것이 정보통신 서비스이다. 그 구체적인 예로 데이터베이스와 이를 통신 서비스화한 VAN 등을 들 수 있다. 그러나 정보의 상품화에는 반드시 수요창출이 선행되어야 하며, 그 수요는 정보에 대한 인식제고를 통해 형성된다고 하겠다.
둘째, 비유가적 가치의 실현이란 정보를 궁극적으로 인간에게 유익하게 활용함을 의미한다. 이것은 곧 정보가 인간이 인간답게 존재하기 위한 기본원리에 충실함을 의미한다. Maslow가 말하는 인간의 5단계 욕구에 비춰 설명하면, 인간은 인간답게 살기 위해 의·식·주를 비롯한 존립에서부터 자아실현에 이르기까지 자기욕구가 충족되어야 하며, 이를 위해서는 각각의 요구단계에 필요한 정보가 최대한 제공되어야 한다. 즉, 인간의 알 권리 충족을 의미하는 것이다. 알 권리의 실현은 이들을 무시하거나 배제하지 않고 적극적으로 실천해야 하는 도덕적 차원의 것이다. 또한 정보가치 창출에 있어서 정보를 다루는 데 필요한 윤리이기도 하며, 정보사회가 궁극적으로 실현해야 할 목표이기도 하다.

그러나 이러한 측면의 이면에는 개인정보 보호적인 요소도 있다. 즉, 비유가적 가치의 실현은 공유해야 할 정보는 최대한 보급하고 지켜야 할 정보는 최대한 보호해 줌으로써 이루어진다. 이것이 바로 정보를 더욱 가치 있게 하는 것이다. 정보사회는 바로 이러한 정보가치를 실현하는 사회이다.

제4절 지식정보의 의미와 유형

정보의 의미가 다양한 개념으로 설명되고 있는 것처럼 정보원의 의미도 여러 시각에 따라 차이가 있을 수 있다. 오늘날 정보가 생존 활동에 있어서 필수적인 요소가 됨에 따라 용도와 주제에 따라 생활정보, 여행정보, 학술정보, 입시정보, 금융정보, 오락정보 등으로 불린다. 정보원은 이와 같은 다양한 정보들을 이용목적에 맞게 내용을 기록하여 전달하는 문헌적 자료를 의미한다고 할 수 있다.

최근에는 전자기기의 발전으로 영상이나 음악 및 멀티미디어 정보를 전자매체에 기록하고, 초고속망을 통하여 시공간을 초월하여 정보를 전달하고 제공받을 수 있게 되었다. 또한 인간의 지적 생활에 필요한 기호나 데이터의 근원인 정보원은 생성과 가공 단계에 따라, 혹은 자료의 특성, 포맷, 제공되는 방법에 따라 여러 가지 형태를 취하며, 용도와 이용목적에 따라 여러 가지로 구별될 수 있다.[66]

1. 지식정보의 유형

지식정보 자원의 유형은 크게 발생형태상의 정보구분과 생성과 가공 단계에 따른 구분으로 나누어 볼 수 있다.

1) 발생형태상의 정보의 구분

발생형태에 따라 정보의 종류를 구분하면 인공정보와 자연정보 두 가지로 분류할 수 있으나 일반적인 개념에서는 의사소통에 필요한 내용을 기록하여 전달하는 문헌적 자료의 의미로 인간이 일상생활에 필요한 정보를 생성한 인공정보를 말한다. 일상생활에서 이용되고 있는 정보는 매우 다양하

---

66) 문헌정보학의 이해 편찬위원회, 전게서, pp.51 - 52.

게 생성되고 있으나, 주요한 정보원의 종류를 분류해 보면 다음과 같이 나타난다.[67]

① 문자정보: 도서, 신문, 잡지, 보고서, 논문, 회의록
② 영상정보: 영화, 마이크로 형태 자료, TV, 비디오, DVD 등
③ 음성정보: 레코드, 사운드테이프, 라디오 등
④ 뉴미디어: 팩시밀리, 비디오텍스트, CD-ROM, 각종 전자정보(인터넷), CATV 등

2. 생성과 가공 단계에 따른 구분

생성과 가공에 따라 정보원을 구분하는 방법에는 여러 가지가 있지만 일반적으로 원문의 가공방법에 따라 1차 정보 자료(primary source), 2차 정보 자료(secondary source), 3차 정보 자료(teriary source) 등으로 나눌 수 있다.

① 1차 정보 자료(primary source)

1차 정보 자료는 원 저작물을 뜻하며, 출판 전 배포기사, 연구성과의 예비보고, 특허명세서, 회의 자료, 연구보고서, 연구논문, 미간행 문헌, 데이터, 도서(단행본), 개인문서, 정기간행물, 기록자료, 사건의 보고내용, 관찰이나 인터뷰 데이터, 실험데이터, 통계 자료 등 다양한 유형의 자료로 존재하고 있다. 1차 정보 자료는 정보 자료 중 가장 유용한 정보로 이용가치가 대단히 높은 정보라 할 수 있다.

■ 도서 (단행본): 한 주제 아래 단독저자 또는 공동저자가 기술하여 1번 간행된 저작물로, 일관성 있게 한 주제를 다루는 많은 양의 정보가 기록되어 있는 매체로 한 주제에 대하여 총체적으로 파악하는 데 적합한 정보원이다.[68] 이용하는 방법에 따라 전체를 통독으로 하는 것을 일반 도서와 필요한 부분만을 읽어 목적을 달성하는 참고 도서가 있다. 일반 도서

---

68) 한상완 등, 지식정보사회에서의 정보활용(서울: 한국도서관협회, 2005), p.47.

로는 입문서, 교과서, 전문서 등이 있고, 참고 도서에는 사전(辭典), 사전(事典), 연감, 편람, 도감, 지도 등이 있다.[69] 최근에는 도서 형태의 변화로 도서의 내용이 디지털 데이터로 전자적 장치에 저장되어 정보통신망을 통하여 컴퓨터나 휴대용 단말기를 이용하여 내용을 읽고, 보고, 들을 수 있는 형태인 전자책이 발행되기도 한다.

■ 학술지와 학술지 논문: 학술지는 전형적인 1차 자료로 특정 주제 분야의 학술논문을 수록하는 정기 간행물로 대부분 학회, 협회, 대학, 연구기관 등에 의해 간행되고 있으며, 경우에 따라 상업적인 목적으로 운영되는 상업출판사도 포함된다.[70] 학술지는 학자 및 연구자 자신이 수행한 연구활동의 내용을 상세하게 기술하고, 이에 대한 해설을 기록한 논문을 통해 연구결과를 알리는 중요한 정보원의 역할을 한다. 학술지에 연구결과를 발표하기 위해서는 해당 전문 분야의 중진학자들로 구성된 학술지 편집위원회의 심사를 거쳐 정식으로 발표되는 과정을 거치는 것이 일반적이다. 전문가의 심사과정을 거침으로써 학술논문의 내용은 질적 수준이 확인된 객관적 가치를 갖게 되어 신뢰할 수 있는 학술정보원으로 가장 많이 활용되고 있다.[71]

학술지는 동일한 지명으로 엄밀한 계획하에 계속적으로 발행되며, 일정한 기간마다 편집자의 편집 방침에 따라 발간되고, 각 호마다 서로 다른 저자에 의해 집필된 논문 및 기사가 게재된다. 오늘날에는 인터넷을 통한 전자저널이 많이 등장하여 발간 시까지 소요되던 기간 및 배포상의 제약을 크게 줄여 학술 교류 활성화에 많은 도움을 주고 있다.

■ 회의 자료: 회의 자료는 학술회의의 부산물로 생성되는 연구 정보원으로 회의의 목적과 규모에 따라 협의회, 대학의 세미나, 학술대회, 각종 학술대회, 학술주제연구토의, 학술주제토론회, 연구 및 연수회 등에서 프로그램 안내문, 요약집, 강연 내용을 회의 전이나 회의 후에 요지문을 출판하는 등 학술회의를 통해서 출판되는 출판물로 출판형태가 다양하다.[72] 연구 개발활동의 급격한 증가, 새로운 정보의 발생 증가, 연구개발 결과를 공유하기 위해 국제적 협력과 신속하고 직접적인 커뮤니케이션의 필요성 인식 등의 이유로 학술지보다 신속하게 새로운 연구개발에 관한 내용이 전달되는 학술회의 자료가 점차 중요한 정보원이 되고 있다.[73]

■ 연구보고서 및 기술보고서: 어떤 단체나 개인이 정부나 조직으로부터 연구비를 받아 연구한 결과를 조직 등의 연구 후원자에게 보고하는 과정에

---

69) 곽동철, 전게서, p.49.
70) 문헌정보학의 이해 편찬위원회, 전게서, p.53.
71) 한상완 등, 전게서, p.48.
72) 문헌정보학의 이해 편찬위원회, 전게서, p.54.
73) 한상완 등, 전게서, p.51.

서 생산되는 것으로, 연구기관, 대학, 학회나 협회 등에서 작성되고 있는 보고서를 비롯하여, 관청이나 기업체에 있어서 전문적인 지식을 바탕으로 작성된 각종의 보고서, 조사자료, 기술자료, 기록 등을 의미한다. 전 세계 연구보고서의 약 80%가 미국에서 생산되며 대표적인 것으로는 PB report/Publication Board Report, AD report/American Documentation Report, NASA roport 등이 있다.

■ 학위논문: 학위를 취득하기 위해 행하는 연구의 성과보고로 석사논문과 박사논문을 포함한다. 각 학문 분야에서 연구의 가치가 있는 주제에 관한 역사, 전망, 상세한 데이터, 관찰 및 조사의 결과, 연구과정, 참고문헌 등이 수록되어 연구자들에게 일차적으로 유용한 정보를 제공한다.

학위논문의 조건에는 과거 동일 내용의 연구가 발표되지 않은 것으로 연구 내용이 독창적이며, 그 분야에 어떤 새로운 공헌을 할 것을 요구하기 때문에 반드시 어떤 새로운 정보, 독창적인 정보가 포함되어 있다. 선행 연구결과의 확인을 위한 광범위한 문헌탐색의 결과로 관련 주제를 위한 유용하고 망라적인 서지를 구성하여 특정 분야의 2차 도구로서의 역할을 하기도 한다. 학위논문의 경우 공적인 형태로 출판되지 않고 학위를 수여받는 학교의 도서관에 제출하는 것으로 끝나는 경우가 많기 때문에 여러 학교에서 나온 학위논문을 구하기 쉽지 않다. 이러한 문제점을 해결하기 위해 한국교육학술정보원 학술연구정보 서비스(http://www.rriss4u.net/)에서 국내외 학위논문을 탐색할 수 있도록 지원하고 있다.

■ 신문: 신문은 정치, 경제, 사회, 국제, 문화까지 모든 분야에 대해서 최대의 정보량을 가지고 있는 정보원이다. 때문에 비즈니스뿐만 아니라 내용에 따라서는 연구 자료로도 도움이 되는 정보가 많이 있다. 신문기사의 특징상 과대정보 및 비판정보가 많고 오락성이 높아 객관적인 요소나 학술적 요소가 상대적으로 떨어진다고 할 수 있지만, 적시성 및 최신성 면에서 볼 때 유용성이 높은 정보도 있으며, 모든 주제에 대하여 상식적 수준의 정보를 구하기에 적합한 정보원에 속한다.

■ 웹 정보원: 웹 정보원은 인터넷에서만 생산되고 유통되는 정보원으로 주제별 사이트, 기업기관 사이트, 개인 홈페이지, 게시판, 커뮤니티, 전자상거래 등이 이에 속한다. 웹 정보는 정보 생산자가 쉽게 생산할 수 있으나 생산 또는 유통과정에서 여과나 통제장치가 없기 때문에 질적 수준에 문제가 될 수 있다. 정보이용자는 많은 정보원에 용이하게 접근할 수 있으나 평가되지 않은 정보를 이용하게 될 염려가 있다. 인쇄문헌은 발행 전에 편집과정을 거치면서 질적으로 낮은 문헌의 생산을 최소화하고 있으나, 인터넷을 통하여 전달되는 웹 정보원은 효과적인 이용을 위해서는 엄격한 평가가 필요하다.[74]

② 2차 정보 자료(secondary source)

2차 정보 자료는 1차 정보 자료에 포함되어 있는 내용을 특정한 형식으로 가공하거나 재편성하여 재생산한 것이나, 1차 정보 자료의 서지사항을 체계적으로 정리하여 일정한 순서로 배열하여 작성한 초록, 색인, 서지, 목록 등을 일컫는다. 또한 1차 정보 자료에 포함되어 있는 정보를 압축, 정리해서 읽기 쉬운 형태로 제공하고 있는 자료로 백과사전, 텍스트북, 핸드북, 데이터집, 연감 등이 있으며, 양자의 기능을 겸하고 있는 자료로 초록, 리뷰 논문 등이 있다.[75] 정보량이 급증하면서 각국에서 생산되는 다양하고 방대한 1차 정보 자료 속에서 적절한 정보를 확인 · 선택 · 정리 등 가공하는 작업이 중요하게 되었고, 바로 이러한 가공을 통해 2차 정보 자료가 생산되는 것이다. 2차 정보 자료는 계속 읽기 위한 자료라기보다 특정한 정보를 찾고자 할 때 이용되는 자료들이다.[76]

- 사전: 단어의 의미나 철자·음절·발음 등 모든 구조적 형태 및 어원을 알아볼 수 있는 가장 용이한 도구인 사전은 단순한 단어뿐만 아니라 주요 지명·사람·역사 및 동의어·반의어·약어·방언 등 많은 내용을 포함하고 있다. 내용별로 일반사전, 어원사전, 외국어사전, 주제사전, 방언사전 등 그 취급 내용의 범위에 따라 여러 가지로 분류할 수 있다.[77]
- 서지 및 서지 데이터베이스: 서지란 문헌에 관한 기본적인 정보를 체계적으로 정리, 편집해 놓은 리스트로 저자나 서명같이 각 문헌을 식별할 수 있는 단서뿐만 아니라 출판사항(출판자, 출판사, 출판 연도)이나 문헌의 물리적인 요소를 기술하는 형태 사항(페이지, 크기, 삽도의 유무 등)도 기술할 때 필요한 기본 요소이다. 서지 데이터베이스는 원저작물의 원문이 포함되어 있지 않아 데이터베이스에서 서지사항만 검색이 되는 데이터베이스를 말하는데 이처럼 1차 정보가 정확하게 어떤 장소에 있는지 찾아볼 수 있는 데이터베이스를 서지 데이터베이스라고 한다.
  서지는 모든 주제 분야나 자료 형태를 포괄적으로 포함하는 일반 서지와

---

74) 김용근, 「지식정보사회에서의 학술정보의 활용」, 한국도서관 · 정보학회지, 제35권 제2호(2004, 06), p.23.
75) 문헌정보학의 이해 편찬위원회, 전게서, p.60.
76) 한상완 등, 전게서, p.59.
77) 상게서.

특정 주제나 특정 매체만을 대상으로 하여 만든 특수 서지로 분류할 수 있다. 일반 서지의 대표적인 예로는 국가 서지, 대학도서관의 장서목록, 또는 출판업계에서 만들어 내는 상업 서지 등을 들 수 있다.[78]

■ 색인: 한 단위 문헌 속에 포함되어 있는 소단위 문헌정보를 대상으로 하여 그들에 대한 정보를 주는 것을 색인이라 할 수 있다. 이런 관점에서 색인이나 초록을 서지정보원이라고도 한다. 색인은 주제별로 또는 저작별로 접근이 가능하도록 논리적인 체제로 제작된다. 우리나라에서는 국회도서관에서 정기간행물 기사 색인집을 책자형으로 간행하고, 이 국회도서관 소장 문헌을 MARC DB로 구축하여 데이터베이스에서 주제별 색인이 검색되어 이용되기도 한다.[79]

■ 편람: 편람은 한 주제 분야에 관해 일정한 체계에 따라 이론적 해설과 실무적 데이터를 제공하기 위해 실례, 도표, 그림, 통계 등을 많이 사용하여 비교적 실무에 적용하는 데 편리하도록 용어나 각종의 전문사항을 간결하게 설명한 책이다. 즉, 특정 분야에 대한 축약적인 개념이나 절차 및 기법 등에 대한 기초자료에 접근할 수 있는 일종의 요약서로 각 분야 전문가에 의해 작성된다. 영어로는 핸드북, 매뉴얼, 가이드북, 다이제스트 등으로 불리며, 우리나라의 경우 대관(大觀), 요람(要覽), 안내(案內) 등으로 표현되고 있다.[80]

■ 연감: 연감은 yearbooks와 almanacs 두 가지 형태로 구분된다. Almanacs는 바로 지난해의 주요 사건이나 각종 통계정보를 비롯한 다양한 분야의 사실적인 데이터를 수록한 것으로, 가정이나 일반 직장에서 즉석 참고용으로 많이 이용되고 있다. 일반적인 almanacs로는 World Almanacs & Books of Facts나 Whitaker's Almanacs가 널리 이용되고 있다.

이에 비하여 yearbooks는 다소 제한적인 분야나 지역 또는 주제를 상세히 다루고 있으며 Stateman's Yearbook과 같은 세계 각국의 통계나 간단한 정보를 싣고 있는 것과 각국에서 발행하는 것으로 해당 국가의 정치·경제·사회 관련 자료를 상세히 다루고 있다. 그 예로는 회사연감, 한국기업총람, 무역통계연보, 물가연보, 중소기업연감, The Statesman's Year book: Satistical and Historical Annual of the States of the World, Commodity Yearbook 등을 들 수 있다.[81]

■ 3차 정보 자료(teriary source): 3차 정보 자료는 2차 정보 자료가 급속도로 증가함에 따라 2차 정보 자료를 찾기 위하여 필요로 하게 되었다. 때

---

78) 문헌정보학의 이해 편찬위원회, 전게서, p.61.
79) 문헌정보학의 이해 편찬위원회, 상게서, pp.61 - 62.
80) 한상완 등, 전게서, p.60.
81) 상게서, p.61.

문에 3차 정보 자료를 서지의 서지라고도 하며, 1차 정보 자료나 2차 정보 자료를 토대로 하여 주제별로 개요나 개념 정리를 해 놓은 교과서, 백과사전, 해설요약, 색인과 초록의 목록, 명감의 명감, 문헌 안내 자료와 같은 다양한 유형을 포함하고 있다. 이러한 3차 정보 자료의 예로 미국 도서관협회(ALA)에서 발간한 Guid to reference books가 유명하며, 이 외에도 Information Sources in Engineering 등을 들 수 있다.[82]

제5절 지식정보의 생성과정과 활용

1. 지식정보자원의 생성

우리나라 한국과학기술정보연구원과 일본과학기술정보센터의 자료에 의하면 세계적으로 생산되고 있는 기술 정보량은 개략적으로 1972년에 230만 건에 불과했던 것이 1980년에는 600만 건, 1990년 1,000만 건에 이를 정도로 급속히 증가하고 있다. 이처럼 국제적으로 정보 생산량이 급증함에 따라 어느 국가나 경쟁적으로 최신 기술정보를 보다 신속히 수집하여 적기에 제공하기 위한 체계적이고 전략적인 정보활동의 전개를 필요로 하고 있는 실정이다.

이렇듯 정보활동의 중심이 되는 정보 자료의 생성과 유통과정은 다음 [그림 2 - 3][83]의 정보의 생성과정을 살펴보면 그 전모를 이해할 수 있다.

---

82) 문헌정보학의 이해 편찬위원회, 전게서, p.63.
83) 출전: 한국도서관협회, 도서관정보관리편람(서울: 한국도서관협회, 1994), p.316.

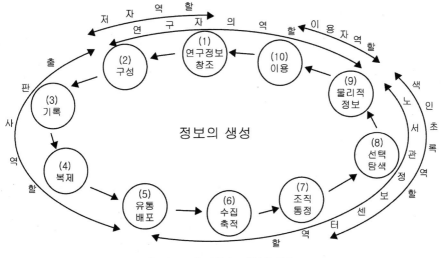

[그림 2-3] 지식정보 생성의 단계

그림에 나타난 것과 같이 정보 생성은 단계별로 역할 분담을 이루어 한 시점의 생산자가 다른 시점에서는 이용자가 되며, 다시 또 다른 정보를 생산하는 과정을 반복하면서 계속 발전해 나가고 있다. 정보의 생산과 이용에 중심이 되는 과학자·기술자, 정보를 이용하거나 전달할 수 있는 형태의 자료로 제작하는 출판사, 이러한 정보 자료를 판매를 통해 유통시키는 서적 도매상 및 일반 서점, 정보 서비스를 담당하는 도서관과 정보센터, 출판된 정보의 소재파악 및 이용을 돕기 위해 색인이나 초록을 작성하는 정보가공자 등의 역할이 모두 포함된다.[84]

2. 발전과정

정보 생성 단계에서 나타나는 정보 자료는 시간의 흐름에 따라 다양한 형태로 제작되어 유통된다. 다양한 유형의 정보 자료의 구조는 연구개발 노력의 결과로 인한 정보의 생성에서부터 1차 정보 자료의 배포, 2차 정보

---

84) 곽동철, 지식정보사회와 정보관리(서울: 문음사, 2003), pp.39 - 41.

자료, 그리고 서평 및 백과사전 등을 통합 및 간결화에 이르기까지의 정보 생성과정을 추적함으로써 이해할 수 있다. [그림 2 - 4][85]는 아이디어의 구상 단계에서 생산된 새로운 정보가 다양한 통로를 통해 배포되어 이전의 지식에 통합되는 단계까지 지식정보 자료의 발전과정을 보여 주는 서지적 사슬의 개략도이다.

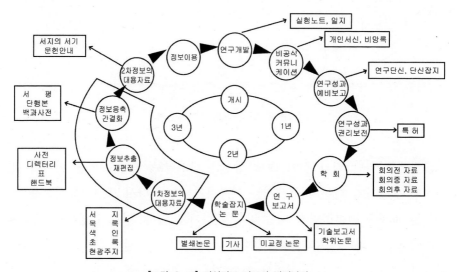

[그림 2-4] 지식정보 자료의 발전과정

[그림 2 - 4]에서 내부의 사슬 속에 있는 원내의 숫자는 아이디어 구상 단계인 연구개발을 시작한 시점으로부터 경과된 연수를 표시하고, 외부의 사슬 속에 있는 원내의 설명은 각각의 시정별 정보활동을 기술한 것이다. 가장 외부의 네모 속에 있는 내용은 각각의 활동과 연계된 정보 자료의 유형을 표시한 것이다. 그림에서 연구를 시작한 시점으로부터 가장 나중에 일어나는 정보활동으로 정보이용을 표시하고 있지만, 실제 연구개발 활동에서는 각각의 정보활동마다, 정보의 이용이 이루어지고 있다.[86]

---

85) 출전: Krishna Subramanyam, Scientific and Technical Information Resources(New York, Marcel dekker, 1982), p.5 및 한국도서관협회, 도서관정보관리편람(서울: 한국도서관협회, 1994), p.317 참고하여 곽동철, 전게서에 작성된 것을 인용함.
86) 곽동철, 전게서, pp.41 - 42.

3. 정보활용

1) 정보활용의 개념

지식정보사회에서는 컴퓨터를 활용할 수 있는 능력은 물론 지식정보를 이용하여 새로운 정보나 지식을 창출해 내는 정보활용 능력을 중요시하는 사회이다. 정보활용 능력은 자주적 학습 능력 향상은 물론 창의적인 사고 능력을 향상시키는 데 중요한 역할을 한다. 오늘날과 같이 정보와 지식이 중요시되는 지식정보사회를 성공적으로 살아갈 수 있으려면 폭증하는 지식 정보를 수집하고 정리하여 이용하는 능력 즉, 정보활용 능력을 향상시켜야 한다. 이와 같은 정보활용 능력을 구체적으로 설명하면 다음과 같이 요약될 수 있다.[87]

① 정보를 수집할 수 있는 능력
② 수집된 정보 중 필요정보를 정리할 수 있는 능력
③ 정보를 분석하여 활용할 수 있는 능력
④ 정보를 표현하고 새로운 정보를 창출할 수 있는 능력

정보센터나 도서관에서는 이용자들이 필요로 하는 정보를 제공해 주고 또 이용자들에게 정보를 활용할 수 있도록 정보이용교육을 해 오고 있다.

또한 디지털시대의 정보는 데이터베이스와 네트워크상에서 전자정보원 형태로 유통되기 때문에 이러한 전자정보를 활용할 수 있는 적절한 정보이용 능력이 필요하게 된다. 인쇄물 정보를 조사하고 수집하여 이용하는 것도 중요하지만 웹상의 데이터베이스 정보를 신속하게 검색할 줄 알고 인터넷의 정보를 활용할 줄 알아야 한다. 인터넷상의 표류 정보 중에서 가치 있는 질적 정보를 구별할 줄 알며, 온라인 네트워크상에서 데이터베이스 정보를 탐색하여 활용할 수 있는 능력은 지식정보사회에서 대단히 중요하다.

---

87) Stoffe, Clarta, J. Literacy for the digital age. American Libraries 20(11), 1988, pp.146 - 147.

2) 정보이용교육

지식정보사회의 도서관은 디지털도서관, 가상 도서관, 사이버 라이브러리 등으로 그 명칭이 변화되고 있다. 인터넷을 통해 전 세계에 흩어져 있는 전자정보를 이용할 수가 있으며, 도서관에서도 인쇄물 형태의 정보원 외에 이미지 데이터, 사진, 비디오 자료, 소리 자료, 일시적인 자료, 예술 작품 등을 전자 형식으로 제공할 수 있으므로 사실상 도서관의 영역이 굉장히 확대되어 가고 있음을 알 수 있다.

현재 대부분의 도서관은 인쇄 자료, 마이크로 형태 자료 등의 물리적인 소장 자료와 온라인 정보원, 네트워크를 통해 이용할 수 있는 전자정보원 등을 함께 이용할 수 있는 혼합 형태로 운영되고 있다. 이와 같이 도서관의 소장 자료가 변해 감에 따라 도서관의 성격, 이용자들의 정보이용 행태 등이 많이 다양해지고 있다. 즉 이용자들은 물리적인 장소인 도서관뿐만 아니라 네트워크를 통해 홈페이지 방문, 이메일, 비디오 컨퍼런스 등의 방법으로 가상공간인 가상 도서관에 접근하여 원하는 정보를 찾고 있으며 다음과 같은 변화를 초래하고 있음을 알 수 있다.[88]

① 원격접속 이용자 수가 증가하고 있다.
② 이용자들은 도서관의 중개 역할 없이도 정보를 이용할 수 있게 되었다.
③ 인터넷을 이용하면 누구나 정보제공자, 즉 출판자가 될 수 있다. 따라서 도서관을 통해 주로 인쇄물 정보원을 이용하던 시대와는 달리 이용자들은 정보의 생산자, 유통자, 최종 이용자가 될 수 있다.
④ 이용자들은 스스로 정보를 정리하고 저장할 수 있으므로 개인 도서관을 갖출 수 있다. 따라서 인쇄물 중심의 전통적인 도서관뿐만 아니라 디지털도서관을 이용할 수 있는 정보탐색기술이 필요하다.

---

88) 박은자, 정보원과 정보이용(서울: 아세아문화사, 2003), pp.17 - 19.

전통적으로 도서관에서는 이용자들을 위한 정보이용교육을 실시해 오고 있다. 지식정보사회에서의 정보이용교육은 인쇄매체의 이용지도에서부터 인터넷 정보자원 이용지도에까지 확대되고 있다.

인터넷을 통해 질적이고 필요한 정보를 검색하여 활용하는 것은 쉬운 일이 아니다. 따라서 도서관을 이용하든 또는 인터넷 정보원을 검색하든 간에 이용자가 필요로 하는 적합한 정보를 보다 쉽게 찾을 수 있으려면 정보검색기술을 포함하여 이에 관련된 정보이용교육이 요구되고 있다.

정보이용교육은 이용자들에게 두 가지 기술을 필요로 한다. 첫째는 적절한 정보를 찾는 기술과 둘째 찾아낸 정보를 평가하는 기술이 필요하다. 따라서 도서관에서는 적절한 정보를 찾을 수 있도록 목록, 도서 분류표, 색인지, 초록지, 인용색인지 등의 정보검색 도구들을 사용하는 방법과 정보이용자들이 각자의 정보요구에 맞추어 필요한 정보를 평가할 수 능력을 갖출 수 있도록 정보이용교육이 요구되는 사회이다.

3) 학교도서관에서의 정보이용교육

지식정보사회에서 교육목적은 자주성과 창의성을 기르는 데 있다. 따라서 학교에서는 학교도서관을 통하여 정보이용교육을 통하여 정보활용 능력을 향상시키는 것이 무엇보다 중요하다. 특히 학교도서관에서는 자주적 학습 능력과 창의적 학습활동을 중요시하고 있기 때문에 학교도서관의 정보이용교육은 대단히 중요하다. 일반적으로 학교도서관 이용 교육의 기본적인 목적은 그 학교의 교육목적과 일치한다. 따라서 학교도서관은 학교교육에 필요한 자료를 수집, 정리, 보존하여 학생과 교사의 이용에 제공함으로써 학교교육과정 전개에 기여함과 동시에 학생들의 건전한 교양을 육성하여 높은 시민성을 기르는 데 목적이 있다. 이를 요약하면 다음과 같다.

① 교수학습 정보의 제공처로 자율학습, 탐구학습활동을 돕는다.

② 정보 검색 및 이용지도로 자율적 조사, 연구 탐구 능력을 배양한다.

③ 교사의 조사 연구 활동을 도와 학교교육의 질적 향상에 기여한다.

④ 학생의 지적 수준, 정서함양에 중요한 독서기회 제공과 독서의 생활화를 유도한다.

⑤ 학생의 과외활동을 돕고 건전한 취미와 여가활용 기회를 제공한다.

⑥ 지역사회의 각급 도서관과 연계하여 도서관 이용을 정착시킨다.

| chapter 03 |

정보기술과 사무자동화

정보기술은 개인이나 단체, 그리고 국가의 정보화를 위한 모든 이론·방법론·시스템 등을 총망라한 용어이다. 하드웨어·소프트웨어·통신기술을 종합적으로 활용하는 정보기술은 작게는 자동화·전산화·시스템화를 위한 것이지만 크게는 정보사회의 구축을 그 목표로 삼는다. 정보기술의 개념은 과거에는 전자공학기술과 전자계산학기술로 설명되기도 했으나, 복잡하고 다변화된 사회적 욕구를 충족시키기 위해 경영학과 산업공학의 시각에서도 새롭게 조명되고 있다. 정보기술은 정보화 전략 수립, 정보관리, 정보화 환경 조성, 시스템 공학, 통신, 시스템 구축, 시스템 구현, 그리고 시스템 평가, 감사기술로 분류할 수 있다.

정보화 전략 수립 기술은 기업전략에 적합하도록 정보화 목표를 설정하고 시스템을 경영의 전략적 도구로 활용하는 기술이다. 주변환경을 이해하고 정보 시스템의 개발 및 이용을 성공적으로 이끌 수 있는 요인들을 분석한 후 정보화 계획을 수립하자는 것이다. 주요 성공요인 분석이나 전략 정보 시스템(strategic information system) 등이 이 기술에 속한다.

최근의 정보기술은 단순히 컴퓨터나 통신기술을 이용하여 정보를 수집·가공·전달하는 일반적인 과학·산업기술로부터 정보문화의 개혁이라는 폭넓은 시각으로 접근하고 있다. 정보기술은 이제 컴퓨터와 통신기술을 포용한, 정보화를 위해 필요한 모든 기술들의 포괄적인 의미로 이해되어야 한다. 자동화 기술이나 전산화 기술에 경영기술이 융합되는 방향으로 기술발전은 지속될 것이다. 인간의 노동력을 배가시켰던 제1차 산업혁명(기계혁명)에 이어 인간의 두뇌력을 배가시킴으로써 인류의 삶에 보다 큰 변화를 가져올 제2차 산업혁명(정보혁명)은 인간이 그 주체이되 정보기술을 그 혁명의 무기로 삼고 있다. 앞으로 정보기술이 한층 발전하려면 사회학·심리학·언어학·언론학·예술·문헌정보학·교육학·법학·철학 분야의 전문가들이 동참해야 할 것이며, 그래야 비로소 정보기술의 궁극적 목표인 밝고 건전하고 활기찬 정보시대가 본격적으로 개막될 수 있을 것이다. 이와 같이 정보기술이 발달함에 따라 모든 분야의 사무자동화는 급속히 확산될 수밖에 없다. 사무자동화 시스템 구축은 지식정보사회에서 정보처리 시스템의 필연적 요소라 말할 수 있다. 보통 사무자동화라고 하면 컴퓨터만 이용하는 것으로 오해할 수 있으나 사무실 환경의 개선과 워드프로세서는 물론 전자우편, 원격회의, 전자결재, 통신망 연결 등 정보기술과 관련된 다양한 기능을 갖추어야 한다.

제1절 정보기술의 이해

정보기술이란 사람이나 조직이 가지고 있는 한계로 인해서 제한되는 의사결정의 합리성을 넓히기 위한 것으로 정보의 수집 처리 생성 축적 및 정보의 의사소통 기능을 지원함으로써 의사결정자의 업무적 전략적 의사결정을 돕는 제반 기술로 정의한다.[89] 일반적으로 정보기술은 대체로 컴퓨터 자료 처리와 인식기구 통신기술 사무자동화 공장자동화의 CAD/CAM 등의 각종 하드웨어와 소프트웨어를 포괄하는 것으로 쓰이고 있다.[90]

---

89) Y. Bakos and M.E. Treacy "Information Technology and Corporate Strategy: A reseach Perspective" MIS Quarterly Vol.10. No.2 June 1986 p.107 - 119.
90) M. E. Porter and V. E. Miller "How Competitive Forces Shape Strategy" Harvard Business Review March - April 1979 p.137.

이러한 의미의 정보기술은(information technology)은 산업사회 후반부에서부터 높이 평가되고 있으며 지식정보사회에서는 각 분야마다 중요성을 인식하고 정보기술의 도입과 개발에 상당한 투자를 하고 있다.[91]

정보기술은 관리 및 경영[92]의 모든 기능의 영역에 있어 필수적이며 정보처리, 정보유통, 정보이용 등에 관련된 총체적인 기술을 말한다. 기술 결정론적인 입장에서 볼 때 산업의 정보화, 행정의 정보화, 기업의 정보화, 학교의 정보화, 사회의 정보화는 정보기술의 발전에서 이루어졌다고 볼 수 있다. 이러한 정보기술은 컴퓨터·통신기술 또는 정보통신기술 등과 혼용되고 있으며, 또한 정보기술 자체와 정보기술의 응용 결과, 즉 각종 정보 기기와 혼동하여 사용되는 경우도 있다. 또한 정보기술은 응용 분야가 다양하기 때문에 개념 정의도 매우 다양하게 이루어지고 있다. Earl은 정보기술을 컴퓨팅(computing), 정보통신망, 그리고 자동화 기술로 파악하고,[93] O'Neil은 정보의 생산, 통제, 유통을 원활하게 하는 컴퓨터 기술과 정보통신기술 및 이와 관련된 절차, 제도 등을 의미하는 것으로 정의하고 있다.[94]

이와 같이 정보기술이 무엇을 의미하는지에 대해서 구체적인 정의는 없으나 크게 정보기술의 구성요소의 관점과 정보기술의 이용목적의 관점에서 정보기술의 개념 및 정의를 내릴 수 있다.

---

91) 정보기술도입에 투자하는 이유는 자동화된 업무처리 기획 실행 통제를 연계하여 체계적인 경영관리 서로 다른 부서 간의 데이터 공유로 원활한 의사소통이 가능해짐에 따라 공동 목표를 실현하기 위해 필요한 기능을 일관성 있고 효율적으로 조정하고 통합하며 사회 경제 정치 기술 생태환경 등의 외부환경 변화에 빠르게 반응하여 대응할 수 있는 특징을 갖고 있기 때문이다.

92) 대체로 관리는 계획적, 체계적, 부문적 그리고 내부지향적이라는 의미를 포함한다. 이에 반해 경영은 위에서 언급한 관리의 의미를 포함하는 동시에 조직 외부, 장기적, 통합적인 관점을 견지한다. 대표적인 미국의 경영학자인 폴렛(M. P Follett)과 쿤츠는 경영이란 "사람들을 통해 일들이 수행되도록 하는 기술"(the art of getting things done through people)이라고 정의 내렸다.

93) 이국철 외 역, 정보기술 시대의 경영전략(서울: 푸른사, 1993), 참고.

94) 이종호, 정보기술이 경영의사결정에 미치는 영향에 관한 연구, 동국대 박사학위논문, 1994, 참고.

1. 정보기술의 구성요소의 관점

정보기술의 구성요소란 정보기술이 어떤 요소로 구성되어 있느냐는 관점에서 본 것으로 정보기술을 컴퓨터, 정보처리 기기, 통신기술, 사무자동화 그리고 공장자동화를 위한 CAD/CAM 등과 같은 하드웨어와 그에 관련된 소프트웨어를 포괄하는 것으로 정의하고 있다.[95]

따라서 정보기술은 컴퓨터 및 각종 정보처리 기기, 네트워크 시스템 등 정보 시스템에 관련된 하드웨어를 관리 운영할 수 있는 기술이라고 할 수 있다. 이러한 관점에서 최근 우리나라 정보기술은 세계적 수준에 와 있다고 볼 수 있다. 그 예로 케이블TV를 비롯하여 종합 유선 방송이 실시되고 있고, 또한 여러 가지 정보통신기술을 통합하는 종합정보통신망(ISDN: Integrated Services Digital Network)이 완성되어 정보의 유통이 원활하게 이루어지고 있다.

2. 정보기술의 이용목적에 의한 관점

정보기술은 이용목적을 강조하여 정보의 저장, 정보처리, 및 통신에 기여하는 자원으로서 업무를 수행하는 시스템 자원들의 조직으로 정의되기도 한다.[96]

이와 같은 개념에서 정보기술은 무수한 하위 기술들이 복합적으로 연결되어 있기 때문에 모두 파악한다는 것은 어렵다. 그러나 정보기술을 조직의 운영 방향에 따라서 3가지 차원으로 나누어 볼 수 있다.

첫째, 제품생산 중심 사회에서 교육·건강 등 대부분 사회적 서비스인 인간

---

95) Clermons. E. K, Sustaining IT Adventage.: The Role of structural Difference, MIS Quarterly, Vol.3, 1991, 참고.

96) Bakopoulons. J, 'Toward a More Precise Concept & Information Technology', proceeding & 6th International Conference on Information technology, 1991, 참고.

서비스업과 시스템 분석·시스템 설계, 프로그래밍, 정보처리 등 전문 서비스업 중심 사회에 적용되는 기술이다.

둘째, 정보사회는 이론적 지식이 집대성되어 사회변화를 이끌어 가는 역할을 하게 된다. 현대 과학은 더욱 세분화된 지식을 추구하여 고도로 전문화되는 한편 각 분야가 통합되어 과학과 기술의 결합으로 단일의 개념적, 이론적 구조를 형성하게 된다. 이러한 현대과학에서 응용되는 기술을 말한다.

셋째, 탈공업화 사회에서 시스템 분석 및 의사결정 이론의 주요 도구로서 새로운 지적 기술(intellectual technology)이 강조된다. 기계 기술이 공업화 사회의 핵심적 부분인 것처럼 지적 기술은 정보사회의 중심적인 역할을 한다. 이러한 지적 기술을 말한다.

따라서 정보기술은 정보처리 시스템에 관련된 소프트웨어를 활용하고 관리하는 기술이나, 시스템을 분석하고 설계하고 구현할 수 있는 기술을 의미하며, 정보를 편리하게 활용하기 위한 기술적 수단과 그것이 제공하는 새로운 서비스까지를 통칭하는 개념으로 정의할 수 있다. 최근에 각광받고 있는 정보기술은 인터넷, 초고속 정보통신망과 ISDN, 그리고 뉴미디어(New Media)와 멀티미디어(Multi media)에 관련된 기술은 정보기술이라 할 수 있다.[97]

3. 정보기술의 특성[98]

1) 정보기술의 일반적 관점에서의 특성

① 정보기술은 일반적으로 흥미롭다.

정보기술은 세계적 영향력이 매우 강하다. 다양한 주제의 모든 측면에 영향을 주고 있다. 정보기술은 공학기술의 유형으로 평가하면서도 동시에 체계적이고 확장성 및 응용성이 높다고 말 할 수 있다. 이러한 관점에서 정보기술은 정보기술 자체와 이용이 창출되는 데 상당한 활력을 지원한다. 그러

---

97) 최진석, 한국정보사회론(서울: 기한재, 1997), pp.50 – 51.
98) Turban, Rainer,Potter, Introduction to Information Technology, 정덕훈, 박정훈, 백승익 공역, 정보기술의 이해(서울: 교보문고, 2002) pp.13 – 15.

나 정보기술은 기본적인 지식이 없이는 가능하지 않다. 정보기술의 복잡성과 힘은 모두 심오하다.

② 정보기술은 조직 내의 작업을 촉진시킨다.

정보기술은 단순히 지식을 넓히는 것을 넘어서 조직의 관리 운영 면에서 파생되는 효과가 매우 크다. 정보기술을 이용하는 경영 시스템은 운영의 효율성뿐만 아니라 생산성 향상에도 효과성 측면에서 크다 할 수 있다. 정보기술은 또한 조직을 구성하고 관리하는 과정들을 변화시키기도 한다. 즉, 작업방법과 부서와의 상호 작용과 협동체제에 혁신적인 변화를 줄 수 있다. 이와 같이 정보기술은 조직의 활동이나 과정의 촉진제 역할을 할 수 있다. 그러므로 모든 관리자와 전문 실무자들이 자신의 전문 분야의 입장에서 정보기술을 익히는 것은 매우 중요하며, 또한 조직 전체에 걸친 정보통신의 체계와 공급망과 같은 조직 간 환경 내에서 정보기술을 배우는 것도 매우 중요하다. 이처럼 정보기술은 그 지원적 역할뿐만 아니라 사람들, 조직구조, 조직전략, 그리고 사업과 관리 과정에 대한 그 영향력에 있어서도 매우 중요하다. 따라서 관리자와 실무자들은 정보기술에 근거한 성공적인 시스템들을 어떻게 구축하고 이용하고 관리해야 하는가를 분석할 수 있는 능력을 가져야 한다. 종종 정보 시스템 구축이 잘못되어 조직에 해를 입히는 경우가 종종 있다.

③ 정보기술은 고용 창출의 기회를 제공한다.

정보기술의 영역에는 고용기회가 존재하기 때문에, 정보기술을 배우는 사람이 증가할 수 있다. 관리자의 잘못된 인식으로 인력이 감축되는 경우도 있지만 오히려 기술지원적인 차원에서 보면 일자리를 창출할 수 있다.

프로그래머, 시스템 분석가, 시스템 디자이너와 같은 전통적인 정보기술 보조직에 대한 수요는 계속 증가되고 인터넷에 의한 웹 페이지 디자인과 운영, 전자상거래, 네트워크 보안, 시스템 개발, 원격 통신, 멀티미디어 디자인, 인공지능, 그리고 정보문서 관리와 같이 새로운 시스템 분야에서 나타나는 고수익의 기회도 많이 존재한다.

미국 상무성 보고에 의하면 실제로 정보기술 산업이 미국 경제 성장률을 두 배 증가시켜 왔으며, 이는 지난 5년 동안의 미 경제 성장률의 4분의 1 이상을 차지하는 것이라고 보도하고 있다.

상무성은 고임금에도 불구하고 정보기술 산업 자체가 정보기술 관련 종사자를 필요로 하기 때문에 인력이 아직도 부족하다고 보고 있다.

④ 정보기술은 모든 분야에서 이용된다.

정보기술은 경영의 모든 기능적 영역에 있어서 필수적이며, 정보기술에 의해 구축된 정보 시스템은 모든 기능적 영역이 통합되어 운영된다. 재무회계 영역에서, 관리자들은 수익과 사업 활동을 예측하고, 가장 좋은 자금의 원천과 사용을 결정하며, 현금과 다른 재무적 자원들을 관리하는 정보관리 시스템을 이용한다. 또한 투자현황을 분석하고, 조직의 근본이 견실하고 모든 재무보고와 문서가 정확한지를 감사하는 데에도 정보 시스템을 이용한다.

2) 정보기술의 사회적 관점에서의 특성

① 사람들은 정보기술을 서로 다른 방법으로 해석하고 사용한다. 정보기술이 모든 사용자에게 동일한 의미를 갖는 것은 아니다.

② 정보기술은 사회적 행위와 관계를 제한하거나 가능케 한다. 정보기술은 자유의 기술(technologies of freedom)인 동시에 보이지 않는 제약을 동반한다.

③ 정보기술은 기존의 통제구조를 변화시킨다. 기술은 사람의 행위와 그 기술이 구현되는 사회적 환경에 의해 형성되지만, 바로 그 기술을 중심으로 조직구조가 안정화된다.

④ 어떤 이해관계자에게는 정보기술 발전의 결과가 부정적일 수 있다. 정보기술의 사용은 누군가를 희생시켜 사회생활의 성격과 범위를 변화시킬 수 있다.

3) 정보기술의 기술적 관점에서의 특성

① 정보기술은 의사소통 역할과 계산 역할을 모두 수행한다. 초기 컴퓨터 시스템과 달리, 오늘날의 컴퓨터 네트워크는 의사소통 역할 또한 수행한다.

② 정보기술의 결과에는 중요한 시공간적 측면들이 있다. 정보기술은 시공간적 제약을 감소시키기도 하지만, 그 반대의 경우도 있다 정보기술의 효과는 즉각적으로 나타날 수도 있고 긴 시간 뒤에 나타날 수도 있다.

③ 정보기술은 대개 사회변화를 야기하지 않는다. 정보기술이 사회를 그렇게 급속히 근본적으로 변화시키는 것은 아니다.

4) 정보기술의 제도적 관점에서의 특성

① 사회적, 기술적 결과는 제도적 상황에 배태되어 있다. 정보기술은 특정한 제도적 틀을 벗어나서 인지되거나 논의될 수 없다.

② 정보기술은 많은 경우 중대한 정치적 결과를 초래한다. 정보기술은 정치적 네트워크로서의 조직체의 변화에 영향을 미친다. 특정 정보기술의 채택을 지원 또는 반대하는 다양한 집단들의 동기를 이해할 필요 또한 있다.

4. 정보 시스템의 개념

정보 시스템(IS: Information system)은 특별한 목적을 위해 정보를 수집하고, 처리하고, 저장하고, 분석하며, 확산시킨다. 정보 시스템은 다른 시스템과 마찬가지로 투입물과 산출물을 포함하고 있다. 정보 시스템은 투입물을 처리하여 사용자 또는 다른 시스템으로 전달되는 산출물들을 생산해 낸다. 여기에 운영을 통제하는 피드백 메커니즘도 포함될 수 있다. 다른 시스템들과 마찬가지로 정보 시스템은 어떤 특정 환경 내에서 운영된다.

자료, 정보, 지식 간의 차이점을 인식하는 것은 중요하다. 자료(data)는 가공하지 않은 사실들(facts) 또는 사물, 사건, 활동, 그리고 거래들의 기본적인 기술인데, 이것은 수집·기록·저장·분류되지만 어떤 특별한 의미를 전달하도록 구성되지는 않는다. 자료의 예로는 성적, 은행잔고, 또는 종업원 근무시간 등을 들 수 있다.

정보(information)는 특정한 방법으로 수신자에게 의미를 가지도록 구성된 사실들(또는 자료들)의 집합이다. 예를 들어, 학생들 이름에 성적을, 고객명단에 은행잔고를, 작업시간에 종업원 임금을 포함시킨다면, 유용한 정보를 보유한 것이다. 달리 표현하면, 정보는 처리된 자료로부터 나오는 것이다.

지식(knowledge)은 이해, 경험, 축적된 학습, 전문기술 등을 전달하도록 구성되고, 처리된 정보로 구성된다. 중요한 암시점을 추출하고, 과거의 경험과 전문성을 반영하도록 가공된 정보는 그 수용자에게 높은 가치를 가진 조직의 지식(organizational knowledge)을 제공한다. 이러한 가치는 한 관리자로 하여금 다른 관리자가 범하는 똑같은 실수를 하지 않게 한다.

관리자들과 조직에 유용한 정보는 그 다양한 특성들을 보여 주어야만 한다. 정보는 정확하고, 완전하고, 유연하고, 신뢰할 만하며, 관련성 있고, 시기적절하고, 확인할 수 있고, 접근 가능하며, 안전해야 한다. 그 질이 높지 않은 정보는 좋지 않은 의사결정을 이끌게 되어 조직에 많은 비용을 초래한다. [그림 3－1]은 IT, 자료, 지식, 그리고 기업의 의사 결정 전략들 간의 연결 관계를 예시하고 있다.

① 컴퓨터 기반 정보 시스템은 무엇인가?

컴퓨터 기반 정보 시스템(CBIS: Computer－Based Information System)은 목표한 과업의 일부나 전체를 수행하기 위해 컴퓨터나 원격 통신기술을 사용하는 정보 시스템이다. 정보기술은 개인용 컴퓨터, 프린터, 네트워크와 같은 어떤 시스템의 특정한 구성요소이다. 정보기술이 단독으로 사용되는 경우는 극히 드물고, 이보다는 정보기술이 정보 시스템으로 연결되었을 때 가장 효과적이다. 정보 시스템의 기본적인 구성요소들은 다음과 같다.

■ 하드웨어(hardware): 프로세서, 모니터, 키보드, 프린터와 같이 자료와 정보를 받아서 그것들을 처리하고 보여 주는 일련의 장치들
■ 소프트웨어(software): 하드웨어가 자료를 처리하도록 하는 일련의 컴퓨터 프로그램들
■ 데이터베이스(database): 자료와 자료들 간의 결합물을 저장하는 관련 파일, 레코드 등으로 구성된 집합
■ 네트워크(network): 다른 컴퓨터들 간에 자원을 공유하도록 하는 연결 시스템
■ 절차(procedures): 정보 시스템의 사용을 위한 전략, 정책, 방법, 규칙들
■ 사람들(people): 정보 시스템에서 가장 중요한 요소로, 정보 시스템을 이용하여 작업하거나 그 산출물을 이용하는 개인들

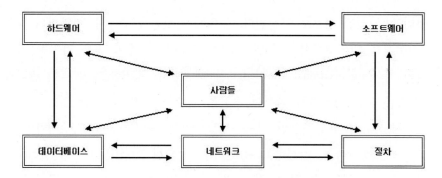

[그림 3-1] 컴퓨터 기반 정보 시스템의 구성요소들

또한 모든 CBIS는 사업문제에 해결책을 제공한다는 유사한 목적을 가지고 있다. CBIS의 성공적인 적용을 위해서는 CBIS가 적용되는 사업문제에 대한 이해뿐 아니라, 그 사업과 환경을 이해하는 것도 필요하다. 예를 들어, 항공예약 시스템을 지원하는 CBIS를 구축하기 위해서는, 어떻게 항공시설이 운영되는가를 이해해야 한다. 즉, 항공 스케줄, 노선, 비행기 종류, 요금 구조, 각 유형별 비행기의 좌석 형태와 좌석 수 등을 알아야 한다. 또한 CBIS는 사회적 환경을 반영하도록 개발되어야 한다. 여기서 사회적 환경이란 관련된 사람들과 그룹들의 문화 내에서 어떤 것이 받아들여질 만하고 가능한 것인가를 결정하는 가치와 신념을 말한다.

CBIS는 다양하게 나타난다. 이는 이용되는 조직 내에서 그 수준(level)에 의해 유형화될 수 있다. 예를 들어, 조직의 낮은 수준들에서는 다수의 거래 처리 시스템(TPS: Transaction Processing System)을 발견할 수 있다. TPS는 그 단어가 의미하듯이 기업의 기본적인 거래를 관장한다. TPS는 단순한 거래과정뿐 아니라, 각각 거래에 대한 자료의 수집 등 기업의 모든 업무 영역에서 사용된다. 한편 기업의 중간 관리자층에서는, 경영정보 시스템(MIS)이 TPS로부터의 자료를 분석하고, 보고서를 작성하며, 의사결정에 도움이 되는 다른 유형의 정보를 창출하는 데 이용된다. 그리고 의사결정지원시스템 (DSS)과, 임원정보 시스템(EIS)과 같은 좀 더 전문화된 CBIS는 조직에서보다 상위 관리자층에서 사용되고 있다.

② 정보 시스템의 능력

현대의 치열한 기업환경 속에서 성공적으로 경쟁하기 위해서 기업은 다양하고 강력한 능력을 지니고 있는 정보 시스템을 소유하기를 원한다. 이러한 정보 시스템은 다음의 능력을 보유하고 있어야 한다.

빠르고 정확한 거래 처리의 수행. 사업을 하는 데 있어서 발생하는 모든 사건들을 흔히 거래라고 한다. 즉, 거래를 처리한다(대규모 은행에서의 수많은 고객들과의 거래를 생각해 보라). 각각의 거래는 데이터를 만들어 내며, 이는 신속 정확하게 기록되어야 한다. 이러한 절차를 거래처리(transaction processing)라 부르고, 이러한 거래 자료를 수집, 기록, 저장, 갱신하는 정보 시스템을 거래처리 시스템(TPS)이라고 한다. 거래 관련 자료를 네트워크를 통해 컴퓨터와 연결하여 재고 관리를 할 수 있도록 해 주는 POS(point – of – sale)가 이러한 TPS의 좋은 사례이다.

대용량의 저장 공간과 빠른 활용 능력. 정보 시스템은 기업 자료를 저장할 공간이 많이 필요할 뿐 아니라, 상자 1. 4에서 설명하듯이 이러한 자료에 빨리 접근할 수 있어야 한다.

사람 간 또는 기계 간의 빠른 의사전달 제공. 네트워크는 전 세계의 조직 구성원들 및 컴퓨터들과의 즉각적인 의사전달을 가능하게 해 준다. 대단위 전송능력, 즉 광대역(high bandwidths)을 가진 네트워크는 의사전달을 빠르게 할 뿐 아니라 자료, 음성, 이미지, 문서, 그리고 동영상을 동시에 전송할 수도 있다. 또한 네트워크는 거의 즉각적으로 의사결정권자들에게 정보를 제공하여 정보지체를 줄여 준다.

과중한 정보의 감소. 정보 시스템(특히 네트워크)은 지나치게 많은 정보를 관리자들에게 제공하고 있다. 예를 들면, 인터넷상에서 이용할 수 있는 정보의 양은 100일마다 두 배로 증가한다. 그 결과 관리자들은 정보의 홍수 속에 빠지게 되어 효율적인 의사결정을 할 수 없게 된다. 정보 시스템은 이러한 과중한 정보의 부담을 줄일 수 있게 설계되어야 한다. 예를 들어 EIS는 임원 각각의 핵심적인 요소에 따라서 가공된 요약정보를 제공한다. 또 다른 사례로서, 임원들이 설정한 기준에 따라서 자신의 전자우편을 자동으로 정돈하여 주는 소프트웨어도 있다.

시스템 영역의 확대. 정보 시스템은 조직 내부의 영역뿐 아니라, 공급망에 따르는 조직 외부로 영역을 확대해 간다. 기업 내부에서 영역의 확대는 업무 분야 간 의사결정과 리엔지니어링, 의사전달을 원활하게 한다. 그리고 공급망(supply chain)에 걸친 영역 확대는 제품배달의 시간주기를 짧게 하고 재고 수준을 낮추며, 고객만족을 증가시킨다.

의사결정의 지원. 의사결정지원시스템은 의사결정권자가 조직 간의 의사결정과 조직의 모든 계층 사이에서의 의사결정을 하도록 지원한다. 예를 들어, EIS는 임원의 의사결정을 도와준다. 흥미롭게도 정보 시스템이 모든 직원들에게 이용 가능한 정보를 제공함에 따라 조직에서의 의사결정 위치는 점차 하향화되었다. 그래서 하위직 직원들이 의사결정을 할 수 있는 권한과 책임이 이전보다 증가되었다.

경쟁력의 증가. 과거 정보 시스템에 대한 투자는 비용으로 취급되었다. 하지만 오늘날 정보 시스템은 중요한 이익원천으로서 간주될 뿐만 아니라, 경쟁자들을 능가할 수 있는 경쟁력을 만들어 줄 것이라 여겨지고 있다. 경쟁우위의 요소로서 인식된 전형적인 정보 시스템의 사례로서, 과거 1970년대의 항공사 예약 시스템이 있다. 오늘날 정보 시스템은 네트워크화된 조직들에게 경쟁우위를 제공하는 전체 공급망과 연계되고 있는데, 그 실례로 월마트가 빠른 재고 보충을 위해서 자사와 공급업자의 정보 시스템을 연결한 것을 들 수 있다.

③ 정보기술에 관한 일반적인 기술적 추세

컴퓨터 기술이 계속적으로 급성장함에 따라, 컴퓨터에 기반을 둔 정보 시스템들은 빠르게 변화하고 있다. 이러한 변화는 조직의 정보 시스템 능력에 큰 영향을 주고 있다. 소비자로서의 우리는 이미 정보기술에 영향을 미치고 있는 많은 기술적 추세를 알고 있다. 예를 들면, PC는 시간이 경과함에 따라서 점차 가격은 낮아지고, 품질은 좋아졌다는 것을 느꼈을 것이다. 그리고 휴대용 컴퓨터를 이용하고 있는 사업가들이나 대학생들, 또는 소포에 대한 정보를 담고 있는 휴대용 개인 단말기를 가진 운송회사의 직원들을 보았을 것이다. 그리고 인터넷을 이용한 자료검색이나, 전자상거래의 세계를 경험해 본 적이 있을 것이다.

이러한 기술적 추세와 그 밖의 많은 다른 것들은 기업들이 앞으로 어떻게 해 나가야 하는지에 영향을 미칠 것이다. 우리가 지금까지 살펴본 것처럼 이러한 기술적 추세는 기업 경쟁력에 혁신적으로 이바지할 것이며, 따라서 이런 기술적 추세에 대해 자세히 언급하고자 한다. 핵심적인 정보기술의 추세는 다음 <표 3 – 1>과 같다.

<表 3-1> 정보기술의 추세

추세	내용	혜택
비용 대비 성장 비율의 지속적 신장	컴퓨터 가격은 하락하고 있는 반면, 기억용량과 처리 속도는 향상되고 있다. 그리고 노동비가 증가함에 따라, 수작업 대 자동화 작업의 성과 대비 비용이 크게 개선되었다.	컴퓨터는 사람들에 비해서 비교우위가 증가할 것이다. 반복적인 단순 업무일수록 컴퓨터가 대신하고 있어서 경제적 이익은 증가하고 있다.
저장장치와 메모리	CD-ROM과 기타 저장장치들은 자료나 정보의 저장능력을 향상시켰다.	대규모 기억용량은 멀티미디어나 기타 새로운 컴퓨터 관련 기술의 적용을 가능하게 하였다.
사용이 간편한 그래픽 인터페이스의 등장	GUI(graphical user interface)는 사용자가 화면상에 보이는 대상을 직접 통제할 수 있게 하는 소프트웨어이다. 따라서 이것은 복잡한 명령어가 아닌, 아이콘이나 풀다운 메뉴(pull-down menu), 윈도, 마우스 등을 사용한다.	GUI는 사용자와 기계장치 간의 단순한 인터페이스를 사용함으로써 친밀성을 증가시켰다.
클라이언트 /서버구조	개별 클라이언트 PC를 네트워크상에서 공유되는 특수 목적 서버에 연결한다.	다양한 하드웨어와 소프트웨어를 상호 연결하여 인터넷과 인트라넷을 지원한다.
네트워크 컴퓨터 (thin Client)	하드 디스크가 없는 컴퓨터이지만 네트워크로 중앙 컴퓨터와 연결되어 사용되는 컴퓨터이다.	값비싼 PC가 아니더라도 동일한 작업을 수행할 수 있다.
기업의 네트워크 구축	기업 내 모든 부서의 컴퓨터와 연결한 인프라스트럭처의 구성과 협력업체와의 연결	공급업자들과 업무 관련 업체들, 고객들의 관계가 개선된다. 그리고 기업제품의 디자인 과정이 온라인상에서 이루어질 때, 제품과 서비스의 시장 공급을 보다 빠르게 한다.
인트라넷과 익스트라넷	인트라넷은 조직 내 의사전달을 위해 인터넷 기술을 사용한 네트워크이고, 익스트라넷은 보안성을 갖춘 여러 개의 협력업체의 인트라넷을 연결한 것이다.	인트라넷은 조직의 의사전달을 향상시키고, 익스트라넷은 강력한 조직 간 의사전달과 협력체제를 구축한다.
데이터 웨어하우징 (were housing)	컴퓨터에 저장할 수 있는 자료의 양이 늘어났다.	최종 사용자들이 쉽고 빠르게 자료에 접근할 수 있도록 한다. 인터넷에 의한 조직통합은 언제 어디서라도 자료접근을 가능하게 한다.
데이터 마이닝 (mining)	자료 간의 관계를 자동으로 발견해 주는 복잡한 분석기법을 활용하는 프로그램이 개발되고 있다.	관리자들에게 원형 자료에서는 예측할 수 없는 어떤 관계를 알려 준다(즉, 한 제품이 다른 제품의 매출에 어떠한 영향을 미치는가?).
객체 지향적 환경	소프트웨어의 구성요서로서 사용될 수 있는 대상이자, 다른 소프트웨어의 구성단위로서 다시 재사용될 수 있는 유형의 소프트웨어 개발	정보 시스템의 근간인 컴퓨터의 유지 및 구축에 관한 비용을 상당히 절감시킨다.
멀티 미디어와 가상현실	멀티미디어는 소리, 문자, 그림, 동영상, 비디오, 애니메이션 등 다양한 미디어의 통합이다. 가상현실은 사용자가 어떤 환경의 인공적 표현을 가능하게 하는 3차원 그래픽을 사용하고 있다.	교육, 훈련, 광고, 의사전달, 의사결정에 관한 현안이 있을 때, 보다 다양한 방법으로 이를 표현함으로써 이해와 흥미를 높일 수 있다.
지능을 갖춘 시스템과 에이전트	자료에서 특정한 조건이 성립하면, 미리 프로그래밍된 의사결정을 따라서 자동으로 적용시키는 것	생산성을 증가시키고, 복잡한 임무수행을 쉽게 할 수 있다. 지적 능력을 갖춘 대리인은 사용자가 인터넷 검색, DB 접근, 전자상거래 이용시 쉽게 할 수 있게 도와 준다.

추세	내용	혜택
이동 컴퓨팅	자동차나 기계류, 각종 제품들에 소형 컴퓨터를 사용한다.	모든 장소로 이동이 가능하며 자료를 수집하고 처리하는 데 시간이 절감된다.
정보 인프라의 구축과 인터넷의 확장	네트워크의 기반인 광 케이블망의 통합은 10년이 안 된 지금 전 세계 인터넷 인구를 7억 5000만 명으로 만들었다.	정보고속도로의 구축은 네트워크가 구축된 어느 곳이나 인터넷이 도달할 수 있게 하였고, 우리가 살고 있는 방식과 학습방법, 작업 방법을 바꾸어 놓았다.
전자상거래	온라인상에서 수행되는 사업: 제품과 서비스의 교환 그리고 전자화폐의 결제 등	경쟁력을 제공하고, 조직의 구조와 문화, 업무처리 방식과 절차, 관리 방법 등을 변화시켰다.
가정용 기기 통합	TV, 전화기, 기타 가전제품을 마치 하나의 기기처럼 통합 운용하는 것	인터넷의 활용이나 원거리 조작도 가능하다.
전자문서 관리	종이로 된 문서를 스캐닝이나 관련 기술로써 디지털화된 전자문서로 전환하는 기술	저장공간을 절약하고, 다른 유형의 자료처럼 쉽게 형태를 변형할 수도 있고 이용도 가능하다.

제2절 사무자동화 기술

사무자동화의 기본적인 목적은 컴퓨터를 모체로 한 새로운 기술과 여러 가지 기기를 이용해 사무의 간략화·효율화·시스템화를 추진함으로써 사무실 기능을 자동화하고 사무 처리의 생산성을 높이는 데 있다.

사무자동화의 주요한 도입목표는 단순하고 반복적인 업무처리를 기계화하며 정보처리 능력을 체계화해 사무의 생산성을 높이는 한편, 사무원들의 업무 처리를 지원해 신속성·정확도를 높이고 경영자 및 관리자의 의사결정 능력과 관리 능력을 향상시키는 데 있다.

이러한 개념의 사무자동화는 1970년대 중반 이후, 사무자동화 기기가 개발되면서 주로 금융·보험업, 운수·보관·서비스업 등을 중심으로 급속히 확대되었다. 처음에는 문서 및 화상 정보의 작성·전송·복제·분류·보관 등 사무실 기능을 기계화하는 워드프로세서, 팩시밀리, 복사기, 마이크로필름, 개인용 컴퓨터 등 대응 기기의 사용으로부터 컴퓨터 기술과 통신기술, 정보처리기술의 발전에 따라 생산관리·자재관리·재무관리·판매관리·품질관리·인사관리 등의 개별 업무와 전체 업무의 시스템화 및 자동화로 이어지고 있다. 일반적으로 사무자동화는 그 추진 정도에 따라 다음과 같은 단계로 나눌 수 있다.

① 업무분석 및 기기 도입 단계: 부분적인 기계 이용 등 사무자동화의 분위기를 조성하고 업무를 분석하며 문서·서식·양식 등을 표준화한다.

② 단일 기기의 단일 업무 이용: 업무 관리제도의 개선과 함께 업무 방법과 절차를 체계화하며 업무에 부분적으로 기계를 도입해 병행 처리한다.

③ 범용 컴퓨터의 도입 또는 워크스테이션(work station)의 배치: 부서 업무가 총괄적으로 진행될 수 있도록 체계적인 시스템을 구축하고 사무실을 시스템화한다.

④ 근거리종합통신망(LAN)이나 부가가치통신망(VAN), 나아가 광대역(廣大域) 통신망(BISDN) 구축에 의한 시스템 통합운영: 회사 전체 업무의 통합과 시스템화를 추진하고 전체적인 표준화, 통합정보 시스템을 구축한다.

1980년대 중반 이후 우리나라에서도 사무자동화가 급속히 확산되는 추세에 있으며 일부 기업에서는 상당히 높은 단계의 자동화를 실현하고 있다. 한편 이러한 사무자동화의 진행과 함께 단순화·분절화되는 업무와 새로운 기기 및 환경에 적응해야 하는 데서 생기는 테크노스트레스(techno–stress)의 문제, 시력저하나 어깨·팔의 통증 등 건강에 심각한 악영향을 미쳐 나타나는 OA증후군 문제 및 고용문제와 노동의 탈숙련화 문제 등이 새로운 사회문제로 제기되고 있다.

사무자동화의 목적은 컴퓨터를 모체로 한 새로운 기술과 여러 가지 기기를 이용해 사무의 간략화·효율화·시스템화를 추진함으로써 사무실 기능을 자동화하고 사무 처리의 생산성을 높이는 데 있다. 사무자동화의 구체적이고 주요한 도입목표는 단순하고 반복적인 업무처리를 기계화하며 정보처리 능력을 체계화해 사무의 생산성을 높이는 한편, 사무원들의 업무 처리를 지원해 신속성·정확도를 높이고 경영자 및 관리자의 의사결정 능력과 관리 능력을 향상시키는 데 있다.

1. 사무자동화의 의의 및 필요성

정보처리기술·정보통신기술·사무기기 관련 기술을 한데 묶어 사무실에서의 업무처리를 종합적으로 수행케 함으로써 업무 생산성 향상과 효과적 정보관리가 가능토록 하는 것을 말한다. 특히, 컴퓨터의 등장과 다양한 오피스용 소프트웨어의 개발은 업무의 전산화, 종이 없는 사무실(paperless office) 구현 등의 효과를 내고 있다. 사무자동화를 추진하기 위해서는 장기적인 관점에서의 철저한 계획, 조직구성원의 적극적 지원과 참여, 조직 내 부문 간 진행 상황을 통제하는 기구의 구성 등을 고려해야 한다. 따라서 조직구성원들의 사무자동화에 대한 인식 제고 및 변화에 대한 수용 능력을 길러 주어야 한다. 또한, 사무자동화에 따른 성과가 빠른 시일 내에 가능하다는 등의 섣부른 기대는 오히려 사무자동화의 정착을 저해한다. 그리고 각종 사무자동화 기기들의 표준화 및 호환성 등 기술적인 문제도 충분히 고려해야 한다.

1) 기업운영 측면

① 문서 작성비의 증가

1980년대 이후 인건비를 비롯하여, 각종 자재비의 상승은 기업운영 측면에서 비용 대 효과 면에서 손실을 낳게 된 것이 주요인이라 할 수 있다. 또한 업무의 전문화, 기술의 고도화에 따라 산업 간의 연관성은 더욱더 복잡해지고 기업 내부의 제반 요인 간의 상호 관계가 긴밀해지기 때문에 그들 간에 발생하는 정보의 양은 급속하게 증가하고 있다. 이에 따른 정보의 홍수시대에 급격히 증가하는 문서들을 작성하는 비용을 경감시키기 위한 방안의 하나로 사무자동화가 필요하게 되었다.

② 문서 보관비의 상승

건물 임대비 및 유지비 상승과 아울러 문서 보관을 위한 소요 경비는 급격히 상승하게 되었다. 매년 증가되는 문서 보관은 불필요한 공간을 많이 사용하게 되기 때문에 보다 효율적이고 계획적이며 과학적인 방법을 활용하여 문서 보관 비용을 줄이기 위한 방안이 필요하게 되었다.

2) 생산성 측면

임금의 상승과 사무 근로자의 증가를 함께 고려할 때 사무실에서 발생하는 업무 처리비용은 크게 증가하였다. 이러한 업무 처리비용의 상승을 줄이기 위한 방안으로 사무자동화를 추구하게 되었다. 또한 각종 데이터 처리 시 종전의 방법으로는 시스템의 유연성이나, 유동성이 결여되어 사무 능률을 향상시킬 수 없었다. 따라서 비정형화된 멀티미디어 정보를 취급하여 사무실 업무의 자동화 및 고도화를 추구하게 되었다.

3) 사회적 측면

① 노동인구의 고령화 및 고학력 여성화

공장 노동자와는 달리 사무 노동자의 경우 육체적인 노동보다 경험이나 지식을 바탕으로 한 사고와 창조를 요구하는 업무의 비중이 높아짐에 따라 고령층의 활용이 필요하게 되었으며, 특히 공학이나 이학 분야에서 고학력 여성들의 진출이 급증함으로써 단순노동은 기계에 맡기고 인간은 경험과 지식을 겸비한 창조적인 일이 더욱 필요하게 되므로 사무자동화의 필요성이 크게 대두되었다.

② 1차 산업에서 서비스 산업으로 이행

산업사회에서 정보사회로 이행하는 과정에 규격화, 중앙집권화, 이윤추구의 중요성에서 탈규격화, 협동화, 시스템화, 분산화, 분권화, 서비스를 통한 부가가치가 증대하는 사회가 되었다.

③ 질적 효율성 강조

산업사회의 부의 축적으로 물질적 풍요에서 정신적 풍요를 추구하게 되었으며 정신적 풍요는 양적인 팽창보다는 질적인 향상을 추구하게 되었다.

④ 경영체질 강화

개인적인 시간적 여유와 경제적 여유를 동시에 갖추기 위해 전일제 근무와 시간제 근무나 재택근무를 통한 자기 발전 및 자기 인식 가치를 원하는 사회환경이 되었다.

2. 사무자동화의 발전

사무실을 자동화하기 위한 노력은 1880년대에 레밍턴(Remington)사에 의해 타자기가 개발된 것이 그 시작으로, 이어서 기계식 계산기가 등장했고 같은 시기에 벨과 에디슨은 전화와 축음기를 발명했으며, 1886년에는 그래포폰(Graphophone)이라는 최초의 구술 기계가 등장하였다.

여러 장의 동일한 문서를 타자할 수 있도록 고안된 최초의 자동 타자기가 1차 대전 중에 개발된 오토타이피스트(Autotypist)이다. 이 자동 타자기는 자동 연주 피아노의 기억 원리와 비슷한 원리를 사용하여 타자한 내용을 기억하였다가 다시 재생시킬 수 있다.

1962년에는 IBM사에서 문장 편집과 워드프로세싱을 할 수 있는 ATS (Administrative Terminal System)라는 컴퓨터 프로그램을 완성하였으며, 1964년에는 워드프로세싱에 있어 획기적 성과라 할 만한 자기 테이프 선별타자기를 개발했다. 이 타자기는 자기 테이프 타자 내용을 저장하였다가 후에 온라인으로 편집, 수정하고 수정된 것을 자동으로 타자해 낼 수 있게 고안되었다.

또한 제록스사가 사무용 복사기를 개발함으로써 묵지, 등사판 및 동판 등은 거의 사용하지 않고 전화선을 이용하여 인쇄물을 복사, 전송할 수 있는 팩시밀리가 개발되었으며 구술 기계는 속기를 대신하게 될 정도로 개발되었다.

컴퓨터화한 워드프로세서가 널리 보급되기 시작한 것은 1970년대로 다양한 페이지 크기와 글자체 및 그래픽까지 포함한 서류들을 작성해 냄은 물론 일단 기억시킨 내용 가운데 필요 부분을 쉽게 검색·수정할 수 있게 되었다.

1980년대 초에 보편화되기 시작한 업무용 마이크로컴퓨터는 워드프로세싱, 스프레드시트, 근거리 통신망(LAN)의 기능들을 포함한 기능들을 갖추게 되었는데 오늘날은 자동화 기술 외에 고도로 통합된 오피스 시스템이 일반화되고 있다.

1) 업무통합화

오늘날의 사무실은 컴퓨터 기술, 통신기술 및 사무 기술이 유기적으로 발전하면서 사무실 통합화의 방향으로 나아가고 있으며, 통합된 사무실에서는 정보처리 또는 통신과 관련된 업무들이 하나의 전체 시스템으로 통합되고 있는데 이들의 하부 시스템들은 복사, 워드프로세싱, 원격회의, 통신, 마이크로그래픽 등의 기능들을 포함한다. 통합 접근 방식은 조직 전체의 데이터를 가장 효과적으로 처리하기 위해 사무 환경 전체에 대해 시스템적 접근 방법을 취한다.

통합사무 처리방식은 비용을 절감하고 신속한 데이터의 처리를 가능하게 하며 백업 시스템 및 다양한 통신 기능을 제공한다. 실제 사무실에서 복사, 워드프로세싱, 파일링, 통신 등의 구분이 차츰 모호해지고 있다. 컴퓨터가 데이터 처리용으로서만 아니라 워드프로세서로, 마이크로컴퓨터가 워크스테이션으로, 전화선이 데이터 전송에도 쓰인다고 할 때 전체 시스템의 유용성은 증대하고 비용의 절감을 실현할 수 있을 것이다.

2) PC 영상회의

국내에서 최근 PC형 탁상회의 시스템(DVCS)이 개발되어 대기업의 원격 영상회의용으로 활발히 이용되고 있다.

1994년 12월 이 시스템을 개발한 한국통신은 전국 주요 기관장과 회의실 등 70여 곳에 설치하여 업무에 활용 중이며 삼성, LG, 기아 등에서도 사내 업무용으로 이용하고 있다. 이 시스템은 기존 TV 화면을 이용한 원격 영상 회의 시스템과는 달리 PC를 모니터 화면으로 한 것이 특징이다. 영상회의용 PC에는 비디오 및 오디오 신호를 처리하는 화상회의용 보드와 소프트웨어가 탑재되고 각 단말기를 접속시켜 주는 비디오 스위치, 코덱 또는 광수신기 등의 전송 장치가 있다. 회의 호출 시는 메뉴상에서 마우스로 부서 명칭을 선택하고 호출 시 상대방 PC의 전원이 꺼져 있어도 음악을 내보내 응답자에게 알리고 응답자가 카메라에 부착된 승인 버튼을 누르면 켜지게 되어 있다. 1.5Mbps급 전송로와 코덱 장치 등이 필요해 아직은 일반 가정에서 이용하기 어렵지만 초고속 정보통신망 구축 과정에 따라 2000년대 초부터는 일반 가정에도 보급이 확산될 전망이다.

3) 원격 영상 재판

원격 영상 재판이란 판사가 재판 당사자, 증인 변호인 등과 멀리 떨어져 있거나 직접 얼굴을 마주 대하지 않은 상태에서 법정에 설치된 모니터를 통해 심리를 열고 판결을 내리는 차세대 네트워크 재판이다. 우리나라에서는 원격 영상 재판에 관한 특례법이 1995년 12월에 공포됨에 따라 정식 재판 절차로 인정받게 되었다. 또한 국내에서는 최초로 세계에서는 두 번째로 초고속 정보통신망을 이용한 원격 영상 재판이 1996년 2월 9일 대구지방법원 경주지원과 울릉도등기소 사이에서 열렸다. 정보통신부가 기술 지원한 원격 영상 재판에는 전송 속도 2,048Mbps, 초당 한글 12만 8,000자 전송으로 일반 모뎀의 100배 성능을 가진 E1급 초고속 정보통신망이 이용됐다.

대법원은 영상 재판의 범위를 확대해 판사가 상주하기 어려운 벽지 주민에게 편의를 제공함은 물론 강간, 이혼 사건 등 재판 당사자 간에 서로 만나기를 꺼리는 사건의 원만한 해결, 증인 보호, 민사 조정, 소액 심판, 즉결 심판 등 경미한 사건에 대한 사법 서비스를 전개하고 있다.

4) 사무자동화의 단계

사무자동화는 워드프로세서, 팩시밀리, PC 등 각종 정보 기기를 업무에 도입함으로써 반복적이고 정형적인 업무를 빠르고 정확하게 처리할 수 있는 시스템이다. 사무자동화의 보급 단계는 다음과 같다.

제1단계는 개별 기기의 보급 단계로서 컴퓨터, 워드프로세서, 팩시밀리, 전화 등 개개의 사무자동화 기기가 각각 독립적으로 사용되는 단계이다.

제2단계는 복잡화 단계로서 개개의 사무자동화 기기가 통합 시스템으로 연결되거나 하나의 시스템이 복수 기능을 갖게 되는 단계이다.

제3단계는 통합화 단계로서 하나의 기업 또는 관련이 깊은 다른 기업이 서로 네트워크로 결합하여 공통의 정보 기반을 가지고 서로 네트워크를 형성하는 단계이다.

제4단계는 성숙화 단계로서 고도 정보 시스템이나 정보이용이 일반화되고 사무자동화가 사회에 고르게 정착되는 광역 사무자동화 단계이다.

5) 행정사무자동화

행정조직의 사무실 내에서 이루어지는 제반 행정사무 과정의 능률화 및 행정사무의 생산성 향상을 도모하기 위하여 행하는 모든 행정사무자동화 (POA: public office automation)를 뜻한다.

일반 사무자동화가 대체로 일반적인 사무의 생산성 향상이 그 주목표인 반면에 정부의 행정사무자동화는 이를 포함하여 포괄적으로 환경 및 문제점 등을 고려해야 하므로 어느 정도 차이가 있다.

일반 사무자동화의 목표로는 사무업무 지원, 신속성과 신뢰성 향상, 관리자의 의사결정 능력 향상, 단순 반복 업무 처리를 기계화로 전환, 조직적인 정보처리 능력의 향상, 경쟁력 강화를 위한 사무의 생산성 향상 등을 들 수 있다. 행정사무자동화의 목표는 급증하는 행정 정보에 대응하는 정보관리 및 활용의 과학화, 행정사무의 질 고급화, 해마다 상승하는 행정사무 비용 및 사무인력의 절감, 최적의 사무환경을 조성하여 사무직원의 지적 생산성 향상, 고도의 대민 봉사 기능을 가진 행정조직의 구축, 행정업무 처리에 적합한 사무기기를 보급 활용토록 하며 사무기기들 간에 체제화를 이루어 정보망을 형성하는 것이다.

행정사무자동화는 일반 사무자동화와 마찬가지로 첫째, 문서 및 도형의 작성과 처리기능 둘째, 자료 및 정보의 보존 및 검색기능 셋째, 통신 및 문서 전송 기능 넷째, 자료 처리기능의 4가지 업무를 수행한다.

제3절 사무자동화 기기

1. 기본 구상

사무자동화 시스템을 구축할 때에는 사무자동화의 목적 및 목표를 명료하게 정하여야 한다. 또한 추진하고자 하는 시스템의 업무를 분석 파악하여 다음과 같은 사항을 기반으로 하여 세밀한 계획을 세워야 하며, 실현하겠다는 확고한 신념과 의지를 먼저 가져야 한다.

1) 사무자동화에 대한 목표와 목적
2) 사무자동화를 갖추어야 할 시기
3) 장래 사무실의 형태
4) 현재 사무실의 문제점
5) 경제적 또는 기업 내외의 환경
6) 조직에 대한 제약 조건 및 문제점

2. 사무자동화 관련 기술의 동향

사무자동화에 필요한 기기를 구입할 때에는 단순 업무, 기계적인 업무, 반복적인 업무에서 해방하고 인간만이 할 수 있는 창조적인 일에 전념할 수 있도록 사무자동화에 관련된 기술들이 도입되어야 한다.

1) 소프트웨어

사무자동화와 관련된 소프트웨어는 자료 처리 소프트웨어, 분산처리 소프트웨어, 연산처리 소프트웨어, 멀티미디어 소프트웨어, 통신에 필요한 소프트웨어 등 여러 가지가 있겠으나, 업무의 특징을 고려하여 다음 <표 3-2>과 같은 소프트웨어 분야 내용을 선정해야 한다.

〈표 3-2〉 소프트웨어 분야

구분	종류	비고
맨/머신 인터페이스	① 한글/한자 자동변환 ② Image Processing (지문, 성문, 필적, 화상) ③ 자동언어처리, 자동번역	① 수치정보에서 이미지정보 ② 복잡한 입력의 배제
프로그램 언어	① PROLOG ② 인콰이어(Inquire) ③ OFIS/POL	① 계산절차를 지시하지 않고, 다만 문제만을 정의하는 언어 ② 사무실 업무용 언어 개발
운영체제	① VOILET, OFFICETAL-KZERO (XEROX) ② ENTERPRISE, OPAS, OFS(IBM) SCOOP(WHARTON)	① OA를 겨냥한 새로운 OS로 맨/머신 인터페이스의 향상 ② 비대한 OS의 제거 및 새로운 OS의 개발
문서 작성 및 검색 배포	① ELECTRONIC ② MAILING(전자우편) ③ Automatic Document System ④ Word Process System	① 도형, 문장정보의 처리 ② 대용량 파일(Optical Disk)의 on-line ③ Network의 활용
기타	① Office Engineering ② Office Procedure의 정형화 ③ 관계형 및 객체지향형 데이터베이스 ④ Super Computer의 활용	① 사무실 업무의 정형화에 의한 생산성 향상 ② 신속한 의사결정을 위한 지원 소프트웨어

2) 하드웨어

사무자동화에 필요한 하드웨어는 메인 컴퓨터, PC, 통신장비(통신회선, 단말기, 모뎀, 통신제어장치 등), 팩시밀리, 스캐너, 마이크로필름 판독기, 레저 프린터 등이 있다. 구체적인 내용은 다음 <표 3-3>와 같다.

〈표 3-3〉 하드웨어 분야표 16

구분	종류	비고
맨/머신 인터페이스	① 음성 응답장치 ② OCR 입력장치 ③ Laser Printer ④ Pen 입력장치	① 이미지 정보처리 ② 입력의 단순화 ③ 출력의 다양화
처리장치	① Personal Computer ② Office Computer ③ 다기능 Work Station ④ 5세대 Computer	① 집중처리에서 분산처리 ② 대량정보의 신속처리 ③ 맨/머신 인터페이스의 향상 ④ 화상처리
문서 작성, 및 축적	① On-Line Copier(복사기) ② Optical Disk ③ Micro Film	① 중대형 시스템과의 연결사용 ② 대량정보의 축적을 위한 광학기술 이용 ③ 정보처리와의 결합
통신	① Teleconference System ② LAN ③ VAN ④ ISDN ⑤ Digital 전자교환기	① 다양한 정보의 일원화(Digital) ② 고신뢰성 고속화 ③ 각종 OA기기의 통합에 기여

3. 사무실 시스템(System)

시스템이란 어떤 목적을 위하여 서로 관련성이 있는 여러 요소와 기능들을 유기적으로 결합한 집합체를 말한다. 사무실 시스템은 이러한 관점에서 사무실의 기본 기능과 자동화의 기본 구조를 바탕으로 사무실 조직, 구조, 업무를 참고하고 인간관계, 절차, 형식 등을 감안하여 조직함으로써 조직이 상호 협동적이고 유기적인 시스템이 되도록 한다.

1) 사무실의 기본 기능

① 의사결정
업무수행 시 발생하는 문제점의 해결책 등의 입안, 평가, 선택, 판정

② 정보처리
정보의 축적, 검색, 계산, 가공, 편집

③ 송수신
사무실 또는 하부조직 간의 정보전달

2) 사무자동화 시스템의 기본 구조

사무자동화의 기본 구조는 정보입력 시스템, 처리 시스템, 출력 시스템으로 구분할 수 있으며 사무자동화의 장점을 효과적인 측면에서 보면 다음과 같이 설명할 수 있다.

① 생산성 효과
사무작업의 생산성과 서비스의 향상을 도모할 수 있을 뿐만 아니라 절감되는 노력과 시간을 인간의 창조적 능력을 증대시키는 데 주력함으로써 전문업무의 생산성 향상과 품질 향상, 이미지 향상 등의 효과를 얻을 수 있다.

② 비용절감
불필요한 지출, 시간 지연 등에서 오는 비효율성을 제거하고, 자료수집에 소요되는 시간과 경비 및 문서 배포에 드는 노력과 시간, 경비 등을 절감할 수 있다.

③ 작업환경의 개선
디스켓에서부터 마이크로필름(Micro Film), 광디스크(Optical Disk)에 이르기까지 작은 크기이면서도 고용량의 기록매체들에 자료를 보관함으로써 보관 장소를 줄일 수 있으며 수동식에 필요했던 각종 사무용품이 줄어들어 작업환경이 쾌적해지고 활용도가 높아진다.

| chapter 04 |

지식정보사회의 정보통신기술

　지식정보사회란 컴퓨터와 통신기술이 결합하여 정보의 수집가공·유통 능력이 획기적으로 증대되면서, 지식과 정보의 가치가 중요해지는 사회를 의미한다. 따라서 지식정보사회에서는 인간이 현대사회에 적응해서 살아가는 데 필요한 정보를 수집, 생산, 제작, 가공, 저장하는 과정을 통해 정보의 유통을 확산시켜 나가고 이러한 행위가 사회 전반에 걸쳐 보편화될 수밖에 없다. 한편 지식정보사회는 정보가 경제적·사회적으로 확대되는 과정이라 볼 때 정보화가 진전될수록 정보를 만들고 운반하는 통신기술이 더욱 중요해지고, 정보센터, 디지털도서관, 방송매체, 언론사나 인터넷 등 정보유통 관련 기술이 더욱 필요할 것이며 관련 직업이 증가할 것이다.

　이제는 pc 통신이나 초고속 인터넷의 확산으로 컴퓨터를 통해 시공간을 초월하여 24시간 동안 정보를 접하게 되는 사회이다. 지식정보화 사회는 시각에 따라 차이는 있지만 대체로 연속적으로 혹은 빠르게 이루어지는 기술적 및 사회적 변화과정에서 형성된다. 지식정보화 사회를 가속화시키는 힘은 발달된 정보통신기술이라 할 수 있다. 지식정보사회에서 국가경쟁력이 되는 정보통신기술과 초고속 통신망의 근간이 되는 광대역 ISDN을 비롯하여 통신망 기능 위주의 전화망, 패킷망, 위성망, 이동통신망, 방송망 등의 형태로 발전되고 있으며, 통신망과 서비스의 진화 발전은 상호간 독립적으로 발전해 왔다.[99]

제1절 정보통신기술의 개요

정보사회에서 정보의 교류를 원활하게 하기 위해서는 정보통신기술이 발전되어야 한다. 정보통신이란 한 지점에서 원하는 다른 지점까지 의미 있는 정보를 보다 적절하고 신속하게 상대방이 이해가 될 수 있도록 전송하는 것을 의미한다. 더 구체적으로 말하면 정보통신기술은 컴퓨터들이 자료나 음성메시지, 비디오 정보를 전자적으로 서로 간에 전달할 수 있는 기술이다. 우리는 적시에 적합정보를 얼마나 신속하게 획득하느냐에 따라 성공과 실패가 결정되는 시대에 살고 있다. 사람들은 통신시설을 이용해 컴퓨터 하드웨어가 어디에 있든지 컴퓨터의 능력으로 자원을 이용할 수 있다. 이 장치들을 연결하는 통신선로나 링크는 케이블이 될 수 있고 광역통신망에서는 전화, 인공위성, 극초단파 중계나 전파가 될 수 있다. 이와 같은 관점에서 정보통신이란 정보처리 장치에 의하여 처리된 정보를 전송하는 통신으로서 컴퓨터와 컴퓨터 간의 통신을 말한다. 오늘날의 정보통신은 중앙 집중 형태에서 분산 형태로, 단방향보다는 쌍방향 전달 체제로 발전하고 있다.[100]

1950년대 초반에 사무 처리에 도입된 가장 강력한 사무기계인 컴퓨터는 도입 당시에는 컴퓨터 운영자가 컴퓨터가 설치된 장소로 데이터를 옮기고 계산이 끝난 후에 결과를 가지고 와야 하는 오프라인 방식이었다. 즉, 전송과 작업 처리 사이에 사람이 개입해야 하고, 데이터의 전송과 컴퓨터의 입력이 분리되며, 단말기와 컴퓨터 사이에는 직접 연결된 통신 회선이 없었다. 이러한 방식을 일괄 처리(batch processing)라고 하며 데이터를 어느 정도 수집한 다음 처리하는 방법이다.

그 이후에 원격지의 운영자가 단말 장치와 컴퓨터를 통신 회선에 의해 연결시켜 주는 온라인 방식에 의해 컴퓨터를 직접 사용할 수 있게 되었다.

---

99) H. Tagn, Long distance transmission experiment using the WDN technology, J. Lightwave Technol, Vol.14, No.6, June 1996, pp.1287 – 1298.

100) 한국전자통신연구원, 21세기 정보통신(서울: 한국전자통신연구원, 1997), 참고.

온라인 방식은 전송과 작업 처리 사이에 사람이 개입하지 않으며 실시간 처리에 이용되는 방식으로서, 전화 교환의 제어, 공작 기계 수치의 제어, 은행 업무, 좌석 예약 등에 응용된다.

그 외 응용 분야로 데이터의 발생 즉시 처리를 시작하며 컴퓨터에 의한 처리 결과를 원하는 시간 내에 받아 볼 수 있는 실시간 처리(real－time processing)로서 원격감지기가 계속적으로 추출되고 몇 시간 간격으로 조정되는 기계 도구의 수치 제어에 응용되는 원격 계수 수치 판독에 이용된다.

초기의 정보통신은 컴퓨터와 통신 회선의 단순 결합에 의한 정보처리에 국한하였으므로 데이터 통신이라 하고 그 후 컴퓨터와 주변 기기까지 접속하여 다양한 정보처리가 진행되면서 정보통신이라고 하였다.

이러한 정보통신 시스템의 최종 목표는 종합 정보통신망(ISDN)의 구축으로 음성, 화상, 데이터 등을 모두 같은 통신망으로 고속 전송이 가능한 디지털 방식이다.

1. 정보통신기술의 일반적 개념

정보통신기술이란 정보의 수집, 가공, 저장, 검색, 송신, 수신 등 정보 유통의 모든 과정에 사용되는 기술 수단을 총체적으로 표현하는 넓은 의미의 개념이다. 이전에는 정보통신이라고 하면 흔히 방송 및 그와 관련된 전자 기기를 연상하였으나, 오늘날에 와서는 방송기술이 전체 정보통신기술에서 비교적 작은 부분을 차지하고 있으며 오히려 그 밖의 통신기술 서비스 즉 초고속인터넷, 위성통신 등이 더욱 부각되고 있다.

그러므로 오늘날의 정보통신기술은 반도체로 대표되는 소자기술, 컴퓨터로 대표되는 정보처리 기술, 위성통신과 광통신으로 대표되는 통신기술이 합쳐진 것이며, 하드웨어라 불리는 물리적인 부분과 소프트웨어라 불리는 정보적인 부분 간의 결합이라고 할 수 있다.

1) 디지털 기술

정보통신 서비스를 구현하는 방법으로서의 통신기술은 기술적인 측면에서 아날로그(analog) 기술과 디지털(digital) 기술로 구분된다. 아날로그 신호는 길이, 압력 등과 같은 연속적인 물리량을 전기 신호로 변화시킨 것이다.

신호가 어떤 통신 채널을 통하여 전송될 때 정도의 차이는 있지만 반드시 잡음과 왜곡을 경험하게 된다. 이때 아날로그 신호는 신호 파형의 크기, 위상, 또는 주파수의 시간에 따른 변화로써 전송 정보를 나타내기 때문에 잡음이 생기는 경우에 즉시 원래 정보의 잘못된 형태로 나타나게 되고, 수신기에서 원래의 정보와 잡음 사이의 구분이 불가능하다.

그러나 디지털화된 정보는 특정 지점에서 신호 수준, 즉 0과 1을 나타내는 크기로 나타내므로, 어느 정도의 잡음이 생기더라도 0과 1을 나타내는 크기의 구분만 될 수 있다면 원래의 정보를 전달할 수 있다. 디지털 신호에서도 오류(error)가 발생하지만, 아날로그 통신에 비하여 훨씬 잡음이 적다는 장점을 지니고 있다. 일반적으로 디지털 기술은 다음과 같은 특성을 지니고 있다.

첫째, 높은 신뢰성을 지니고 있다.
둘째, 디지털 방식에서는 단순히 신호의 전압 또는 전류의 크기와 시간 정보만이 필요하므로 아날로그 방식에 비하여 훨씬 간단한 신호 규정이 요구된다.
셋째, 현대 사회의 주된 정보원은 컴퓨터를 포함한 디지털 정보 기기이므로 같은 신호 형태를 갖는 장치끼리의 연결을 통하여 훨씬 넓은 활용성을 보장할 수 있고, 그 응용의 범위도 훨씬 넓어질 수 있다. 요컨대, 디지털 방식은 문자, 음성, 영상, 데이터의 통합적 처리를 가능하게 함으로써 방송·통신·컴퓨터 간의 자유로운 연결을 가능하게 해 준다.

2) 초고속 정보통신망

초고속 정보통신망은 정보사회를 지탱해 주는 사회 기반 시설이기 때문에 오늘날 세계 각국은 국가적 차원에서 이를 적극 추진하고 있다. 우리나라도 1990년대 들어 국가정보시설 구축이 국가 경쟁력을 높일 수 있다는 생각에 정보통신부를 중심으로 초고속 통신망 구축 기획단을 구성, 2015년까지 초고속 정보통신망을 구축할 계획이다.

정부는 초고속 정보통신망의 구축을 통해 공공 부문의 정보화, 산업 정보화, 개인 생활의 정보화를 추진하고, 각급 행정 기관, 학교, 도서관, 연구소, 기업, 병원과 가정을 서로 연결하여 국내외 정보를 간편하고 쉽게 이용할 수 있는 시설을 만들고자 노력하고 있다.

이러한 초고속 정보통신망이 이루어지면 국가기관이나 회사 및 가정이 매우 빠르게 연결되며, 상품의 구입 및 운반 그리고 근무가 가정에서 이루어지는 홈쇼핑, 홈뱅킹, 재택근무가 아주 자연스럽게 이루어질 것이다.

3) 뉴미디어(new media)

본래 미디어(media, 매체)란 정보 전달을 통하여 인간의 의사소통을 가능케 하는 모든 것을 의미한다. 따라서 뉴미디어는 기존의 미디어에 새로운 컴퓨터 및 통신기술이 추가됨으로써 과거와는 전혀 다른 형태의 정보 수집·처리·가공·전송·분배와 이용을 가능케 하는 미디어를 의미하는 것이다.

로저스(Rogers)는 1946년에 진공관으로 된 최초의 컴퓨터가 발명된 이후 '뉴미디어 시대'가 도래했다고 한다. 그러나 오늘날 뉴미디어는 디지털화 추세에 따라 기존의 미디어가 각자 수행하던 기능을 동시에 수행하는 것도 가능해지고 있다.

그러한 여러 가지 일을 할 수 있는 매체로서의 뉴미디어를 우리는 멀티미디어(multimedia)라고 부르고 있다. 얼마 전부터 컴퓨터뿐만 아니라 가정의 가전제품인 오디오, TV나 게임, 전화 등의 통신기기, 방송, CATV 등을 한데 묶는 경우가 있는데, 이것은 멀티미디어 기술의 대표적인 예라고 할 수 있다.

뉴미디어라는 개념이 많은 것을 포함하는 뜻이기는 하지만 기존에 우리에게 익숙해 있는 올드 미디어와 비교해 보면 그 특징을 이해하기가 한결 쉬울 것이다. 우선 문자 시대의 대표적 미디어였던 편지가 뉴미디어에는 전자우편으로 대치된다. 그리고 인쇄 시대의 대표적 미디어인 신문이나 잡지는 팩시밀리를 이용하여 가정에 직접 보내지는 전송 신문이나 전파를 통하여 가정에 배달되므로 종이가 필요 없는 전자신문으로 변하게 된다.

그리고 전신, 전화, 텔렉스도 팩시밀리, 화상 전화, 화상 회의, 문서 및 음성 메일, 비디오텍스, 화상 응답, 쌍방향 케이블TV 등으로 변하고 있다. 그런데 이러한 뉴미디어는 기존의 미디어와는 달리 인간의 의사소통을 크게 변모시키고 있다.

첫째, 뉴미디어에 의해 인간의 의사소통 방식이 서로 간의 표현에 의거한 쌍방향적 의사소통 과정으로 바뀌고 있다.
둘째, 기존의 미디어가 서로 다르고, 서로를 알 수 없는 많은 사람들을 대상으로 하는 데 비해서 뉴미디어는 특정 사람들을 대상으로 한다.
셋째, 시간의 어려움을 극복할 수 있다.

4) 인터넷(internet)

세계 최대의 컴퓨터 통신망인 인터넷은 사람들 간의 상호 의사소통과 정보의 디지털화를 확실하게 보여 주는 대표적인 예라고 할 수 있다. 인터넷은 세계 각 지역의 크고 작은 네트워크들이 서로 연결된 '네트워크의 네트워크'로 다음과 같은 특징을 지니고 있다.

첫째, 인터넷은 중앙통제 조직이나 기구가 없이 개인들과 집단들로 구성된 최초의 정보 유통망이다.
둘째, 기존의 대중매체가 방송국과 같은 송신자를 통해서 많은 수의 시청자들에게 정보를 보내는 의사소통 방식이라면, 인터넷은 여러 명이 스스로 의사소통할 수 있는 방법이다.

이상에서 알아본 바와 같이 디지털 기술, 초고속 정보통신망, 뉴미디어,

인터넷 등으로 대표되는 정보통신기술의 발달은 매우 빠른 속도로 진행되고 있다. 그리고 이러한 정보통신기술의 발달에 힘입어서 사회의 정보화가 급속도로 추진되고 있으며, 이에 따라 우리의 생활 방식도 급속도로 변화하고 있다.

2. 정보통신 시스템의 구성

정보통신 시스템은 정보처리기술과 통신기술의 융합으로 생겨난 것으로 컴퓨터를 중심으로 하는 정보처리 시스템과 원격 각지에 분산·설치되어 있는 단말 장치 또는 컴퓨터 상호간을 통신 회선으로 접속하여 그 사이에서 정보의 가공, 보관 및 전송을 하는 온라인 시스템이다.

정보통신은 컴퓨터에 의한 정보처리기술과 데이터 전송기술의 통합된 형태로서 컴퓨터 사이의 통신이다. 기존의 TV방송 시스템과 결합하여 다양한 새로운 미디어들이 개발되고 있으며 이에 따라 개별적 영역으로서 발전되어 온 정보처리 사업, 전기통신 사업 그리고 방송 사업 등이 이제 별도로 분리하여 생각할 수 없을 정도로 일체화되고 있다.

정보통신은 컴퓨터와 통신이 결합하고 여기에 방송의 영역이 융합되어 넓은 영역으로 발전되어 가고 있는데 지금까지의 정보통신이란 대체로 컴퓨터와 통신, 그중에서도 데이터 처리와 통신(data processing & communication: D&C)의 결합을 뜻하는 개념이었으나 최근에는 뉴미디어에 대한 관심이 고조되면서 방송과 통신(broadcasting & communication: B&C)의 성격이 포함된 개념으로 발전되어 가고 있다.

정보화 사회의 발전은 정보통신기술(Information and Communication Technology)의 발달에 의해서 가속화되었고 정보통신기술은 컴퓨터를 통한 자료의 생산·전달·저장 그리고 소비에 관련된 모든 기술을 총칭하고 있다.

오늘날 컴퓨터는 계산기능뿐만 아니라 기억기능, 검색기능은 물론 교환기능, 즉 통신 및 제어기능까지 갖추게 되어 통신과 정보처리의 두 가지 기능을 모두 할 수 있어서 전자교환기의 역할이 가능하게 되었다. 컴퓨터와 전자 교환 시스템은 한쪽에서는 교환으로부터 처리기능으로 또 한쪽은 처리로부터 교환기능으로 발전해 가면서 양자가 서로 융합된 정보통신 시스템으로 나아가고 있다.

통신 처리란 통신의 개념을 초월한 동시에 한 번 변화한 정보를 다시 원래의 것으로 복구할 수 있는 성질을 갖고 있기 때문에 단순히 처리와는 다른 부가가치 통신이라고 할 수 있다. 이러한 통신 처리기능은 이용자의 단말기에 첨가시킬 수도 있고, 컴퓨터 센터나 혹은 교환기 쪽에서 처리할 수도 있다. 뉴미디어도 그중 하나로 그 정의는 명확하지 않지만 일반적으로 전기통신 분야의 혁신기술에 의해 탄생한 새로운 미디어 군을 말한다.

통신과 방송도 제각기 발전해 왔으며 통신은 서로 간에 정보를 주고받을 수 있는 퍼스널 미디어이며 방송은 일반적인 전달만이 가능한 단방향 매스미디어이다. 그런데 이제는 이 두 가지가 서로 다른 형태로 결합한 뉴미디어들이 등장하고 있다. 구체적으로는 비디오텍스, 쌍방향 CATV, 문자 다중방송, TV회의, 전자우편, 전자신문, 개인용 컴퓨터에 의한 데이터 통신 등을 나타내고, 통신 수단으로는 전화 회선과 방송망이 이용되는 경우도 있다. 새로운 통신망으로 광섬유에 의한 데이터 통신망과 위성통신 또는 LAN 등이 사용되는 일도 있다.

3. 네트워크 구성

네트워크는 하드웨어를 연결하는 데 사용하는 소프트웨어뿐만 아니라 컴퓨터 하드웨어로 구성된다. 네트워크의 구성은 조직의 요구와 응용 분야에 따라 달라진다. 컴퓨터 외에도 전화, 팩스, 프린터 등과 같은 사무실 장치들의 완전한 연결은 네트워크 구성을 통해 달성될 수 있다. 네트워크는 기본적으로 근거리 통신망(LAN)과 광역통신망(WAN)으로 분류된다.

1) 근거리 통신망(LAN: Local Area Network)

근거리 통신망은 가장 일반적인 네트워크 구성방식이다. 근거리 통신망은 컴퓨터들이 서로 상대적으로 가까운 위치에 있을 때 사용된다. 근거리 통신망은 대체로 1킬로미터 내에 있는 컴퓨터들을 연결한다. 근거리 통신망 연결을 위해 동축케이블이나 광섬유케이블이 사용되지만 전화선이나 무선전파가 사용될 수도 있다. 근거리 통신망은 조직으로 하여금 소프트웨어, 하드웨어 및 데이터와 같은 자원을 공유할 수 있도록 한다. 또한 원거리에서 자료 처리 과정을 스케줄링, 감시, 감독하는 것을 도울 수 있다. 이렇게 사용된 근거리 통신망은 파일서버를 갖는데 이는 각 지구국이나 노드에 연결된다. 파일서버는 수행하는 작업의 복잡성에 따라 명령어 축소 기반 소형 컴퓨터나 워크스테이션 또는 대형, 중형, 소형 컴퓨터일 수 있다.

근거리 통신망 소프트웨어는 응용 소프트웨어와 인터페이스 자원들을 제어하는 운영체제 시스템과 다양한 다른 프로그램들이 근거리 통신망에서 사용할 수 있도록 하는 운영체제 인터페이스를 가지고 있어야 한다. 또한 모든 장치들이 파일서버나 서로 간에 통신할 수 있도록 하는 통신프로그램을 가지고 있다.

이와 같이 LAN과 LAN, LAN과 WAN 등 다양한 토폴로지, 전송 매체, 통신 장치 간을 연결하여 통합된 통신망을 구축하는 기술이 인터넷워킹(Internet working)이다. 인터넷워킹에 사용되는 장비로는 리피터(Repeater), 브리지(Bridge), 라우터(Router), 게이트웨이(Gateway) 등이 있다.

① 네트워크 토폴로지(topology)

토폴로지는 네트워크를 구성하는 노드와 이들 노드들 간의 연결 상태에 대한 기하학적인 배치를 의미하며 통신망 구조라고도 한다.

- 스타 토폴로지: 스타 토폴로지는 데이터의 흐름을 제어해 주는 중앙 제어장치를 중심으로 모든 스테이션들이 Point-to-point로 연결되어 별 모양으로 구성된 접속방법이다. 각 스테이션으로부터 발생한 모든 데이터는

중앙의 제어장치를 경유해 전달되므로 제어장치는 통신 기능과 중계 기능을 수행한다.

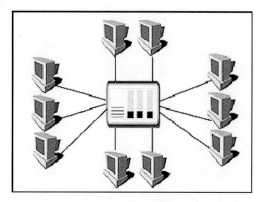

[그림 4-1] 스타 토폴로지

스타 토폴로지 이때의 중앙 제어장치는 PC, 미니컴퓨터, PBX, 또는 전용의 제어장치가 될 수 있는데 제어장치는 복잡한 회로로 구성되는 반면, 각 스테이션은 모든 기능을 전적으로 제어장치에 의존해 회로가 단순하다.

어떠한 경우의 데이터라도 모두 중앙을 거쳐 목적지로 전달돼 버스 토폴로지와 같이 데이터의 충돌현상은 발생하지 않는다. 설사 복수의 스테이션이 동시에 데이터의 송신을 시도하더라도 제어장치가 중간에서 처리해 주면 이더넷(Ethernet)에서의 충돌로 인한 비효율을 방지할 수 있다. 사용되는 매체는 전통적으로 트위스트 페어가 많이 사용되며, 광케이블도 흔히 사용한다.

■ 링 토폴로지: 링 네트워크는 전송 매체가 연속적인 원형을 구성하고 있는 링상에 스테이션이 순차적으로 연결되어 있는 모양을 가진다. 즉, 스테이션 간을 직접 연결하는 이 방식은 한 스테이션과 다음 스테이션 간의 물리적 거리가 최단 거리가 되도록 링 모양으로 계속 접속하는 것이다. 액세스 제어는 각 스테이션에 있는 어댑터 내지는 접속장치에서 독립적으로 수행하며 링 네트워크에서 주로 사용하는 매체 액세스 방식은 토큰링 방식이다. 사용하는 전송 매체는 주로 동축케이블이며 광케이블도 사용한다. 동축케이블을 전송 매체로 사용해 약 10Mbps 정도의 전송 속도를 지원할 수 있으며, IBM 토큰링의 경우 16Mbps까지 가능하고, 광케이블로 링을 구성하는 FDDI(Fiber Distributed Data Interface)의 경우는 100Mbps까지의 전송 속도가 가능하다. FDDI의 경우 광케이블을 매체로 하고 토큰 패싱을 매체 액세스 방식으로 사용하는 링 네트워크의 대표적인 예다.

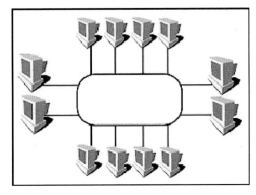

[그림 4-2] 링 토폴로지

■ 버스 토폴로지: 버스 토폴로지는 공통 전송선로상에 각 스테이션을 multi
-drop으로 접속하는 형태로, 이 방식은 모든 네트워크 접속 형태 중에서
가장 단순한 배선 형태를 취하고 있다. 통신 제어는 각 스테이션의 접속 장
치에서 독립적으로 수행하기 때문에 별도의 통신제어 장치나 중계기가 불
필요하다. 매체 액세스 제어 방식은 토큰 패싱 방식을 적용한 토큰 버스와
CSMA/CD(Carrier Sense Multiple Access with Collision Detection) 방식이 주
로 이용된다.

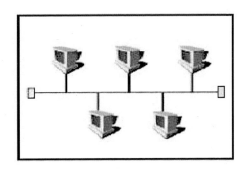

[그림 4-3] 버스 토폴로지

② 통신망 전송 매체

전송 매체는 네트워크상의 각 노드를 연결시켜 주는 물리적인 채널을 말
하는 것으로, 전송 매체는 Bounded, Unbounded 두 종류로 크게 구분된다.
Unbounded 전송 매체는 대기와 같은 무선 매체를, Bounded 전송 매체는 케이블과 같은 유선 매체를 일컫는 말이다.

■ 트위스티드 페어(Twisted Pair)
전선 두 개를 서로 꼬아 놓은 형태로 잡음에 약하고 전송거리에 제약을 받는다는 단점이 있지만, 가격이 저렴하고 각 터미널과 노드(Node) 간에 연결이 쉽다. 그리 빠른 속도는 아니지만 약 1−10Mbps의 속도를 지원한다. 이방식은 PC 간에 활용할 수 있는 Network에 주로 사용된다.

■ 동축케이블(Coaxial cable)
트위스티드 페어 케이블보다는 잡음이 적고 에러 발생률도 적다. 통신선을 비전도성 물체로 감고 둘레를 금속 끈으로 감싼 후 그 둘레를 다시 플라스틱 재질로 감아 놓은 케이블이 동축케이블이다. LAN을 구축할 때 가장 많이 사용한다. 전송 속도는 초당 약 10−12Mbps를 낸다.

■ 광섬유(Fiber optics)
머리카락 굵기의 유리섬유를 이용해 자료를 전송하는데 속도가 매우 빠르며 약 1기가비트의 전송 속도를 낸다. 에러 발생률은 거의 없다. 설치비용이 비싸고 고도의 기술이 필요하다는 게 단점이다.

2) 광역통신망(WAN: Wide Area Network)

광역통신망은 넓은 지역을 연결하는 네트워크를 말하는 것으로 지방과 지방, 국가와 국가, 또는 대륙과 대륙 등과 같이 지리적으로 완전하게 떨어져 있는 장거리 지역 사이를 연결하는 통신망이다. 광역통신망은 장거리 통신이 가능하다는 점을 제외하고는 근거리 통신망과 개념이 유사하다. 광역통신망에서는 노드들이 장거리에 걸쳐 전 세계적으로 호스트 컴퓨터나 서로 간에 통신할 수 있도록 마이크로파 중계나 위성을 사용한다. 광역통신망은 근거리 통신망들의 네트워크라 할 수 있다. 이와 같이 LAN과 LAN, LAN과 WAN 등 다양한 토폴로지, 전송 매체, 통신장치 간을 연결하여 통합된 통신망을 구축하는 기술이 인터넷워킹(Internet working)이다. 인터넷워킹에 사용되는 장비로는 리피터(Repeater), 브리지(Bridge), 라우터(Router), 게이트웨이(Gateway) 등이 있다. 이들은 하나의 LAN에서 다른 LAN으로 또는 LAN에서 WAN으로 메시지들의 루트를 정해 주는 장치들이다. 이들은 각각 다른 구조를 가지고 네트워크 시스템에 사용되며, 트랙픽량, 속도, 비용에 기초하여 최상의 메시지 전달 루트를 결정할 수 있다. 고속의 버스를 가진 라우터는 수많은 네트워크를 연결하는 인터넷의 백본(Backbone)으로 사용되고 있다.

① X.25

X.25란 일반적으로 LAN과 LAN상에서 쓰이는 것으로 다시 말하면, WAN상에서 널리 쓰이고 있는 프로토콜이다. LAN상에서는 일반적으로 TCP/IP를 비롯하여 IPX, AppleTalk 등의 많은 프로토콜이 있지만, WAN상에서는 일반적인 X.25와 요사이 각광을 받고 있는 Frame Relay 등이 있다. 원거리통신망 즉 WAN상에서는 패킷교환망과 회선교환망으로 구분되며, X.25는 호스트시스템 혹은 LAN과 패킷교환망 간의 인터페이스를 제공한다.

② Frame Relay

Graphic Data의 전송, LAN의 급증, Client/Server 환경 아래에서의 고객들의 고성능에 대한 요구가 급증했고, LAN의 순간적인 대량 데이터(Burst) 전송의 필요성이 증가하게 되었다. 또한, 전송 회선 환경의 개선으로 망 내에서의 에러 검색, 에러 정정 등의 복구 과정이 불필요하게 되었으며, 단말장비의 지능화로 OSI - 7 계층의 하위 계층의 기능이 응용 계층에서도 수행할 수 있게 되었다.

프레임 릴레이는 기존의 X.25의 패킷 전송 기술을 고속 데이터 통신에 적합하도록 개선한 것으로 패킷교환 방식의 장점인 통계적 다중화 방식의 효율성과 회선교환 방식의 장점인 고속 전송의 특성을 결합했다. 프레임 릴레이는 순서 제어, 저장 후 전송, 에러 복구 등의 처리 절차를 생략하는 등 데이터 처리 절차를 단순화시킴으로써 Performance를 향상시켰다. 또한, 프레임 릴레이는 광대역 종합정보통신망인 ATM의 전 단계 고속 정보교환 방식이라고 할 수 있다.

3) ISDN(Intergraded Services Digital Network)

① ISDN의 개요

정보화 사회에서 정보는 그 무엇보다도 큰 가치를 가지게 되므로 정보의 빠른 유통을 위한 요구가 사회적으로 증대되게 되었고, 이러한 요구를 충족시키기 위하여 컴퓨터의 디지털 기술과 데이터 통신기술의 결합을 통한 새로운 통신 서비스가 개발되어 제공되어 왔다. 그러나 서비스별로 별도의 전송 매체와 인터페이스를 사용함으로써 비효율적이면서 사용과 운용상 많은 문제점을 안고 있었다. 이에 다양한 서비스를 동일한 인터페이스를 통하여 통합적으로 제공하기 위한 새로운 망인 ISDN이 이러한 가입자의 요구와 발달된 통신기술을 바탕으로 출현하게 되었다.

하나의 전송선로에서 하나의 전화 단말기만을 사용할 수 있었던 기존의 전화망과는 달리 하나의 선로에서 여러 종류의 단말기를 사용하며, 아날로그가 아닌 디지털 네트워크로서 고속의 데이터 통신을 가능하게 한다.

② ISDN의 종류

■ BRI(Basic Rate Interface): ISDN의 전송선로는 두 개의 B채널이라 불리는 음성신호를 전송하는 채널과 별도의 D채널이라 불리는 데이터 통신을 위한 디지털 채널을 가지고 있으며, 음성, 동영상, 오디오 등 각종 데이터를 수치화하여 고속으로의 전송이 가능하게 하고 있다.

ISDN은 두 개 이상의 전화번호와 최대 8개까지의 전화기, PC, FAX 등의 단말기를 접속할 수 있으며 동시에 3개까지의 호출(통화)을 가능하게 한다(국내에서는 현재 2개 채널 동시). 위에서 설명한 두 개의 B채널과 하나의 D채널을 결합시켜 사용하는 형태의 ISDN을 BRI(시본 속도 인터페이스)라고 부른다. 두 개의 B채널은 각각 56K의 기본 속도를 제공하며 이를 결합하여 최대 112KBPS의 비압축통신을 할 수 있으며, 16KBPS의 D채널과 결합하면 최대 128KBPS의 고속 데이터 통신이 가능하다.

■ PRI(Primary Rate Interface): 미국 내에서는 64KBPS의 B채널 23개의 64KBPS의 D채널 하나를 결합하여 사용하는 PRI방식이 사용되고 있다. 최대 전송률이 1.534MBPS인 PRI는 T-1급의 미국 내 전송용으로 설계되었다.

4) ATM(Asynchronous Transfer Mode)

현재 하나의 네트워크에서 전화는 물론 데이터 통신도 처리할 수 있는 ISDN이 이미 제공되고 있다. ISDN은 단말 상호간에 일정 속도의 회선을 설정하는 회선교환 서비스와 정보를 적당한 길이의 패킷으로 분할해서 송신하는 패킷교환 서비스가 있다.

그러나 ISDN의 회선교환 서비스일 경우에는 고속 통신이라 하더라도 1.5Mbps 통신까지만 가능하며 고품질의 영상통신을 할 수 없고, 송신하는 정보량이 일시적으로 증가하는 컴퓨터 통신 등에서는 통신 속도의 변경이 요구되어 일일이 통신을 끊고 재차 발신해야 되는 번거로움이 있다. 또, ISDN 패킷교환 서비스일 경우에는 통신 중 송신하는 정보량은 자유롭게 바꿀 수 있지만 통신 속도가 고작 64kbps로 억제되어 있다.

그러나 전송 시 손실이나 오류가 적고 대용량 통신이 가능한 광파이버 기술이 매우 진전되었고, 모든 정보를 디지털 신호로 바꾸어 전송할 수 있는 디지털화 기술의 발전에 힘입어 통신 네트워크에서는 음성에서 초고속 데이터뿐만 아니라 영상 정보까지도 보낼 수 있는 통신네트워크의 실현 기술로서 ATM(Asynchronous Transfer Mode)이 출현하게 되었다.

① ATM 개요

ATM 교환은 저속도 통신이나 정보량이 적은 통신에서부터 고속 광대역 통신에 이르기까지 통신 중에도 대역폭을 자유롭게 변경할 수 있는 기술이다. ATM에서는 송신 측의 단말에서 수신 측의 단말로 보내는 정보를 48바이트씩 나누고 수신처 Label(표지) 정보에 5바이트의 헤더를 덧붙여, 합계 53바이트의 고정길이를 가진 CELL이라고 하는 단위로 정보를 보낸다. 이것은 마치 48바이트 길이의 정보다발에 5바이트의 꼬리표가 붙은 것과 같다.

ATM 네트워크 내에 보내진 셀은 수신처 레이블의 정보에 따라 하드웨어에서 고속으로 교환된다. 이것을 자기 라우팅이라고 하는데 이를 통하여 목적한 수신 측에 도착한 셀은 레이블 검사를 받고 본래의 정보로 재구성된다.

또 ATM은 사용자 셀과 같은 수신처 레이블을 가진 보수용 OAM (Operation, Administration and Maintenance: 보수 운용관리, 정식명칭 아님) 셀을 흘려보냄으로써, 같은 통신채널 내의 고장 등을 감시하거나 통시할 수 있다.

② ATM 교환의 원리

지금까지의 교환 방식으로는 패킷교환 방식과 회선교환 방식이 사용되어 왔다. 먼저 회선교환은 일정한 속도로 장시간 통신하는 데는 적합하지만, 문제는 정보가 있든 없든 한번 정해진 타임 슬롯은 언제나 그 이용자가 사용해야 한다는 것이다. 바꾸어 말하자면, 일정한 정보량의 통신을 하고 있을 때 외에는 낭비될 수 있다는 것이다. 또 여러 가지로 통신 속도가 다른 단말이나 통화 중에 통신 속도를 바꾸어야 하는 통신의 경우, 그리고 정해져 있는 최저속도보다 더 낮은 속도의 통신일 경우에도 적합하지 않다. 그래서 회선교환 방식은 전화망에서 사용되고 있을 뿐이다. 패킷교환은 이용자로부터 보내져 온 패킷을 일단 패킷교환기 안의 프로세서에 넣고 헤더부를 소프트웨어로 해독하여 라우팅(어디로 보내면 좋은지 등의 통신경로를 선택하는 일) 등을 행하는데, 패킷의 크기는 가변길이를 가지고 있어 정보의 성질이나 속도에 따라 임의로 설정할 수 있는 유연성을 가지고 있다.

그러나 패킷교환은 정보를 소프트웨어로 해독, 처리하므로 프로세서의 성능에 따라 전송시간 등이 크게 제한된다. 또한 패킷교환(X.25)에서는 오류 정정이나 오류 재송 등의 절차를 마련해 놓고 그것을 각 교환기마다 처리하기 때문에 소프트웨어의 부담이 크다. 따라서 패킷교환의 전송 능력은 수 Mbps 정도이고, 어떤 네트워크 내에 집중적으로 데이터가 전송되어, 교환기 등에서 이들 데이터를 처리하지 못해 넘쳐 버리는 데이터의 폭주 시에는 전송시간의 변동이 매우 커지게 된다. 이러한 여러 가지 특징으로 패킷교환은 데이터 통신에 이용되어 왔다. ATM 교환은 패킷교환 방식과 마찬가지로 패킷(ATM에서는 이것을 CELL이라고 한다)을 사용하지만 그 길이가 53바이트로 고정되어 있다. 또한 회선교환 방식처럼 통신경로나 타임 슬롯과 같은 번호를 미리 정하여 하드웨어를 통해 통신경로를 선택한다. 말하자면, ATM은 회선교환과 패킷교환의 중간적 교환 방식이다.

제2절 네트워크 구축 시 검토될 기술

1. BACK - BONE 네트워크 시스템

1) 네트워크 기술 설명

네트워크 기술에서 대역폭의 부족은 애플리케이션 서버로 데이터의 전송에 있어 딜레이타임의 증가 또는 서버의 고장의 원인이 되기도 하고, 때로는 특정 세그먼트의 다운 현상을 가져오기도 한다. 최근의 네트워크 경향은 음성과 화상, 이미지, 그리고 데이터 등을 통합하는 네트워크로 발전하고 있으며, 이러한 네트워크에서는 화상이나 이미지 파일이 대부분의 대역폭을 잠식해 버리므로 음성이나, WAN처럼 전송시간에 민감한 장비들은 QoS(Quality of Service) 같은 특별한 기능을 요구한다. 이러한 문제를 해결하기 위해서 지금의 네트워크 기술은 ATM이라든가 Gigabit Ethernet과 같은 기술을 발전시켜 이러한 문제들을 해결해 나가야 한다.

따라서 네트워크 구성에 가장 중요한 Back - Bone 기술의 선정에 있어 다음과 같은 항목은 반드시 평가되어야 한다.

① 전체 비용에 영향을 미치는 포트의 밀집도
② 다양한 종류의 물리적 매체 접속

③ Full Duplex의 지원

④ 지원하는 VLAN의 레벨

⑤ 사용자 위주의 구성

⑥ Remote연결 유형(프레임 릴레이, ISDN 등)

⑦ SNMP, MIB, CMIP(Common Management Information Protocol) 호환

⑧ 아키텍처의 차별화

⑨ 지원 프로토콜

⑩ 업계의 표준 준수

⑪ 지원되는 Up link

2) 네트워크 하드웨어 시스템

네트워크 Back-Bone 선택에 앞서 선택될 수 있는 몇 가지 기술을 살펴보고 향후 기술발전에 대응하고, 국가 초고속 정보통신망과의 연계 등을 고려하여 적합한 Back-Bone 기술을 선택하여야 한다.

① FAST ETHERNET(100Base-T)

Ethernet의 IEEE802.3 표준을 사용하는 고속의 솔루션이라는 점에서 매우 유리하다. 많은 인터넷 장비들이 표준에 의해 정의된 10/100MBps 오토센싱 기능과 고속에서의 장비 간 Connection Negotiation을 지원하고 있으나, 음성과 WAN과 같은 전송시간에 민감한 데이터 전송에는 우선순위를 부여하기 어렵다.

② HIPPI(High-Performance Parallel Interface)

HIPPI는 ANSI X3T11에서 정의한 네트워크 기술로 기가비트의 속도를 구현할 수 있다는 점이 중요한 특성이나, 이 기술이 지원하는 데이터 전송 기술은 일반적인 네트워크 환경에서는 불가능하며, 전송 매체가 제한적이라는 점(STP케이블만 사용할 수 있다)에서 가장 큰 단점을 가지고 있다.

③ ATM(Asynchronous Transfer Mode)

ATM은 LAN이나 캠퍼스 네트워크의 Backbone으로 흔히 사용되고 있으며, 속도가 155Mbps로서 Fast Ethernet을 속도 면에서 능가하는 이점 외에 QoS(Quality of Service)가 보장되어 특별한 용도의 LAN에 사용되는 이점을 지닌다. 처음에는 표준이 정립되지 않아 그 위세를 떨치지 못했으나, 이제는 LANE(LAN Emulation)과 MPOA(Multi Protocol Over ATM)이 지원되면서 널리 수용되기 시작했다. ATM에도 여전히 확정되지 못한 기준이 남아 있고, 비용이 많이 들며 구현하기 어려운 부분이 많아 경우에 따라서는 IP Switching이 대신 선택되기도 한다.

실제로 IP Switching과는 달리 LAN 환경과 ATM 환경에는 명백히 구분되는 점이 있다. 다른 LAN 기술은 Connecti-onless인 반면에, ATM은 확정된 회로로만 패킷이 흘러가는 Connection-oriented인 까닭에 LANE이 완전치 못하여 사용자들이 선택에 주저하는 빌미를 제공한다.

ATM의 주요 이점은 음성이나 비디오의 전송이 리얼타임으로 데이터와 동시에 이루어질 수 있다는 QoS가 가능하다는 것, 즉, Multimedia 환경에 적합하다는 것이다.

ATM은 장차 원거리 전송 미디어로서 WAN 기술에서 가장 중요한 위치를 차지할 것이며, 이에 따라 기술은 계속 발전할 것으로 예상된다.

④ Gigabit Ethernet

Ethernet과 동일한 CSMA/CD 프로토콜을 사용하므로 기존의 네트워크에서의 기술이전이 가장 손쉬운 기술이다.

이러한 기술은 속도와 거리 간의 상호 호환성과 같은 기본적인 문제점을 가지고 있기도 하다.

Gigabit Ethernet는 기존의 Ethernet 및 Fast Ethernet과 호환성이 있어, 이들로 이루어진 서브네트워크를 원활히 수용할 수 있기 때문에 Fast Ethernet Switch의 집중화 기술로서 특히 각광을 받고 있다.

ATM에 비해 값이 싸다는 점에서 ATM을 도입하기를 주저하는 사용자들에게 크게 어필하여 ATM을 누르고 성공할 것이라는 것은 의심할 여지가 없다. Gigabit Ethernet의 약점으로는 연결 거리의 제약과 CSMA/CD 방식에 의한 실제의 전송 속도가 700Mbps에도 못 미친다는 점이 지적되어, 역시 캠퍼스 네트워크에 부적합하다거나 QoS를 지원하지 못한다는 약점을 지닌다.

2. REMOTE(WAN) 네트워크 시스템

1) WAN의 발전

1837년의 모스 전신 및 1876년의 벨 전화로 시작된 전기통신은 군사적 이용으로부터 상업적/일반 사회적 이용으로, 또 수 킬로미터에서 세계/우주적인 규모로, 광역에 이르는 통신망의 기반으로서 발전하여 왔으며, 1946년의 ENIA으로 기원을 시작한 컴퓨터도 처음에는 CPU와 단말 간을 데이터 통신이라고 하였으나, SAGE(1955년)와 SABRE(1962년) 등의 온라인 전송을 거쳐, 미국 국방성의 ARPANET(1969년)으로 대표되는 컴퓨터 네트워크로 발전되었으며, 이러한 것은 처리 분산화를 위해 광역의 전기통신망을 이용한 경우로서 ARPANET의 패킷교환 처리기술은 그 기술자들이 설립한 TELENET과 TYMNET 등의 상용 패킷교환망과 CCITT(현재의 ITU－T) 권고 X.25로서 결실을 맺고 다시 인터넷으로 이어지고 있다.

2) 패킷교환 방식

패킷교환은 메모리(버퍼)를 이용한 축적교환 방식의 대표적인 예로서 정보의 송수신은 단말 상호간에 직접 이루어지지 않고, 송신 측 교환기의 메모리에 축적되고 난 후 상대방에 전송되며, 이때 정보는 패킷이라고 부르는 수신인/순서번호 등의 머리부(header)가 붙은 일정 길이의 데이터 블록으로 분할되며, 교환망으로 전송된 후, 수신 측에서 머리부 제거와 정보의 재구성이 이루어진다.

교환망 내의 패킷 전송경로는 반드시 일정하지는 않고 패킷별로 다른 경로를 거치는 경우도 있으며 이와 같이 경로선택이 가능한 것은 머리부 내에 수신인과 순서번호가 있기 때문이다.

이러한 최적의 경로를 선택하는 것을 경로지정(Routing)이라 하고, 수신 측에서 패킷의 순서를 제어하는 것을 순서(Sequence)제어라고 하며 또 패킷교환망이란 패킷교환 공중데이터망(PSPDN: Packet Switching Public Data Network)을 말한다.

3) 회선교환 방식

회선교환 방식은 기본적으로는 전화교환과 같은 방식으로서 시분할 다중교환을 기본으로 하고 있고, 단말장치(DTE)로부터의 선택신호로 수신 측으로의 접속동작을 하고, 송수신 단말기 간에 전이중회선을 설정한다.

이때 송수신 양 단말의 속도는 동일함을 요구하지만 일단 접속되면 통신 중의 전송제어절차/부호데이터 포맷 등에 대해서는 일체의 제한이나 규정은 없으며 이러한 것이 패킷교환과 다른 점이고 통신종료 시의 회선개방은 단말 측으로부터의 복구 요구 신호에 의해 이루어진다.

회선교환의 특징은 고속이면서 고품질인 점, 임의의 상대와의 통신이 가능하다는 점, 통신 중의 규정이나 제한이 전혀 없다는 점 등이 있다.

4) 프레임 릴레이

프레임 릴레이는 패킷교환 기술을 보다 간략화하여 OSI 참조 모델의 데이터 링크층(계층2)의 프레임을 고속으로 전송(릴레이, relaying)하는 기술로서, LAN 간 접속 등과 같은 버스트(순간적으로 대용량의) 데이터 전송에 사용할 목적으로 고안되었다.

이 기술의 배경에는 최근의 광통신기술을 중심으로 한 전기통신기술의 고도 발전에 따라 물리적인 통신(회선레벨)의 신뢰성이 비약적으로 향상되었다는 점이 있다. 전기적인 전송오류가 감소함으로 인하여 전송제어를 데이터 링크층에서 하는 의미가 없게 되었으며 이 전송제어를 하지 않음으로써 구내의 데이터 전송 처리 속도가 보다 향상하고 이용자는 전용선/회선교환과 같이 고속으로 지연 없이 또, 패킷교환과 같이 채널/대역의 분할이용이 가능한 서비스를 받을 수 있게 되었다. 프레임 릴레이 서비스의 전송 속도는 현재 56/64Kbps~1.5/2Mbps 정도를 대상으로 하고 있지만, 앞으로는 미국 등에서 사용하는 SMDS(Switched Multimegabit Data Service, 고속데이터 통신 서비스)를 이용한 45Mbps 정도까지 확대될 것으로 예상된다. 프레임 릴레이 기술의 표준화/구체화는 현재 ITU-T, ANSI/S1, 프레임 릴레이 포럼 등에서 검토되고 있는 상황이며, ISDN망을 사용하는 FMBS(Frame Mode Bearer Services)와 프레임 릴레이를 공중데이터에 적용한 FRDTS(Frame Relay Data Transmission Service) 두 가지의 구체적인 전달 서비스(Bearer Service)가 있다.

5) ISDN

ISDN(Integrated Services Digital Network, 종합 정보통신망)은 음성, 문자, 데이터, 화상/영상 등의 종류가 다른 서비스들을 디지털(비트) 신호로 통일하여 종합적으로 서비스하는 종합망이다. ISDN은 국제적으로는 ITU에서 ITU-T 권고인 I 시리즈 표준으로 규정되어 있으며, ISDN에는 이미 서비스되고 있는 2Mbps 정도까지의 협대역과 미래를 위해 검토 중인 156~622Mbps 정도인 광대역이 있다.

B-ISDN(Broadband aspects of ISDN, ISDN의 광대역적 측면, 통칭 'B-ISDN, 광대역 ISDN')은 1980년경부터 CCITT(현 ITU-T)를 중심으로 검토되어 왔다. B-ISDN의 기본적인 골격은 다음과 같은 사항을 들 수 있다.

① 전송방식은 ATM/셀
② 디지털 전송로의 동기/다중화 방식은 동기식 디지털 신호 다중화 계층구조
③ UNI(User-Network Interface)는 계층화 구조임.
　　AAL/ATM/물리계층
④ 프로토콜

⑤ ATM 계층 이하의 망 보수/운용(OAM: Operation, Admini stration and Maintenance)

⑥ N‑ISDN과 프레임 릴레이 망 등의 타 망과의 망 간 접속

⑦ 최대 통신 속도 2.4Gbps까지 확장이 가능한 ATM 기술

⑧ ATM(비동기 전송모드)은 B‑ISDN을 실현하는 전송모드

⑨ 서비스는 교환/반고정/고정, 1대1/1대 다접속, 즉시/예약/전용을 제공

⑩ ATM 셀은 머리부(5바이트)와 정보부(48바이트)로 이루어짐.

⑪ 계층은 서비스 공통인 ATM 계층과 서비스 의존처리를 하는 AAL에 의해 구성

⑫ UNI(User‑Network Interface, 이용자‑망 인터페이스) 속도는 156Mbps 와 622Mbps

6) 멀티캐스트 프로토콜

멀티캐스트 프로토콜은 패킷교환 등의 복수지점 통신을 하는 멀티캐스트 서비스를 위한 프로토콜로서, ITU‑T가 IS‑O/IEC‑JTC1/SC6과 협조하면서 표준화를 하고 있다. 이 프로토콜에서는 DTE와 DCE 간의 멀티캐스트 프로토콜, MS(멀티캐스트 서버)의 멀티캐스트 서버 프로토콜 및 MS‑MS 간의 서버 간(Inter Server) 프로토콜을 정의하고 있으며, 전체적으로 X.6 권고에 규정되어 있다. 단말 인터페이스는 X.25를 대응한 기본 인터페이스와 확장 인터페이스로 정의되어 있고, 패킷에서는 GFI(General Format Identifier)의 변경과 새로운 패킷 Type의 추가, 논리채널의 확장 등이 고려되고 있다.

7) MAN(Metropolitan Area Network)

MAN(Metropolitan Area Network: 대도시권 통신망)은 LAN과 WAN의 중간에 위치하여 45Mbps~622Mbps 정도까지의 전송 속도를 갖는 것으로서, LAN 간 접속 데이터 통신, 멀티미디어망, CATV(Cable Television, 케이블TV)를 서비스 대상으로 고려하고 있다.

3. PSTN 네트워크 시스템

1) PSTN의 개념

LAN 구축이 불가능한 개인정보이용자들을 위하여 개인의 PC들을 네트워크에 접속하여 원활한 정보의 이용이 가능하도록 구성하는 전화망을 이용한 네트워크의 총칭을 의미한다. PSTN의 종류에는 크게 RAS와 VPN을 들 수 있으며 최근 인터넷이 보편화됨으로써 전화망을 통한 정보의 이용에는 VPN이 현실적인 대안으로 각광받고 있다. PSTN 네트워크의 가장 큰 문제점은 다수의 불특정 이용자가 사용하므로 자료의 해킹 등 보안의 문제가 발생될 수 있고 이런 문제를 사전에 방지하기 위해서 VPN이 많이 사용되고 있는 추세이다.

2) VPN의 정의

VPN(Virtual Private Network)이란 Public Switched Network상에서(예: 인터넷) 물리적인 Network의 구성과 무관하게 논리적으로 폐쇄된 User Group을 구성하여 다양한 기능의 서비스를 제공하는 Network의 한 형태로 VPN상에 소속된 User는 VPN을 Physical Private Network으로 인식한다. 정보기술의 급속한 진전으로 멀티미디어 환경, 인터넷 환경이 확산되면서 사용자의 대역폭 요구량이 급격히 증가하고 있고, 이러한 환경에서 일반 기업에서는 통신 비용 및 운영 관리비용이 증가되고 있는 추세이다. VPN은 PSDN과 같은 통신망을 이용하여 Private Network의 특성과 이점을 유지하면서 비용을 획기적으로 절감할 수 있는 대안으로 제시된 기술이고, 또한 이러한 기술이 현실적으로 가능한 것은 PSDN, ISDN, ATM과 같은 통신 인프라의 기반이 강화되고 있기 때문이다.

3) Private Network과 Public Network의 특징

Private Network이 갖고 있는 장점은 Network을 직접적으로 통제함으로써 Network의 운영에 유연성과 독립성을 제공한다는 점이며, 또한 Network 장비에 대해 독점적으로 사용함으로써 인증되지 않은 접근에 대해 높은 수준의 보안을 구현한다는 데에 있으나 사설 네트워크에 의존하는 기업들은 독자적인 지역적, 국가적, 범국가적 네트워크를 필요로 하며, 이를 위해서는 막대한 비용의 초기 투자가 필요하다는 문제점이 있다. Private Network을 도입할 것인가의 여부를 결정하는 요소로 많은 기업들은 운영의 유연성과 보안성을 중요 기준으로 삼기도 하며 이와는 반대로 설비 투자비용과 운영비용이 부담되는 회사들은 통신 서비스를 아웃소싱하기도 한다. Public Network을 활용한 통신의 경우 Private Network과 비교하여 많은 이점을 제공한다. 투자비용이 Terminal 장비로 한정되며 교환장비, 전송장비, 회선설비 등에 대한 투자가 불필요하다. 높은 수준의 가용성, 신뢰성을 제공하며, 지역적 한계를 극복할 수 있고, 인증된 접근에 대해 보안성을 제공한다. 대부분의 회사들은 Public Network을 활용하면서도 Private Network의 장점인 운영의 유연성과 독립성을 원하고 있으며, VPN 서비스는 Public Network 상에서 이러한 요구를 수용하는 Customer – oriented 솔루션을 제공한다.

4) PSDN을 통한 VPN의 개념도

VPN은 'Network within the intelligent network'으로서 사용자의 요구 사항을 적절히 구현할 수 있는 다양한 기능을 갖고 있고 사용자는 배타적 사용권을 보장받을 수 있도록 PSDN상에서 설정된 VPN을 통하여 PSDN상의 자원을 할당받으며 대부분의 네트워크 관리 및 운영은 PSDN 운영자에 의해서 이루어지기 때문에 사용자 측의 운영 및 관리비용은 아주 적게 소요되며 단지 임대비용만을 부담하게 된다.

VPN의 각 node들은 line 용량, call 요구량, data throughput, VPN이 지원

하는 서비스의 범위에 따라 적절하게 분산되어 VPN에 할당되며, Line과 전송 path와 같은 Internal Network 자원들은 VPN과 PSDN datatraffic에 따라 적절하게 이용된다. 이러한 VPN의 구성은 상이한 많은 VPN이 필요한 지역에서는 매우 경제적이다. 또한 네트워크 접속에 대한 보안도 폐쇄된 user group, network user 인증, 안전한 address 교환 등과 같은 보안 기능들에 의해 보장된다. EWSP는 VPN 내에 sub-VPN의 구현을 용이하게 함으로써 User의 조직 구조에 맞는 적절한 네트워크를 구현할 수 있도록 한다.

4. 네트워크 Management 시스템

1) NMS 시스템 개념

네트워크 관리자들에게 있어 성공의 비결은 다른 누군가 네트워크 문제를 알아채기 전에 그 문제를 찾아내 해결하는 데 있다. 그리고 이를 위해서는 물론 네트워크의 무엇이 잘못됐는지, 그리고 그 문제점들이 언제쯤이면 해결될지 등에 대한 정보를 알아야 하기 때문에 이러한 역할을 위해 등장한 것이 네트워크 관리 소프트웨어(Network Management System)이다. 이러한 애플리케이션들은 주로 SNMP(Simple Network Management Protocol)에 의존하고 있으며 SNMP 에이전트들은 허브, 라우터, 서버, TCP/IP 프로토콜 스택을 운영하는 기타 네트워크 구성요소상에서 작동하는 서버의 프로세서이다.

2) NMS의 정의

네트워크 관리라 하면 단순히 네트워크상에서 발생하는 여러 가지 장애에 대한 조치를 취하는 정도를 넘어서 경영지원 및 네트워크 사용자들이 네트워크를 잘 제어하고 수퍼바이징하여 네트워크를 사용목표 달성을 이룰 수 있도록 하는 행위로 정의할 수 있다. NMS는 4가지 네트워크 관리를 통해 효율적이고 안정적인 망을 운영토록 하는 데 커다란 역할을 수행한다. 네트워크 시스템의 장애를 예방 네트워크의 현재 문제점 진단, 미래의 시스템 장애에 대한 예방정비와 문제의 조기 발견 및 그 해결 방법을 찾아내 네트워크에 연결된 정보 시스템의 안정성을 유지시킨다. 네트워크의 성능을 향상 시스템 장애 예방과 동시에 네트워크의 성능 향상 방안을 마련하여 더욱 향상되고 효율적인 네트워크 사용이 이루어질 수 있도록 한다. 자원의 적정한 분배 네트워크 자원의 현황에 대한 자료관리 및 그 적정한 분배를 통해 항시 안정된 네트워크 사용을 유도한다.

장래의 네트워크에 대한 설계 현재의 망구조 및 특성, 사용자의 수 및 그 요구조건을 분석하여 장래의 네트워크 변경 및 확장에 대비, 다시 말해 다종의 장비를 동시에 관리함으로써 전체 네트워크의 안전성과 신뢰성을 높이고 이를 통해 생산성을 극대화시키는 시스템이다.

3) NMS 시스템 구축을 위한 검토 및 평가 항목

NMS란 ITMS(Integrated Total Management System)를 결정하는 매우 중요한 요소다. NMS는 시스템을 구축하는 방향에 따라 최적의 NMS 시스템 구성이 결정되므로 기관 내에서 중점적으로 관심을 두고 있는 기능 및 구성을 파악하여야 한다. 사용자는 효율적인 ITMS 구성을 위한 NMS 시스템 구축을 위하여 다음과 같은 항목들을 검토해야 한다.

① 어떤 NMS을 구성할 것인가?
② 서버 및 망 운영체제(NOS)를 무엇으로 할 것인가?
③ 어떤 종류의 NMS 접속 adapter/board를 사용할 것인가?
④ 어떤 프로토콜을 사용할 것인가?
⑤ 다른 인터페이스 보드와의 상호 호환성은 좋은가?
⑥ 애플리케이션의 상호 호환성은 보장되는가?
⑦ 현 업무 및 향후 업무의 확장을 고려한 하드디스크의 적정 용량은?

ITMS에서는 상호 호환성, 이식성, 확장성 등이 충분히 반영되도록, NMS 구축을 위한 시스템의 선정에 앞서 다음과 같은 조건들을 만족할 수 있도록 평가 항목을 만들어 기기의 선정 등에 활용하여야 한다.

① 제품의 가용성(availability of product)
② 기존의 시스템과 호환성(compatibility with existing systems)
③ 산업표준의 적용 여부(compliance with industry standards)
④ 확장의 용이성(ease of expansion)
⑤ 유지보수의 용이성(ease of maintenance)
⑥ 조작의 용이성(ease of operation)
⑦ 장비의 보증(equipment warranty)
⑧ 망의 고성능(high network performance)
⑨ 인터넷워킹 능력(internet working capabilities)
⑩ 신뢰성과 보수성(MTBF and MTTR)
⑪ 원격지 통신기능(remote dial – in capabilities)
⑫ 보안기능 및 암호화(security system or encryption)
⑬ WAN과의 접속능력(WAN connection capability)

4) NMS 요소별 기능

① 망 구성(topology)
망 구성은 형태를 말하는 것으로 컴퓨터끼리 어떠한 접속형태로 연결되어 있는지를 표시한다. 망 구성에는 논리적인 것과 물리적인 것 등 2가지로 나누어 볼 수 있다. 논리적인 형태는 데이터가 어떻게 흐르고, 어떻게 제어되는가를 나타낸다. 물리적인 형태는 컴퓨터 사이의 실제 배선이 어떤 형태로 되어 있는지를 나타낸다(버스형, 링형, 스타형).

② 서버(Server)
서버(Server)는 NMS 시스템의 성능을 좌우하는 매우 중요한 요소이며, 서

버는 NMS에 접속하는 사용자에 대해, 네트워크에 흐르는 데이터에 관련된 각종 서비스를 제공하는 하드웨어 및 소프트웨어를 말한다.

③ 망 운영체제(NOS)
망 운영체제가 지원하는 기능은 다음과 같다.

첫째, 사용자 관리 기능
둘째, 디렉터리 서비스
셋째, 데이터 보호기능
넷째, 전원 이상에의 대응
다섯째, 파일 Access권 설정

5) NMS 시스템 구성 순서

NMS(Network Management System) 시스템 도입 시 고려되어야 할 사항은, 먼저 어떠한 서버를 선택할지를 결정해야 한다.

NMS 시스템은 적용되는 부서/기관의 요구사항 및 향후 확장성을 고려한 서버를 선택해야 한다. 서버를 이용하는 대표적인 방법은 PC 서버를 이용하는 방법, 워크스테이션을 서버로 이용하는 방법, 전용서버(혹은 슈퍼 서버)를 이용하는 방법 등 3가지 있다. 망 운영체제는 여러 개의 구성요소로 이루어진 NMS의 전체 자원을 효율적으로 사용할 수 있도록 운영을 차지하는 중요한 요소이다. 망 운영체제는 크게 2가지 방식으로 동배간 방식과 클라이언트 서버 방식으로 나눌 수 있으며, Cabling도 중요 고려 사항이다. 케이블링은 어떤 케이블을 사용하여 어떻게 배선할 것인가 하는 배선방법을 가리킨다. 케이블링이 결정되어 허브(Hub)를 사용하는 경우에 선택하는 기준은 어떠한 형태의 망을 구축할 것인가, 망 관리 기능이 지원되는가이고, 선택된 클라이언트들이 NMS에 접속하도록 하는 기구가 별도로 필요하며 이를 망 접속 보드 혹은 망 접속 어댑터라 한다. 기본적인 NMS 시스템을 구성한 후, 외부와 접속을 위하여 인터넷워킹 장비를 이용하며, 이러한 장비들을 서로 연결하기 위한 배선공사가 이루어져야 한다. 특히 시스템 구축 후 발생하는 장애의 약 60%가 케이블 수준에서 일어난다는 점을 고려할 때, 체계적인 관리를 철저하게 할 필요가 있다.

| chapter 05 |

유비쿼터스의 이해와 뉴미디어

급속한 IT 기술의 발달은 유비쿼터스(Ubiquitous)라는 새로운 패러다임의 변화를 가져왔다. 즉, 사람과 컴퓨터, 그리고 사물이 하나가 되는 유비쿼터스 세상이 도래하였다. 지금까지의 정보화는 사람과 사람 간의 의사소통을 위한 통신의 도구로 사용되어 왔으나 정보기술이 점차 기계와 사물로 확산됨에 따라 사람과 기계, 사물과 사물을 연결하는 새로운 정보화 패러다임인 유비쿼터스 시대가 출현한 것이다.[101]

최근 들어 미국, 일본 등 IT 선진국에서는 유비쿼터스(Ubiquitous) 컴퓨팅과 네트워크 인프라 구축을 통한 관련 분야 개발 및 선점을 위해 야심찬 프로젝트들을 진행하고 있으며, 우리나라도 최근 U-코리아 계획을 수립하고 미래 정보통신 사회로의 전환 모색을 위해 분주히 움직이고 있다.

인류의 역사는 공간 개척의 노력과 그 위에서 꽃피운 혁명의 역사로 규정할 수 있다. 과거와 현재를 통틀어 인류 역사에 가장 많은 영향을 미친 4대 공간 혁명으로는 도시혁명, 산업혁명, 정보혁명, 유비쿼터스혁명이 있다. 이 네 가지 공간혁명을 구분하는 데 있어서 가장 중요한 관점은 그것이 물리적 공간에 관한 혁명인가, 아니면 전자적 공간에 관한 혁명인가 하는 것이다. 또한, 두 공간 사이에 서로 긴밀한 관계를 갖는가 혹은 그렇지 않은가에 대한 것이다. 도시혁명은 사람들이 살아가는 데 필요한 공간을 아주

---

101) 한국전산원, u-korea 전략연구, 재인용, 이기혁, 류영달, 김진영, 유비쿼터스 사회를 향한 기술과 서비스(서울: 진한 M & B, 2005), pp.21-22.

원시적 평면 사회에서 함께 공동체로 살아가는 도시 형태로 변하는 1차적 공간혁명이라고 할 수 있다. 유비쿼터스는 유비쿼터스 컴퓨팅, 또는 퍼베이시브 컴퓨팅(pervasive computing)이라는 의미로서 시간과 장소, 컴퓨터나 네트워크 여건에 구애받지 않고 자유롭게 네트워크에 접속할 수 있는 정보기술(IT) 환경 패러다임을 말한다. 유용하게 쓰는 종이나 메모판, 책상이나 탁자 등이 각각 특수화된 약간의 지능을 가지게 된다고 가정하면 사람의 생활이 편리해질 것이다. 가전제품들이 스스로 주인에게 상황을 경고하거나 사용 또는 조치 방안 등을 일러 주고, 주인의 말이나 손짓 등에 따라 반응할 수도 있으며, 물건을 어디에 두었는지 기억하지 못할 때 해당하는 물건의 위치를 대신 기억한 컴퓨터가 알려 줄 수도 있을 것이다. 책의 이름을 적어 둔 포스트잇을 컴퓨터에게 보여 주면 컴퓨터는 외부 네트워크에 접속, 해당 책의 원하는 범위를 사용자가 들고 있는 전자 종이에 다운로드해 준다. 유비쿼터스 컴퓨팅은 실세계의 각종 물품들과 환경 전반에 걸쳐 컴퓨터들이 편재하게 하되, 이들이 사용자에게는 컴퓨터로서의 겉모습을 드러내지 않도록 환경 내에 효과적으로 통합하는 기술이다. 즉, 사용자들이 컴퓨터라는 거부감을 느끼지 않고 실제로는 수많은 컴퓨터들을 편리하게 이용할 수 있게 하자는 데 의의가 있다.

뉴미디어의 용어는 공통으로 사용하는 의미와 정의가 명확하게 확립되어 있지 않으나 일반적으로 미국이나 유럽에서는 '새로운 정보기술' 또는 '새로운 전자 미디어' 등으로 많이 쓰인다. 일본에서는 '뉴미디어'와 '새로운 미디어'가 함께 쓰이고 있으나, 일반적으로 뉴미디어라는 용어가 주로 사용되고 있다. 최근 들어 컴퓨터와 통신기술, 즉 전자정보기술이 발달하고 정보사회로 진입한 이후 사회적 변화와 함께 이용범위가 확산되어 오늘날 시대를 뉴미디어 시대라 해도 과언이 아닐 만큼 사용가치가 높아지고 있으며, 뉴미디어의 활용은 유비쿼터스기술과 통합하여 일상생활은 물론 정치, 사회, 경제, 문화, 교육 등 사회의 곳곳에 영향을 미치고 있다.

제1절 유비쿼터스 컴퓨팅의 이해

유비쿼터스 컴퓨팅은 1988년 제록스 연구소의 마크 와이저(Mark Weiser) 교수에 의해 주창되었다.102) 이후 몇 가지 뜻이 더해져 오늘날에는 주변의 모든 물체 안에 컴퓨터(마이크로프로세서)가 내장되어 물체 간, 그리고 물체와 인간 간의 효과적인 정보 교환 및 활용이 가능하게 하는 기술 또는 환경을 의미하는 말로 이해되고 있다. 주변에 있는 모든 물체 안에 컴퓨터가 내장됨에 따라 모든 물체들은 이른바 지능형 물체(intelligent object)화되고, 지능형 물체들은 네트워킹을 통해 상시 접속, 상시 교신 상태를 유지하게 된다. 따라서 IC카드나, 칩, 또는 단말기를 휴대한 인간은 지능형 물체와의 상시 교신을 통해 최적의 정보 및 서비스를 획득하게 되는 것이다.

유비쿼터스 컴퓨팅이란 실생활과 환경 전반에 걸쳐 컴퓨터들이 편재(遍在)하게 하되, 이들이 사용자에게는 컴퓨터로서의 모습을 드러내지 않도록 환경 내에 통합하는 기술이다.

마크 와이저는 미래 사회에서는 현실공간 전반에 걸쳐 컴퓨터가 편재되어 있고, 네트워크 인프라 구축을 통해 사용자가 필요로 하는 정보나 서비스를 즉시에 제공받을 수 있는 환경이 구현될 것이며, 이를 위해서 다양한 형태의 컴퓨터 자원을 언제, 어디서나 편리하게 활용할 수 있도록 현실세계와 효과적으로 결합해야 한다고 했으며, 유비쿼터스 컴퓨팅(유비컴)에 대하여 그의 저서들을 통해 "사람을 포함한 현실공간에 존재하는 모든 대상물들을 기능적·공간적으로 연결해 사용자에게 필요한 정보나 서비스를 즉시에 제공할 수 있는 기반 기술"이라고 정의 내리고 있다. 또한 마크 와이저는 논문(1993년)을 통해 컴퓨터의 진화과정을 컴퓨터기술과 인간과의 관계(relationship) 변화를 중심으로, 제1의 시대인 메인 프레임 시대, 제2의 시대인 퍼스널 컴퓨터 및 인터넷 시대, 제3의 시대인 Ubiquitous 사회로 구분하고, 실생활의 컴퓨터 기술에 대해 비가시적 인터페이스(invisible interfaces)를

---

102) 상게서, p.6.

사용하는 인간화 기술(calm technology)의 등장을 언급하면서, 이러한 기술 변화를 통해 새로운 문화인 Ubiquitous Computing의 출현을 주장하였다.[103]

근래에는 퍼베이시브(pervasive) 컴퓨팅, 자율(proactive) 컴퓨팅 등의 개념들로 확대되어 그 영역을 넓혀 가고 있다.

1. 유비쿼터스의 정의

유비쿼터스의 사전적 의미는 라틴어 어원으로서 '언제 어디에나 동시에 존재한다.'는 뜻으로 사용되고 있다. 사용자가 컴퓨터나 네트워크를 의식하지 않고 장소에 상관없이 자유롭게 네트워크에 접속할 수 있는 환경을 말한다. 유비쿼터스의 네트워크는 기존의 유선 네트워크화뿐만 아니라 휴대전화, TV, 게임기, 휴대용 단말기, 카 네비게이터, 센서 등 PC가 아닌 모든 비PC 기기가 네트워크화되어 언제, 어디서나, 누구나 대용량의 통신망을 사용할 수 있고, 이를 통하여 커뮤니케이션할 수 있는 것을 말한다.[104] 지속적으로 각광받고 있는 유비쿼터스 컴퓨팅은 단순히 컴퓨팅 환경을 개선하는 것에 그치는 것이 아니라, 인류의 사회문화까지 송두리째 바꿔 놓을 것으로 예상된다. 컴퓨터는 앞으로 사라지거나 아니면 물질적인 환경의 일부분으로 바뀌게 될 것이다. 농업혁명, 산업혁명, 정보혁명 이후 제4의 혁명이 바로 유비쿼터스혁명이다.[105] 과거의 농업혁명이나 산업혁명은 인류문명의 기반인 물리공간의 혁명이었고, 월드와이드웹(WWW: World Wide Web) 서비스가 확대되면서 절정기를 맞은 정보화 혁명은 사이버 공간의 혁명이었다. 이에 반해 유비쿼터스혁명은 물리공간과 사이버 공간의 지능적

---

103) 김명주, 곽덕훈, 유비쿼터스의 이해(서울: 이한출판사, 2008.), pp.3 - 5.
104) 백영균 외, 유비쿼터스 시대의 교육방법 및 교육공학(서울: 학지사, 2008) pp.375 - 376.
105) 미국 제록스 팰러앨토연구소(PARC)의 마크 와이저가 유비쿼터스 컴퓨팅을 차세대 컴퓨터의 비전으로 제시하면서 알려졌다. 유비쿼터스 컴퓨팅이란 모든 사물에 컴퓨터 칩을 내장하여 상호 의사소통을 통해 보이지 않는 생활환경까지 최적화하는 인간 중심의 컴퓨팅 환경을 의미한다. 유비쿼터스가 실현되려면 가전제품·가구·자동차 등 모든 일상적인 사물에 적용할 수 있는 정보기술·나노기술·생명공학기술의 고도화가 전제되어야 한다.

결합을 통한 통합 공간에서 이루어진다.[106] 가상공간이 자연스럽게 생활공간과 결합하여 새로운 통합공간을 창출하게 되는 것이다. 그 공간은 아직 인류가 경험하지 못한 미지의 세계이자 무한한 기회의 공간이다.[107]

마크 와이저의 생각에 따르면 미래에는 컴퓨터들이 현실공간 전반에 걸쳐 편재되고, 이들 사이에 유무선 통신망을 통해 이음새 없이 연결되어 사용자가 요구하는 정보나 서비스를 즉시에 제공하는 환경이 구현될 것이다. 이를 위해서 다양한 형태의 컴퓨터는 사용자가 거부감이나 불편함을 느끼지 않고서 언제, 어디서나 편리하게 컴퓨팅 지원을 활용할 수 있도록 현실세계와 효과적으로 결합하여야 한다.[108]

마크 와이저의 유비쿼터스는 신기술 때문에 소외되는 인간들을 컴퓨팅환경을 통해 하나의 인간 공동체로서 재활시키는 데 이념을 두고 있으며, 컴퓨팅 기기들을 통해 여러 지역에 있는 사람들이 언제 어디서나 서로 접근할 수 있도록 해 주는 컴퓨팅 환경이라고 제시하였다.[109] 즉, 컴퓨터가 곳곳에 편재하여 센싱(Sensing)과 트레킹(Tracking)을 통해 장소나 시간에 따라 그 내용이 변화하여 개인이 특화된 정보 서비스를 받을 수 있음을 의미하는 것이다. 유비쿼터스시스템의 특징은 사용자가 어떤 장소에서든지 자신이 컴퓨터를 사용한다는 것을 느끼지 못한다는 것이다.[110]

유비쿼터스화가 이루어지면 가정·자동차는 물론, 심지어 산꼭대기에서도 정보기술을 활용할 수 있고, 네트워크에 연결되는 컴퓨터 사용자의 수도 늘어나 정보기술산업의 규모와 범위도 그만큼 커지게 된다. 그러나 유비쿼터스 네트워크가 이루어지기 위해서는 광대역통신과 컨버전스 기술의 일반화, 정보기술 기기의 저가격화 등 정보기술의 고도화가 전제되어야 한다.

---

106) 지구상 위치파악 시스템(Global Positioning System/GPS)이 한 예이다. 미군이 발전시킨 위성 통신 및 위치파악 시스템인 GPS는 이제 GPS 수신장치만 있으면 누가 어느 장소에 있든지 접근이 가능하도록 상업화되었다. 이러한 다양한 컴퓨터 매핑 소프트웨어(computer-mapping softwares)의 결합으로 GPS는 특정인의 위치, 여행경로, 이동수단 등을 모두 파악할 수 있다.
107) 김명주, 곽덕훈, 유비쿼터스의 이해(서울: 이한출판사, 2008) pp.3-4.
108) 김완석 외 2인, 유비쿼터스 컴퓨팅의 기념과 업계 동향(서울: 정보화기술연구소, 2003.) pp.10-12.
109) 전게서 김명주, 곽덕훈, p.4.
110) 황강일, 또 다른 세상을 열어갈 유비쿼터스혁명(서울: 고려대학교 미래정보망연구실, 2003.) pp.12-15.

2. 유비쿼터스의 유래

1991년, 마크 와이저는 미국의 대표적 과학저널 중의 하나인 ≪Scientific American≫ 1991년 9월호에 「21세기를 위한 컴퓨터(The computer for the 21st Century)」라는 논문을 발표하였다. 이 논문에서는 유비쿼터스 컴퓨팅을 통해 대부분 일상용품에 컴퓨터 장치가 들어가게 된다는 유비쿼터스 컴퓨팅 개념을 대외적으로 제안했다.111) 계속하여 1993년에는 「Some Computer Science Problems in Ubiquitous Computing」이라는 논문을 발표하였으며, 1996년에는 그의 논문 「The Coming Age of Calm Technology」에서 많은 사람이 한 대의 대형 컴퓨터를 공유하던 메인 프레임 시대에서 1980년대부터 시작한 PC시대, 분산 컴퓨팅을 제공하는 인터넷 시대를 거쳐 개개인이 환경 속에 편재된 여러 컴퓨터를 사용하는 유비쿼터스 컴퓨팅 시대가 올 것이라고 주장하였다.112)

1999년에 일본 노무라 연구소의 무라카미 데루야스 이사장은 '유비쿼터스 네트워크'라는 개념으로 마크 와이저의 '유비쿼터스 컴퓨팅'을 재해석하고 2000년 12월에는 노무라 종합 연구소가 「유비쿼터스 네트워크」라는 연구보고서를 발간했다. 그는 유비쿼터스 컴퓨팅에서 특히 네트워크가 중요하다고 생각해 지금의 네트워크 인프라를 더욱 확장시킨 개념을 내세운 것으로 알려졌다. 무라카미 이사장은 스스로 유비쿼터스 네트워크를 P2P(Person To Person), P2O(Person To Object), O2O(Object To Object) 세 단계로 나누고 O2O 단계에서 비로소 유비쿼터스 컴퓨팅 시대가 도래한다고 말했다.

3. 유비쿼터스의 특징

유비쿼터스 컴퓨팅의 특징은 어떤 영역을 강조하는가에 따라 조금씩 차

---

111) 전자신문사, 유비쿼터스 백서(서울: 전자신문사 2005) 참고.
112) 황강일, 전게서, pp.16.

이가 있다. 최남희는 유비쿼터스 컴퓨팅의 개념과 구성요소로서 편재성(pervasive), 기능성(embeded), 일체성(wearable), 자발성(silent), 경제성(disposable), 이동성(nomadic), 자각성(sentient) 등을 들고 있다.[113)]

유비쿼터스 컴퓨팅기술의 응용 서비스들은 기존의 스마트 서비스와는 다른 다음과 같은 요소가 있다.[114)]

첫째, 정보화 영역이 광역화되어 어떠한 생활공간이라 하더라도 지능화·네트워크화되어 언제 어디서나 보이지 않게 우리가 산소를 느낌 없이 이용하는 것처럼 지원한다.[115)]

둘째, 보이지 않게 사물에 심어진 센서(Sensor)·칩(Chip)·태그(Tag)·라벨(Label)은 사용자의 의식적인 명령뿐만이 아니라 의도까지 반영하기 위해 주변 환경의 정보는 물론이고 사용자의 상황 정보(Context)까지 언제 어디서나 실시간으로 인식·추적·통신할 수 있다.

셋째, 현재의 유선 인터넷과 웹 기술을 넘어 무선 인터넷과 증강현실(Augmented Reality)[116)] 기술을 활용해 실감형 정보를 현실세계에 제공한다.

넷째, 사용자는 PDA 같은 이동형 정보 장치를 뛰어넘어 다양한 유형의 차세대 휴대기기를 사용할 수 있다.

유비쿼터스 컴퓨팅 기술은 한마디로 Community Computing을 의미하며 5C(Computing, Communication, Connectivity, Contents, Calm)와 5Any(Any-time, Any-where, Any-network, Any-device, Any-service)를 지향하며 Community Computing에서 의미하는 유비쿼터스 컴퓨팅 지능공간에서 사용

---

113) 최남희, 유비쿼터스 정보기술을 활용한 물리공간과 전자공간 간의 연계구도와 어플리케이션 체계에 대한 연구 텔레컴뮤니케이션 리뷰, 제13권, 제1호, 2003, 참고,
114) 김명주, 곽덕훈, 전게서, pp.8-9.
115) 생활공간이란 인간들이 생활에 활용하는 여러가지 사물 즉, 생활기기·변기·가전기기·주방기기·자동차·사무용품·식품·장난감·인형·화분 등을 말한다.
116) 증강현실(Augmented Reality, AR)은 가상현실(Virtual Reality)의 한 분야로 실제 환경에 가상 사물을 합성하여 원래의 환경에 존재하는 사물처럼 보이도록 하는 컴퓨터 그래픽 기법이다. 증강현실은 가상의 공간과 사물만을 대상으로 하는 기존의 가상현실과 달리 현실세계의 기반 위에 가상의 사물을 합성하여 현실세계만으로는 얻기 어려운 부가적인 정보들을 보강해 제공할 수 있는 특징을 가지고 있다. 이러한 특징 때문에 단순히 게임과 같은 분야에만 한정된 적용이 가능한 기존 가상현실과 달리 다양한 현실 환경에 응용이 가능하며 특히, 유비쿼터스 환경에 적합한 차세대 디스플레이 기술로 각광받고 있다.

된다. 이를 위해서는 다음과 같은 것이 필요하다.[117]

첫째, 네트워크에 접속되어야 한다.

무선을 통하여 모든 기기들이 연결되어 어느 곳에서나 정보를 얻을 수 있어야 한다. 어디에나 컴퓨터가 있기 때문에 컴퓨터를 가지고 다닐 필요가 없다. 하지만 이러한 개념에 반하여 일본에서 제안하는 유비쿼터스 네트워크는 휴대단말기를 통하여 어디에서든지 정보를 얻을 수 있다는 약간은 다른 개념을 제안하고 있다.

둘째, 컴퓨터는 사용자에게 보이지 않아야 한다.

주변 물리적 환경 속에 컴퓨터를 사용할 수 있게 함으로써 컴퓨터 활용도가 증가하지만, 사용자가 컴퓨터가 존재하는 것을 의식하지 않으면서도 자연스럽게 컴퓨터를 사용할 수 있어야 한다. 이러한 개념은 컴퓨터 칩 설계, 네트워크 프로토콜, 입출력 장치, 응용프로그램, 프라이버시 같은 모든 컴퓨터 분야의 연구에 영향을 주게 된다. 또한, 주변 환경에 숨어 있는 컴퓨터들의 도움을 받아서 여러 일을 하지만 사용자는 자기 스스로 어떤 일을 했다고 느낄 정도로 컴퓨터의 존재를 느끼지 못하게 된다.

셋째, 상황에 따라 제공되는 서비스가 변한다.

사용자가 누구이고, 또 어디에서 사용하느냐에 따라서 다른 서비스가 제공되어야 하며, 인증되지 않은 사람은 사용이 거부되어야 한다.

Community Computing에서 의미하는 유비쿼터스 컴퓨팅 지능공간(uT-space)이란, 서로 상이하고 이동성을 가진 컴퓨팅 개체들이 동적으로 조정되고 통신이 가능한 환경을 의미한다. 이전의 물리적인 공간에 대응될 수도 있지만, 이동성이 있는 개체들이 다른 물리적인 공간으로 이동하더라도 통신이 가능하기 때문에 물리적인 경계는 제한적이지 않고 확장이 가능하다. 유비쿼터스 컴퓨팅 지능공간에서 존재하는 컴퓨팅 개체를 uT-entity라고 지칭하며, 이들 간에 서로 협력하여 동적이고 변화하는 복합 서비스를 제공

---

117) 김명주, 곽덕훈, 전게서, p.9.

하는 공통의 목적을 가지고 있다. community는 uT – entity들의 집합을 의미하며, 협력하는 개체들의 집합에 대한 상징적 의미도 내포하고 있다.

이상의 내용들을 종합해서 기존의 IT와 유비쿼터스 IT의 특징을 비교해 보면 다음 <표 5-1>과 같다.

〈표 5-1〉 정보화 시대의 IT와 유비쿼터스 IT의 특성

구분	정보화 시대 IT	유비쿼터스 시대 IT
처리대상	정보/지식	사물
목표	정보/지식의 유통 공유	지능최적화
주요 분야	정보/지식관리	공간(환경/사물)관리
핵심기술	인터넷네트워크	센서, 모바일
경제원리	네트워크지식기반경제.	공간 간 시너지 경제
사용자	기존사용자중심	원격사용자지향
정부제공 서비스	on – stop, seamles 서비스	보이지 않은 실시간
기업 관련 활동	거래정보화	전 분야 무인화
개인추구 서비스	표준화된 서비스	지능형 서비스

1) 유비쿼터스의 교육환경적인 특징

산업화 시대의 학생들은 도서관과 교실을 찾아다니며 공부했다. 정보시대에는 인터넷을 통해 학습정보를 얻었다. 그러나 유비쿼터스 시대에는 학습정보가 학생들을 스스로 찾아다니게 된다. 학생들이 언제 어디에서나 어떤 내용이건 상관없이, 어떤 단말기로도 학습할 수 있는 교육환경을 조성함으로써 더욱 창의적이고 학습자 중심적인 교육과정을 실현하는 것이 유비쿼터스 교육환경이다. 유비쿼터스 교육환경은 획일적이거나 강제적이지 않다. 학생들은 각자의 개별화된 욕구에 따라 학습한다. 이 같은 학습 환경에서 부모와 교사들 간의 상호작용도 자연스럽고 편안하게 이뤄진다. 학습자가 사용하는 컴퓨터는 더 이상 책상에 고정돼 있지 않다. 인터페이스나 휴대도 편리하다. 이를 통해 컴퓨터는 학습자와 친밀한 상호작용을 돕는 학습 에이전트(learning agent)의 역할을 수행한다. 학습공간도 학교와 교실에 제한되

지 않는다. 모든 실제 공간이 학습공간이 된다. 센서나 칩 형태로 컴퓨터가 심어진 지능화된 사물도 학습에 도움을 주고 학생들은 휴대하고 있는 학습 단말을 통해서도 학습정보를 제공받는다. 따라서 어떤 학교의 학생이든 학생이 있는 위치에 관계없이 실시간으로 상세한 내용을 학습할 수 있다. 또한 화학이나 물리실험 도구 등에 센서를 부착하면 학생들은 휴대단말기를 통해 실험결과를 확인해 저장할 수도 있다. 또 학교생활에 대한 부모의 의견과 예습·복습 자료, 과제물 접수 및 제출, 수업내용 및 실험결과의 반복 학습과 저장 등도 언제 어디서나 실시간으로 이뤄진다. 이처럼 유비쿼터스 컴퓨팅과 네트워크 패러다임은 교육시스템에도 새로운 혁명을 불러온다. 이른바 '유비쿼터스 교육(u-education)'의 시대가 오고 있는 것이다.

이러한 유비쿼터스 교육에 대한 연구는 이미 유비쿼터스 컴퓨팅의 등장과 함께 본격화되기 시작하였다. 미국의 정보기술과 교사교육학회(Society for Information Technology and Teacher Education: SITE)에서는 유비쿼터스 컴퓨팅 기술을 미래의 교육을 가장 크게 변화시킬 기술로 보고, 이를 응용하기 위한 모범사례를 발굴하고, 이에 대한 학문적 논의를 위해 학술대회를 지속적으로 개최하고 있다.[118] 사람, 컴퓨터, 그리고 사물이 언제, 어디서나 하나로 연결되는 사회, 즉 인간의 생활공간 전체가 거대한 네트워크로 연결되는 유비쿼터스 사회는 우리 교육에도 많은 변화를 주리라 예상된다. 변화는 준비된 이들에게는 기회이지만 그렇지 않은 이들에게는 불안과 고통의 사간이다. e-러닝이 우리나라에서 단기간에 뿌리내리고 높은 경쟁력을 갖게 된 것도 국가정보화 초기부터 추진된 교육정보화 정책의 발 빠른 대응 때문일 것이다. 변화를 기회의 발판으로 삼았던 e-러닝의 성공 경험은 유비쿼터스 사회에서의 미래 교육을 준비하는 우리들에게 큰 가능성과 확신을 주고 있다.

미국의 K-12 또한 학생, 교사 학부모가 언제 어디서나 접속하여 학습하고 가르치며, 참여할 수 있는 유비쿼터스 컴퓨팅 기반의 교육환경을 연구하고 있다. 이와 같은 유비쿼터스의 주요 특징은 다음과 같다.[119]

---

118) 교육커뮤니케이션과 기술연합회(Association for Education Communications and Technology: AECT) 도 지난 1999년부터 이미 u-Learning 관련 연구를 본격적으로 시작하였다.

① 학생들이 언제 어디서나 내용에 상관없이, 어떤 단말기로도 학습할 수 있는 교육환경을 조성해 줌으로써 보다 창의적이고 학습자가 중심이 되는 교육과정을 실현할 수 있다.

② 유비쿼터스 교육환경은 획일적이거나 강제적이지 않다. 학생들은 각자의 개별화된 욕구에 따라 학습한다. 이 같은 학습 환경에서 부모와 교사 간의 상호작용도 자연스럽고 편안하게 이뤄진다.

③ 학습자가 사용하는 컴퓨터는 책상에 고정되어 있지 않다. 인터페이스나 휴대도 편리하다. 이를 통해 학습자와 친밀한 상호작용을 돕는 학습 에이전트(Learning agent) 역할을 수행한다.

④ 학습공간도 학교와 교실에 제한되지 않는다. 모든 실제 세계의 공간이 학습공간이 된다. 센서나 칩 형태로 컴퓨터가 심어진, 지능화된 사물도 학습에 도움을 줄 수 있으며, 학생들은 휴대하고 있는 학습단말기를 통해서도 학습정보를 제공받을 수 있다.

전통적인 교육체제와 유비쿼터스 학습체제를 비교하면 다음 <표 5 – 2>와 같다.

〈표 5–2〉 전통적 교육체제와 유비쿼터스 학습체제 비교

구분	전통적 교육체제	유비쿼터스 학습체제
범위	• 초등교육부터 고등교육까지형식적 학교교육	• 전 생애에 걸친 학습(학교, 직장, 퇴직 후)
내용	• 지식 내용의 습득과 반복 • 교육과정(Curriculum) 중심형	• 지식의 창조, 습득, 활용 • 다양한 지식 원천 • 학습자의 학습 선택권 강화 • 핵심능력(competence) 중심
전달 체제	• 학습방식과 모델이 제한적 • 공식적 교육기관 • 획일적 중앙 통제형 관리 • 공급자 주도형	• 학습방식, 상황, 모델의 다양화 • 정보통신기술 기반형 학습지원 체제 • 다양하고 유연한 분권적 관리 • 학습자 주도형

2) 유비쿼터스 러닝(Ubiquitous Learning)

사람, 컴퓨터, 그리고 사물이 언제, 어디서나 하나로 연결되는 사회, 즉 인간의 생활공간 전체가 거대한 네트워크로 연결되는 유비쿼터스 사회는 우리 교육에도 많은 변화를 주리라 예상된다. 변화는 준비된 이들에게는 기

---

119) 백명군 외, 교육방법 및 교육공학(서울: 학지사, 2006), pp.373 – 375.

회이지만 그렇지 않은 이들에게는 불안과 고통의 사간이다. e－러닝이 우리나라에서 단기간에 뿌리내리고 높은 경쟁력을 갖게 된 것도 국가정보화 초기부터 추진된 교육정보화 정책의 발 빠른 대응 때문일 것이다. 변화를 기회의 발판으로 삼았던 e－러닝의 성공 경험은 유비쿼터스 사회에서의 미래교육을 준비하는 우리들에게 큰 가능성과 확신을 주고 있다. 유비쿼터스 러닝(Ubiquitous Learning)은 개방적 학습자원을 학습자의 필요에 따른 선택에 의해 활용하는 통합적 학습체제를 의미한다. 유비쿼터스 러닝은 무선 인터넷과 초고속 인터넷을 이용해 PDA 단말기나 태블릿 PC, 노트북상에서 교육을 받거나 실시간으로 자료를 검색, 다운로드할 수 있는 교육 서비스로 일부 정의하기도 하나 이는 매우 협소한 개념이다. 유비쿼터스 러닝은 특정한 단말기나 매체를 의미하는 것이 아니라 학습 메커니즘을 의미한다.

유비쿼터스 러닝의 전형적인 사례는 [그림 5－1]과 같다.

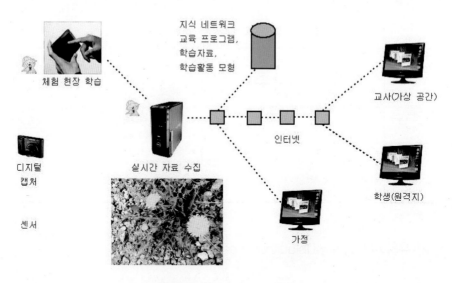

[그림 5-1] 자연 체험 학습장 모델

그림에서 알다시피 유비쿼터스 컴퓨팅 기술 중 RFID(Radio Frequency IDentification)[120] 칩과 센스 리더를 이용해서 자연체험학습을 할 수 있도록 모델링한 것이다. 학습자는 자연체험학습장에 들어갈 때 센스 리더를 지참한다.

3) 유비쿼터스 환경 구축 시 고려사항

① 공공시설의 컴퓨터 보안문제

유비쿼터스 사회의 실현을 위해서는 네트워크의 안정성이 우선적으로 확보되어야 한다. 정보통신기술 및 보안 기술은 인터넷의 보급과 함께 지속적인 연구 개발이 투입되고 있으나 바이러스나 크래킹의 추격이 문제로 남아 있다.

인터넷의 특성상 네트워크 인프라가 구축된 지역에서는 언제 어디서나 접속이 가능하지만 개개의 모든 시스템을 감시하기에는 역부족이며 사용자의 작은 부주의로 정보 누출이 쉽게 이루어질 수 있기 때문에 심각한 결과를 초래할 수 있다. 이러한 문제를 해결하기 위해서는 관련 보안 기술의 표준화가 우선적으로 요구되며 모든 데이터베이스가 분산 관리되는 시스템에서 통합관리 시스템으로 구축되어 사용자의 편익성과 보안성이 유지되도록 구축되어야 한다.[121]

② 사용자 위주의 유비쿼터스 서비스 제공

유비쿼터스혁명의 기본 목적은 사용자에게 편리한 환경을 제공하는 데 있다. 네트워크 인프라 구축을 통한 인터넷의 발달로 인하여 사람들은 편리하게 인터넷 서핑을 통하여 다양한 정보를 수집하고 공유할 수 있지만, 좀 더 편리하게 개선된 서비스를 제공할 수 있는 어플리케이션 기술들은 아직 미약하며 특히 표준화가 이루어지지 않아 문제가 발생할 가능성이 있다. 유비쿼터스 시대에서 무엇보다 가장 중요한 것은 사용자들이 편리하게 다양

---

120) 우리말로 '무선식별', '전파(자)식별' 등으로 사용되고 있는데, 원어에 충실하자면 '무선주파수식별'이지만 음파, 빛, 무선(wireless)과의 혼동을 피하기 위하여 '전자식별'로 표기하는 경우가 많다. 또한 RFID tag, RFID chip 등은 '전자식별태그' 또는 '전자태그', '전자칩' 등으로 사용하고 있다. RFID는 사물에 초소형 칩을 부착하여 사물 및 주변 환경 정보를 무선주파수로 전송하고 처리하는 일종의 비접촉식 식별기술이다. RFID는 데이터를 저장할 수 있는 RFID 태그와 RFID에 있는 데이터를 읽을 수 있는 리더(reader) 그리고 중간에서 데이터를 전달하는 안테나 등으로 구성되어 있어, 판독기에 직접 접촉하지 않아도 쉽게 정보를 식별하거나 필요한 정보를 입력할 수 있다. RFID는 전파를 매개로 칩 간의 상호 인식기능을 가지고 있어 일종의 서버로의 터미널 역할을 한다. 이는 네트워크상에서 대상에 대한 존재와 정보를 알리고 서비스가 가능하도록 하는 것이다. RFID는 현재 사용하고 있는 바코드를 대처할 차세대 기술이며, 앞으로 다가올 시대의 물류, 유통, 교통, 환경 등 다양한 분야에 필요한 핵심 기술이다(임은선, 2004).
121) 김창환, 유비쿼터스 컴퓨팅 동향 분석(서울: 전자부품연구원 전자정보센터, 2003.) 참고.

한 욕구를 해결할 수 있어야 한다. 사용자의 편익성을 극대화하기 위해서는 다양한 컨텐츠와 플랫폼의 제공되어야 한다.

4) 유비쿼터스 러닝(u-Learning) 외국사례[122]

21세기 지식정보화 사회는 '국경 없는 무한경쟁'의 시대이며, 디지털 경제시대로서 국가 정보화가 국가경쟁력의 핵심으로 간주되고 있다. 패러다임이 급속하게 변화하는 사회에 제대로 적응하지 못한다면 경쟁력을 상실하고 만다. 이와 같은 상황인식에 따라 세계 각국은 교육정보화를 국가적 핵심사업으로 추진하고 있다.

미국의 국가 정보 계획(NII: National Information Infrastructure)과 싱가포르의 생각하는 학교(Thinking School), 학습하는 국가(Learning Nation) 계획, 영국의 국가학습망 계획(NGfL: National Gird for Learning) 등이 대표적 사례들이다.

이렇게 학습자 중심의 교육에로 교육패러다임이 전환됨에 따라 그 내용에 대한 접근 방식으로서의 방법론에 관심을 기울이는 것이 당연하다. 컴퓨터를 비롯한 정보통신기술의 급속한 발전은 거의 무한대에 이르는 정보를 Web이라는 망으로 공유할 수 있게 하였으며, 이는 교수-학습 환경에 있어서도 많은 변화를 요구하고 있다. 학교의 컴퓨터로 국내뿐만이 아니라 전세계의 정보를 접할 수 있게 되어 정보를 조작하는 능력의 배양이 요구되고 있으며, Web을 기반으로 하는 가상수업(WBI: Web Based Instruction)도 관심의 대상으로 떠오르고 있다.

① 미국

미국의 PBS[123]는 e-Learning[124]을 확산시키기 위해서 우선 성인 학습자

---

122) 이기혁, 류영달, 김진영, 유비쿼터스 사회를 향한 기술과 서비스(서울: 진한 M&B, 2005), pp.211-212.

123) PBS(Public Broadcasting Service)는 미국, 푸에르토리코, 버진 아일랜드 제도, 괌, 미국령 사모아의 공공 텔레비전 방송국들을 회원으로 하는 미국의 비영리 민간법인이다. PBS는 문화·교육·과학 분야와 아동물 및 뉴스와 시사정보 등 우수한 프로그램을 회원 방송국들에 제공하지만 프로그램을 직접 제작하지는 않는다. 프로그램은 회원 방송국, 독립 제작자, 기타 전 세계의 프로

들이 어떻게 e-Learning에 접근, 온라인 학습 경험을 공유할 수 있는지를 아는 'e-Learning을 가르치는 e-Learning'에 대한 중요성 차원에서 만들어진 것으로, 온라인 학습에 익숙지 않은 성인 학습자들을 위해 전국에서 e-Learning을 통한 학위를 제공하는 대학들로부터 TV, 비디오, 웹 방식 모두로 교육과정, 자격증 정보, 수료증 정보 등을 수요자에게 체계적으로 제공하며, 필요한 교육과정을 수백 개의 대학에서 끌어와 학습자에게 전달하는 메타 e-Learning 역할을 수행한다.

② 유럽

유럽의 elearningeuropa.info 포탈은 e-Learning 관련 모든 분야에서 유럽 전체의 협력을 강화하고 정보, 기술, 서비스 등을 교환할 수 있도록 하기 위하여 European Commission에 의해 개설되었으며, 추진기관은 the European Commission이다.

유럽의 European Schoolnet은 유럽 전역에 걸쳐 학교, 교사, 학생들을 위한 교육 발전을 위해 26개국 이상의 교육 관련 정부기관 간의 국제적인 파트너십의 일환으로 제공되는 것으로 유럽 전역의 학교 간 네트워크를 위한 관문 역할을 함으로써 정책 입안자와 교육 관련 전문가들을 위해 유럽 내 교육 분야에서 혁신적인 IT기술 활용을 위한 각종 자료들을 제공한다.

③ 영국

영국의 NGfL(National Grid for Learning) 포탈은 영국의 정규교육과 평생교육에 정보통신기술 활용을 진흥하기 위해 영국 정부의 National Grid for Learning Strategy의 일환으로 개방된 포탈로서, 학교, 도서관, 대학 ,직장, 가정 등 어디에서나 인터넷상에서 양질의 교육정보에 쉽게 접근할 수 있도록 서비스를 제공하는 사이트이며, 교육 및 연수기관, 각종 교육자료, 지방 및 전문네트워크, 박물관, 도서관 등을 연계한 국가수준의 포탈 사이트 서

그램 제작자들에 의해 제작된다.
124) e-learning은 통신 네트워크를 통한 학습 교육. 오프라인 교육에 대비되는 개념으로 인터넷이나 인트라넷 등 네트워크 기술과 교육이 접목된 웹 기반의 학습, 교육을 의미한다. 원격 교육의 일종이나 실제로 온라인 교육 또는 사이버 교육과 거의 같은 의미로 쓰인다.

비스를 제공한다.

영국의 Curriculum Online은 학교교육에 있어 IT를 적극 활용하기 위한 대안으로 디지털 학습자료를 공유함으로써 교육용 콘텐츠를 소비자에게 원활히 연결하는 통로 역할이 필요하다는 문제의식으로부터 출발하여, IT 활용 교육에 대한 접근성을 높이고 교육 관련 멀티미디어 자료 공유를 확산하기 위하여 영국 교육부가 주도한 프로젝트이다.

④ 싱가포르

싱가포르 Singapore's e-Learning House는 싱가포르의 e-Learning 활성화를 위하여 학교, 기업, 공공기관, 개인 등 e-Learning 관련 정보를 제공하는 싱가포르의 대표적인 포탈 사이트로 e-Learng Competency Centre가 추진하고 있다.

4. 유비쿼터스 시대의 환경의 변화

1) 교육환경의 변화

쌍방향 의사소통을 기본으로 하는 지식기반사회의 교육 패러다임 변화는 컴퓨터 활용 교육에서 인터넷 활용 교육으로, ICT 활용 교육에서 이러닝(e-Learning)으로, 다시 유러닝(u-Learning)으로 교육환경이 변화하였다.

[그림 5-2]와 같이 컴퓨터가 이동성과 편재성을 가지게 됨으로써 다양한 교육환경을 조성할 수 있을 뿐만 아니라 새로운 학습 기제를 구축할 수 있게 되었다.

통합된 현실

전자공간을 물리공간에 심기

실제 환경 ————→ 확장된 현실
  (공간)

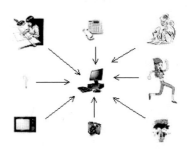

가상현실

물리공간을 전자공간에 심기

확장된 가상 ←———— 가상환경
                                  (공간)

[그림 5-2] 컴퓨터의 역할 패러다임 변화

[그림 5-2]에 나타난 바와 같이 컴퓨터의 이와 같은 역할 패러다임의 변화는 유비쿼터스 컴퓨팅 기술의 도입으로 가능하게 되었다.

컴퓨터의 역할 패러다임 변화와 함께 교육 정보화 정책은 다음과 같은 변화를 거듭하였다. [그림 5-3]은 컴퓨터의 역할 패러다임의 변화에 따른 교육 정보화 정책의 변화를 나타낸 것이다.

컴퓨터 역할 패러다임의 변화와 교육 정보화 정책의 변화뿐만 아니라 유비쿼터스 컴퓨팅 기술 내에서도 패러다임은 변화하고 있다.

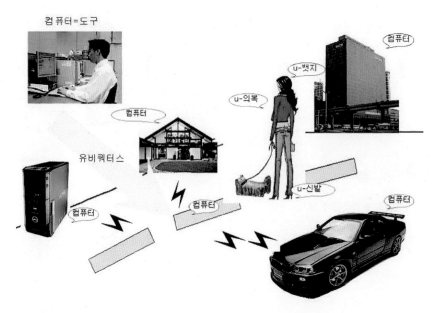

[그림 5-3] 유비쿼터스 컴퓨팅 기술 패러다임의 변화

앞서 논의한 바와 같이 컴퓨팅의 진화과정에서 보면, 메인프레임 기반 컴퓨터, IPv6[125) 기술이나 홈 네트워크 기술 등이 등장하였다. 이러한 유비쿼터스 컴퓨팅 도입으로 인한 교육환경의 주요 변화를 요약하면 다음과 같다.[126)

① 초소형 컴퓨터와 무선통신 정보기술 기반의 교육환경 변화다. 기존의 교육환경이 앞서 언급하였듯이 PC와 인터넷을 기반으로 한다면, 센서 기능을 갖춘 초소형 컴퓨터(또는 컴퓨터칩)와 이들 간에 엮어지는 무선통신망을 기반으로 하는 유비쿼터스 컴퓨팅과 유비쿼터스 네트워크 환경은 분명 새로운 유비쿼터스 교육환경을 제시한다. 즉, 한정된 장소에서 이용해야만 했던 기존 PC와 인터넷 기반의 정보이용의 한계를 뛰어넘는 교육환경을 제공할 것이다.

---

125) IPv6는 인터넷의 주소 부족을 타래하기 위해 만들어진 새로운 인터넷 주소체계이다. 32비트의 주소체계로 이루어진 현재 인터넷은 주소의 고갈 상황에 직면했다. IPv6는 기존 주소 IP의 4배인 128비트로 주소를 구성하여 주소의 숫자가 사실상 무한대에 가깝기 때문에 지구상의 모든 기기에 독립적인 주소를 부여할 수 있도록 해 준다.
126) 전개서, 유비쿼터스 시대의 교육방법 및 교육공학, p.586.

② 다양한 정보매체의 융합(convergence)이 이루어진다. 앞서 언급한 IPv6 기술 외에도 유비쿼터스 네트워크 사회로 진화하는 변화는 곧 정보매체의 융합(convergence)이다. 디지털 콘텐츠에 통신기술과 방송기술을 융합하고, 정보 고속도로의 융합과 단말기의 융합이 이루어질 것이다. 이것은 교수-학습의 융합과 교육의 융합으로 발전할 것이다.

③ 다양한 유비쿼터스 요소 기술이 지속적으로 개발되어 보다 다양한 교육환경을 제공할 것이다. 디지털 기술의 발달은 새로운 정보기술시대를 초래하였고, 그중 인터넷 기술은 정보화 시대의 문을 열었다. 이제 유비쿼터스 시대로 향하는 기술의 변혁은 새로운 교육환경의 변화와 u-Learning의 도입을 위해 필수적으로 고려되어야 할 요인이다. 이들은 궁극적으로 교육환경의 변화를 더욱 가속화할 전망이다.

④ 학습(교육)의 특성 중 하나로 유비쿼터스적인 것을 들 수 있는데, 유비쿼터스 컴퓨팅으로 인한 교육환경의 변화는 곧 교육 패러다임의 변화를 의미한다. 인간의 학습을 고려하면, 학습은 인간이 가는 어디에서나, 언제나, 인간에게 편재되는 특성을 갖는다. 이는 유비쿼터스가 이동성이 있고 편재성이 있는 것과 매우 흡사하다. 이와 같은 인간의 실재를 유비쿼터스 컴퓨팅은 일부 구현할 수 있게 되는 것이다. 그래서 가장 유비쿼터스적인 것은 가장 인간적인 것이 될 수 있다.[127]

2) 사회환경의 변화

유비쿼터스 기술은 위에서 살펴본 홈, 자동차, 사무실 환경의 사례에서뿐만 아니라 일상생활 곳곳에서 활용될 수 있다. 바쁜 출근 시간에 지갑, 자동차 열쇠 등과 같이 찾기 어려운 작은 물건의 위치를 자동으로 알려 주거나, 이동형 단말기와 위치기반 서비스를 이용해 사용자의 기호에 맞는 적당

---

127) http://nesl.ee.ucla.edu/projects/smartkg

한 식당을 찾을 수 있다. 매장에서는 모든 상품에 부착된 스마트 태그를 이용하여 소비자를 원하는 상품이 놓인 진열대로 안내하거나, 소비자들에게 상품에 관계된 정보를 제공한다. 마켓에서는 스마트 쇼핑 카트를 이용해 쇼핑한 물건을 꺼내지 않고도 고객이 출구를 나서는 순간 한꺼번에 금액을 계산해 고객의 단말기에 통지하고 즉시 결제 처리한다.

한편, 스마트 태그를 골프공에 부착하면 골프장에서는 골프공의 위치 추적은 물론 골프공이 맞는 순간의 정보를 분석해 사용자에게 정확한 타격을 위한 정보를 제공할 수 있다. 스키장에서도 스마트 배지를 이용해 이용자의 위치를 추적하여 필요한 서비스를 즉시에 제공할 수 있다.

유비쿼터스 컴퓨팅 기술은 일상생활 환경뿐 아니라 교육 · 의료 · 국방 · 환경 · 행정 등 다양한 인간 활동 영역에 활용될 수 있다.

5. 생활 속의 유비쿼터스 사례

1) 모바일 컴퓨팅

현재 노트북, PDA, 포켓PC 등 기존 단말기에 모바일 기능을 탑재하는 방향과 태블릿PC[128] 등 새로운 단말기가 개발되고 있다. 휴대폰 외 PDA (개인정보단말) 등 다양한 단말기들이 나오면서 모바일 컴퓨팅에 따른 디지털 혁명을 예고하고 있다. 이미 초등학교에서는 단말기를 통해 디지털 교과서로 학습하는 사례가 나오고 있다. 모바일 컴퓨팅이 교육에도 영향을 미치는 사안임을 단적으로 보여 준다. 디지털 교과서는 기존의 교과서, 참고서, 문제집, 시험지, 용어사전 등의 기능을 모두 갖추고, 이를 동영상, 애니메이션, 가상현실 등의 멀티미디어 방식을 통해 제공, 시간 · 장소에 구애 없이 효율적인 학습환경을 지원한다. 모바일 컴퓨팅이란 무선이동통신과 PDA,

---

128) 노트북과 PDA의 혼합형 기기. 태블릿 PC는 빌게이츠가 경영 일선에서 떠나 개발한 차세대 PC 의 형태로서 빌 게이츠는 태블릿 PC를 '컴퓨팅 · 커뮤니케이션 · 전자책을 위한 것'이라고 표현 했다.

인터넷을 통해 컴퓨터와 통신기술을 효과적으로 연계시켜 언제, 어디서나 이동하면서 정보 교환이나 수집, 검색, 정리, 저장을 하는 기술이다. 전송 자료로는 음성, 도형, 팩스, 사진, 동영상 등 모든 데이터를 처리할 수 있다. 이러한 모바일 컴퓨팅은 무선 네트워크 서비스뿐 아니라 모바일 단말기, 다양한 무선 애플리케이션이라는 3박자가 골고루 갖춰져야 현실적인 모바일 컴퓨팅 환경이 구축됐다고 할 수 있다. 현재 모바일 단말기로는 일반적인 휴대전화와 PDA등 다양한 단말기가 나오고 있으며 놀라울 정도로 빠르게 발전하고 있다.

모바일 컴퓨팅 기술을 이용한 유비쿼터스 시대를 열어 가는 것은 우리가 상상하는 것보다 훨씬 가까이 다가왔다. 우리가 매일 사용하는 휴대전화를 통해서도 이미 미래 유비쿼터스 세상을 만들어 갈 모바일 기술들이 실현되고 있다. 휴대전화로도 텔레매틱스, 원격제어, 위치추적 서비스(LBS), 모바일 방송, 영상전화 등 첨단 서비스를 충분히 이용할 수 있게 되었다. 휴대전화는 또 쇼핑, 결제, 금융거래 등 이른바 '모바일 커머스'의 수단으로도 사용된다. 몇 가지 사례를 들어 보면 다음과 같다.[129]

① 교통안내 서비스

휴대전화 차량 항법(내비게이션) 키트를 장착해 사용하는 모바일 교통안내 서비스는 기존 내비게이션 서비스와는 달리 무선망과 위성 위치추적장치(GPS) 등을 통해 변화하는 교통상황을 실시간으로 수집, 분석하고 최적의 경로를 음성과 그래픽으로 제시하는 양방향 커뮤니케이션 서비스다. 특히 반경 500미터 내 주요시설의 위치와 전화번호, 주차 가능 여부 등 간단한 정보도 단말기로 보여 준다. 사고발생 때 운전자가 버튼만 누르면 구급센터와 연결되어 견인차, 구급차, 경찰차 등이 자동으로 그 위치에 출동한다.

② 무선 원격제어 서비스

가까운 과거에만 해도 외출을 할 때 '가스 불은 잠갔나?' 혹은 '전등은

---

129) 김명주, 곽덕훈, 전게서, pp.53 ~ 37.

소등했나?' 하는 걱정을 하기 다반사였다. 하지만 이러한 걱정을 이제는 할 필요가 없게 되었다. 우리나라에도 첨단 건물로 널리 알려진 서울 도곡동 타워팰리스에는 이미 휴대전화를 이용한 무선원격제어 서비스가 제공되고 있다. 타워팰리스 입주자들은 휴대전화의 무선인터넷 사이트에 접속해 에어컨 온도조절, 세탁기 작동, 가스 밸브 상태 표시와 차단, 특정 콘센트 켜기/끄기를 할 수 있다.

③ 인터넷뱅킹

휴대전화는 송금 등 인터넷뱅킹용으로도 사용된다. TV 광고에서처럼 휴대전화로 버스나 지하철을 타거나 관련 가맹점에서 신용결제도 할 수 있다. 복잡한 통장번호 대신 휴대전화 번호만으로도 손쉽게 송금이나 결제를 할 수 있도록 해 준다.

④ 위치추적

친구 찾기 서비스도 인기 있는 휴대전화 서비스 중 하나다. 휴대전화가 상대방의 위치는 물론이고 자신의 위치에서 상대방까지의 거리도 측정해 알려 준다. 또 가족이나 친구, 애인 등의 휴대전화 번호를 자신의 휴대전화에 등록하면 15분마다 상대방의 위치를 단문 메시지(SMS)로 전송해 준다. 주변의 먹을거리, 은행, 병원, 가맹점 등을 직접 표시해 주기도 한다.

⑤ 방송

휴대전화 하나면 언제 어디서나 지상파 3사와 주요 유선방송도 볼 수 있다. 특히 휴대전화와 위성방송을 결합한 위성디지털미디어방송(DMB: Digital Media Broadcasting)을 통해 영상, 음성, 데이터 등 다양한 콘텐츠뿐만 아니라 무선 인터넷도 자유롭게 이용할 수 있게 된다.

통신과 방송의 융합, 통신과 금융의 융합, 유무선 통합 서비스 등을 통해 새로운 패러다임이 열리고, 이 같은 융·복합화가 콘텐츠, 컴퓨팅, 커뮤니케이션의 디지털화와 상호연계로부터 시작해 수직, 수평적 산업으로 확장을 거쳐 궁극적으로 유비쿼터스 서비스 환경을 형성하고 있는 것이다.

2) 키오스크

키오스크란 공공장소에 설치된 터치스크린 방식의 정보전달 시스템을 말한다.

본래 옥외에 설치된 대형 천막이나 현관을 뜻하는 터키어 또는 페르시아어에서 유래된 말로서 간이 판매대·소형 매점을 가리킨다. 정보통신에서는 정보 서비스와 업무의 무인자동화를 위하여 대중들이 쉽게 이용할 수 있도록 공공장소에 설치한 무인단말기를 가리킨다. 멀티미디어스테이션(multimedia station) 또는 셀프서비스스테이션(self service station)이라고도 하며, 대개 터치스크린 방식을 적용하여 정보를 얻거나 구매·발권·등록 등의 업무를 처리한다. 멀티미디어 컴퓨터에 터치스크린과 카드 판독기·프린터·네트워크·스피커·비디오카메라·인터폰·감지기 등 다양한 주변기기를 장착하며, GUI를 이용한 사용자 애플리케이션을 제공한다. 또한 네트워크상으로는 각 기기의 동작 상태를 감시하고 이상 유무를 진단·복구하는 시스템에 연결된다. 푸시기능을 지녀 화면 일부에 광고를 전송하거나 전면광고 또는 특화된 정보 등을 전달할 수 있으며, 인터넷이나 인트라넷에 효과적으로 연결된다. 또 멀티미디어 환경을 구축하면 화상회의 시스템과 스캐닝·화면공유 등을 구현할 수 있으며, 가상현실과 음성인식 기능을 갖출 수도 있다. 미국에서는 쇼핑몰에서 고객들에게 객장 안내용으로 많이 사용하며, 프랑스 파리에는 쇼와 영화를 안내하기 위해 많이 설치된다.

이와 같이 키오스크는 영화관에서는 무인발권기계로, 지하철역에서는 표 자동 발매기의 형태로, 또한 신문, 담배, 기타 소량의 물품을 놓고 판매하는 가판매점으로도 활용되고 있고 그 밖의 다양한 분야에서도 유용하게 쓰이고 있다. 대부분 사람이 일반적인 멀티미디어 재생 시스템에 대해서는 잘 몰라도, 키오스크(Kiosk)를 접할 기회는 많다. 키오스크는 사운드, 그래픽, 비디오 등이 결합한 대화식 시스템이다.

키오스크는 터치스크린, 하드디스크가 내장된 컴퓨터, 그리고 때에 따라서는 CD-ROM 플레이어와 스피커, 그리고 이들을 담은 커다란 케이스 등으로 구성되어 있다.

키오스크에서 주요한 입력수단은 바로 터치스크린이다. 이는 마우스나 키보드를 대신하여 비디오 모니터의 화면을 손가락 등으로 건드림으로써 키오스크 소프트웨어 프로그램에서 선택, 즉 입력을 가능하게 하는 것이다.

터치스크린 시스템용 소프트웨어를 만드는 것은 매우 힘든 작업이다. 사람마다 손의 크기도 다르고 화면을 누르는 방식도 다르기 때문이다. 따라서 대부분의 키오스크에는 화면 트랙볼과 같은 전형적인 입력장치에 비해 손가락의 움직임을 정확하게 감지하지 못하기 때문이다. 버튼을 크게 하면 손가락의 위치를 결정하는 범위기 커지고, 따라서 소프트웨어에서 어떠한 동작을 수행할 것인지도 쉽게 결정할 수 있다.

키오스크는 여러 가지 사업 분야, 정부부서, 교육기관 등에서 이용하고 있다. 키오스크가 각각의 기관에서 어떻게 활용되고 있는지 몇 가지 적용 사례를 들어 보면 다음과 같다.[130]

① 민원 안내

공공기관에서 처리되는 민언 업무의 처리절차 등을 화면을 통하여 순차적으로 보여 줌으로써 민원인이 그 처리 순서에 따라 편리한 민원업무를 볼 수 있도록 도움을 줄 수 있다. 이미 시청과 특허청, 우체국 등을 포함한 시/군/구 등에 광범위하게 설치되어 민원인들이 편리하게 사용하고 있다.

② 호텔 안내

시설 이용객에게 서울과 전국 관광 명소의 역사, 교통편, 그리고 시설이용에 관한 전반적인 자료를 다양한 화면으로 구성하여 제공해 준다.

③ 공항 안내

내·외국인의 편리한 공항 이용을 돕고자 항공노선, 예약절차, 운항시간, 요금 등과 공항과 호텔 간의 교통편과 셔틀버스 운행 노선, 시간 그리고 요금 등을 지도와 사진을 곁들여서 제공한다.

---

130) 전게서, pp.57 – 62.

④ 지하철, 철도 안내

내·외국인이 손쉽게 이용할 수 있는 지하철과 철도노선의 운행시간, 요금 등의 정보를 제공하며, 지하철, 철도 역사 주변에 소재한 관광 명소와 쇼핑타운 등을 안내하여 주기 때문에 이용객의 편의를 제공할 수 있다.

⑤ 쇼핑 안내

국내에 방문한 외국인의 자유로운 쇼핑을 위하여 유명 쇼핑타운과 유명 상품 안내 그리고 교통편 등의 정보를 상세하게 제공한다. 이와 함께 매장별 대표상품 등을 사진과 문자로 충분히 설명하여 고객의 선택성을 높여 준다.

⑥ 스포츠 시설 안내

수영장, 볼링장, 그리고 골프 연습장 등, 각종 스포츠 센터의 이용 안내와 스포츠 용품의 판매, 광고 효과를 얻을 수 있다.

⑦ 금융기관 안내

고객 금융관리의 효율성을 기함으로써 고객의 서비스 요구 때 대출 절차 등, 기타 금융기관에서 서비스하여 줄 수 있는 모든 정보를 제공해 준다.

⑧ 도서관 안내

도서관 사용시간, 요금, 도서열람 그리고 대출요령 등, 도서관 이용요령에 관한 전반적인 자료를 제공하며, 열람 또는 대출하고자 하는 도서의 간단한 내용과 위치 등을 컴퓨터 안내도를 통하여 제공함으로써 고객의 편의를 도와준다.

⑨ 가상현실

가상현실 시스템은 컴퓨터, 다수 하드웨어 제어 시스템 그리고 개별화된 하드웨어를 이용하여 마치 실제 존재하는 것처럼 느낄 수 있는 3차원 세계를 만들어 준다. 가상현실 시스템을 이용하면 마치 컴퓨터가 만든 영상 속을 여행하며 대화하는 듯한 착각에 빠진다.

가상현실 시스템은 머리 고정식(Head‐mounted) 출력장치와 3차원 애니메이션, 그리고 특유의 입력장치 등을 이용하여 이러한 환상을 만들어 낸다. 일단 머리 고정식 출력장치만 착용하면 3차원 영상의 세계를 경험할 수 있다. 머리를 돌리면, 그 방향으로 그래픽이 움직이도록 애니메이션하게 된다. 이러한 특수 하드웨어에 데이터 장갑, 조이스틱, 마우스 등과 같은 입력장치를 결합시키면 가상현실 시스템을 만들 수 있다. 위에 추가된 하드웨어를 이용하여 3차원 영상과 대화할 수 있게 되는 것이다.

⑩ 게임

오늘날의 가상현실 게임은 대개 가상의 상황에서 다른 플레이어들과 기량을 겨루는 모의 전투들이다. 각 플레이어들은 다른 플레이어의 움직임이나 점수 등을 알 수 있도록 컴퓨터 네트워크에 연결되어 있다. 그러면서도 모든 플레이어의 디스플레이 시스템에는 그래픽 화면을 계속 변경하고 있다. 결국 일반화된 아케이드 게임은 네트워크 기반의 가상현실 게임에 자리를 내주게 될 것이다.

⑪ 탐험과 교육

가상현실 시스템은 차세대의 여행안내 시스템으로 활용되어 여행하고자 하는 장소를 결정하는 데 도움을 줄 것이다. 가상현실은 컴퓨터에서 생성한 그래픽이므로, 분자 내부나 에베레스트 산의 정상 등, 어떠한 곳의 장면도 만들어 낼 수 있다. 제대로 만들어진 3차원 데이터베이스만 있으면 인체의 내부와 외부에 대한 교육에도 이용될 수 있다.

⑫ 전자출판

백과사전, 도감, 잡지, 동화책 등의 출판에 멀티미디어를 활용할 수가 있다. 이때 보통 멀티미디어 데이터가 워낙 대용량이기 때문에 일반적으로 CD‐ROM이 많이 활용되고 있다. 일본에서 출판된 동물도감은 원하는 동물을 찾으면 동물의 모습과 우는 소리를 들려 준다. 미국에서 출판된 미국의 새라는 CD는 새의 사진과 울음소리를 수록하고 있다. 역시 미국에서 출판된 전자 동화책은 새끼 토끼의 이야기가 익살스럽고 재미있는 배경음악과 함께 펼쳐진다. 그중 한 페이지를 보면 토끼 가족이 나무 밑에 모여 있는 삽화가 화면에 나타나고 옆 페이지에는 이야기가 적혀 있다. 스피커 버튼을 누르면 사람의 음성으로 그 페이지를 읽어 내려가고 단어나 숙어를 누르면 발음과 의미를 음성으로 설명해 준다. 삽화의 한 부분을 누르면 그 부분에 해당하는 내용을 설명해 준다. 아이들이 흥미 있게 볼 수 있는 새로운 개념의 동화책이다.

3) 유비쿼터스 시대의 쇼핑

먼저 현재 우리가 흔히들 하는 쇼핑을 생각해 보자. 우선 마트에 가서 상품이 진열된 이곳저곳을 살피다가 마음에 드는 상품을 쇼핑 카트에 담는다. 쇼핑이 끝나고 나면 계산대로 다가가 고른 상품에 대해서 바코드를 이용하여 비용이 얼마 들었는지 계산을 하고 그에 해당하는 돈을 내고 나온다. 이와 같은 쇼핑을 하는 것에 있어서 우리는 현재까지 바코드를 사용하였다.

바코드는 상품에 대한 정보를 알려 주는 것으로 문자나 숫자를 흑과 백의 막대 모양의 기호로 조합해서 암호화하여 기록하고 있다. 바코드는 상품에 대한 정보를 담음으로써 상품의 종류나 매출 정보의 관리 등에 사용된다. 할인점 등에서 상품 구매 시에 구입한 상품의 가격을 하나하나 입력하지 않아도 판독장치에 상품의 바코드를 올려 두면 자동으로 판독되어 상품명과 가격 등이 POS(Point Of Sales system)에 기록되어 관리된다.

하지만, 미래의 쇼핑을 살펴보면 이보다 더욱더 편리해질 것이다. 바로 스마트 태그라고도 불리는 RFID에 대하여 좀 더 자세한 사항은 후에 알아보기도 하고 간략하게 소개하자면 이것은 바코드의 6,000배에 달하는 정보를 초소형 칩에 내장할 수 있다. 바코드가 단지 상품의 종류와 가격만 기록할 수 있는 데 반하여 RFID에는 상품의 이력(상품이 언제 어디서 생산되었고 어떤 유통과정을 거쳐서 출하되었는지의 물류 정보)을 기록할 수 있다.

RFID가 주로 사용될 수 있는 곳은 상품을 효과적으로 관리하는 장소이다. RFID는 기존에 상품과 물류 관리에 사용하던 바코드와 달리 비접촉 방식이기 때문에 굳이 판독기에 바코드를 하나하나 접촉할 필요가 없다. 게다가 제품의 포장이나 표면의 재질, 환경변화에 관계없이 항상 떨어진 거리에서도 인식할 수 있다. 물론 바코드보다 훨씬 많은 데이터가 출하되면서 청바지 내에 RFID를 삽입하고 청바지의 고유한 생산 정보를 기록한다. 이제 청바지가 유통되도록 물류 창고에 보관되고 이동하는 모든 경로와 시간이 RFID에 기록된다. 마트를 찾은 소비자가 이러한 상품을 구매해서 계산대를 나가는 순간(번거롭게 물건을 꺼내어 하나씩 판독기에 올려둘 필요가 없이 카트에 물건을 담은 채 리더기를 지나면 된다.) 계산이 완료된다. 이렇게 RFID는 무선으로 상품에 대한 모든 이력이 리더기와 무선으로 송수신되며 저장되고 관리된다는 점이 큰 특징이다.

　미래의 쇼핑형태는 RFID에 의해서 오프라인과 온라인이 서로 융합된 현태로 발전할 것으로 예상한다. RFID 태그가 부착된 상품과 개인이 소지한 태그가 내장된 신용카드(신분증과 통합된 카드)를 통해 구매한 제품 목록은 나의 온라인 쇼핑 카트에 모두 기록된다. 인터넷을 이용해 언제, 어디서, 무엇을 구매했는지 모두 체크할 수 있다. 특히 완벽한 유비쿼터스 제어를 통해서 구매한 제품들이 어떤 매장의 몇 층, 어느 장소에서 구매했는지까지도 체크가 가능할 뿐 아니라 각 상품의 생산과 유통 이력에 대한 정보를 파악할 수도 있다.

　이렇게 온라인상에서 관리된 제품 목록은 인터넷을 통해 확인하고 이후에라도 인터넷만으로 재구매도 할 수 있다. 온라인에서의 쇼핑의 장점을 살려 오프라인에서 쇼핑했던 기록에 대한 확인과 관리뿐만 아니라 재구매를 쉽게 할 수 있다. 특히, 먹는 식제품을 RFID로 관리하면 생산지와 유통 과정의 이력을 투명하게 관리할 수 있다. 예를 들어, 이미 판매된 광우병이 의심되는 소고기가 현재 어떤 유통 단계에 있고 누구에게 판매되었는지 쉽게 파악할 수 있다. 이렇게 판매된 제품에 대한 문제를 RFID 리더기를 통해 사용자에게 알릴 수도 있다. 소비자는 RFID 리더기가 내장된 냉장고를 통해서 냉장고 안에 들어 있는 식품에 대한 내용과 문제를 쉽게 파악할 수 있다.[131]

4) 유비쿼터스 시대의 도로

교통사고의 원인 중 하나를 제거하게 되었으므로 교통사고는 현저히 줄어들 것이다. 최근 지능형 도로(Smart Way)의 새로운 안전 기능으로 관심을 끄는 도로결빙방지 시스템은 도로 표면에 장착된 특수 센서가 쌓인 눈을 스스로 감지해 도로 위에 액상염화칼슘을 자동으로 뿌려 준다. 도로 스스로 쌓인 눈을 제거해 도로 결빙을 막는 것이다. 더욱이 도로결빙방지 시스템은 수작업으로 뿌리는 모래나 소금, 염화칼슘보다 제빙 효율이 10배나 높아 사고 예방 효과도 탁월하다.

실제로 일본, 북미, 북유럽 등 선진국에서는 도로결빙방지기능을 갖춘 지능형 도로망 구축이 확대일로에 있다. 특히 이 지역에서 도로결빙방지 시스템을 설치한 후 해당 도로의 겨울철 빙판길로 말미암은 사고 발생률은 평균 절반 이하로 감소했다.

도로에 깔린 짙은 안개나 폭우 등 예상치 못한 기상변화도 안전 운전을 위협하는 주요 원인이다.

잠시 뒤에 주행할 도로가 젖었는지 얇은 빙판길인지 짙은 안개에 싸였는지를 미리 알 수 있다면 사고위험도 크게 줄일 수 있다. 그래서 변덕스런 날씨 변화를 운전자에게 예보하는 도로 기상 정보 시스템(RWIS: Road Weather Information System)은 도로결빙방지 시스템과 함께 '빠르고 안전한' 운전환경을 위한 지능형 도로의 좋은 사례로 꼽힌다.

RWIS는 도로변에 설치된 도로기상관측장비와 도로 표면에 박힌 습도, 온도 센서로부터 기상정보를 받아 차량 운전에 위험이 되는 기상상황을 1~2시간 전에 운전자에게 미리 통보해 준다. 일반 기상예보는 광범위한 지역의 날씨를 예측하지만 RWIS는 특정 도로구간만 다루기 때문에 기상예측의 정확도가 훨씬 뛰어나다. 일본에서는 이미 1,000여 곳의 사고가 잦은 곳에 RWIS가 설치됐으며 국내에서도 서울 북악스카이웨이와 남부순환도로, 제주시 한라산 횡단도로 등 11개 구간에서 시험 운영 중이다.

---

131) 상게서, pp.65 - 66.

이처럼 스마트웨이는 도로라는 물리공간에 센서와 같은 전자공간을 이식하고 사람과 도로가 접속해 자유롭게 정보를 교환한다. 실제로 최근에 건설된 고속도로는 첨단센서가 심어지고 유무선통신망으로 촘촘히 연결돼 똑똑한 스마트웨이라 불러도 손색이 없다. 한낱 아스팔트 조각에 불과하던 포장도로가 어느새 유비쿼터스 기술을 구현하는 첨단 매체로 변한 것이다.

명절 때마다 전국의 고속도로와 지방 국도는 거대한 주차장으로 변하지만 운전자들은 별다른 대안이 없다. 그저 마음을 비우고 끝없는 차량의 행렬이 움직이길 기다리는 것이 고작이다. 대도시의 주요 도로망도 심각한 동맥경화에 걸린 지 오래다. 억대를 호가하는 최고급 스포츠카도 꽉 막힌 도로 앞에선 무용지물이다. 도로 위에서 소비하는 시간은 해마다 늘어나 매년 수조 원대의 사회적 비용을 유발한다.

하지만, 유비쿼터스 기술을 적용한 스마트웨이는 도로에 지능을 부여해 답답한 도로상황을 개선하는 데도 위력을 발휘한다. 운전자가 상황에 따라 최적의 주행경로를 선택할 수 있도록 도로 스스로 교통정보를 알려 주는 실시간 교통정보망이 그 대표적인 사례다.

교통정보망은 수많은 노면 센서나 영상감지기로 도로 위의 교통정보를 실시간으로 수집해 이를 다시 도로전광판과 유무선 통신망을 통해 사람들에게 알려 준다. 최근에는 휴대전화를 통해 전국 도로의 주행속도와 교통상황 동영상을 보여 주는 교통정보 서비스까지 등장했다.

이처럼 유비쿼터스 기술은 운전자가 '더 빠르고 안전하게' 목적지에 도착할 수 있도록 도와준다. 실제로 유비쿼터스 기술을 활용한 실시간 교통정보망은 한정된 도로자원으로 최대의 차량흐름을 수용할 수 있다. 사고 때에도 구급차량의 현장 출동시간을 평균 3분의 1로 줄여 교통 사망률을 낮추는 데도 큰 역할을 한다.

이제 도로는 단순히 아스팔트와 콘크리트로 만들어진 구조물이 아니다. 빠르고 안전한 운전을 바라는 운전자들이 오랫동안 꿈꿔온 길, 그것이 바로 유비쿼터스 세상으로 가는 길이다.

5) 유비쿼터스 시대의 자동차

자동차는 해를 거듭할수록 진보를 한다. 특히 차량 동적 성능의 발전 속도는 메이커의 경쟁과 소비자의 요구에 따라 더욱 그러하다. 자동차는 기계이지만 결국엔 인간이 운전을 하며 기계 혼자로 존재해서는 자동차 본래 기능을 수행할 수가 없다. 이에 따라 자동차의 동적 성능에 맞는 차량의 안전성도 요구되고 있다. 차량의 안전성을 쉽게 얘기하자면 자동차 사고 발생률이 적은 것이라고도 말할 수 있다.

자동차의 사고 방지와 안전성 향상을 위해 자동차 업체들은 ASV(Advanced Safety Vehicle)와 ITS(Intelligent Transportation System)이라는 개념으로 개발을 착수해 왔으며 이와 관련한 부품과 시스템이 개발되고 발전하고 있다. 또 차량의 안전성뿐만 아니라 운전자의 편의를 제공하는 디스플레이와 멀티미디어 디바이스 같은 장치들도 함께 연구되고 있다.[132]

① LDW(Lane Departure Warning)

LDW는 카메라 모듈을 이용하여 차선 이탈을 경고하는 시스템이다. 경고는 음성이나 진동 등을 이용하여 사용자에게 알려 준다. 카메라 모듈의 실시간 차선 감지 기능은 직선 길이나 곡선 길, 밤과 낮 모두 작동하며 비가 오는 등의 날씨의 영향을 받지 않고 작동한다.

이 제품은 카메라 모듈과 컨트롤러, 표시 장치로 구성이 된다. 이 시스템이 도입되면 이미 출시된 나이트 비전(Night Vision)과 함께 비 오는 날의 사고를 줄여 줄 것이라고 예상한다.

② Blind Spot Detection System

Blind Spot Detection System이라는 것을 굳이 한국말로 하자면 사각지대 감지 시스템이라고 할 수 있다. 주요 부품은 레이더(스캔)와 LED램프를 이용하여 제작한다. 이 시스템은 또한 운전 부주의에서 오는 사각지대 미인지

---

132) 상게서, pp.67 - 70.

때문인 차량사고를 줄여 줄 것이다.

③ ACC(Adaptive Cruise Control)

사람이 운전을 하면서 위험상황에 놓이게 되면 대부분 가장 먼저 하는 행동이 브레이크를 밟아서 차량을 정지시키는 일이다. 이 때문에 예상되는 사고로 차량거리 미확보로 말미암은 접촉사고와 차량 접지 손실로 말미암은 차량 전복 및 차선 이탈 등이 있을 것이다. ACC는 전방의 물체를 감지하여 차량과 배경 노변 시설과의 구별을 통하여 전방 차량을 추종하며 자율 주행을 수행하는 시스템을 말한다. 오늘날 상용 ACC는 레이더 센서와 레이저를 이용하여 구성이 되었거나 두 개의 카메라를 통하여 스테레오 영상을 이용한 전방 차량감지와 추종거리를 조절하는 시스템이다.

④ 세라믹디스크

세라믹디스크는 기존의 디스크에 비해 방열능력과 경량 때문으로 인한 회전 관성 감소와 탁월한 마찰력으로 우수한 제동성능을 보여 줄 것으로 예상한다.

이런 지능형의 차량 안전 기술로 운전자의 운전 부담 경감과 편의성, 안전도를 향상시킨다면 교통사고로 말미암은 인명과 재산 손실은 획기적으로 줄일 수 있을 것으로 본다.

6) GPS(Global Positioning System)

GPS(Global Positioning System: 범지구적 위치측정 시스템)는 미국에서 개발되어 실용화 단계에 있는 시스템으로 인공위성에서 발사되는 전파를 수신하여 정밀 위치측정을 하는 기술이다. GPS의 주요한 목적은 원래 항공기나 선박 등의 항법지원용으로 개발되었으나 그 높은 위치정확도(2점 간 거리관측 때 10킬로미터에 대하여 약 1센티미터 오차의 상대 정확도) 때문에 위치결정을 요구하는 모든 분야에 활용이 시도되고 있다.

한편, GPS 수신기의 가격이 기술 개발 때문에 하락함에 따라 비교적 싼

가격에 사용자에게 공급이 가능하므로 교통문제 해결에 효과적이다. 수치지도와 결합하여 자동차의 현재 위치를 나타내 주고 목적지까지의 도로 안내 기능을 하는 자동차 항법에 응용 상용차, 구급차와 경찰차 등의 현재 위치 모니터링 중앙 관제 시스템과 결합하여 도시 교통문제를 개선할 수 있다.

GPS를 이용한 대표적인 차량 장치는 차량 자동항법장치이다. 지상 2만 킬로미터의 6개 궤도상에서 24개의 위성항법장치(GPS) 위성이 발사하는 전파를 지상에서 수신하여 차량 내부에 장착한 모니터에 지금의 차량 위치, 목적지까지의 최단거리 등을 표시하여 주는 도로 교통 안내 장치이다. 차량 항법 시스템이라고 불리는 CNS(Car Navigation System)는 차량 단말기(일종의 특수 컴퓨터로 on Vehicle Control Unit이라 함)에 전자수치지도, GPS, 항법소프트웨어 등을 혼합한 것으로 전자지도상에 운전자의 현재 위치를 표시해 주는 것은 물론 필요할 때 최단 경로, 최적 경로로 목적지를 안내해 줄 수도 있다. 그뿐만 아니라 실시간 교통정보를 수신하여 쾌적한 운전환경 제시는 물론 더 나아가 도로이용의 효율화를 구현할 수 있다.

제2절 뉴미디어의 기술과 사회변화

사회의 구조를 근본적으로 바꾸는 기술의 집합을 사회적 기술이라고 한다. 정보사회의 형성은 라디오와 TV를 거쳐 위성과 뉴미디어 등 새로운 테크놀로지가 토대가 되었다. 이것은 전문화된 정보에 대한 사회적 요구의 변화에 따라 그 필요성이 가중되고 있음을 말해 준다.[133]

미디어의 발달과정을 활자미디어 시대를 제1기, 전파미디어 시대를 제2기, 비디오미디어 시대를 제3기, 뉴미디어 시대를 제4기라 분류할 수 있다.

현재 일상생활에서 널리 쓰고 있는 정보전달 수단으로 라디오, TV, 전화, 우편 등이 있으나 사회가 복잡해지고 가치관이 다양해짐에 따라 정보에 대

---

133) 김영석 역, 현대사회와 뉴미디어(서울: 나남, 1995), pp.25 – 45.

한 욕구도 다양해졌으며 전기통신과 컴퓨터의 발달로 다양한 욕구에 부응하는 기능을 갖는 새로운 정보전달 수단들이 출현하게 되었다.[134] 이와 같이 전기통신 및 전자 분야의 신기술을 이용하여 정보를 송신, 전달, 수신하는 과정에서 인간의 고도화 내지 다양화한 정보욕구를 충족시키는 데 적합한 서비스를 제공할 수 있도록 도입된 새로운 전기통신 시스템과 패키지(package)계 미디어를 뉴미디어라 한다. 뉴미디어라는 용어는 일본에서 처음 사용하였으며, 신전자매체(New Electronic)라고도 한다. 또한 뉴미디어의 출현에 기여한 새로운 기술을 뉴미디어 기술 또는 신기술(New Technology)이라고 한다. 따라서 뉴미디어란 고도로 발달된 전기통신과 컴퓨터 등의 혁신적 기술을 이용하여 새로이 탄생시킨 인간 사회의 정보전달 수단으로, 전자·전기통신·정보 관련 업계를 비롯한 유통·교통·방송 등 사회 각 부문의 새로운 산업이며, 정보를 전달하는 매체 혹은 수단으로 새롭게 개발된 미디어라 할 수 있다.

종래의 뉴미디어는 하나의 독립된 기초 기술 확립에 의한 것이 주류를 이루었지만 최근에는 기존 뉴미디어에 새로운 기술을 부가시켜 다종다양한 새로운 기능을 제공하고 있다. 기존 미디어와 뉴미디어의 특성을 비교하면 다음 <표 5-3>와 같다.

〈표 5-3〉 기존 미디어와 뉴미디어

기존 미디어	뉴미디어
매스 커뮤니케이션	마이너리티 커뮤니케이션
단방향	쌍방향
집중적	분산적
독점	복합
불특정 다수	특정 소수
비네트워크화	네트워크화
방송 형태	통신 형태

제4기의 뉴미디어는 정보전달 방법에 있어서 기존 미디어와는 다른 새로운 형태의 방법으로 정보를 전달하거나, 정보전달의 형태는 변화시키지 않

---

134) 김용우, 뉴미디어 개론(서울: 나남출판, 1997), pp.58-59.

고 기술혁신 등에 의한 미디어의 사회적 역할을 새롭게 하는 방법, 또는 정보의 전달형태와 사회적 역할을 변화시키지 않으면서 가격을 크게 변화시켜 기존 미디어를 혁신하는 방법이 있다.

따라서 뉴미디어는 완성된 제품이 아니다. 계속 연구되고 실험되어 새로운 형태로 발전하고 있는 포괄적인 개념이다. 뉴미디어는 사회의 발전과 다양한 요구에 의해 기존 미디어 기술과 또 다른 새로운 기술들이 서로 연계 복합되면서 새롭게 구성되는 정보유통의 수단이 뉴미디어이기 때문에 뉴미디어는 기존 미디어의 연장선상에서 있으면서도 기존 미디어의 특성에 대단히 도전적이라 할 수 있다.[135]

1. 뉴미디어의 등장 배경

뉴미디어는 컴퓨터와 통신기술의 발전과 이울러 최근 들어 크게 대두되고 있으며 앞으로도 계속 신기술이 접목되어 발전될 소지가 많다. 뉴미디어의 등장 배경과 발전 요인을 개략적으로 설명하면 다음과 같이 요약할 수 있다.

첫째, 기술의 혁신과 융합
둘째, 사회적 수요의 변화
셋째, 정보통신 미디어 수명기의 전환
넷째, 국제적인 영향
다섯째, 통신 미디어에 관한 정책 변환

뉴미디어의 등장의 직접적인 요인은 무엇보다 기술혁신이라 할 수 있다. 최근 반도체, 컴퓨터, 신소재 등 전기, 전자 분야의 눈부신 기술혁신은 고도 정보처리기술에도 응용되어 문자, 도형, 그래프 등의 디지털 처리가 가능하게 되었고 이러한 응용 기술의 확대는 수많은 뉴미디어를 탄생시키게 되었

---

135) 김우용, 뉴미디어개론, 전게서, p.59.

다. 또한 경제성장 등의 결과로 가치관이 다양해지고 전문화된 정보에 대하여 수요가 증대됨은 물론 뉴미디어의 개발은 세계 주요 선진국의 과제로서 일종의 국제적인 경쟁이 전개되고 있으며, 이상과 같은 상태로 말미암아 뉴미디어의 개발을 촉진해야 한다는 여론이 각국에서 일어나고 있어 주요 선진국이 이에 앞장서고 있는 것도 주요 요인이라 할 수 있다.

이상과 같은 뉴미디어 발달의 배경적 요인을 정리해 보면 다음과 같다.[136)]

① 대규모 집적 회로인 LSI, VLSI의 개발
② 정보통신 방식의 변화로 기존의 아날로그에서 디지털화
③ 반도체, 컴퓨터, 전기, 전자 분야의 발달로 인한 기술혁신의 융합
④ 일반 전화의 데이터베이스 이용, 비디오텍스의 활용으로 인한 국제적인 영향
⑤ 정보통신을 이용하여 각국의 여론 및 선진국과 대응
⑥ 가치관의 다양화, 전문화된 정보의 요구에 의한 사회적 수요의 변화
⑦ 광섬유, 레이저 광선 등 광전자공학의 발달에 의한 광통신의 이용

2. 뉴미디어 기술체계

뉴미디어의 계층성은 다음과 같은 3가지 요소들의 혁신에 의하여 이루어졌다.

첫째, 물리적 기술 요소의 혁신 또는 소재의 혁신이다.
물리적 기술 요소의 혁신은 컴퓨터 기술의 발달과 전송 매체 자체의 혁신을 의미한다. 대표적인 예로 RAM의 개발, 광통신, 위성통신, 주파수 자원의 활용을 들 수 있다.
둘째, 네트워크 기술의 혁신이다.
네트워크란 어떤 구체적인 서비스를 의미하는 것은 아니지만 목적과 형식

---

136) 김우용, 뉴미디어 개론, 전게서, pp.60 – 61.

에 기초하여 전송 매체와 그것을 제어할 수 있는 시스템을 말한다. 네트워크 기술에 의한 대표적인 뉴미디어는 LAN, VAN, ISDN 등이 있다.

셋째, 서비스 기술의 혁신이다.

소재와 네트워크 기술의 발달에 따라 이를 이용한 서비스 기술 또한 발전되었는데 이에는 업무나 생활의 편의에 관한 정보 미디어로 전자 사서함, 텔레라이팅과 같은 전화에 관한 서비스 기능의 부가와 화상 정보를 중심으로 기술혁신을 가져온 비디오텍스, 화상 회의, CATV 등을 들 수 있다. 이것은 사용자가 직접 접하게 되는 서비스로서 정책이나 수요 및 공급 등 사회적 요인에 의해 다양한 전개 양상을 보인다.

3. 뉴미디어의 특성

로저스(Everett M. Rogers)[137]는 뉴미디어의 기술적 사회적 특징을 다음과 같이 제시하였다.[138]

1) 탈대량화(demassification)

매스미디어가 다중을 상대로 하는 데 비해 뉴미디어는 다품종 소량주의, 특정계층을 수요자로 삼는다. 이는 기술의 발달과 시대적 요구에 부응해서 경쟁매체들이 크게 늘어나고 탈규제 정책이 일반화되면서 불가피하게 일어나는 현상이다. 이는 곧 탈대량화에 의한 개별화의 특징이라고도 한다. 개인이 요구하는 정보의 정도가 각기 다르고 정보이용자들이 보다 자신의 필요와 취향에 맞는 정보를 취사선택하게 됨에 따라 종전의 소품종 대량화 현상은 자연히 사라지게 된다.

2) 상호 작용성(Interactivity)

뉴미디어의 상호 작용성은 과거 활자미디어와 전파매체의 대중적 매체,

---

137) Everett M. Rogers, communication Technology, The New Media in Society(N. Y., The Press, 1986), pp.82 – 83.
138) 김우용, 뉴미디어 개론, 전개서 pp.63 – 70.

즉 송신자 중심의 미디어가 사용자 중심의 미디어로 변해 간다. 매스미디어인 신문, 방송은 시청자나 독자에게 일방적으로 메시지를 전달하지만 뉴미디어는 정보를 주고받는 대화 형식의 상호 작용성을 지닌 통신이다. 상호 작용성이란 상호간의 대화를 제어하는 것이며, 제어란 한 개인이 시간·내용·정보전달 행위의 결과 등을 선별적으로 취하고 대안을 선택하며, 다른 이용자를 위한 저장 시스템에 정보를 입력시키고 나아가 새로운 시스템의 창조까지 이룰 수 있는 상태를 의미한다.

3) 비동시성(Asynchronicity)

정보의 교환 행위에 있어서 정보의 이용자가 동시에 참여해야 하는 제약에서 벗어나 이용자가 필요한 시기에 메시지를 보내고 받을 수 있는 시간 조정 능력(time – shifting ability), 즉 비동시성이 있어야 이용자가 아무 때나 편리한 시간에 메시지를 보내고 받을 수 있다. 예를 들어, 전자 사서함을 통해 가입자에게 메시지가 보내지면 가입자는 사무실이나 자택 어느 곳에서든지 단말기가 비치된 곳에서 편리한 시간에 그 메시지를 보내고 받을 수 있다. 가정용 비디오가 가져온 시간 변경 기능이 좋은 실례가 되며 앞으로 프라임 타임인 피크 타임 개념이 사라져 갈 것이다.[139]

4) 정보화의 촉진

뉴미디어는 전자 전기 기술의 산물이라 볼 수 있다. 고도 정보사회라는 것은 사회의 모든 부분이 컴퓨터와 통신기술의 결합으로 모든 부분에서 자동화되고, 정보화되는 사회이다. 자동화 및 정보화의 물결은 사무실에서 공장으로, 가정으로 확산되고 있는가 하면, 고도 정보통신기술을 응용한 뉴미디어들의 출현은 정보혁명을 가속화시키고 있다. 컴퓨터와 통신기술의 발달로 이제 지구촌은 이미 동시 정보권으로 변화하였고, 국경 없는 시대를 실현하고 있다. 가정의 정보화, 공장의 정보화, 사무실의 정보화, 개인생활의

---

139) 김우룡, 뉴미디어 개론, 전게서, pp.63 – 67.

정보화 더 나아가서 사회의 정보화는 뉴미디어 기능이 복합화되어 감에 따라 더욱더 가속되어 가고 있다.

위에서 제시한 4가지 이외의 사회적 특성을 살펴보면 다음과 같이 요약될 수 있다.

첫째, 쌍방향 통신 기능에 의해 정보의 접근이 용이하고 수신자 측의 정보 선택 범위와 자유도가 높다.
둘째, 통신의 비매스화, 탈대중화의 기능을 갖고 있다.
셋째, 전기통신 계통의 미디어, 영상·화상 미디어가 많으며 정보를 송신하는 측과 수신하는 측의 정보처리기술이 대등하게 발전된다.
넷째, 상호 연관성을 지닌 뉴미디어가 전기 신호화된 각종 정보 필요성에 따라 유선, 무선, 위성 간을 자유로이 유통할 수 있는 종합화된 네트워크를 형성한다.
다섯째, 기존 미디어가 발전, 융합된 것이 많다.
여섯째, 대용량화, 고속화 지향이다.
일곱째, 정보 형태가 음성, 데이터, 화상, 영상 등과 같은 다양화, 기록 지향성이다.
여덟째, 극소전자공학(microelectronics)을 활용한 디지털화 기술 등 신기술 지향으로 이용자의 선택 폭을 확대시켜 주는 고품질의 서비스가 기대된다.

4. 정보사회에서 뉴미디어의 영향

뉴미디어는 이제 우리 주변에서 없어서는 안 될 중요한 매체로서 여러 분야에서 영향을 주고 있다. 가정의 일상생활뿐만 아니라 정치, 사회, 경제, 문화 등 모든 부문에 이르기까지 크게 영향을 끼치고 있다.

뉴미디어의 다양하고 풍부한 지식과 정보는 우리의 가정생활과 일상생활을 편리하게 할 것이고, 산업 분야에서는 기업 활동에 필요한 전 세계의 각종 산업 정보를 신속하게 전달해 주는 정보네트워크를 제공해 주기 때문에 효율적이고 능률적인 기업 활동을 가능하게 함으로써 생산성을 향상 시키는 데 큰 영향을 줄 것이며 기업의 국제화 시대를 촉진시키는 데 획기적인 역할을 담당하게 된다. 뿐만 아니라 학술 활동 및 연구 활동에도 신속한 정보의 수집과 제공으로 경쟁력 있는 연구에도 기여하게 된다. 산업화 과정에서 정보 자원의 부족과 커뮤니케이션의 어려움 등으로 인하여 형성된 대도시의 집중화 및 과밀화 현상을 크게 완화시켜 지역단위의 특성을 살리는 지방화 시대가 열림으로써 국토의 균형적인 발전에도 기여할 것으로 기대가 된다.[140]

5. 뉴미디어의 종류와 분류

뉴미디어는 앞 절에서 개념이나 특성을 설명한 가운데에서 알 수 있듯이 정식용어로 사용된 지는 얼마 되지 않았다. 원래는 한정적인 의미에서 뉴일레트로닉스 미디어 또는 뉴테크놀로지컬 미디어로 불렸다. 초기에는 새로운 기술에 의해 개발된 하드웨어 성격이 강한 전자장치의 개념으로 사용되었으나 최근에는 사회를 변화시키고, 대중을 변화시키는 정보 기기나 정보전달 수단의 의미로 사용되고 있다. 수많은 뉴미디어의 유형은 기준에 따라 다르게 분류될 수 있다. 뉴미디어는 정보의 내용에 따라 영상계, 음성계, 데이터계의 3가지로 구분하는 방법이 있고, 이용자 측면에서의 분류방법은 하드웨어와 소프트웨어에 의한 분류방법, 정보의 기록방식에 따른 분류방법, 정보를 전달하는 매체의 종류에 따라 분류하는 방법 등 여러 가지 기준에 따라 분류방법이 다르다. 이와 같이 뉴미디어의 분류는 보는 사람의 관점과 그것을 사용하는 관점, 접근방법에 따라 여러 가지 방식으로 분류되고 있다. 또한 기존 미디어와 뉴미디어의 구분이 뚜렷하게 정의되어 있지 않기 때문에 분류하기가 쉽지가 않다. 그러나 뉴미디어를 전달하는 수단 즉, 전달하는 매체의 종류에 따라 분류하는 방법이 일반적인 방법이다. 이러한 관점에서 뉴미디어를 종류별로 분류하면 대체로 다음 [그림 5 - 4]과 같이 유선계, 무선계, 패키지계로 분류할 수 있다.

---

140) 서문호 역, 제4의 물결(서울: 원음사, 1986), 참고.

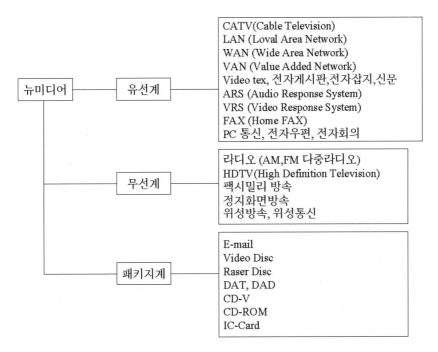

[그림 5-4] 뉴미디어의 분류

6. 유선계 뉴미디어

유선계 뉴미디어는 통신계라고도 하며, 이는 전화회선이나 케이블, ISDN 회선을 통하여 정보를 교환하는 시스템이다. 대용량의 통신내용을 전달하기 위해 광케이블을 사용하기도 하고, 정보를 디지털화하여 효율적으로 송신하는 여러 가지 방법을 개발하여 사용하고 있다. 온라인 데이터베이스 서비스나 전자우편, 전자게시판 등을 포함한 PC통신 등이 여기에 속한다고 할 수 있으며, 대표적인 것으로 각종 생활정보나 교육정보 등의 서비스를 하고 있는 CATV와 Videotex 등이 있다. 또한 유선계는 통신형태와 밀접한 관계가 있어 LAN, VAN, VRS, Teleconference system(화상통신회의시스템) 등이 주요 유선계 미디어라고 볼 수 있다. 주요 미디어의 기본개념과 특징을 살펴보면 다음과 같다.

1) CATV(Cable Television)

케이블TV는 방송국에서 가입자에게 동축케이블이나 광케이블을 통해 방송 프로그램을 전송하는 시스템이다. 케이블TV는 원래 산이나 건물에 가려 텔레비전 방송전파가 도달하기 어려운 난시청 지역에 공동 안테나(Community antenna)를 설치 TV 수신을 용이하게 할 목적으로 생겨났으나, 동축케이블이나 광케이블은 많은 채널의 신호를 전송할 수 있는 기능이 있기 때문에 텔레비전 방송전파의 재송신 이외에 자체 프로그램을 제작하여 전송하는 등 다양한 방송프로를 각 가정에 공급하는 시스템으로 이용되고 있다. 기존의 TV에 비하면 화면이 선명하고 많은 회선을 가질 수 있기 때문에 이용자들의 다양한 욕구를 충족시킬 수 있어 다양한 목적으로 이용되고 있다. 다음 <표 5-4>은 CATV 주요 서비스 내용이다.[141]

〈표 5-4〉 CATV 주요서비스 내용

CATV 특성	서비스 내용
네트워크로서의 쌍방향 대용량성	자동 검침. 기업 간·기업 내 데이터 전송 방범·방재 시스템 홈쇼핑, TV회의 일렉트로닉 뱅킹
양질의 애니메이션 정보를 다채널로 전송 가능	유료 TV 전송 공채널을 활용한 자체 방송 TV 벽지, 고층 건축물에 의한 전파 장애의 난시청 대책

이와 같이 CATV는 공중 방송의 신호 장치들을 확대시켜 광범위한 선택의 상호 소통 서비스들을 포괄하는 광역 커뮤니케이션 서비스이다. 이러한 서비스는 TV 오락에서 상호 소통적 은행 업무에 이르기까지 광범위하게 연계될 수 있다.

쌍방향, CATV는 일반적으로 수신만 가능한 기존의 방송 서비스와는 근본적으로 그 기능이 다르다. 따라서 방송, 응답, 퀴즈, 앙케트 등으로 시청자가 직접 방송에 참여할 수 있을 뿐만 아니라 각종 데이터베이스와 연결

---

141) 원우현, 현대미디어 이론(서울: 나남, 1996), p.64.

하여 홈뱅킹, 홈쇼핑, 방범, 방재 등 다양한 정보통신 서비스를 할 수 있는 뉴미디어로 개발되고 있다.

CATV는 용량이 크고 쌍방향 서비스가 가능하기 때문에 더 많은 채널로 더욱 풍요한 프로그램을 제공할 수 있을 뿐만 아니라 필요한 정보를 필요한 시기에 선택적으로 입수할 수 있기 때문에 종합 정보통신망과의 연계로 정보사회의 중요한 기반구조로서의 역할을 한다.

CATV의 발전 단계는 미국의 경우 채널의 확장에 따라 다음 <표 5-5>와 같이 다섯 단계로 구분하고 있다.

〈표 5-5〉 CATV의 발전 단계

구분	특징
제1세대	기존 방송의 재송신
제2세대	자주 방송
제3세대	쌍방향 방송
제4세대	유료 CATV
제5세대	데이터뱅크와 가정용 컴퓨터 연결 시스템

제1세대 CATV는 초기의 지역 공동의 재송신 CATV와 원거리의 타 지역에 방송되는 TV신호를 강력한 안테나로 수신 증폭해 재송신하는 단계이다. 제2세대 CATV는 자주 방송 CATV로서, 재송신 서비스 이외에 자체 스튜디오에서 제작한 영화나 지역 정보를 추가로 방송하는 시스템이다. 자주 방송 CATV는 일본의 경우 기존 방송국들의 반발과 우정성의 공중파 방송 서비스 채널의 증가 정책으로 크게 발전하지 못했지만 미국의 경우 국민들의 다양한 취미와 기호, 다민족, 다언어 사용에 의한 수요의 증대를 가져왔다. 제3세대에는 쌍방향 방송이 시작되었으며 종래의 일방적 수신에 의한 방송 서비스와는 근본적으로 다른 시청자가 직접 방송에 참여하는 방송 서비스를 제공하고 이는 각종 데이터베이스와 연결하여 홈뱅킹(home banking), 홈쇼핑(home shopping)을 할 수 있는 시스템을 갖추고 있다. 이후 CATV 방송 프로그램을 위성을 통해 전국 네트워크에 동시 배급하는 전국적 CATV로 발전하였다. 전국을 대상으로 프로그램을 공급하기 때문에 시스템이 대규모화되면서 CATV

전문 프로그램 공급업자로부터 다양한 프로그램을 공급받으며, 프로그램별로 시청료를 추가로 부담하는 유료 TV용 프로그램도 크게 성행하고 있다.

CATV는 기존 방송의 광역대 방송의 기술적 측면에서 야기되는 결함을 보충해서 지역적으로 세분화되며, 이에 따라 내용의 다양성과 세분화로 인한 다양한 욕구를 충족시킬 수 있는 특징을 가지고 있으나, 다음 <표 5-6>에서 제시된 것처럼 긍정적인 면과 부정적인 면도 아울러 가지고 있다고 볼 수 있다.

〈표 5-6〉 CATV의 긍정적인 면과 부정적인 면

긍정적인 효과	부정적인 효과
정치: 대의 및 참여민주정치 보완 경제: 정보산업 활성화 사회 및 국가경쟁력 향상 문화: 문화혜택 범위 확장 문화내용의 다양화 문화의 질적 향상 교육: 열린 교육의 활성화 평생교육의 실현	정보격차, 정보독점, 상업적 성향 기존 방송과의 갈등 유발 프라이버시 저작권 침해 명예훼손 가능성 증대 선진국 기술에 의한 종속화

2) 비디오텍스(Videotex)

비디오텍스는 문자와 그림으로 구성된 화상 정보가 축적되어 있는 데이터베이스로부터 텔레비전 수상기와 전화회선을 이용하여 이용자가 원하는 각종 요구정보에 응하여 정보센터 또는 외부의 컴퓨터에 축적되어 있는 정보를 검출 송신하여 줌으로써 각종 정보검색은 물론 예약업무, 홈쇼핑, 홈뱅킹 등 다양한 서비스를 대화 형식으로 제공하는 쌍방향 화상 정보 시스템이다. 대표적인 시스템으로 Prestel, Teletel, Viewtel, CAPTAIN, 천리안Ⅱ 등이 있다. 비디오텍스 시스템은 1970년대 초 영국 체신부가 데이터 뱅크 서비스의 대중화와 기존의 통신 매체인 전화의 새로운 활용 방안으로 전화와 TV 수상기를 컴퓨터와 연결해 개발한 것으로서, CCITT(국제전신전화자문위원회)는 이러한 쌍방향 화상 정보통신 시스템을 비디오텍스(VT; Videotex)라는 이름으로 정의하였다.

비디오텍스는 데이터베이스의 용량이 크므로 사용자가 필요로 하는 주제에 대해 충분한 정보제공이 가능하고 쌍방향 통신 기능으로 다양한 서비스를 제공할 수 있다. 또한 문자정보 데이터베이스 서비스와는 달리 일반적인 생활정보를 중심으로 하기 때문에 처음에는 기업보다는 가정을 대상으로 하여 공중 서비스를 목표로 출발하였으나 지금은 기업이나 특정 분야를 대상으로 하는 다양한 서비스가 이루어지고 있다.

3) 전자잡지(Electronic journal)

컴퓨터 통신형 전자출판의 한 형태로서 이는 집필자, 편집자, 심사자, 구독자를 통신회선으로 연결하는 잡지 출판 사이클을 이루는 방식이다. 최근 들어 전자잡지는 인터넷 웹에서 각 분야별로 많이 찾아볼 수 있다.

건축 분야의 전자잡지 중 일부를 소개하면 다음과 같다.

① 국내

- Archiforum – 도시 건축 웹 매거진 서울 건축의 김진애 박사가 창간한 디지털건축잡지. 길 위의 건축, 갤러리, 아카데미, 건축가, 사이버포럼, 도시건축 실무게임, 네트워크로 구성.
- 인디 월드 건축웹진 – 건축 및 인테리어, 디자인 전반에 다양한 소식, 새로운 작품 등 소개.
- Archizine – 인테리어와 건축을 주제로 하는 웹진으로 분야별 도서 안내, 건축법 및 관련 자료와 정보, 한국의 전통건축과 유명 작품 등 소개.
- 전원주택 답사기 Archizine – 인테리어와 건축을 주제로 하는 웹진으로 분야별 도서 안내, 건축법 및 관련 자료와 정보, 한국의 전통건축과 유명 작품 등 소개.
- 아크포럼 – 도시건축 기획회사 (주)서울포럼 제공의 도시건축 웹진. 길 위의 건축, 갤러리, 아카데미, 건축가, 사이버포럼, 도시건축 실무게임, 네트워크로 구성.
- 인디 월드 – 건축 및 인테리어, 디자인 전반에 다양한 소식, 새로운 작품 등 소개.

② 국외

- Architronic – 최초의 건축전자잡지
- ARCHIS – 네덜란드 건축가 협회에서 발행하는 잡지
- Architronic – 건축학에 관련한 각종 기사, 뉴스, 책에 대한 정보를 구할 수 있으며, 특히, Architronic electronic architecture 잡지의 새로운 주제에 대한 정보를 접할 수 있다.
- ARCHITECTURE TODAY – 건축전자잡지. 델파이 연구소에서 발행하는 월간지, 서적, 비디오를 소개 및 판매한다. 전람회, 경연회, 워크숍, 현상설계, 견학회 등의 정보를 제공한다.
- Current ARCHITECTURE – 캐나다 캘거리 대학 디지털 잡지
- Casa & Estilo International – 종합건축잡지
- Design Architecture – 건축가와 디자이너들의 특색 있는 작업들…….
- Design Cost & Data – The cost estimating magazine for…….
- Dimensions – 미국 미시간 대학 건축저널
- d – c quarterly – 건축, 부동산, 건축표현, 웹 페이지…….
- e design Online – 건축에서 에너지 효율에 관한 전자 저널
- E. Scape – 온라인 디자인 잡지
- Hotlinks – 텍사스 건축가들의 온라인 정보 툴
- MacMag2 – 스코틀랜드의 매킨토시 건축학교의 학생잡지
- PLAN – The business of Building 아일랜드 건축 산업
- PLAN – MIT 건축잡지
- POSTMODERN CULTURE
- Texas Architect On – Line – 텍사스 건축가 잡지의 온라인 홈페이지
- Topos – 프로젝트와 화제의 디자인. 유럽 조경…….
  Traditional Building – 옛(주거 및 상업) 건물의 재생과 복원(renovation and restoration of old buildings) 그리고 전통양식 건축물 짓기(construction of new buildings in traditional styles)에 대한 전문지식 제공.
- Totem Directory – 스위스 루가노 소재, Victoy Interactive Media SA가

발행하는 건축/디자인 잡지

- Unarch – 건축가들의 비건축적 표현을 위한 포럼
- Totem – 36개국의 저널리스트들이 기고하는 건축포럼…….
- Vitruvius Online – 건축설계와 디자인을 위한 월간 포럼

4) 전자신문(Electronic Newspaper)

취재원이 송고한 기사를 컴퓨터에 의하여 조판을 하고 그 내용을 데이터 뱅크에 보관한 뒤 위성, 팩시밀리, 비디오텍스와 같은 뉴미디어를 통하여 기사내용이 독자에게 전송되는 신문으로서, 아직까지는 인터넷 웹에서 무료로 각 신문 기사내용을 볼 수 있으나, 앞으로는 유료 또는 다른 형태로 변화될 가능성이 높다.

5) 전자우편(Electronic Mail)

최근 들어 전자우편은 거의 일상화되고 있다. 컴퓨터 통신을 이용하여 편지를 전자적인 방법으로 보내는 것으로서 팩시밀리 이용 시스템, 메시지 교환 시스템, 전자사서함 등이 있다.

6) 전자회의(Tele – Conference system)

원격지에서 영상 및 음성 통신회선으로 연결, 화면을 통해 서로 회의를 할 수 있는 시스템이다.

7) VRS(Video Response System)

전화망을 경유하여 데이터베이스의 정보를 TV 화면으로 찾아볼 수 있다는 점에서 기본적으로 비디오텍스와 거의 동일하지만 동작화상, 음성 등도 송신할 수 있다. 화상응답 시스템이라고도 한다.

7. 무선계 뉴미디어

무선계 뉴미디어는 송신 측에서 일정한 전파를 인공위성이나 송신탑을 통하여 송신하면 수신 측에서는 안테나 등을 이용한 수신 장치로 각종 유익한 정보를 이용할 수 있는 방송 미디어의 발전된 시스템이다.

1) HDTV

고품위 텔레비전 수상기를 중심으로 한 영상시대의 새로운 매개체로서 텔레비전 방송의 혁명을 이룬 고품위 텔레비전으로서 현재의 TV 방송 방식보다 주사선수를 늘리고 전송 주파수 대역을 확대하여 섬세하고 선명한 화상과 CDP(Compact Disc Player)나 DAT(Digital Audio Tape recorder) 수준의 음성을 제공하는 품질 높은 TV 방송 방송 시스템이다.[142][143] HDTV 개발은 화면의 해상도를 높이고 국제간의 텔레비전 방식의 통일성을 기함으로써 국제간에 프로그램 교환 방식의 차이로 일어나는 불편함을 최소화 시키자는 데 있다. HDTV의 장점은 다음과 같다.

① 화면의 종횡비
HDTV 세트는 화면이 폭넓은 직사각형의 모습을 하고 있다는 것을 제외

---

142) 하나의 장면에 525개의 수평 주사선, 유럽은 625개의 수평 주사선, HDTV시스템은 1,125개의 주사선으로 구성.
143) 국제전파자문위원회(CCIR)는 HDTV에 대해 "기존의 TV보다 2배의 수직·수평 해상도를 가지며 화면 종횡비(aspect ratio)가 3:5 또는 9:16이고 CDP의 음질에 상당하는 디지털 오디오 기능을 갖는다."고 정의하고 있다.

하고는 현재의 수상기와 거의 비슷하다. 기존 TV 화면의 종횡비(세로와 가로의 비율)는 3:4로 거의 정사각형이기 때문에 텔레비전으로 영화를 시청하면 화면의 끝이 잘리게 된다.

그러나 HDTV는 시각적·심리적 특성을 고려하여 횡축으로 약 25% 길어진 9:16(약 3:5)으로 설계되어 35밀리미터 영화 필름과 동일하므로 기존의 소프트웨어를 활용할 수 있는 장점이 있다.

② 최적 시거리 및 시야각

기존 TV 방식에서는 화면 높이의 약 7배인 최적 시거리와 이 위치에서의 수평 방향 시야각 약 10°를 가지는 데 비해 HDTV는 화면 높이의 약 3배인 최적 시거리와 수평 시야각 약 30°(좌 15°, 우 15°) 및 수직 시야각약 20°(상 8°, 하 12°)를 가지므로 현장의 생생한 모습을 거의 그대로 우리에게 전해 준다.

③ 주사선수

일본 NHK 방식을 기준으로 할 경우 현행 TV는 하나의 장면에 525개의수평 주사선으로 구성되며 인터페이스비가 2:1인 데 반해 HDTV 디스플레이는 주사선수가 매 장면, 1,125개이므로 인터페이스 비 2:1로 해상도는 두배 이상 선명하고 세밀한 화질을 보이게 된다.

HDTV는 정보의 즉시 전달이라는 특징을 인간의 시각 및 심리적 효과에부가하여 시각 예술의 분야에까지 확장, 응용한 새로운 미디어이다. HDTV의 디지털 신호 처리 기술은 다량의 영상 정보를 기록하고 임의로 읽어 내며 복잡한 수정이나 가공 등을 가능하게 하여 교육, 의료, 전자출판, 영화제작, 전자인쇄, 위성방송, 비디오 시어터, 홈시어터, 영상전시, 영상캐리어, 이벤트, 지상방송, 게임, 패션쇼, 영상카탈로그 등 여러 분야에서 응용이 가능하다.

2) 원격이동

미국은 전체 노동 인구의 절반이 회계사, 작가, 증권 분석가, 컴퓨터 프로그래머, 연구직, 경영자 등과 같이 정보를 생산, 분석, 전송하는 것과 관련된 직업에 종사하고 있다. 이러한 직종의 종사자들은 직장과 연결된 전화선을 이용하여 자신의 컴퓨터와 직장의 컴퓨터를 연결하여 가정에서 근무하는 경우가 많다. 이런 근무 형태는 회사의 차량 유지비와 주차비용의 절감, 방해받는 일 없이 일에 몰두하여 더 많은 생산량의 증가를 가져오기 때문에 고용주에게 이익이 될 뿐만 아니라 통근이 불가능한 장애자, 어린애를 돌보는 주부들에게도 취업의 기회가 확대된다. 고용인의 입장에서는 직원들을 사무실에서 직접 만날 수 없는 데서 오는 불안감, 업무 처리 정도의 분간, 사원 간의 애사심·연대 의식의 결여 등이 있을 수 있지만 유지 경비가 많이 드는 대도시의 대규모 사무실이 아니라 교외에 위치한 사무실을 전자적으로 상호 연결하여 사용할 수 있기 때문에 비용 절감이 이루어질 수 있다.

3) 직접위성방송(DBS: Direct Broadcasting Service)

직접위성방송은 방송 위성을 사용하여 직접 가정의 위성방송 수신전용의 소형 파라볼라 안테나(parabola antenna)로 전파를 보내는 방송 서비스이다. 우리나라의 경우 위성 1개면 전 국토를 커버할 수 있으며 난시청 해소에도 도움이 된다. 또한 광대역 전송이 가능하며 새로운 뉴미디어 제공이 가능하다는 장점이 있다. 전국 규모의 방송 채널을 구성할 수 있으므로 지역 매체로는 부적합한 경향도 있지만 매체 특성상 영화, 스포츠, 음악 프로그램 편성이 용이하기 때문에 전문 방송으로 활용할 수 있다. 1995년 6월과 1996년에 방송 통신 복합 위성인 무궁화호가 정지 궤도에 자리 잡는 순간부터 우리는 본격적인 위성시대에 들어서게 되었다. 무궁화 위성은 위성방송국의 개국, 케이블TV를 비롯한 방송 프로그램 전송 등을 통해 방송에 활용된다.

Part 2

정보활용 방법

chapter 01

지식정보사회에서 도서관의 역할

전통적으로 도서관은 이용자들이 필요로 하거나 그럴 것이라고 예상되는 자료를 장서의 일부분으로 입수하고 소유하기를 시도해 왔다. 그러나 기술의 진보로 정보의 양이 급증하게 되어 도서관 자원의 소유에 대한 패러다임은 쇄락하기 시작하였으며, 기술과 정보환경의 발달로 도서관 이용자들이 요구하는 정보와 그 이용자들을 연결하기 위한 새로운 방법들이 등장하게 되었다. 또한 정보기술의 발달은 도서관 전체의 업무 및 시스템의 변화를 가져오게 되었다. 도서관 업무 및 시스템이란 수서, 목록, 대출 및 반납, 참고봉사 등이 되겠다. 이러한 변화는 도서관 전체의 변화를 가져오게 된다. 특히 대학도서관의 변화는 학문의 중심으로서의 대학도서관 업무 및 시스템의 변화는 소속 대학교의 정보환경과 정보이용 행태까지의 변화도 가져오게 된다. 일반적으로 도서관은 수서, 목록, 대출 및 반납, 참고봉사의 도서관 업무 및 시스템의 변화가 이루어지고 있다. 직접적인 변화요인은 지식정보화 사회라고 할 수 있다. 지식정보화 사회의 도래는 사회 문화 경제 분야는 물론 도서관에 있어서도 다양한 변화를 초래하고 있다. 이렇게 변화되는 환경을 어떻게 받아들이고 대처해야 할 것인가 하는 문제는 도서관의 기능과 업무에 중요한 과제로 등장하고 있다.

인류문화의 발전은 시간이라는 제약을 뛰어넘어 지식들을 전래될 수 있는 형태로 끊임없이 고착화시켜 오는 과정이라 볼 수 있다. 그 과정에 있어

도서관은 내용적인 면으로는 지식의 집적체들의 산물이며 동시에 지식을 제공하는 공간으로 그 역할을 수행하고 있다. 지식정보화 시대를 맞이하여 새로운 정보통신기술의 발달과 더불어 구축되고 있는 디지털도서관에서는 사서의 역할에 있어 새로운 임무를 요구하고 있다.

인터넷의 대중화도 도서관에 변화를 주고 있다. 네트워크와 신문, 잡지, 도서, 영상, 음악 등 콘텐츠 산업이 결합됨으로써 '도서관이 없는 도서관 환경'을 만들어 가고 있다.

전통적인 도서관이 사회변화에 따라 다른 형태 즉 '가상도서관'의 형태로 변화되고 있다. 가상도서관 환경하에서는 도서관의 존재형식이 달라지고 따라서 사서의 역할도 달라질 수밖에 없다. 정보와 자료의 인식, 수집, 조직, 탐색, 제공 등 제 방면에서 과거와는 현저히 다른 업무의 속성을 지닐 수밖에 없는 것이다. 이러한 환경의 변화는 전문적인 정보를 주로 다루며, 고급의 이용자를 대상으로 하는 대학도서관에서 더욱 현저하다.

앞으로 인터넷은 모든 형태의 정보를 통합하는 형식으로 발전하게 될 것이다. 사서들은 인터넷을 활용함으로써 전 세계의 주요 데이터베이스와 도서관 및 정보센터에 소장된 자원에 접근하여 서지정보를 확인하고 상호 대차나 복사 서비스를 요구하며, 원문을 데이터베이스로부터 다운로드하거나 프린트할 수 있게 되었다. 그리고 디렉터리형 질문, 수치정보, 신문기사 등의 다양한 즉답형 질문에 답할 수 있는 정보원을 고를 수 있다. 아울러 해답하기 어려운 질문을 위해 메일링리스트나 유즈넷 뉴스그룹을 통해 지원을 요청할 수도 있으며, 전자우편을 통해 정보를 주고받을 수도 있다. 뿐만 아니라 영화와 음악을 주문형식으로 보고, 들을 수 있으며, 신문, 잡지의 기사를 얻어 볼 수 있고, 모든 방송정보를 골라 볼 수도 있다.

제1절 지식정보사회에서 도서관의 의의 및 기능

1. 도서관 설립의 의의

지식정보사회는 지식정보가 기반이 되는 사회이다. 이러한 지식정보는 어디에서 관리 제공되고 있는가? 도서관은 자료를 수집, 정리, 분석, 보존, 축적하여 공중 또는 특정인의 이용에 제공함으로써 정보이용 조사 연구 교양 등 문화발전 및 평생교육에 이바지하는 시설을 말한다.[144] 다시 말하면 도서관은 발생된 정보를 한곳에 모아 편리하게 이용시키기 위하여 필요한 정보를 수집하고, 수집된 정보를 이용하는 데 불편하지 않도록 가공하고, 축적하여, 제공하는 곳이다.[145] 도서관에 보존된 정보는 도서 및 기록된 자료, 각종 보고서, 소책자, 연속간행물, 악보, 지도, 사진, 그림 등 인쇄 자료, 영화필름, 슬라이드, 음반, 비디오물, 마이크로형태물, 테이프 등 시청각 자료, CD-ROM, 디스크 등 각종 컴퓨터 기억매체자료, 공문서 및 각종 행정자료, 즉 인간의 활동에서 발생된 자료를 총망라한 것을 말한다. 이와 같이 도서관은 정보사회에서 중요시하는 다양한 지식정보 자료들을 조사, 수집, 정리하여 제공해 주고 있다. 최근에는 전자도서관 디지털도서관으로 운영되기 때문에 재택 이용이 가능하고 시간과 공간을 초월하여 국내 도서관뿐만 아니라, 세계의 도서관에 구축된 학술정보 데이터를 이용할 수 있다. 이와 같이 현대의 도서관은 전통적인 보존 중심에서 우리가 추구했던 이용자 중심의 전자도서관 시스템을 갖추고 있다. 따라서 도서관은 사회의 중추적 역할을 하는 사회적 장치로서 특히 정보사회의 정보제공처로서 국가적 또는 사회적으로 대단히 중요한 정보센터라 할 수 있다.

---

144) 도서관 및 독서진흥법 참고.
145) 도서관 진흥법 제2조.

2. 도서관의 일반적 기능

도서관을 일반적으로 정보전달 기관이라고 한다. 따라서 도서관은 정보전달을 대비해서 정보 자료의 효과적인 이용을 조장하는 기관이라 할 수 있다. 도서관의 종류도 다양하기 때문에 기능과 역할도 관종별 도서관에 따라 다르다. 현대도서관은 전통적인 보존 중심에서 벗어나 이용자 중심의 도서관으로 변화했다. 특히 개방된 지식정보사회에서의 도서관은 정보제공처로서의 국가적 사회적으로 대단히 중요한 위치에 있다. 관종에 관계없이 공통적으로 이루어지고 있는 도서관의 일반적 기능을 살펴보면 다음과 같다.

1) 정보수집 기능

도서관의 수집 기능은 필요한 정보를 선택하는 기능과 선택된 정보를 수집하는 기능으로 나뉜다. 도서관은 이용자가 요구하는 정보를 효과적으로 제공할 수 있도록 수서정책을 수립하여야 한다. 도서관의 설립목적에 따라 수서정책이 다를 수 있지만, 본질적인 도서관 기능은 관종에 관계없이 동일하다.

2) 정보조직 기능

수집된 자료를 이용자가 편리하게 이용할 수 있도록 자료를 잘 정리하여야 한다. 자료조직 방법은 도서관 업무에 필요한 기술로 매우 일찍부터 발달한 분야로서 체계적으로 배가하기 위한 분류기술과 이용자가 용이하게 검색하도록 하기 위한 목록기술이 있다. 이러한 분류기술과 목록기술은 MARC 포맷에 중요한 역할을 하며 MARC DB 구축에도 영향을 준다.

3) 정보제공 기능

정리되어 축적된 정보는 이용자의 요구에 의해 제공된다. 도서관의 정보

제공 기능은 이용자와 도서관의 인터페이스(interface)가 이루어지는 것을 말한다. 도서관에서는 이용자 서비스 측면에서 항상 정보제공 준비가 되어 있다. 이러한 봉사를 참고 및 정보봉사라 하며, 도서관에서는 정보봉사를 위하여 다음과 같은 준비가 되어 있어야 한다.

첫째, 정보안내자로서 이용자의 정보요구 질의에 응답
둘째, 참고 문헌과 정보이용 방법의 설명 및 교육
셋째, 유용한 2차 자료 준비 및 DB 구축
넷째, 상호 대차 및 정보네트워크 활용
다섯째, 디지털도서관 구축 및 운영

제2절 도서관의 유형과 기능

지식정보사회에서는 정치와 경제, 사회는 물론 문화면에서 일대의 대 전환기로 일컬어지고 있다. 기술혁신과 컴퓨터와 통신기술의 발전이 정보의 폭발적인 양적 증가를 가져왔다.

이러한 변화 속에서 도서관의 역할 또한 새로운 전기를 맞이하게 되었다. 이처럼 점차 증대되어 가고 있는 도서관의 기능을 관종별 특성에 따라 설명하면 다음과 같다.

1. 21세기 정보사회를 이끌어 가는 국립중앙도서관[146)147)

1945년 10월 15일 국립도서관으로 개관한 이래 지난 반세기 동안 격변의 시대를 헤쳐 나오며 국가와 겨레와 함께 지속적으로 성장·발전해 온 국립중앙도서관은 330만여 책에 달하는 방대한 자료를 소장하고 있는 국가 대표 도서관으로서 국가의 지적 문화유산을 총체적·체계적으로 수집·보존하여 이를 후대에 전승하는 책무를 수행하고 있는 우리나라 문헌정보의 총보고(寶庫)이다. 국민이 지식충전과 학문연구의 터전으로 이용하고 있는 국립중앙도서관은 국가발전의 원동력이자 생동하고 있는 겨레의 심장부라 할 수 있다. 안으로는 국가도서관 체제를 통할하고, 밖으로는 국제적인 교류협력을 통하여 국가정보능력을 극대화시키는 국가 문헌정보 교류의 중추적 기관으로 그 역할을 다하고 있다. 현재 국립중앙도서관은 전자도서관 시스템의 운영체제로 재정비하여 정보화 시대에 걸맞은 새로운 서비스 체제를 갖추었으며, 도서관 업무의 디지털화와 전국도서관전산망 구축사업을 지속적으로 추진해 나가고 있으며, 누구나 자유롭게 이용할 수 있다. 국립도서관은 국가가 설립 운영하며 전 국민에게 봉사하는 도서관으로, 정부재정으로 운영되고 봉사범위가 국가 전체에 이르는 도서관이다. 국립도서관의 기능은 그 국가의 전통과 형편에 따라 다르나 다음과 같이 제시할 수 있다.

■ 국가 문헌 수집. 자기 나라에 관한 문헌을 수집, 축적하여 후세에 영구히 전하는 기능이다.
■ 납본. 우리나라는 도서관 및 독서진흥법에 의하여 국립중앙도서관과 국회도서관이 납본 지정 도서관으로 지정되어 있다.
■ 외국 문헌의 수집. 체계적이고 광범위한 수집 계획을 세워 외국 문헌

---

146) http://www.nl.go.kr/introduction/
147) 국립중앙도서관 웹 주소: http://sun.nl.or.kr.
국립중앙도서관 소장 자료의 목록정보와 학술적 가치가 높은 주요 자료의 초록과 본문내용 화상정보(200종)가 World Wide Web 방식으로 서비스되고 있다.
한국문헌목록정보검색, 국립도서관소장 도서에 대한 목록 및 원문을 제공하는 국내학술자료화상정보 서비스, 국립중앙도서관의 연혁과 이용안내, 조직 등이 메뉴로 제공되고 있다.

을 구입, 교환, 수증에 의하여 수집하는 것이다.

- 문헌의 국제교환 정부간행물을 국립도서관 간에 교환하는 것이다.
- 국내 도서관에 대한 지도 및 지원 국가대표 도서관으로서 공공도서관을 지도하고 자원하는 기능이다.
- 국가 서지의 간행. 우리나라의 경우에는 국립중앙도서관의 '대한민국 출판물총목록', 국회도서관의 '한국 박사, 석사학위논문 목록', '정기 간행물기사색인'을 간행하고 있다.
- 서지 정보 봉사. 국립도서관은 국가의 서지 정보 센터이다.
- 국가 차원의 도서관 발전 계획 수립. 국가의 특히 공공도서관의 발전에 관한 종합 정책을 수립한다.
- 도서관 간의 협동 지원. 도서관 간의 협동체제 구성과 운영을 지원한다.

또한 국립중앙도서관은 도서관 봉사업무를 일반 독자를 위하여 공공도서관 역할로서 다음과 같은 봉사를 담당한다.

- 국내·외 자료의 수집·정리·분석·보존·축적 및 공중에의 이용
- 국내 자료의 대출관리
- 타 도서관과의 자료의 유통
- 각종 서지의 작성 및 표준화와 국제표준자료번호제도의 운영
- 전자화를 통한 국가문헌정보체제 및 도서관 협력망의 총괄
- 외국도서관과의 협력 및 자료의 국제교류
- 타 도서관 및 문고 업무·문화활동 및 평생교육에 대한 지도·지원
- 독서의 생활화를 위한 정책 수립 및 실시
- 도서관에 관한 조사·연구
- 도서관 및 문고의 직원에 대한 연수
- 기타 국가대표도서관으로서의 기능 수행에 필요한 업무

2. 국회도서관148)149)

국회도서관은 전시 수도 부산에서 국회의원들이 자료를 한곳에 모아 공동 이용하고자 1952년 2월 20일 3,600여 권의 장서를 가진 국회도서실로 개관되었다. 국회도서관은 국회의원의 의정활동에 필요한 정보제공을 원활히 하도록 조직과 기능 면에서 지속적인 발전과 성장을 거듭하였으며, 1963년 12월 17일에는 국회도서관법의 제정으로 국회의 독립기관이 되었고, 1988년 12월 29일 국회도서관법의 재제정에 따라 현재의 조직으로 발전하였다. 국회도서관 전용 건물이 1987년 10월 연건평 8,506평(지하 1층, 지상 5층)으로 완공되어, 국회의사당 건물에 흩어져 있던 모든 도서관 자료를 이전하여 1988년 2월 20일 신축된 건물에서 새롭게 개관하였다. 국회도서관은 장서개발정책에 따라 학술적 가치가 있거나 입법정보의 가치가 있는 자료를 다양한 방법으로 수집하여 현재 약 150만 권의 국내·외 자료를 소장하고 있으며, 또한 전산망을 통한 정보수집과 서비스도 하고 있다.

특히 1980년대 초부터 국회도서관은 도서관 자료의 전산화와 업무자동화를 위한 전면적인 전산화 계획을 추진한 결과, 국가 서지 데이터베이스와 국회회의록을 비롯한 많은 전문 데이터베이스가 구축되었으며 전자도서관(Digital Library)화하고 있다. 또한 1994년에는 근거리 통신망(LAN)이 구축되어 국회 내 모든 사무실에서 필요한 정보를 직접 검색할 수 있도록 하였다. 이와 같이 입법정보 서비스체제의 선진화에 노력하고, 21세기 정보화 시대에 대비하여 국회업무전산화와 전자도서관화를 지속적으로 추진하며, 장서의 확충, 개발 및 새로운 자료관리 기법의 도입을 통한 정보관리와 제

---

148) http://www.nanet.go.kr/info/info.html
149) 국회도서관 웹 주소: http://www.nanet.go.kr
　　전자게시판, 도서관소개, 이용 DB, 도서관 이용안내, 발간자료, 관련 사이트, 국회홈페이지가 기본메뉴로 제공되고 있다. '이용 DB'에는 국회도서관에서 제공하는 각종 인터넷 자료와 온라인 자료에 대한 원문 및 요약문이 제공되고 있다. 이 중 '인터넷 자료'로는 입법조사연구, 현안분석, Info – Brief, 국회도서관보, 신간안내, 외국신문기사, 해외정보, 기사속보 등이 제공된다. '도서관 발간자료' 중에서 현안분석, 국회도서관보, 입법조사연구 및 Info – Brief 자료는 원문을 검색할 수 있다.

공능력을 신장함으로써, 국회의원의 의정활동 지원뿐만 아니라 국민을 위한 열린 도서관으로서의 역할에도 최선을 다하고 있다. 이를 정리하면 국회도 서관은 국회도서관법 제2조 제1항에서 규정하고 있는 바에 따라, 국회의원 및 관계 직원에게 국회의 입법 활동과 국정심의에 필요한 각종 정보를 수집, 정리, 분석, 관리하여 제공하는 국회도서관으로서의 기본적인 기능을 수행하고 있을 뿐 아니라 각종 국가 서지인 정기간행물 기사색인, 한국 박사 및 석사학위논문 총목록 등의 작성, 배포업무와 외국도서관과의 자료교환을 통한 각국과의 문화교류사업 및 일반 국민에게도 자료를 제공하는 등의 국가도서관적 기능도 수행하고 있다. 구체적인 내용은 다음과 같다.

1) 국회도서관은 '97년도에 국가전자도서관의 표준모델을 제시하기 위해 '국가전자도서관 기본계획'을 수립, 책자로 발간했으며 이를 기반으로 '97년부터 전자도서관 구축사업에 역점을 두고 추진한 결과, '98년 말까지 1차 및 2차 전자도서관 시범사업을 성공적으로 완수하였다.

2) '98년, '99년에는 범국가적으로 추진하고 있는 정보화 근로사업에 적극 참여하여 국회도서관에 소장되어 있는 주요 자료를 디지털화하였으며, 올해에도 8백여만 면의 자료를 디지털화할 계획이다. 한편 '99년 12월부터 국회도서관 관내에서 기구축된 학위논문, 학술지 등 원문정보를 제공하고 있으며, 저작권법이 발효되면 이용범위를 각 단위도서관으로 확대할 예정이다.

3) 하드웨어 측면에서는 방대한 양의 이미지와 텍스트 형태의 디지털 자료를 안정적으로 이용자들에게 신속한 서비스를 제공하기 위해 '98년 하반기에 800GB 분량의 데이터를 수록할 수 있는 디스크장치를 추가 설치하였으며, 또한 Y2K 문제를 해결하기 위해 기능이 더욱 확장된 주전산기 (MP2000)를 도입하여 운영하고 있다.

4) 입법 관련 지식 DB는 입법 활동 관계자들에게 의정활동과 관련된 현안사항에 대한 자료와 정보를 종합적으로 분석·제공하는 수요자 중심의

정보지원 시스템으로, 국회의원 또는 각 위원회 소속 공무원, 법제실, 예산정책국, 의사국 등 입법 관련 부서 직원들이 입법 활동에 필요한 지식을 한 사이트에서 습득할 수 있도록 한 DB이다. 입법과 관련된 핵심 주제와 이에 대한 이해를 돕기 위해 간략한 소개 형태로 작성된 개요, 단행본과 논문, 신문기사를 포함한 관련 자료의 서지와 원문, 그리고 관련 기관 및 전문가에 대한 소개로 구성되어 있다.

5) 이 밖에 그동안 국회전산망을 통해서만 서비스되고 있던 국회회의록 전문 시스템의 서비스 범위를 확대하여 개인용 PC에서도 검색·활용할 수 있도록 국회의원 개인별로 제헌국회 이후 본회의, 위원회, 국정감사, 국정조사에서 발언한 내용을 발췌, 편집하여 CD - ROM으로 제작하였으며, 국회의원 개인별로 제작의뢰를 접수받아 제공하고 있다.

6) 인터넷의 중요성과 그 효용성이 날로 높아짐에 따라 국회도서관의 인터넷 홈페이지를 '99년 2월에 완료, 지금의 홈페이지를 서비스하게 되었다. 또한 이용자가 인터넷을 통해 비치희망 자료를 신청할 수 있는 코너 및 원문제공을 위해 저작물에 대한 이용허락을 받을 수 있는 코너 등을 신설할 계획이다.

7) 향후 국회도서관 정보화의 방향은 국회의원의 의정활동과 도서관 이용자들의 정보욕구를 최대한 지원할 수 있도록 전자도서관 구축사업에 중점을 두고 자료의 디지털화, 신속·정확한 정보제공체제 구축과 병행하여 고급정보의 개발에도 역점을 둘 계획이다.[150]

3. 지역정보센터로서의 공공도서관

공공도서관의 기능은 미국도서관협회에서 정의한 내용과[151] 한국의 도서

---

150) http://www.nanet.go.kr/info/info.html

관 및 독서진흥법 20조[152])에 잘 나타나 있다.

공공도서관은 지역사회의 모든 주민을 대상으로 봉사하는 도서관이다. 공공도서관은 지방자치단체, 민법 기타 법률에 의하여 설립된 단체 또는 개인이 설립한 도서관으로서, 공중의 정보이용·문화활동 및 평생교육을 증진함을 주된 목적으로 한 도서관을 말한다. 대부분 국공립도서관으로 국립도서관, 도립도서관, 시립도서관, 군립도서관이 있으며, 도서관 가운데에서도 일반 대중들이 가장 가까이하기 쉬운 도서관으로서, '지역정보센터' 또는 '지역정보화의 지원 센터'의 역할을 하고 있으며, '도서관의 꽃'이라 불리고 있다. 공공도서관의 전통적인 기능은 자료의 보존, 연구와 교육 지원, 정보의 제공, 여가 및 문화시설의 제공 등을 들 수 있으며, 대체로 정보 및 문화 교육센터로 운영되고 있다. 이러한 기능을 발휘할 수 있도록 다음과 같은 업무를 수행한다.

- 자료의 수집·정리·보존·축적 및 공중에의 이용
- 공중에 필요한 정보의 제공
- 지방행정 및 산업 분야에 필요한 정보의 제공
- 독서의 생활화를 위한 계획의 수립 및 실시
- 강연회·감상회·전시회·독서회 기타 문화활동 및 평생교육의 주최 또는 장려
- 다른 도서관 및 문고와의 긴밀한 협력과 자료의 교환 또는 상호 대차의 실시
- 도서관 업무에 관한 조사·연구
- 기타 공공도서관으로서의 기능 수행에 필요한 업무

또한 공공도서관은 그 지역사회의 필요에 따라 그 전통과 형편에 맞게

---

151) ALA(미국도서관협회)에서 정의하기를 "공공도서관은 민주국가의 사회기관으로서 시민정신인 공민성(公民性)을 높이는 데 있고, 도서(자료) 공급의 책임도 있다."고 했다.
152) 공공도서관은 지식을 의구하는 사람과 지식을 조장시켜 주는 기록 자료 사이에서 존재한다.

설립되므로 목적과 기능, 봉사 내용과 방법, 운영 주체 등이 다양하다. 공공
도서관은 지역사회의 주민들이 내는 세금으로 설립되고, 운영되며 주민에게
무료로 제공되는 특징이 있다.

공공도서관은 지역사회의 개인이나 집단을 위하여 다음과 같은 기능을
한다.

1) 공중의 고양을 위해서 지역사회의 사회교육기관 또는 평생교육기관으로
서의 기능.
2) 조사연구기관으로서의 그 지역의 발전과 학술의 발전에 기여하도록 학
술적인 자료를 수집하고 조직하여 조사연구에 봉사하는 기능
3) 지역사회에 있어서 문화센터 또는 정보센터로서의 기능

4. 대학교육의 지원 센터로서의 대학도서관

대학도서관은 도서관이 소속된 대학의 교육적 목표를 달성하기 위하여
설립된 도서관으로서 학생들과 교직원들에게 봉사하는 데 목적이 있다. 대
학도서관은 교육법에 의하여 설립된 대학 및 다른 법률의 규정에 의하여
설립된 대학 교육과정 이상의 교육기관에서 교수와 학생의 연구 및 교육을
지원함을 주된 목적으로 하는 도서관을 말한다.

대학은 각 분야에서 그 사회가 요구하는 지식인을 양성하는 최고의 교육
기관이다. 정보사회에서의 지식인은 사회의 근간을 이루는 인력으로서 각
분야의 전문지식이나 기술뿐만 아니라 인간과 사회에 대한 폭넓은 이해, 도
덕성, 책임성을 두루 갖춘 지성과 인격을 겸비한 사람을 의미한다. 대학교
육의 궁극적인 목표는 교수와 학생들이 연구와 수업을 통해 기존의 지식을
습득하고 새로운 지식을 탐구하며 사회의 물질적, 정신적인 부를 창출하여
인류생활의 질을 높이는 데 있다. 대학도서관은 이러한 학술 활동을 지원하
는 기관으로서 대학시설 중 가장 중요한 시설이다. 따라서 도서관은 학술정
보의 평가와 수집, 정리와 보존, 제공 및 유통을 총괄함으로써 대학에 소속

된 학생과 교수, 연구원이나 직원들의 정보요구를 충족시켜 주는 데 최선을 다하고 있다. 최근 들어 대학도서관은 전자도서관으로 운영되어 다양한 매체를 통하여 온라인 네트워크에 의해 정보를 제공하고 있다. 대학도서관의 업무는 다음과 같다.

- 교수와 학생의 연구 및 교육활동에 필요한 자료의 수집·정리·분석·보존·축적 및 그 이용
- 효율적 교육과정의 수행을 위한 지원
- 도서관 이용의 체계적 지도
- 다른 도서관과의 협력과 도서관 협력망을 통한 자료의 유통
- 기타 대학도서관으로서의 기능 수행에 필요한 업무

대학도서관은 대학의 성격과 설립 목적에 따라 기능에 차이가 있으나, 기본적으로 자료의 수집, 자료의 조직, 자료의 축적, 자료의 제공 기능으로 나눌 수 있다. 그러나 지식기반사회의 도래에 따라 학내 외의 정보환경 변화, 정보매체의 다양화, 인터넷의 대중화, 이용자 요구의 다변화로 종래의 기본적 기능에 새로운 기능이 추가되어 대학도서관의 종합적인 경영관리와 운영기능, 정보 자료의 선택·수집·링크기능, 자료 정리 및 보존관리기능, 열람 및 대출 봉사기능, 참고 및 정보봉사기능, 서지도구 및 검색 시스템의 개발과 확보기능, 학습 공간·연구 공간·편의시설 제공기능, 지역사회에의 개방기능 등 전통적 기능과 현대적 기능으로 매우 다양하다.

기능적 측면에서 소장 자료 및 봉사 대상자의 성격에 따라 학부도서관, 연구도서관, 보존도서관, 종합도서관으로 나누어 제시하면 다음과 같다.

1) 학부도서관

학부도서관(undergraduate library)은 학습도서관이라고 하며, 대학원 과정과 부설연구소가 거의 없거나 연구자의 수와 연구 활동이 제한적인 전문대

학 및 단과대학, 그리고 종합대학에서 주로 학부의 교과과정과 합습활동을 지원할 목적으로 자료와 공간을 제공하는 도서관을 말한다.

2) 연구도서관

연구도서관(research library)은 석·박사 학위과정과 많은 연구소가 설치되어 있는 종합대학에서 교수·연구원·대학원생과 같은 두뇌집단의 연구 활동을 지원하는 도서관을 말한다. 대부분의 학술도서관(academic library)은 연구도서관의 범주에 속하며, 대개 외국어 실력 및 전문지식이 있는 주제전문가들이 다양한 정보를 수집하여 정보 봉사를 최대한으로 제공하는 것이 특징이다.

3) 보존도서관

보존도서관(deposit library)은 잠재적 이용가치가 낮은 자료나 이용이 불가능할 정도로 훼손된 자료, 별무 이용자료(little – used materials)의 복본 등을 별치하여 밀집 형태로 보관하는 도서관을 말한다. 특히 공간이 부족하면 보존서고, 밀집서가, 협동서고 등을 고려하여야 할 것이다.

5. 교수학습 지원 센터인 학교도서관

학교도서관은 초등학교·중학교·고등학교에 설립된 도서관을 말한다. 학교도서관의 설립 목적은 대학도서관과 같이 학교교육의 지원 센터로서 교수학습활동에 필요한 각종 도서 및 학습 자료를 교사나 학생들에게 제공해 주는 데 있다. 미국이나 선진국의 학교도서관 시스템은 교수학습 미디어 센터로 운영되고 있다. 교사의 수업전개에 필요한 자료는 물론 학생들의 학습활동에 필요한 정보를 최대한 이용할 수 있도록 시스템을 갖추어야 한다. 학교도서관의 업무는 다음과 같다.

- 학교교육에 필요한 자료의 수집·정리·분석·보존·축적 및 그 이용
- 독서지도 및 도서관 이용의 지도
- 시청각 자료의 개발·제작 및 이용
- 기타 학교도서관으로서의 기능 수행에 필요한 업무

학교도서관의 본질적인 사명과 목적은 그 일상적인 기능과 역할을 수행하는 과정에서 구현되고 달성된다. 그리고 나아가 학교도서관이 학교교육의 필수 불가결한 요소로서 위치를 확보하는 것도 이러한 기능과 역할을 적절하게 수행할 때 가능하게 되는 것이다. 학교도서관이 수행하는 역할은 다음과 같다.

1) 교수·학습 지원 센터

학교도서관은 교수·학습활동에 필요한 모든 자료를 수집하고 개발하여 체계적으로 조직하고 관리하며 보존하고 이용시킨다. 그렇게 하여 교사와 학생들이 수업을 진행하고 과제를 수행하는 과정에서 필요한 자료와 정보를 적절히 지원하여야 한다. 이런 점에서 학교도서관에서는 학교의 교과과정에 대한 충분한 이해와 분석을 토대로 교과과정에 필요한 자료를 망라적이며 체계적으로 확보하여야 한다. 그리고 학교에 소속된 다양한 시청각 자료와 교육 매체를 통합적으로 관리하고 운영하는 역할도 수행하게 된다.

2) 교수·학습활동의 장

학교도서관은 다양한 형태의 교수·학습활동이 이루어지는 공간의 기능을 수행한다. 교실 공간의 단조롭고 획일적인 한계를 극복하는 측면뿐만 아니라 다양한 설비와 자료를 활용할 수 있으며 전문 사서교사의 지도를 받을 수 있다는 측면에서 학교도서관은 효과적인 교수·학습 공간으로 활용된다. 학교도서관에서는 토론식 학습, 모둠 학습, 탐구 학습, 개별 학습, 실

험 학습 등 다양한 형태의 수업 활동을 전개할 수 있어 교수·학습의 성과를 최대화한다.

3) 독서활동 센터

학교도서관은 교사와 학생들의 독서활동을 이끌고 지원하는 핵심적인 기능을 수행한다. 교과와 관련된 독서활동뿐만 아니라 일반적인 교양 독서를 위해 다양한 독서 목록을 개발하고 독서 자원을 확충하여 독서활동을 강화한다. 그리고 교사와 학생들의 독서활동에 대한 상담을 제공하기도 하며 다양한 독서 프로그램을 개발하여 독서 생활을 고취하는 역할을 수행한다. 학교도서관은 학교 커뮤니티의 모든 독서활동을 계획하고 평가하고 이끌어가는 센터로서 기능을 수행하는 것이다.

4) 휴식과 여가 활동의 장

학교도서관은 학교 커뮤니티의 구성원들에게 휴식과 여가활동의 장으로 활용된다. 교사와 학생이 꽉 짜인 교수와 학습활동으로부터 벗어나 편안하게 휴식을 취하거나 여가 시간을 보낼 수 있는 공간과 기제로서 기능을 수행하는 것이다. 이를 위해 학교도서관은 여건이 허락하는 대로 가벼운 읽을거리, 편안한 공간, 안락한 설비 등을 갖추어 이용자들이 즐겨 찾는 공간이 되도록 하여야 한다.

6. 연구지원 센터로서의 전문도서관[153]

전문도서관은 설립기관·단체의 소속원 또는 공중에게 특정 분야에 관한 전문적인 도서관 봉사를 제공함을 주된 목적으로 하는 도서관을 말한다. 전문도서관이 일반적으로 수행하고 있는 기능은 다음과 같다.

- 소속된 기관이나 연구소의 구성원들에게 정보이용 봉사
- 신착자료를 평가, 비평기사, 초록 등을 작성 관련 연구자들에게 제공
- 프로파일을 작성 최신정보를 자동적으로 제공
- 전문도서관과의 네트워크를 구성하여 다양한 정보 제공

전문도서관이 공통적으로 수행하는 기본적 기능은 어떤 연구 활동을 하고 있는 사람들에게 필요한 자료나 서비스를, 요구된 시기 안에, 요구된 형식으로 제공하는 것이다. 전문도서관의 주요 서비스의 특성은 다음과 같다.

첫째, 요구된 자료가 신속하게 제공되어야 한다는 것이다. 이용자가 급하게 찾는 자료나 정보를 가능한 한 빨리 제공하기 위하여 전문도서관은 평소에 만반의 준비를 하여야 한다. 우선 예산이 허용하는 범위 안에서 이용자의 현재적·잠재적 정보요구를 충족할 수 있는 관련 주제 분야의 핵심적인 자료를 갖추어 두어야 한다. 또한, 이러한 소장 자료를 각 도서관의 성격에 적합한 분류 시스템에 따라 조직하고, 동시에 디지털도서관을 구축함으로써 이용자의 정보요구에 신속히 대처하여야 한다.

둘째, 요구된 바로 그 문헌이 제공되어야 한다는 것이다. 요구된 문헌을 구하기 어려워서 대신 구하여 제공한 다른 문헌이 어떤 연구 목적에서는 아무런 가치가 없을 수 있다. 예컨대, 연구자가 논문을 쓰면서 특정 문헌을

---

153) 기초과학지원연구소 학술정보 자료실 웹 주소: http://biblio.kbsi.r e.kr/lib_links/opac.html
인터넷을 통해 학술정보를 얻을 수 있는 가장 확실하고 유용한 장소는 도서관 장서에 대한 서지정보를 제공하는 온라인 열람목록(Online Public Access Catalog, OPAC)이다. 이 사이트에서는 온라인열람목록 및 웹 서버를 등록하도록 하고 있는데, 국내 도서관 및 정보센터 등이 인터넷(Web, Telnet)에 공개하고 있는 97개 기관의 IP address(Domain Name), 접근방법, 정보관리 시스템, 검색정보, 사용방법, 유의사항 등에 관한 정보를 표준형식으로 수록하였다.

인용하기 위해 그 문헌의 본문을 입수하고자 하는 경우이다. 이러한 경우에 대처하기 위해 전문도서관은 이용자에게 정확한 정보검색 시스템을 제공하는 한편, 관련 분야의 다른 도서관이나 정보제공 기관과의 긴밀한 자원공유 체제를 구축하여야 한다. 특히 자료이용에 있어 기술적·법률적 문제를 줄이도록 만전을 기할 필요가 있다.

또한 전문도서관에서는 다른 관종의 도서관에서는 찾아볼 수 없는 특징들을 발견할 수 있다. 첫째, 전문도서관에서 입수·축적되는 문헌은 도서, 연속간행물 등일 수도 있지만 주된 입수대상은 그 안에 포함된 각종 논문, 보고서, 자료 등일 경우가 많다. 둘째, 다른 종류의 도서관에서는 이용자가 스스로 자료나 정보를 탐색하는 것이 대부분이지만 전문도서관에서는 사서가 이용자를 대신하여 탐색하는 경우가 많다. 그러나 오늘날과 같은 디지털 시대에서는 이용자가 도서관을 직접 방문하는 것보다는 도서관 홈페이지를 이용하는 경향이 증가하고 있기 때문에 전문도서관은 홈페이지에서의 정보검색 기능을 강화하고 있다. 나아가 도서관의 내·외부 데이터베이스와 인터넷 검색 엔진을 통합하여 검색할 수 있는 메타 정보검색 기능을 제공하는 전문도서관도 늘고 있다. 셋째, 다른 종류의 도서관은 출판 또는 그 밖의 방식으로 문헌이 제작되어 나오기를 기다렸다가 그것을 수집하여 제공하지만 전문도서관은 공식적인 출판경로로 생산되지 않는 각종 회색문헌과 인터넷 정보원을 다양한 경로로 수집·제공한다. 넷째, 다른 관종의 도서관에 비해 전문도서관은 소속된 모기관의 활동으로부터 더욱 직접적인 영향을 받는다.

전문도서관이 일반적으로 수행하는 구체적 기능을 정리하면 다음과 같다.

① 연구자에게 필요한 자료를 수집, 조직, 축적, 분석하여 신속히 제공하며
   정기적으로 이용자의 요구를 점검한다.
② 신착문헌 안내 서비스를 정기적으로 행한다.
③ 신착문헌들의 내용을 평가하여 각 문헌에 관한 정보를 비평기사, 초록,
   목차 등의 형식으로 관련 연구자에게 제공한다.
④ 개별 이용자의 파일을 적성하여 최신정보를 자동적으로 제공한다.

⑤ 서비스 대상 분야에서 출판된 서지, 목록, 색인지, 초록지 등을 가급적 다양하게 수집하여 비치하고, 소장하지 않는 자원에 대해서는 이용자가 다른 기관과의 상호 대차, 각종 데이터베이스, 전자저널, 인터넷사이트 등을 통하여 접근할 수 있도록 각 전문도서관은 주제별 게이트웨이 (Gateway) 역할을 수행한다.

⑥ 이용자들이 개별적으로 요구하는 주제별 서지를 작성하여 제공한다.

⑦ 참고질의에 대하여 신속하고 정확한 답을 찾아서 제공한다.

⑧ 다수 이용자에게 유용할 것이라 생각되는 서지와 색인을 작성하여 비치한다.

⑨ 이용자가 개별적으로 요구하는 외국문헌을 번역하여 제공한다.

⑩ 문헌 복사의 편의를 제공한다.

⑪ 레퍼럴 서비스(referral service)를 제공한다.

⑫ 다른 전문도서관과 네트워크를 구성하여 자원공유 시스템을 통하여 다양한 정보를 제공한다.

7. 장애자를 위한 특수도서관

특수도서관은 특수한 환경에 처해 있는 시민에게 봉사하는 도서관을 의미한다. 특수도서관은 교회도서관, 맹인들을 위한 점자도서관, 환자들을 위한 병원도서관, 죄수들을 위한 교도도서관 등으로 공공도서관의 기능과 대체로 동일하다.

다시 말하면 특수도서관은 신체적인 장애와 특수한 환경에 처함으로 정보로부터 쉽게 소외 또는 격리되기 쉬운 이용자에게 정보·문화·복지의 종합센터로서의 기능을 수행함으로써 상담, 재활, 교육, 문화, 복지 등의 분야에서 이용자와 사회의 가교역할을 주도하고 있다.

특수도서관은 이와 같이 비장애인과의 정보격차를 해소하고 유관기관 및 관련 단체와 적극적으로 협력하여 봉사 대상자의 재활과 사회 복귀를 지원하여야 하며 이를 위해 다음과 같은 목적을 수행한다.

① 특수도서관은 시각장애인, 독서 장애인 및 특수 환경에 처한 자에게 정

보접근이 용이한 환경과 시스템을 제공한다.

② 특수도서관은 봉사 대상자가 사회로부터 소외되지 않도록 학습, 교양, 조사, 연구, 문화 활동 등에 유용한 모든 분야의 정보 자료를 수집하여 이용 가능한 형태로 제작·제공한다.

③ 특수도서관은 정보 자료의 적극적인 봉사로 개인의 능력을 함양시키고, 고용의 가능성을 증진시키는 데 기여한다.

④ 특수도서관은 봉사 대상자에게 평생교육의 기회를 제공함으로써 개인의 지속적인 성장과 함께 시민적 자질 향상에 기여한다.

⑤ 특수도서관은 봉사 대상자가 신체적·정신적·환경적 장애와 제약을 극복하고 자립 재활과 사회복귀를 통하여 국가 및 사회의 발전과 통합에 이바지할 수 있도록 지원·유도한다.

⑥ 특수도서관은 봉사 대상자가 여가시간을 활용하여 취미와 특기를 살리고, 정서함양을 고양하도록 한다.

제3절 도서관 협력체제와 정보네트워크

1. 도서관 네트워크의 필요성

도서관이 소장할 수 있는 정보의 한계를 극복하기 위해 오래전부터 도서관이나 정보센터는 상호협력을 시도해 왔으며, 도서관 협력체제와 정보네트워크는 컴퓨터와 통신기술의 발달에 따라 활발히 전개되고 있어 종전보다는 편리한 정보이용 환경을 도서관에서는 제공하고 있다.

정보사회가 도래하고, 경제적 생활수준이 높아지고, 사회환경이 전문성을 요구하고, 또한 이용자의 고학력과 더불어 정보의 이용 정도의 수준이 높아짐에 따라 이용자의 정보요구가 고도화, 전문화, 다양화되고 있어, 이에 따른 신뢰성을 갖춘 적합정보의 제공은 필연적으로 뒤따르게 되었다. 도서관 정보네트워크란 자원의 공동 활용을 목적으로 컴퓨터와 통신기술을 이용, 도서관을 네트워크로 연결하여 도서관 협력 프로그램 및 이용자서비스의 집약적인 발전을 도모함으로써 도서관 본래의 사명을 효율적으로 수행하고,

또한 공통의 이익을 추구해 나가기 위해서 구축된 특정 형태의 도서관 협력망을 말한다. 도서관 협력의 필요성은 여러 가지 요인에서 찾아볼 수 있다. 폭발적으로 증가하는 정보를 개별 도서관이 수집하여 이를 관리하고 이용자의 다양한 요구정보에 대응하기가 불가능하며 경제적 관점에서도 예산 및 인력자원의 제한으로 인한 압박을 최소화하기 위하여 자연발생적으로 생겨난 것이라 볼 수 있다. 또한 상업적 정보제공 기관들의 설립과 더불어 도서관은 정보의 주요 제공기관으로서 정보를 보다 쉽고 신속하게 획득하고자 하는 이용자의 요구에 능률적으로 대처하기 위한 노력의 경주라 볼 수 있다. 정보사회에서 발생되고 있는 수요자 중심, 시장경제가 기반이 된다고 한다면, 이용자가 외면하는 도서관은 살아남기 어려운 결과를 초래하게 된다. 이는 이용자들의 다양한 정보요구를 만족시킬 수 있는 도서관만이 생존할 수 있다는 의미이다. 따라서 도서관에서는 이러한 관점에서 도서관의 발전을 모색하고, 이용자 중심의 도서관으로 운영할 수 있는 방안을 찾아야 한다.

도서관 정보네트워크는 이러한 사회적 환경에 부응하고 이용자에게 필요로 하는 정보를 적시에 제공하기 위한 방법과 수단이라 할 수 있다.

도서관의 협력과 네트워크는 두 가지 관점에서 그 의의를 찾아볼 수 있다. 첫째, 방대한 양의 도서관 자료나 정보에 접근할 수 있다는 점이다. 폭발적으로 증가하는 정보를 개별 도서관이 전량 입수한다는 것은 불가능한 일이며 이용자의 다양한 정보요구에 부응하기 위해서는 외부기관에 의존할 수밖에 없는 것이다. 둘째, 참여기관의 운영의 효율화에 기여할 수 있다. 전통적으로 생산되고 있는 목록이나 도서관 정보 데이터베이스는 도서관 협력의 전형적인 것으로 각 도서관별로 중복되는 노력을 방지하기 위하여 공동으로 목록을 작성하고 특성별 전문별 데이터베이스를 구축하여 이를 이용할 수 있도록 하는 것이다. 학술잡지에 대한 복사 서비스 또한 협력체제를 통한 자료의 효율적 이용의 한 예가 될 것이다. 이처럼 운영의 효율화에 크게 의의를 두는 것은 지역이나 관종의 차이를 떠나서 전반적으로 한정된 도서관의 예산과 직원으로 이용자의 정보요구를 충족시켜야 하기 때문이다.

1) 도서관 협력체제의 실제

현재 미국을 중심으로 선진국에서 도서관 네트워크를 통하여 이루어지고 있는 협력활동의 경향은 공동수서, 협동목록, 상호 대차, 정보 서비스 및 공동 데이터베이스 구축에 관한 업무로 다양해지고 있다.

① 공동수서

공동수서의 전형적인 예는 1942년 Connecticut 주의 Farmington에서 개최된 회의에서 제안되고 1948년부터 시행된 미국의 'Farmington Plan'이 최초의 공동수서 계획이라 할 수 있다. 이 계획은 미국의 대학도서관과 미국 의회 도서관(LC: Library of Congress), 미국농학도서관(NAL: National Agricultural Library), 미국의학도서관(NLM: National Library of Medicine) 및 공공도서관이 협력하여 학술적인 가치가 있다고 생각되는 외국의 자료는 미국 내의 어느 도서관에서라도 적어도 1부를 소장시키려는 목적에서 비롯된 것이다. 수집범위는 주제와 지역(국가)으로 분담되었다.

② 공동편목

도서관 네트워크를 통하여 이루어지고 있는 협력활동 중에서도 컴퓨터와 통신기술의 발달로 급성장하고 있는 것이 공동편목이다. 대표적인 예로는 OCLC(Online Computer Library Center)[154]가 있으며, 이 외에도 미국에는 서부 지역의 BALLOTS(Bibliographic Automation of Large Library Operations Time−sharing System),[155] 워싱턴 주의 WLN(Washington Library Network),[156] 연구도서관이 중심이 된 RLIN(Research Libraries Information Network)[157]이 있으며, 캐나다의 UTLAS(University of Toronto Library Auromation System),[158] 일본의 국회도서관 및 NACSIS(National for Science Information Sysrem)[159] 등이 있다.

---

154) 초창기에는 Ohio College Library Center였으나 그 후 Online Computer Library Center로 개칭하였고, 미국의 북미지역의 온라인 컴퓨터 네트워크로 목록정보를 제공하고 있으며 세계적인 데이터베이스 제공처로서 유료 회원제로 운영되어 우리나라의 연구도서관이나 대학도서관에서는 대부분 가입하여 네트워크상에서 정보를 이용하고 있다.

155) 스탠퍼드 대학의 수서 및 목록 업무를 위한 온라인 도서관 자동화 시스템으로서 후에 연구도서관정보네트워크(RLIN: Reserch Library Information Network)가 맡아서 관리하게 되었다.

156) 미국 워싱턴 주의 도서관 네트워크로서 온라인 공동목록 기능 이외에 수서, 주제 검색, 전거통제기능 등도 온라인으로 수행하고 있다.

157) 미국의 연구도서관이 중심이 되어 형성한 전국적인 규모의 공동목록 시스템으로서 온라인목록, 온라인 수서, 정보검색 등의 서브시스템을 운영하고 있다.

158) 캐나다의 전국적인 온라인 도서관 네트워크로서 목록, 수서, 연속간행물 관리 등이 전산화되어 운영되고 있으며 토론토 대학에서 개발하였다.

③ 상호 대차

상호 대차는 도서관 네트워크의 기능 중에서 가장 오래된 역사를 갖고 있는 도서관 서비스이다. 상호 대차는 학술지의 복사 서비스가 대부분이며 특히 영국의 BLDSC(British Library Duplication Service Center)는 소장 장서를 대출하거나, 소장하지 않을 경우에는 해외의 도서관을 통하여 입수함으로써 이용자의 정보요구에 대응하고 있다. 이 외에도 ILLINET(Illinois Library and Information Network),[160] FAUL(Five Associated University Library),[161] NYSIL(New York State Interlibrary), NLM(National Library of Medicine)[162] 등의 상호 대차를 위한 도서관 네트워크가 있다. 또한 OCLC의 상호 대차 서브시스템을 이용하여 참가 도서관뿐만 아니라, CRL에 대해서도 상호 대차 신청을 할 수 있으며, 도서관 판매 회사의 시스템에도 접속을 할 수 있고 외국에 대해서도 서비스를 하고 있다. 전문 데이터베이스를 서비스하는 Wilsonline(서지 데이터베이스), View/Text(신문), 정보검색 서비스를 하는 BRS(Bibliographic Retrieval Services)와 DIALOG에 대해서도 PC를 이용하여 OCLC를 경유, 액세스가 가능한 이른바 게이트웨이 서비스를 하고 있다.

④ 정보 서비스

도서관기능 중에서 정보 서비스는 이용자에게 가장 유익한 업무이다. 우리가 추구하고 있는 이용자 중심 도서관이 되려면 정보 서비스가 잘 이루어져야 한다. 정보 서비스는 참고봉사, 대출 등이 있으나, 가장 중요한 것은 도서관에서 국내외 정보를 적극적으로 조사하여 적시에 적합정보를 제공할 수 있도록 데이터베이스를 구축하고 외국 도서관이나 정보센터와 네트워크를 연결하여 외국의 데이터베이스를 이용할 수 있도록 시스템을 갖추어야 한다. 국내도서관에서 가장 많이 이용되고 있는 외국의 데이터베이스를 간략하게 소개하면 다음과 같다.

159) 일본국립학술정보센터(NACSIS)를 말하며 온라인 공동목록을 개발하여 1985년부터 주로 대학도서관을 중심으로 서비스를 하고 있다.
160) 미국의 일리노이아 주립대학을 중심으로 한 학술 및 서지정보네트워크
161) 미국 5개 대학도서관협회
162) 의학 및 관련 분야의 발전을 지원하고 의학과 공중위생 발전에 중요한 정보를 교환, 배포하는 기능을 지닌 미국의 국립도서관 중의 하나로서 이 도서관은 세계적 정보검색 시스템인 MEDLARS와 Index Medicus를 운영, 관리하고 있는 전문 의학도서관이다.

■ DIALOG

세계 최대의 온라인 벤더로 과학기술, 경제, 교육, 문화, 사회과학, 예술 등 다양한 분야의 데이터베이스를 갖추고 있고 최근에는 전문 데이터베이스도 제공하고 있다.

■ BRS

전문 데이터베이스로서 다른 데이터베이스보다 우수하다. 의학논문을 수록 대상으로 기사 전문을 수록하는 Comprehensive Core Medical Library를 비롯하여 여러 가지의 전문 데이터베이스를 제공하고 있다.

■ STN International

STN International은 미국화학학회의 하부기관인 CAS와 독일의 FIZ Karlsruhe의 공동 사업으로 시작되었으나, 1987년에 일본의 JICST(Japan Information Center for Science and Technology)가 참가하여 정보검색 서비스를 제공하고 있다. STN은 각 센터에 고유의 데이터베이스를 분산, 설치하여 운영하고 있으며, 이용자는 가장 근접한 센터에 접속하여 네트워크상의 모든 데이터베이스에 동일한 명령어로 검색할 수 있다. 화학, 특허정보 등 대부분 과학기술 분야를 제공하고 있으며, 우리나라에서는 과학기술정보원에서 수행하고 있다.

■ BLAISE

정보검색 서비스 BLAISE Link는 미국의 MEDLINE에 접속하는 중계적인 역할을 하며, 이 시스템에 의해 BLDSC에 대하여 온라인 상호 대차 신청이 가능하며, 정보검색, 1차 자료의 소재확인, 도서관 상호 대차를 동일 시스템으로 운영하고 있다.

2. 외국의 도서관 전산망

1) Berkeley Digital Library SunSITE

세계 45개국에 있는 도서관을 종류별, 지역별로 검색하여 바로 링크시켜 주고 있으며, 도서관에 관련되는 기업과 도서관 및 문헌정보학에 관련되는 학교 등의 디렉터리도 제공해 주며 키워드 검색도 가능하다.

2) OCLC(Online Computer Library Center)

OCLC(Online Computer Library Center)는 1966년 미국 오하이오 주에 소재한 54개 대학협의회가 주 내의 정보자원을 최대한 활용하기 위해 온라인 종합목록을 만들기 시작한 것에서 비롯하여 지금은 전 세계 도서관이 가입해 도서관 자료를 상호 이용하고 있다. 자료는 약 2,600만 건 이상의 문헌과 자체적으로 소장하고 있는 데이터베이스 약 30만 건이 있다. 정보검색을 위해서는 개인적으로 가입하여야 한다.

3) A Selection of Resources for Socialogists Data Sources

미네소타 대학 사회학부(University of Minnesota – Department of Socialogy)에서 만든 사이트로 정치와 사회적 연구를 위한 대학 상호간의 회의를 비롯하여 각종 사회과학 관련 사이트를 소개하고 있다.

4) 호주 국립도서관(The National Library of Australia)

호주국립도서관의 소장 도서와 서비스, 안내가 수록되어 있고, 정부기관과 호주의 각 도서관 등과도 연결되어 있다.

5) 캐나다 국립도서관(The National Library of Canada)

캐나다 국립도서관의 서지 기록이 2개 국어로 구성된 AMICUS라는 방대한 시스템이 있으며, 기타 캐나다의 도서관과 자료보유 현황을 볼 수 있다.

6) 일본 국립국회도서관

일본 국립국회도서관은 국회의 입법연구 활동을 지원하는 의회도서관과 일반 국민들을 위한 국립도서관의 기능을 가진 포괄적인 도서관이다. 일본 국립국회도서관의 역사와 조직, 이용안내, 소장 도서, 목록, 입법연구, 참고 봉사, 상호 대차 등에 관하여 소개하고 있다.

7) 싱가포르 국립도서관(NL. Line; The National Library of Singapore)

싱가포르 국립도서관은 국가도서관이면서 동시에 공공도서관의 기능을 하고 있고, 싱가포르 국립도서관에서 사용하는 OPAC 데이터베이스의 온라인 목록검색이 특징이다.

8) Ackerson 법률도서관(Ackerson Law Library)

뉴저지의 뉴어크에 있는 Rutgers University 법대 Justice Henry E. Ackerson 법률도서관으로, 도서관을 사용하는 방법과 목록검색을 할 수 있다.

9) 미국 의회도서관(Library of Congress)

미국 의회도서관은 영국의 British Library와 함께 세계 최고의 도서관으로 손꼽힌다. 이 사이트에 가면 듀이십진분류표(DDC)를 검색할 수 있을 정도로 엄청난 양의 DB를 보유하고 있다. 미국 의회도서관의 서지 정보는 오래 전부터 LCMARC로 제작되어 DIALOG사를 통해 서비스되었는데 현재에는 이것을 텔넷을 이용한 LOCIS(Library of Congress Information System), 고퍼

를 이용한 LCMARVEL 등의 형태로 인터넷을 통해 제공하고 있다. 의회도
서관에 대한 전반적인 안내와 발간자료, 입법정보가 수록된 THOMAS,
GLIN 데이터베이스를 포함한 법률도서관, 저작권, 의회도서관 데이터베이
스와 온라인 목록(LOCIS), 각종 행사와 전시 등을 소개하고 있다.

10) 미국 도서관협회(The American Library Association)

미국 도서관협회 홈페이지로 관종별 도서관의 목적, 도서관 소식 등을 가
장 빨리 알아볼 수 있다. 또한 도서관협회에서 하는 일과 도서관협회 컨퍼
런스, 각종 도서관 이벤트에 대한 정보를 얻을 수 있다. 인터넷상의 여러
도서관들과 연결시켜 놓았다.

11) 영국도서관(British Library)

영국도서관에는 모든 정보들이 수세기에 걸쳐 서지학에 따라 정리되어
있고 BLDC(British Libaray Document Center)라는 데이터베이스를 이용하여
이용자들이 원문검색을 하고 FULL TEXT(전문)을 받아 볼 수 있는 도서관
봉사를 하고 있다. British Library의 인터넷 사이트에는 'Initiatives for
Access'라는 20여 개의 프로젝트로 구성된 프로그램이 마련되어 있고 이를
위한 H/W, S/W 플랫폼을 구비하고 'Portco'라는 온라인 인포메이션 서버
를 구축하여 도서관 정보를 디지털화한 데이터베이스와 정기 인쇄물, 도서
관 행사정보를 제공하고 있다.

12) 캘리포니아 주립도서관(가상도서관)

웹상의 자원들에 대한 정보를 체계적으로 정리해 놓은 곳으로 가상도서
관의 역할을 담당하고 있는 곳이다. 누구나 쉽게 접속하여 원하는 학술자료
들을 얻을 수 있고 신뢰성 있는 정보들이 들어 있다. 주제별 검색도 가능하
고 미국 의회도서관에서 만든 LC 분류법을 이용하여 검색해 볼 수 있다.

13) The American Library Association

미국 도서관협회 중앙도서관 정보 시스템 이용 서비스이다. 중앙도서관의 자료검색, 대출/예약 확인, 온라인 도서신청, 타 도서관 접속, 기타 인터넷 SITE 접속 등의 서비스를 제공한다. 홈페이지는 목록검색, 색인어 열람, 대출예약 확인, 도서구입 신청, 이용자 비밀번호 변경, 중앙도서관 정보 시스템 이용안내, 세계의 대학도서관으로 연결되어 있다.

14) The World Wide Web Virtual Library

호주 국립대학에서 제공된 것으로 거의 매일 갱신되므로 최신성이 높다. 사회과학 분야의 새로운 소식과 사회과학 분야의 전자출판물 목록, 서지사항 등을 볼 수 있다. 그리고 사회과학과 관련된 각종 주제별 WWW 가상 도서관 서버로 곧바로 접근할 수 있다.

제4절 도서관 정보의 이용

1. 도서관 정보의 생산 및 유통

도서관에서는 이용자의 다양한 요구정보를 제공하기 위하여 문헌정보를 조사, 입수, 조직, 검색 등의 업무를 수행한다. 다음(그림 1-1)은 문헌정보가 생산되어 이용되기까지의 라이프사이클을 보여 준 것이다.

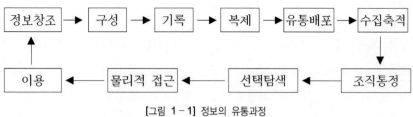

[그림 1-1] 정보의 유통과정

위 그림에서 알 수 있듯이 저자에 의해서 생산된 정보는 출판사에 의해 출판되어 배포를 시키고 배포된 정보는 도서관이나 정보센터에 의해서 수집·축적되고 조직되어 이용자들이 편리하게 이용되도록 관리 운영된다. 이러한 정보는 이용자에 의해서 새로운 정보를 생산하는 무한한 사이클이 형성됨을 알 수 있다.

1) 정보생산의 의미

과학자나 연구자의 연구 활동에 의해서 생산된 논문이나 보고서 등은 연구자의 업적을 평가하는 유용한 자료이다. 연구 성과를 공표할 때 연구자는 선취권을 확보하여 그에 따른 권리를 획득하고자 한다. 그렇게 하기 위해서는 타 연구자, 발견자보다 빨리 연구업적을 발표하지 않으면 안 된다. 이러한 업적물은 자연과학 분야나 인문사회과학 분야에서는 주로 학술잡지나 보고서 또는 도서의 형태로 남게 된다.

2) 생산과정

정보내용은 도서, 잡지, 테이프, 자기매체 등 다양한 매체를 통해 자료화된다. 정보 그 자체를 생산하는 것은 연구자이지만 유통될 수 있는 형태로 자료화하는 것은 편집 및 출판자의 역할이다. 인쇄매체의 생산과정을 살펴보면 다음과 같다.

① 출판

출판이란 인간의 지적 활동의 소산인 저작물을 인쇄술이나 전자기술로 복제하여 출판물로 구현시켜 필요로 하는 다수의 독자에게 배포하는 일련의 행위를 말한다. 출판행위는 저작자와 출판자, 그리고 독자에 의해 성립되며, 출판자는 저작자와 독자 사이를 맺어 주는 지적 전달 과정을 담당한다. 최근에 들어서는 인쇄물뿐만 아니라 전자매체에 의한 출판물이 등장하여 출판의 영역이 한층 넓어지게 되었다.

② 기획

기획이란 지식과 정보가 결합되어 있는 부분을 찾아내어 무엇을 출판한 것인가를 구상하여 계획을 세우는 것으로 출판물의 형태에 이르기까지의 포괄적인 설계를 말한다. 기획은 편집방침의 구체화이며 출판의 출발점이라 할 수 있다. 학술자료를 기획할 경우에는 자료의 형태를 결정하기 전에 학술자료의 가장 큰 시장인 도서관의 요구와 수집정책을 파악하는 것도 도움이 된다.

③ 편집 제작

편집이란 출판물을 어떻게 출판할 것인가를 디자인하는 일로서 지적이고 기술적인 작업이다. 특히 학술자료는 내용과 표현과 형식에 있어 일반 출판물보다 완전하도록 신경을 써야 한다. 최근에는 광학방식인 마이크로필름, 영화필름, 슬라이드, OHP용의 트랜스패런시와 같은 사진방식의 자료와 CD, VD-ROM을 비롯한 광디스크 자료가 생산된다.

3) 정보생산과 저작권

정보를 생산할 때에는 창의적인 내용을 원칙으로 한다. 정보사회는 정보의 부가가치가 높은 사회이므로 정보 보호 또한 대단히 중요하다. 저작권은 이러한 취지하에 정보의 보호와 저작자의 권리를 최대한 보장해 주기 위한 법규이다. 저작권의 본질은 저작물에 대한 전유성을 보장하고 공정치 못한 사용, 무단 복제 등을 배제하여 저작자의 권리를 보호하는 데 있다. 우리나라의 저작권법 제10조에 의하면 "저작자는 저작인격권과 저작재산권을 가진다."고 되어 있다. 저작인격권이란 명예나 저작물의 내용을 보호하는 것이며, 저작재산권이란 무형의 정신활동의 소산에 대한 소유권으로 지적 소유권이라고도 한다. 저작권의 침해는 저작자의 재산권을 침해하는 행위로 무단 복제, 표절, 도작 등이 대표적인 예이다. 저작권법에 관한 구체적인 내용은 다음과 같다.[163]

① 저작권의 개요

저작권법은 사람의 사상, 감정을 외부적으로 독창적으로 표현한 것, 즉 저작물을 창작한 저작자를 보호하기 위한 법이다. 이것은 궁극적으로 저작자의 창작 의욕을 자극하고 더 나아가 문화와 관련 산업의 발전을 도모한다. 저작자의 창작행위는 우리의 문화 향수, 정보욕구를 자극한다. 이러한 창작행위가 존재하지 않는다면, 문화와 산업의 발전은 기약할 수조차 없다. 이러한 점에서 저작권법은 이러한 창작행위를 부추기는 역할을 한다. 저작권법은 저작자를 보호하는 법이다. 그러나 저작권법은 창작 자체를 보호 대상으로 하지 않고, 창작의 결과인 저작물에 대해서 저작자를 보호한다. 저작자는 저작물에 대한 인격적, 재산적 이익의 보호를 위한 광범위한 법률적 지배권을 가진다. 이런 저작권을 근거로 저작자는 타인이 자신의 저작물을 이용하는 것을 금지하거나 허락할 수 있다. 예컨대, 소설가는 어느 출판사가 허락을 받지 않고 자기 저작물을 발행하는 행위를 하게 할 수도 있고 하지 못하도록 할 수도 있다. 발행을 허락할 경우에는 대개 사용료를 받는다. 물론 아무런 대가 없이 허락을 할 수도 있다. 이러한 사용료는 저작자에게 자신의 저작물 창작에 대한 적정한 보상을 해 주는 것이다.

② 저작권의 주체

저작권법은 문화 산업의 측면에서 다양한 경제 주체들에게 활동의 근거를 제공한다. 이러한 주체들은 다음과 같다.

■ 저작권 집중관리단체[164]

저작물의 이용 허락을 위하여 저작자나 그의 권리 승계인이 가입한 협회를 말한다(참조 제78조 이하). 예컨대, 개별 작곡자들은 온갖 연주회가 어디서 개최되는지 알 길이 없고 알았다 하더라도 일일이 음악 이용을 허락할 수도 없는 노릇이다. 따라서 대부분의 작곡자와 작사자는 '한국음악저작권협회'에 가입하고 그들의 권리를 성실하게 관리하도록 그 협회에 권리를 신탁한다. 그리고 많은 문필가와 학자들은 '한국문예학술저작권협회'에, 그리고 방송작가는 '한국방송작가협회'에 가입해 있다.

---

163) http://library.kyungnam.ac.kr/kor-f/copyright/copyinfo.htm에서 참고.
164) 법률용어로는 저작권 위탁관리업자라 한다.

■ 출판사

출판은 저작물의 이용 중 가장 고전적인 형태이다. 출판물에는 서적뿐만 아니라 신문과 잡지, 악보, 미술 카탈로그나 전집 출판물 등이 있다. 저작자는 저작권법에 따라 출판물들을 만드는 출판사에 그 저작물의 이용을 위하여 복제권과 배포권을 이전하거나 허락할 수 있다. 음악출판사라는 곳도 있다. 악보를 출판물로 간행하는 곳도 음악출판사라고 하나, 보다 넓은 의미로 음악 저작자로부터 저작권(재산권)을 양도받아 저작물에 대한 이용 촉진과 권리의 보전을 도모하는 곳이라는 의미로 쓰기도 한다.

■ 음반제작사

저작자는 복제권의 일종인 기계적 복제권을 가진다. 기계적 복제권이란 음악을 기계적으로 녹음하거나 녹화하는 데 대하여 미치는 권리를 말하는 것으로, 음반제작자가 음반이나 테이프를 제작하여 배포, 판매하기 위해서는 작사자나 작곡자로부터 허락을 받아야 한다.

■ 방송사

방송사는 저작자로부터 얻은 방송권을 통해 전 국민에게 라디오와 TV 방송 형태로 각종 프로그램을 공급한다.

■ 극장 및 공연장

오페라, 성악, 연극, 무용, 연주 등을 하는데, 이를 위해서는 저작자로부터 공연권 허락을 받아야 한다.

■ 영화제작자

저작자로부터 공연권(상영권) 허락을 받아 영화를 만들고 이를 영화관에 배포, 공개 상영하도록 한다. 영화는 또한, 비디오로 제작되는 경우가 많다. 이 경우 비디오 제작자는 영화사로부터, 그리고 저작자로부터 비디오 제작, 즉 복제에 대한 권리를 허락받아야 한다.

■ 미술 분야

특히 도자기, 장신구, 의류, 가죽, 캐릭터, 만화, 수공예 분야에서 활동하는 기업도 각종 저작물을 다양하게 이용한다. 이런 산업에서는 저작물의 이용을 위한 계약이 다종다양하다. 직무상 저작물이라 하여 처음부터 근로자가 창작한 저작물의 저작권을 단체에 귀속시키는가 하면, 근로자로부터 복제권과 배포권을 양도받기도 하고, 촉탁을 통해 권리관계를 해결하기도 한다. 일상의 실용품도 창작 수준에 따라 좋은 문화 상품으로 자리 잡을 수 있음은 물론이다.

■ 기업과 단체

저작권법에서는 지정단체라 하여, 방송에 이용되는 음반에 수록된 노래를 부르는 가수 등이 모인 한국실연자단체연합회나 음반을 제작하는 회사가 결성한 단체인 한국영상음반협회가 존재한다. 그런가 하면, 정보제공자들은 많은 정보나 '데이터'를 가공하여 통신 등을 통해 영업 활동을 한다. 이 중 상당수의 데이터와 정보는 독창성이 인정되는 저작물이다. 이들 정보제공자는 저작물의 복제, 가공 등에 대하여 저작자의 허락을 받아야 한다.

그러나 저작권법은 일반인에게도 관계한다. 일반인도 여러 방법으로 문화생활을 영위한다. 도서나 신문의 독자로서 또는 TV나 라디오의 시청자로서, 그리고 극장이나 연주회나 영화관의 관람객으로서 문화를 즐기고 이용한다. 이용자가 저작자에게 그 이용에 대해 감사하여야 한다면, 그것은 자신의 예술적 욕구를 충족시켜 준 데에서 나올 것이다. 그러나 문화 창작물의 이용자로서 일반인이 인식해야 할 것은, 저작자에게 교훈이나 가르침을 제공한 데 대한 감사의 마음만을 표시해서는 안 된다는 점이다. 즉, 금전적인 보상도 따라야 할 것이다. 왜냐하면, 저작자는 금전적 보상 없이는 생활해 갈 수도 없고, 창작활동도 할 수 없기 때문이다. 통상 일반인들은 저작물 이용 중개자인 출판사나 방송사, 영화관이나 공연장에 일정 대가를 지급하고 다시 이들이 저작자에게 저작물 사용료를 지급하기 때문에, 결국 간접적으로 저작자에게 금전적 보상을 하는 것이다.

2. 도서관 정보의 탐색

도서관 정보는 논문을 작성하거나, 보고서 등 연구에 필요한 정보를 검색하길 원할 때 가장 많이 이용하는 곳이 도서관이다. 특히 대학도서관은 이러한 정보를 찾는 데 많은 도움을 주는 곳이다. 정보탐색의 첫 단계는 주제 선정을 위한 기초 조사이다. 즉, 자신의 정보탐색 과제 선정을 위한 기초 자료 조사를 통해 관련 주제에 대한 이해를 얻기 위한 작업이다. 주로는 Encyclopedia, Dictionary(Handbook, Index, ……), News 등에서 자신의 연구 주제 선정을 위한 선행 자료 조사를 먼저 하는 것이 일반적인 방법이며, Article을 먼저 조사한다. Article 조회는 Index & Abstracts CD-ROM을 이용한다. 학술정보에 관련된 정보는 대체로 소속 대학의 도서관에 소장되어 있을 가능성이 크므로 맨 처음의 탐색 장소는 도서관이 될 것이다. 따라서 도서관 소장 정보는 어떤 종류가 있으며, 특징은 무엇이며 어떤 방법으로 찾는지를 알아 둘 필요가 있다. 본 절에서는 우리가 가장 많이 이용하는 도서관의 정보에 대하여 알아보기로 한다.

1) 도서관 정보의 종류

도서관 정보는 그 종류가 다양하며, 특히 첨단 기술 매체들이 등장되면서 더욱 특성 있는 정보가 생산되어 유형이 다양해지고 있는 추세이다. 따라서 정보는 특성에 따라 여러 가지 형태를 취하게 된다. 도서관 정보를 형태별 또는 특징별로 분류할 경우에는 정보의 입수 여부와 기록된 여부를 기준으로 삼아 구분하기도 하며, 이는 다시 공식정보와 비공식정보로 구분한다. 공식정보는 기록정보와 비기록정보, 비공식정보는 기록정보와 비기록정보로 구분할 수도 있다. 그러나 정보를 오래 축적하고 자유로이 유통시키려면 어떤 물리적인 물체에 기록되어야 한다. 이때의 물리적 물체는 종이, 나무, 돌, 가죽, 금속류 등을 말하나 최근 들어서는 필름, 디스크, CD-ROM, 등 전자매체를 망라하여 포함시키고 있다. 이와 같이 물리적 매체에 기록된 정보를 우리는 문헌정보라 하며 정보관리적인 측면에서 도서관 정보를 논할 때에는 물리적 매체에 기록된 기록정보를 의미한다. 대학도서관에서는 도서관에 소장되어 있는 정보를 학술정보라고 의미를 부여하고 있지만, 도서관 정보는 일반적으로 문헌정보라고 부르는 것이 통상적 의미이다. 도서관 정보 즉, 문헌정보를 이용자 입장에서 찾기 쉽도록 분류하여 정리하는 것은 매우 중요하며, 이러한 분류와 정리 방법은 숙련된 정보조직기술이 필요하며, 학문적으로도 대단히 중요한 영역이다. 본 절에서는 학문의 분류체계나 목록체계를 학문적으로 논하거나 설명하는 것이 아니고, 정보사회에 살고 있는 일반 대중들이 도서관 정보는 어떤 종류의 정보가 있는지를 인식시켜 줌으로써 도서관의 중요성과 정보이용에 도움을 주는 데 한정하여 간략하게 설명하고자 한다. 이러한 관점에서 참고적으로 문헌정보를 대분류하여 구분하면 다음 [그림 1 - 2]와 같다.

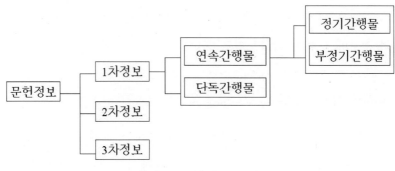

[그림 1 - 2] 문헌정보의 구분

[그림 1 - 2]에서 나타난 바와 같이 문헌정보는 이용목적에 따라 분류되는 생활정보, 문화정보, 경제정보, 여행정보 등 생활에 편의를 주는 정보의 기준과는 달리, 정보의 생산 방법(원문가공 형태)이나 정보의 형태, 정보의 내용에 주안하여 구분함으로써 1차 정보, 2차 정보, 3차 정보로 대분류할 수 있다. 이러한 정보를 자료(materials)라고 부르기도 하고, 정보의 출처라는 의미로 정보원(source)이라고도 한다. 또한 도서관 정보를 정보의 용도나 이용목적의 관점에서 볼 때 일반자료와 참고자료로 구분할 수도 있다. 본 절에서는 일반자료와 참고자료를 정보로 사용하기로 한다. 정보를 이용하는 입장에서 볼 때 이와 같은 기준에 따라 구분된 정보들을 알아 두는 것도 정보이용 시 도움이 될 것으로 본다. 특히 학술정보에 관련된 문헌정보를 조사함에 있어 정보원이 어떠한 것들이 있는지를 먼저 파악해 두는 것은 대단히 중요하다. 다음은 우리가 알아야 할 주요 정보들을 구분하여 간단히 특징만 소개한 내용이다.[165)]

① 1차 정보(Primary information)
1차 정보는 원저작물을 뜻하며, 학술잡지(Scholarly Journal), 회의 자료(Proceedings), 기술보고서(Technical Report), Preprint, 학위논문(Dissertation),

---

165) 신숙원, 이순자, 학술정보활용법(서울: 서강대학교 출판부, 199 9), 참고.

특허정보(Patent), 규격 자료(Standard & Specification), 미간행 문헌 (Unpublished Document), Data, 단행본(Book) 등으로서 2차 정보를 참고자료라고 한다면 1차 정보를 일반자료로 구분하여 사용한다.[166]

■ 학술잡지(Scholarly Journal)

학술잡지는 전형적인 1차 자료로서 특정 주제 분야의 학술논문을 수록하는 정기간행물이다. 학술잡지의 발간 기관으로는 첫째, 학회, 협회, 대학, 연구 기관 등 대부분 전문 조직이나 연구기관에서 학회지나 간행물 등을 발간하고 있다. 둘째, 상업 출판사들의 저널이 있다. 출판사들은 Web을 통해 직접 원문을 제공하고 있는 추세이며, 논문의 서지사항까지는 무료로 서비스하는 데가 많아 이용하는 데 효과적이다. 셋째로, 산업체와 회사에서 발행하는 간행물들이 있다. 주로 상품 안내나 광고 Catalog 등이나 IBM의 Journal of R & D와 같이 공신력 있는 잡지들이 있다. 그 외 NTT, Bell…… 등 다수 회사의 저널이 있다. 넷째로, 무엇보다 한 번에 조사를 하려면 서지통정을 이용하는 것이 좋다. 책자 형태로 제공되는 것으로, Ulrich's International Periodicals Directory, Irregular Serials and Annuals, 그리고 BLDSC의 Current Serials Received가 유명하다. 저널의 국내 소장처를 알 수 있는 외국학술잡지 종합목록(과학기술편), (산업기술정보원) 등이 있다. 또한 Journal Citation Reports는 세계적으로 가장 많이 인용되고 있는 1,000여 종의 과학 잡지 인용도를 정기적으로 평가한다. JCR을 이용하면, 자신이 필요로 하는 학문 분야의 권위 있는 학술잡지를 파악할 수 있다. CD-ROM과 On-line 데이터베이스들도 상품화되어 제공된다. 국내의 과학기술 분야에서는 Korean Scientific Abstracts(KINITI에서 발간)가 있다. 현재 인터넷에서는 전자 출판되는 Electronic Journal들이 많이 등장하여 출판 시기를 당기고 교류 활성화에 많은 도움을 주고 있다. 국내정보원으로는 국내소장 기관 현황까지 파악할 수 있는 산업기술정보원에서 발간하는 외국학술잡지 종합목록과 사립대학도서관협의회에서 발간하는 외국학술잡지 종합목록이 있으며 학술진흥재단에서 발간하는 학술잡지 종합목록이 있다.

■ 회의 자료

회의 자료는 학술회의의 부산물로 생성되는 연구 정보원이다. 회의는 목적과 규모에 따라 conference, colloquium, congress, convention, seminar, symposium, workshop 등으로 불리며, event나 fair에서 동시에 개최되는 회의도 있다. 회의 후 자료는 일반적으로 proceedings, transactions, advanced in, progress in, lecture notes on, suplement 등의 명칭이 붙는다. 학술회의 개최정보는 LG상남도서관에서 서비스 중이며, 회의 일정을 담고 있는 eventline은 첨단학술정

166) 신숙원, 이순자, 상게서, p.37.

보센터에서 검색이 가능하다. 그 외 책자인 World Meeting지가 있으며, 회의 발표 논문의 색인지로는 Index to Scientific & Technical Proceedings가 ISTP라는 온라인 데이터베이스와 CD-ROM의 형태로 제공된다.

■ 특허정보(Patents)

특허정보는 기술의 현황을 나타내는 가장 신속하고, 공식적으로 공개된 최신정보로서 정확한 정보이다. 특허는 권리자에게 심사 과정을 거쳐 일정 기간 배타적인 독점권을 부여하는 대신, 기술을 공개함으로 산업발달을 촉진하고자 하는 제도이므로, 고부가가치의 정보가 공개된다. 특허법과 제도는 나라마다 차이가 있으며, 각국의 특허 제도를 이해할 필요가 있다. 정보의 활용 측면에서 보자면, 다음의 사이트들이 유용하다. 한국 특허청(KIPO), Patent Server(IBM), U.S. Patents at CNIDR, Patents and Patent Searching, World Intellectual Property Organization(WIPO), EPO home page, Patrom (한국 특허), INPADOC/FAMILY AND LEGAL STATUS, 이 중 IBM의 Patent Server를 추천한다. 한국 특허청과 산업기술정보원 등에서 주요 선진국의 특허 명세서를 입수할 수 있다.

■ 기술 보고서(Technical Report)

연구보고서는 연구개발의 진행과정과 조사결과를 기록한 문헌으로서, 보고서 자체와 발행기관을 식별할 수 있는 번호를 포함하고 있다. National Technical Information Service(NT-IS)는 미국정부 예산을 사용하여 수행한 연구 개발 성과를 체계적으로 공개하는 역할에서 점차 기능이 확대되어, 지금은 연구보고서의 메카 역할을 수행한다. 국가적 차원에서 연구보고서를 수집하는 기관으로서는 미국의 NTIS, 영국의 British Library(BLDSC), 일본의 Japan Information Center of Science and Technology(JICST), 독일의 Technische Informtions Bibliothek(TIB), 프랑스의 Institut de l'Information Scientifique et Technique(INIST)가 있다. 그 외 Defense Technical Information Center(DTIC), NASA Technical Report Server1 or 2(RECON), Department of Energy(DOE) 등이 주요 생산 기관이다. NTIS-(국내에서는 KINITI를 통해 입수 가능)는 상업 데이터베이스 및 CD-ROM으로 판매되고 있다. 우리나라는 연구개발정보센터(KORDIC)의 연구보고서와 한국전자통신연구원 문헌, 보고서 등이 있고, 종합서지 데이터베이스로는 과학기술연구개발 보고서를 (데이터베이스명: KREP) KINITI-IR(telnet://kininet.kiniti.re.kr)에서도 서비스한다.

■ 표준과 규격 자료(Standard & Specification)

표준과 규격은 공중이 이용할 수 있는 기술명세서로서 반복되는 문제들에 대하여 해결할 수 있는 최신의 방법으로서 공인기관이 인정한 명세이다. 우리나라에는 KS 국가 규격이 있으며, 국제기관으로는 ISO(국제 표준화기구),

IEC(국제전자기술위원회), 기관(단체)이 만든 표준으로는 ANSI(미국국립표준기구), ASTM, SAE, NASA, IEEE Standards…… 등이 있다.

한국 표준 목록집으로는 'KS총람', 기관으로는 한국표준협회가 있고, 미국 표준 기구로는 NIST가 있다. 각국 규격으로는 미국의 American National Standards Institute(ANSI), 영국의 British Standards Institution(BSI), 독일의 Deutsches Institut fur Normung(DIN), 일본의 Japanese Industrial Standards, 프랑스의 Association francaise de normalisation(AFNOR)이 있다. 이런 전문 규격 정보의 국내에서의 입수는 표준협회 자료실 및 교보문고 첨단기술정보팀이나 산업기술정보원을 통해서도 구입할 수가 있고, 전문 취급 기관으로 IHS(http://www. kisi.or.kr)가 있다.

■ 학위논문(Dissertation)

학위논문은 대학에서 석사, 박사학위를 취득하기 위하여 제출된 논문으로서 심사위원들의 엄정한 심사를 거쳐 통과된 논문을 말한다. 전 세계 학위논문은 UMI(http://www.lib.um i.com/dissertations/)에서 제공하고 있으며, 우리나라의 첨단학술정보센터(http://www.kric.ac.kr)에서도 제공하고 있다. 영국에서는 BLDSC가 수집하고 있다. 국내는 국회도서관(천리안, 하이텔 등)이나 국립중앙도서관(http://203.237.248.5/cgi-bin/mlogin), 과학기술원 도서관에서 제공하고 있다.

■ 단행본(Book)

학술적 가치가 있는 단행본은 한 주제 아래 단독저자 또는 공동저자로 집필한 도서를 말하며, 사전류(Dictionary)와 편람(Handbook) 등도 단행본에 포함된다. 주로 대학교재로 많이 이용되고 있는 교재용 단행본은 이용이 편리하다. 우리나라의 대형서점 홈페이지에 들어가면 신간서적의 서지사항과 목차 또는 초록이 소개되어 있어 구입하기가 편하다. 서비스가 좋은 Amazon 서점 등을 이용하여 검색하고 주문할 수가 있어 단행본 및 Proceedings 등의 구입이 가능하다. Amazon이 여의치 않으면 COPAC이나 The British Library (OPAC97) 등에서 검색하여 소재를 파악한 후, 외국 서적 구독 대행업체에 의뢰하여 구입하면 된다. 단행본 검색을 할 수 있는 CD-ROM으로는 BOOK's in Print Plus가 있다. 물론 해외 사이트 이전에 국내 소장 자료 검색이 필수적이다. Web에서의 검색은 기초과학지원연구소 학술정보실에서 이용할 수 있다. 사전 및 편람은 기초 조사에 가장 적합한 도구로서, 물질정보 Handbook으로 유명한 것은 CRC Press의 CRC Handbook of Physics and Chemistry와 Merck Index가 있고, Encyclopedia of Physical Science & Technology 등이 있다. 사전류는 학문 영역마다 수십 종이 있다. 최근 들어 사전, 편람, 교재용 도서 등의 단행본도 전자매체(CD-ROM 등)로도 제작되어 보급되고 있다.

② 2차 정보(Secondary information)

1차 정보가 증가하면 자동적으로 2차 정보도 증가하게 된다. 일반적으로 2차 정보는 1차 정보를 효과적으로 탐색하기 위하여 사용되는 자료로서 서지, 색인, 초록, 목록 등이 있으며 참고자료라고도 한다.

■ 서지(Bibliographies)

문헌에 관한 기본적인 정보를 체계적으로 정리, 편집해 놓은 리스트를 서지라고 한다. 저자나 서명같이 각 문헌을 식별할 수 있는 단서뿐만 아니라, 출판사항(출판자, 출판사, 출판 연도)이나 문헌의 물리적인 요소를 기술하는 형태사항(페이지, 크기, 삽도의 유무 등)도 문헌을 기술할 때 필요한 기본 요소이다. 전통적인 서지는 책의 리스트만 말했지만 기록매체가 전자화된 최근에는 비디오의 리스트나 데이터베이스 요람을 포함한 모든 형태나 종류의 기록물들을 정리해 놓은 것이면 모두 서지라고 할 수 있다. 서지는 모든 주제 분야나 자료 형태를 포괄적으로 포함하는 일반 서지와 특정 주제나 특정매체만을 대상으로 해서 만든 특수 서지로 분류할 수 있다. 일반 서지의 대표적인 것으로 국가 서지, 대학도서관의 장서목록, 또는 출판업계에서 만들어 내는 상업 서지 등을 들 수 있다. 우리나라의 국가 서지는 납본 제도로 수납되는 우리나라의 모든 저작물을 국립중앙도서관에서 '대한민국 출판물 목록'의 서지를 책자형으로 간행하고 있으며 MARC DB로도 구축되어 정보를 찾는 데 유용하게 이용되고 있다. 미국의 대표적인 서지는 The National Union Catalog(Washington: Library of Congress, 1957－)이 있다. 우리나라의 '한국출판연감'은 대표적인 상업 서지이다.

■ 색인(Index)

서지가 독립된 단위로 발간되는 문헌에 대한 정보를 주는 것이라면 색인은 한 단위 문헌 속에 포함되어 있는 소단위 문헌정보를 대상으로 하여 그들에 대한 정보를 주는 것이라 할 수 있다. 이러한 관점에서 색인이나 초록을 서지정보원(Bibliographies source)이라고도 한다. 색인은 주제별로 또는 저자별로 접근이 가능하도록 논리적인 체제로 제작된다. 우리나라에서는 국회도서관에서 정기간행물 기사 색인집을 책자형으로 간행하고 이 국회도서관 소장 문헌을 MARC DB로 구축하여 데이터베이스에서 주제별 색인이 검색되어 이용되기도 한다. 전통적인 책자형 색인이나 전자색인은 가장 많이 사용되는 검색도구이다. 인터넷 웹 사이트에서 주제 또는 주제어를 입력하면 수없이 많은 색인이 출력되는 것을 볼 수 있다. 문헌정보의 수가 날로 증가함에 따라 색인자료도 증가하고 있다는 것을 보여 준 것이다. 과학기술 색인으로서는 산업기술원이 발간하는 과학기술문헌 속보(BIST)가 있으며, 일본의 경우 JICST 과학기술문헌 파일이 있다. 미국에서 제공되고 있는 색인 정보원은 Applied Science and Texhnology(Wilson)와 Chemical Abstracts(ACS),

Current Contents(ISI), Engineering Index(Ei), Science Citation Index(SCI)가 대표적이다. 자연과학에서 데이터베이스로 구축된 대표적인 주제별 색인 정보원을 보면 다음과 같다.

- 수학분야: Mathematical Reviews(MATHSCI)
- 물리학분야: Physical Abstracts(IEE), INSPEC DB.
- 화학분야: Chemical Abstracts(ACS)
- 지질분야: Bibliography and Index of Geology, GEOREF DB.
- 생물학분야: Biological Abstracts, BIOSIS DB.
- 의학분야: Medline.
- 농학분야: CAB International(CABI), CAB Abstracts, AGRIS, AGRICOLA.
- 건축, 토목분야: ARCHITECTURE DATABASE. ASCE publications.
- 기계공학분야: ISMEC, Mechanical Engineering Abstracts, Applied Mechanics Reviews.
- 전기전자 분야: INSPEC B, C, D(LG상남도서관 보유 CD－ROM), Ei－EEDISC(COMPENDEX＋의 일부)
- 금속재료분야: METADEX, Advanced Materials.
- 에너지 분야: Energy Science & Technology, INIS.

■ 초록(Abstract)

초록은 색인이 주는 서지정보와 소재정보뿐만 아니라 각 문헌의 내용을 요약한 정보로서 간략초록[167]과 상세초록[168]이 있다. 필요한 자료를 검색할 때 저자나 제목만을 가지고는 원하는 적합정보로 판단하기가 어려운 경우가 많은데 이럴 때 초록은 내용이 요약되어 있기 때문에 적합정보인지를 판단하기가 쉽다. Dissertation Abstracts International은 세계 유수대학의 박사학위논문의 내용을 요약하여 수록하고 있어 유용하게 쓰이는 정보원의 하나이다. 초록의 종류도 서지나 색인과 같이 주제별 서지 등 다양하다. 또한 초록의 종류는 관점에 따라 여러 가지로 구분할 수 있다. 전달하는 내용의 범위에 의하여 지시적 초록, 통보적 초록, 상세초록, 초록 작성자에 의하여, 저자초록, 제삼자 초록, 게재하는 장소에 따라 동소초록(hometopic abstract), 비동소초록(heteropic abstract)으로 구분할 수 있으며 독자지향 초록으로서 편향초록(slanted abstract), 비판적 초록(cririal abstract)으로 구분할 수 있다.

③ 3차 정보

2차 정보도 급속도로 증가함에 따라 2차 정보를 찾기 위한 3차 서지정보가

---

167) 일명지시적 초록(indicative abstract)이라고도 하며, 30~60자 정도의 짧은 초록이다.
168) 통보적 초록(informative abstract)이라 하며, 200~450자 정도의 초록을 말한다.

필요하게 되었다. 그래서 3차 정보를 서지의 서지라고도 하며 문헌정보안내 등이 이에 속한다. 또한 1차 정보나 2차 정보를 토대로 하여 주제별로 개요나 개념정리를 해 놓은 교과서, 백과사전, 해설요약 등의 자료를 3차 정보라고도 한다. 3차 정보의 예로는 미국도서관협회(ALA)에서 발간한 Guid to reference books가 유명하며 이 외에도 Information Sources in Engineering 등이 있다.

2) 학술정보의 동향을 알기 위한 정보조사 활동

정보의 홍수로 말미암아 적합정보를 선별하는 것도 어렵지만 연구 활동이나 보고서를 작성할 때 창의적인 연구 주제를 선정하는 데에도 어려움이 있다. 특히 과학기술분야에서는 정보의 수명이 인문과학에 비해 짧기 때문에 연구진행 중이나 논문작성 중에 이미 다른 연구자가 발표한 경우가 있어 연구자가 어려움을 겪는 경우가 종종 발생하고 있다. 따라서 연구자는 정보매체를 망라하여 학술정보의 동향을 신속하게 조사함으로써, 연구의 주제선정과 연구진행에 차질이 없게 하고 최신정보를 분석하고 수집하는 것이 연구 활동에 있어 무엇보다 중요하다. 최신정보를 수집하는 데 참고할 수 있는 정보는 다음과 같다.

① 뉴스정보와 잡지매체(News & Magazine)
최근의 학문 동향을 파악하기 위해서는 최신정보를 신속하게 입수하여 분석해 보는 것은 연구자로서 중요한 연구 활동에 속한다. 자연과학 분야에서는 정보의 수명이 인문과학에 비해 짧기 때문에 이 분야의 연구내용은 연구 중에 반감기가 오는 경우가 많다. 최근의 학문동향과 최신정보의 발생 상황을 파악하기 위해서는 특허정보를 수집하거나 학회에서 발간하는 학회지 또는 학술세미나에 참석함으로써 기술 동향을 파악할 수도 있으나, 연구 동향의 직접적인 정보는 News 검색을 통해 파악하는 것이 좋다. 중복 연구나 불필요한 시간 낭비를 위해서도 최신 동향은 자주 주목해야 한다. 주요 정보원으로는 SciNews(news search engine), CNN Interactive−Sci−Tech, InScight, EurekAlert, News Report Online, MSNBC−Technology News 등이 있다. 그리고 대표적인 잡지로는 Science, Nature가 있다. 국내 사이트로는 해외과학기술동향과 코진(KorZine) 등이 있다.

② 정보조사 활동(Information Survey)

정보조사 활동에 필요한 자료는 무수히 많으나, 우리가 자주 접하게 되는 정보매체는 한정되어 있다. 앞 절에서는 정보원들을 정보의 특징과 성격에 따라 종류별로 분류하여 보았다. 1차, 2차, 3차 정보 또는 일반자료와 참고 자료로 분류하여 적합정보를 찾아가는 것도 주요하나 전자정보가 발달하고 있는 정보사회에서는 여러 가지 다양한 전자매체를 통하여 정보를 수집하는 것도 연구 활동에 많은 도움을 준다. 자주 이용되는 정보매체들은 종류와 이용하는 방법에 따라 다양하나 우리가 자주 이용하는 매체를 간단히 알아본다.

■ 논문(Articles)

논문 검색의 출발은 Chemical Abstracts나 Science Citation Index 같은 초록 DB에서 자료를 조사하는 방법도 있으나, 우리나라에서는 국립중앙도서관, 국회도서관, 한국산업연구원, 대학도서관, LG상남도서관, 기초과학 연구소와 같은 전문도서관에 가입하여 논문의 색인이나 초록 또는 논문의 전문정보(Full Text) 자료를 검색할 수 있다. 연구하고자 하는 주제와 관련되는 논문을 찾을 때는 본인이 이미 확보한 논문의 Reference의 인용 논문을 거슬러 추적하는 것도 좋은 방법이다. 적당한 DB 정보원이 없다면, Uncover:(via telnet)를 활용하면 논문의 서지사항 정보를 무료로 얻을 수 있다.

■ 시청각 자료(Audio/Video)

시청각 자료도 아주 좋은 학술정보 도구이다. 국내에는 학술정보 시청각 자료가 빈약하나, 해외에는 교육용뿐만 아니라, 각 협회에서 회의 실황이나, 강의 내용을 녹화하여 많이 보급하고 있다. 최근 들어 각 도서관에서는 멀티미디어실, 또는 시청각 자료실을 운영하고 있기 때문에 도서관에 직접 방문하면 시청각 자료를 쉽게 이용할 수 있다. 국내의 LG상남도서관에서는 양질의 학술 비디오(화학은 American Chemical Society, Royal Society of Chemistry 제작 분을 중심으로, 전기 전자는 IEEE, IEE)를 다량 갖추고, 이용자 편의를 위해 방문 시청 및 관외 대출 서비스를 병행하여 운행하고 있다.

■ 광디스크(CD‒ROM)

광디스크는 광학적으로 정보를 해독하는 원반모양의 저장매체로서 최근 들어 급속도로 이용이 확산되고 있다. CD‒ROM은 매우 안정되고 많은 디지털 정보를 저장할 수 있는 저장 매체이기 때문에 대부분의 학술정보 자료가 CD‒ROM 형태로 나오고 있다. CD‒ROM은 음악정보, 문화정보, 홍보용 정보 등 다양하게 이용되고 있으나, 특히 학술정보가 주제별로 제작되어 보급되기 때문에 많은 도서관에서 소장하고 있다. 우리나라에서는 이미 오래전에 이조실록을 CD‒ROM으로 제작 배포하였으며, 많은 대학도서관에서 학위논문을 CD‒ROM으로 제작하여 이용시키고 있다. 또한 CD‒ROM

전문 업체에서 국내외 학술정보를 제작하여 상용화시키고 있다. 최초의 상품인 Biblio File을 비롯하여 BIP Plus, Ulrich's Plus, Dissertation Abstracts Ondisc, DIALOG Ondisc 등 각종 데이터베이스와 백과사전, 사전, 지도정보 시스템 등이 다양하게 상용화되었으며, 온라인 검색에서 온디스크 검색으로 일대 변혁을 가져왔을 뿐만 아니라 전자출판-전자도서관의 대표적인 매체라 할 수 있다. 이용자들은 도서관을 방문하여 이용하거나 네트워크를 통하여 CD-ROM에 있는 정보를 이용할 수 있다.

■ 인터넷(Internet)

인터넷의 공간에서 학술정보를 검색할 수 있다. 최근 들어 인터넷 사용이 전국적, 전 세계적으로 확산되어 국내에서뿐만 아니라 전 세계적으로 정보가 활발하게 교류되고 있다. 종전에 Lisetserv, telnet, gopher 등으로 제공되던 학술정보가 World Wide Web의 등장으로 인해, Web에서 일반인도 쉽게 학술정보 접근이 가능해졌다. 인터넷 공간에서는 WWW뿐만이 아니라, Telnet, FTP, Newsgroup, Listserv, Gopher, Wais(WWW에 포함되지만, 별도로 꼽자면, Web Forum이 등장했다) 등의 공간이 존재한다. 아직까지도 전통적인 gopher나 Telnet으로 서비스하는 학술정보 사이트가 많으며 WWW보다는 Newsgroup이나 Listserv에서 정보 교류가 활발하므로 WWW와 검색 엔진만을 활용해서는 전체 학술정보를 탐색할 수 없다. 정보이용자가 인터넷 탐색법을 익혀 두는 것은 정보활용 능력 향상에 큰 도움이 된다. WWW 이용에 절대적 도구인 검색 엔진의 활용법을 익혀서 WWW을 활용하는 가운데, Listserv나 Newsgroup 등을 이용하여 평소에 꾸준히 관련 정보 사이트를 발굴, 정리해 나간다면, 자기 분야의 정보원을 많이 확보해 나갈 수 있다. 검색 엔진(yahoo, altavista, lycos 등)을 통하여 정보를 안내받을 수 있음은 물론 관련 정보만 중점적으로 정리해 놓은 사이트(……resource on the internet)에서 필요한 정보를 안내를 받을 수 있다. 인터넷에 관련된 내용은 다음 장에서 설명하기로 한다.

■ 상용(商用) 데이터베이스와 Internet DB

인터넷에서의 정보탐색만으로 100% 정보 획득을 할 수는 없다. 특히 원문 Full-text를 제공하는 경우가 늘고 있는 추세이기는 하나, 서지사항만을 습득하는 경우가 대부분이다. 그리고 그 정보도 개략적인 정보가 대부분이기 때문에, 정보 분석과 재배열 과정이 불가피하다. 실제로 양질의 전문 DB(Chemical Abstracts, Inspec, SCI……)들은 대부분 상용이며, 공개되어 있지 않거나, 가입과 비용을 지불해야만 이용 가능하다. 상용 DB에서 얻는 정보와 인터넷의 일반 검색에서 얻을 수 있는 정보는 분명한 질적 차이가 있으므로, 정보 조사 내용에 따라 인터넷을 이용할 것인지, 상용 DB를 이용할 것인지를 결정해야 한다. 다만, 상용 DB의 일부(일례로 Reuter는 상용

DB이지만 최근 몇 개월 만이라는 단서를 붙여, ―혹은 Real Time이 아닌 시차를 두고 제공―Yahoo News가 무료로 제공된다.) 내용이면서도 무료 (NIST Chemistry Web Book)이거나 저렴한 가격에 제공되는 Web 전문(STN 의 CA는 비싸지만, STN Easy의 Chemport는 Academy Version으로 제공되므로 상대적으로 저렴) DB들이 출현하고 있는 점에 주목하여야 한다. 또한 Northern Light이나 The Electronic Library, Community of Science 등의 좋은 시도도 있다. 상용 데이터베이스들의 접속은 대개 원격지 Gateway에 의한 직접 접속이 대부분이며, 최근에는 인터넷의 중요성을 감안하여 Web을 통한 Gateway Site 개설 및 인터페이스를 개발하고 있다. 대표적인 학술정보 상용 DB로, STN International―Databases in Science and Technology, Dialog, OCLC―(Online Computer Library Center, Inc), UMI, Institute for Scientific Information(ISI), Lexis―Nexis, Questel/Orbit, Derwent World Patents Index, PC―VAN 등이 있다. 상용 DB에 가입하려면 국내의 IP(데이콤, 나우누리, 산업기술정보원 등)에 문의하면 된다.

chapter 02

지식정보이용의 도구 인터넷

정보사회에서는 많은 지식과 정보를 접하며 살고 있다. 사람들은 책이나 잡지, 신문 등의 인쇄매체는 물론이고, TV나 라디오와 같은 방송매체, 영화나 연극 등의 공연매체를 통하여 자신에게 필요한 정보를 찾아 활용하고 있다. 최근에 와서 컴퓨터 통신이라는 매체가 주목을 받고 있으며 컴퓨터를 통하여 서로 정보를 주고받는 새로운 서비스가 등장하였다. 특히, 인터넷 정보는 각광을 받고 있으며, 이용자가 급격히 증가하고 있다.

컴퓨터에는 여러 가지 유용한 정보가 많이 저장되어 있다. 증권사의 컴퓨터에는 증권에 대한 정보가, 도서관의 컴퓨터에는 수많은 문헌정보에 대한 정보가 저장되어 있다. 이와 같이 세상의 많은 컴퓨터들은 나름대로의 정보를 저장하고 있다. 그러므로 사용자가 원하는 정보가 자기 컴퓨터에 저장되어 있지 않은 경우 다른 컴퓨터로 가서 그 정보를 보거나 자신의 컴퓨터로 복사하여 이용할 수 있다. 하지만 필요한 정보를 갖고 있는 컴퓨터가 가까이 있지 않다면 이 또한 쉬운 일이 아니다. 그래서 사람들은 네트워크라는 것을 만들어 여러 컴퓨터들을 연결시키기 시작하였고, 이 네트워크를 이용해 사용자들은 다른 컴퓨터의 자료를 쉽게 이용할 수 있게 하였다. 사람들은 각자 필요에 의해서 컴퓨터를 네트워크로 연결하였기 때문에 세상에는 여러 개의 네트워크가 생기게 되었으나 원거리 네트워크의 정보가 필요할 때는 역시 정보 획득에 여러 가지 문제가 노출되어 공간에 관계없는 정보

공유의 필요성을 느끼게 되었다.

이에 따라, 먼저 정보의 공유가 필요한 네트워크들이 연결되기 시작하였고 이것이 초기의 인터넷이 되었으며 이 인터넷에 다른 네트워크들이 계속 연결되면서 오늘날의 모습을 갖추게 되었다. Internet은 지구상에 존재하는 수많은 네트워크들을 연결시킨 네트워크를 말한다. Internet은 '사이'를 뜻하는 Inter와 Network의 합성어이다. 그러므로 그 의미는 '네트워크 사이의 네트워크' 혹은 '네트워크를 연결하는 네트워크'의 의미를 갖는다. 일반적으로 Internet이란 서로 연결된 전 세계적인 네트워크로 볼 수 있으며 기술적으로는 TCP/IP 규약을 이용한 전산망이라고 볼 수 있다. 인터넷은 그 형태가 시시각각으로 변화하는 네트워크이다.

인터넷은 컴퓨터 통신의 한 종류이다. 흔히 인터넷을 가리켜 정보의 바다, 정보의 보고, 또는 정보고속도, 네트워크의 네트워크 등의 표현을 쓴다. 인터넷에는 방대한 양의 정보가 들어 있다는 의미이다. 그러나 이러한 표현은 인터넷을 수식하는 용어일 뿐, 인터넷 그 자체가 무엇인가는 설명해 주지 못한다. 따라서 본 장에서는 인터넷과 관련되는 기본적인 내용을 살펴보고자 한다.

제1절 지식정보사회에서의 인터넷

1. 인터넷의 등장 배경

인터넷은 1963년 라이 로보트고라는 사람의 아이디어를 바탕으로 개발되기 시작하였다. 미국 국방성의 ARPA(The Advanced Research Projects Agency)는 폭탄폭격과 같은 긴급사태 시에도 장애를 받지 않고 정상적으로 제 기능을 발휘할 수 있는 통신망 구축방법에 대한 연구를 추진하던 중, ARPA 연구원들 간의 정보와 자원공유를 위하여 1969년도부터 ARPANET

이란 컴퓨터 통신망을 구축하여 운용하기 시작하였다. ARPANET은 리모트 로긴, 파일전송, 전자우편 및 정보 공유가 가능한 컴퓨터 통신망으로 사용자 수의 증가와 망의 확장과 함께 미국의 중요한 컴퓨터 통신망으로 자리를 잡게 되었다. ARPANET의 확장과 함께 미국에서는 근거리 통신망 기술과 워크테이션의 보급에 따라 새로운 컴퓨터 통신망들이 탄생하여 발전하기 시작하였고, ARPANET은 이들 통신망과의 상호연결이 필요하게 되었다. 따라서 ARPANET은 기종에 관계없이 통신망에 접속된 모든 컴퓨터 간의 통신이 가능한 컴퓨터 통신망 구축을 위해 새로운 통신 프로토콜과 통신망 구조가 필요하게 되었는데, 그것이 TCP/IP 프로토콜과 ARPA 인터넷 프로토콜이다.

이와 같이 ARPANET은 1960년대 말 미 국방성에서 NASA 프로젝트에 참여하는 미국 전역의 연구소, 대학 등의 과학기술자들이 상호 정보교환 및 기술교류를 촉진하기 위해 구축되었다. 이 ARPANET이 INTERNET의 모태가 되었고, 1983년 TCP/IP 프로토콜을 바탕으로 인터넷이 시작되었다고 볼 수 있으나, 그 당시 ARPANET은 MILNET과 ARPANET으로 분리되어 각각 독립적으로 인터넷에 포함되었다. ARPANET이 둘로 나뉘어 인터넷을 형성할 때, 미국 국방성의 DCA(the Defence Communication Agency)는 모든 ARPANET 호스트들이 TCP/IP 프로토콜 사용을 의무화하고 패킷교환 소프트웨어를 변경하여 이를 적용하도록 하였다. 결국, 모든 ARPANET 호스트들은 TCP/IP 프로토콜을 사용한 인터넷 환경에서의 상호통신이 이루어지게 되었다. 이로써 TCP/IP는 인터넷의 표준 프로토콜로 자리 잡게 되었고, 보다 많은 호스트와 게이트웨이들이 기존의 통신망에 아무런 영향을 주지 않고 인터넷에 연결될 수 있게 되었다.

2. 인터넷의 정의

인터넷은 컴퓨터 기술과 통신기술이 기본이 되어, 전 세계의 컴퓨터나 네트워크를 상호 접속함으로써 정보교환을 가능하게 한 거대한 정보네트워크이다. 인터넷은 상호 독립적인 네트워크들이 서로 간의 통신을 위해 TCP/IP(Transmission Control Protocol/Internet Protocol) 프로토콜이라는 통신약속을 사용하여 전 세계에서 정보를 교류할 수 있는 통합된 통합 네트워크이다. 인터넷은 크고 작은 네트워크들이 연결되어 인터넷이라는 커다란 네트워크를 이루고 있다. 인터넷은 현재 세계를 하나로 묶는 새로운 인프라로 급부상하면서 전 세계의 각 국가, 정부, 기업, 학교, 도서관, 정보센터, 각 단체에 구축된 컴퓨터 네트워크를 연결함으로써 정보통신이 실용화되어 이용자가 세계적으로 확산되고 있다. 따라서 인터넷으로 연결된 세계는 전자 지구촌(Global Electronic Village)을 형성하고 있다. 이와 같이 인터넷은 지구촌 통신망이라 할 수 있으며, 지구촌 최대의 가상 공동체이다. 인터넷은 인류에게 가상의 세계(Cyberspace), 가상현실(Virtual Reality)의 공간을 제공해 주고 있으며, 인터넷은 우리 인간들의 일상생활뿐만 아니라 세계 곳곳에 혁명적인 변화를 주고 있다.

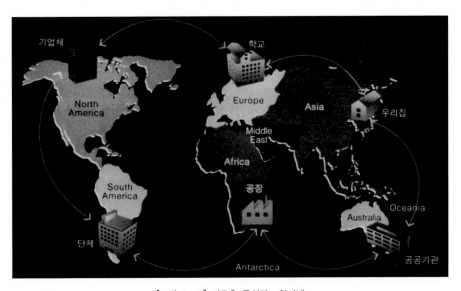

[그림 2-1] 지구촌 통신망 - 인터넷

3. 인터넷 윤리학 관점에서 본 특성

전장에서 기술한 바와 같이 인터넷이란 'Inter'와 'Network'의 합성어로 '전 세계의 각종 정보 서비스망을 하나로 연결한 지구촌 네트워크'를 말한다. 인터넷 윤리는 이러한 네트워크에서 발생하는 문제들을 연구하는 인터넷 윤리학에서 거론되었다. 인터넷 윤리학은 '인터넷과 관련된 문제들에 대한 윤리적 탐구를 목표로 하는 응용규범윤리학'의 한 분야라고 말할 수 있다.

따라서 인터넷 윤리학이란 인터넷을 매개로 하여 이루어지는 인간의 도덕적 관계에 관심을 가지며, 그러한 관계를 규율하는 도덕적 원리들에 의거하여 사이버 공간 속에서 활동하는 모든 행위자들의 도덕적 책임과 의무를 규정해 주는 것을 목표로 하는 학문이다.

인터넷으로 이루어진 사이버 공간에서 우리의 관심은 기계의 연결로 표현되는 네트워크에서 인간의 삶의 문제로 바뀌게 되었다. 곧 사람들이 이 공간에서 새로운 삶을 만들기 위해 어떻게 행동을 하며 이 공간이 인간의 욕구를 충족시키기 위해 어떤 특성을 가지고 있는가, 그리고 인간은 이 속에서 어떤 새로운 세상을 만드는가 등이 우리의 주된 관심이 되었다.

인터넷 공간이 현실과 분리된 상황이라면 이러한 일은 한 편의 꿈과 같은 것으로 취급될 것이나, 현실의 많은 일들이 사이버 공간에서 벌어지고, 또 현실에서 이루지 못하는 인간의 욕구가 이 공간을 통해 이루어질 때 우리는 예상치 못한 문제와 갈등에 직면하게 된다. 사실 인터넷은 컴퓨터나 네트워크로 대표되는 기계의 문제가 아니라, 특정 환경 속에서 인간이 행동하고 관계를 맺으며 살아가는 것과 직접적으로 관련된 사회과학적 문제이다.[169)]

현실공간에서 인간이 수없이 많은 사회와 문화를 만들어 냈듯이 이제 인터넷 세계에서 새로운 인간 사회와 문화를 만들어 나가고 있다.

---

169) 한국정보통신학회, U시대의 인터넷 윤리(서울: 이한출판사, 2006.).

1) 탈억제 효과의 특성

존 슐러(J. Suler)는 그의 「사이버 공간의 심리학」(The Psychology of Cyberspace)이라는 글에서 온라인 탈억제 효과(The Online Disinhibition Effect)에 관해 이야기하였다.

사람들은 대면적인 현실세계에서 일상적으로 말하거나 행동하지 않지만, 사이버 공간에서는 서슴지 않고 말하거나 행동하게 된다. 사이버 공간에서는 긴장이 풀어지고, 얽매여 있지 않기 때문에 개방적으로 자신을 표현하려고 한다. 이러한 현상을 온라인 탈억제 효과라고 한다. 익명성, 비동시성, 유아론적 동화(solipsistic introjection), 분리적 상상력, 권위 상실 등이 인터넷상에서 사람들이 탈억제 효과를 느끼게 되는 요인이라고 할 수 있다. 이처럼 인터넷 공간의 특성은 가면의 심리가 잘 드러나는 공간이다. 이 공간에서 인간 심리는 다양한 역할 놀이, 속임수, 위장 그리고 과장으로 포장되어 나타난다. 이러한 이유는 사람들이 이 공간에서 아무런 시간이나 청각적인 단서를 경험하지 못할 뿐 아니라, 익명성을 느끼며 동시에 자신이 하는 행동의 결과로부터 격리되어 있기 때문이다.

2) 인터넷 공간의 집단성 형성의 특성

인터넷상의 수없이 많은 공동체들이 쉽게 사라져 버림에도 불구하고 정기적으로 아주 강한 '집단성'을 형성하고 있다.

집단이란 간결하게 정의하자면 '상호 작용하고 영향을 미치는 두 사람 이상의 사람들의 집합'이라고 할 수 있다.

현실 속의 집단처럼 인터넷상에도 상호 작용을 하고 영향을 미치는 집단이 형성되어 있다. 많은 인터넷 집단의 경우 이미 알고 있는 사람들로 구성되며, 인터넷은 단순히 면대면 모임 사이에 간간이 연락을 취하거나 생각을 공유하는 방법으로 활용된다. 나아가 개인적으로는 잘 모르지만 공통적인 관심을 가진 사람들을 네트워크를 통해 끌어모으는 경우도 있다.[170]

이처럼 동조성이라는 것은 개인주의적 문화에서 자란 사람들에게 사회적으로 바람직하거나 즐거운 표현은 아니지만, 어느 정도 집단이나 심지어 전체 사회를 유지하는 아교와도 같은 것이다. 토마스 홉스(T. Hobbes)는 우리가 사회적 규범에 동조하고 법률을 준수하는 것은 우리 자신의 존재를 유지하기 위함이며 동료들과 평화롭고 공정한 상호작용을 하기 위해 그리고 예측 가능하고 안전한 세상에 살기 위해 세상의 권력에 우리의 자유의 일부를 맡겨 버리는 것을 '우리의 평화와 안전을 불멸의 신으로부터 위임받은 유한한 신인 전제군주' 개념으로 제시한 것이 있다.

따라서 인터넷상의 토론은 극단적이 되며 중재 목소리도 없어지게 된다. 더욱이 인터넷상에서는 현실보다 집단성에 더 잘 빠지게 되는데 얼마나 독특한 주제이든 관계없이 온라인상에서 사람들은 자신과 같은 경향을 가진 사람들을 발견하는 것이 쉽기 때문이다. 만약 사람들의 동조 경향이나 결집된 집단의 구성원이 되려는 욕구가 자연스럽게 나타나지 않았더라면 인터넷상에서 활발하게 토론하는 공동체는 존재하지 않을 것이다. 그러나 실제 현실에서 조화로운 집단 상호작용을 하게 만드는 요소들이 인터넷에서는 약하기 때문에 인터넷상의 집단 조화는 쉽게 깨어진다. 문제는 이러한 집단성이 더 나은 결정을 내놓지 못한다는 데 있다. 우리는 어떤 집단에서 토론을 하게 되면 개인보다 집단이 더 나은 결정을 하게 된다고 생각하지만, 유감스럽게도 이것은 실제로 일어나지 않으며 특히 집단이 인터넷상에서 의사결정을 할 경우 편향된 토론을 할 경향이 있다는 사실이다. 더 나아가 소수의 목소리가 사장되는 것도 인터넷상에서 더 쉽게 이루어진다는 것이다.[171]

---

170) 추병완, 정보윤리교육론(서울: 울력, 2001.), pp.10 – 12.
171) 전개서 U 시대의 인터넷윤리, pp.22 – 27.

제2절 인터넷 주요 개념

정보화 시대의 중추가 되는 것은 네트워크이다. 우리는 네트워크 시대에 살고 있다. 우리는 적시에 올바른 정보를 얼마나 신속하게 획득하느냐에 따라 성공과 실패가 결정되는 정보사회에 살고 있다. 이제 우리는 인터넷이라는 거대한 통신망을 통하여 언제 어디서든지 통신을 할 수 있고, 정보를 획득할 수 있으며 또한 갖고 있는 정보를 전달할 수 있다. 이러한 정보는 문자자료뿐만 아니라 멀티미디어 자료까지 교환할 수 있다. 인터넷을 모르면 넷맹이라고 하여 사회에서 소외되는 시대에 살고 있다. 인터넷에 관련된 주요 용어의 개념을 이해한다는 것은 인터넷을 이용하는 데 많은 도움을 준다. 인터넷과 관련되는 기본적인 용어를 살펴보기로 한다.

1. 브라우저(Browser) 또는 클라이언트(Client)와 서버(Server)

통신망은 왜 필요한가? 첫째는 자원과 정보의 공유이다. 컴퓨터가 일반화되기 이전에의 자원공유의 대표적인 예로 주 컴퓨터(Main Compuet)에 여러 대의 터미널을 접속시켜 여러 사람이 주 컴퓨터의 CPU를 사용하는 형태였으나, 컴퓨터가 고도의 기술에 의하여 발전된 이후 기능이 더욱 고도화되어 개별적으로 CPU를 갖는 개인용 컴퓨터로 발전되고 통신을 바탕으로 한 서비스가 고도화되었다. 그중 대표적인 기술이 서버(Server)와 브라우저 또는 클라이언트(Client) 개념이다. 브라우저 또는 클라이언트 개념은 웹에 대한 사용자 인터페이스를 제공해 주는 프로그램으로 모자익이나, 네스케이프(Netscape), 익스플로러(Explorer)가 그 예이다. 이 프로그램을 실행시키면 통신망 주소(URL: Uniform Resource Locate)로 지정한 컴퓨터에 연결된다. 통신망의 주소를 통해 연결된 컴퓨터의 웹 서버에 웹 문서를 요구한다. 웹 서버는 웹 클라이언트의 요구에 대응하는 텍스트와 하이퍼링크로 참조된 다른 매체를 사용자의 컴퓨터(클라이언트)에 전송하게 되며 이때 보내는 문서는 일정한 형식을 갖는다. 이 형식을 HTML[172]이라 하고 이 HTML을 사용자의 컴퓨터에 출력과 입력을 할 수 있도록 해 주는 프로그램이다. 브라우저와 클라이언트는 분산된 구조를 사용함으로써 클라이언트 프로그램은 서버와는 전혀 별개의 기계에서 동작하며 도큐멘테이션의 저장은 서버에 맡겨져 있고 프레젠테이션은 클라이언트에 맡겨져 있기 때문에 각각의 프로그램은 독립적으로 발전되어 갈 수 있다. 이러한 자원의 공유는 별개의 두 프로그램에 의해 구현되는 경우가 많다. 하나가 자원을 제공하는 서버이고 또 다른 하나는 제공되는 자원을 사용하는 클라이언트이다. 특정 서비스를 위해서는 하위계층의 기본적인 통신 프로토콜을 바탕으로 고유의 프로토콜을 가지고 있어야 한다. TELNET, FTP, WEB, GOPHER 등 많은 서비스가 별도의 프로토콜을 가지고 이러한 클라이언트/서버 구조로 동작하고 있다. 우리가 흔히 브라우저라고 부르는 프로그램들은 클라이언트 프로그램이라 하며, 접속하여 자료를 검색할 수 있는 컴퓨터에는 이에 대응하는 서버 프로그램이 동작하고 있는 것이다.

2. OSI(Open System Interconnection) 7계층(Layer)

OSI Layer는 국제표준화기구에서 제안한 네트워크 프로토콜의 기준 모델이다. 다음(그림 2 - 1)은 7개 계층의 구성요소이다. 7개 계층의 각각에 대한 기능은 아래와 같이 수행하도록 정의되어 있다.

---

172) HTML(HyperText Markup Language)는 하이퍼텍스트를 만드는 수단이며 사용자에게 보여 줄 문서의 표현방식을 내부에 지정할 수 있게 한다. Markup language라는 것은 우리가 흔히 쓰는 troff이나 Tex와 같이 문서 중간에 문자나 문장의 형태에 대한 명령어를 삽입하는 형태의 문서 표현 언어이다. HTML은 SGML의 일부라고 할 수 있다.

```
┌─────────────────────────────────────┐
│        운영체제 및 응용프로그램          │
│  ┌───────────────────────────────┐  │
│  │ 응용계층 (Application Layer)     │  │
│  │ 표현계층 (Presentaion Layer)     │  │
│  │ 세션계층 (Session Layer)         │  │
│  │ 전달계층 (Transport Layer)       │  │
│  │ 네트워크계층 (Network Layer)      │  │
│  │ 데이터링크계층 (Data Link Layer)   │  │
│  │ 물리계층 (Physical Layer)        │  │
│  └───────────────────────────────┘  │
│        하드웨어, 랜카드 등              │
└─────────────────────────────────────┘
```

[그림 2-2] OSI 7계층 구조

1) 계층1(물리 계층): 전기적 신호 전송

최하위층으로 하드웨어와 연결되는 물리적인 접속을 처리하며 전송 매체와 전달방식, 그리고 랜 카드 등에 관련된 부분을 처리하기 위한 계층이다.

2) 계층2(데이터링크 계층): 인접장치 간의 정보 전송

데이터 전송을 위해 전송방식, 에러 검출 및 처리, 상황에 따른 데이터 흐름의 조절 등을 처리하기 위한 계층으로 데이터를 패킷으로 나누는 역할을 담당한다.

3) 계층3(네트워크 계층): 정보교환과 중계

데이터링크 계층으로부터 받은 패킷들의 정보를 읽어 목적지까지 정확하게 전달될 수 있도록 네트워크 내에 복잡하게 연결되어 있는 장치 간의 경로배정 및 중계기능을 수행하고 장치들을 연결하여 데이터 전송을 하는 데 필요한 절차들을 처리하기 위한 계층이다. 또한 네트워크 계층에서는 한 데이터를 여러 개의 연속적인 패킷으로 분리하여 전송할 경우 패킷이 순서대로 전달될 수 있도록 보장해 준다. TCP/IP의 IP에 해당하는 부분이기도 하다.

4) 계층4(전달 계층): 송수신 시스템 간의 신뢰성 제공

전달 계층은 연결된 두 장치 간의 신뢰성 있는 데이터 전송을 위한 계층이다. 전달 계층은 긴 메시지를 작은 단위의 패킷으로 나누어 주는 것으로 발생하는 에러를 검출해 줌으로써 하위계층에서보다 효율적으로 데이터를 전송할 수 있도록 해 준다. 또 순서에 관계없이 수신된 패킷을 합쳐서 원래의 메시지로 복구시키는 기능을 수행하므로 상위계층에서의 작업이 순조롭게 진행될 수 있도록 해 준다. TCP/IP의 TCP에 해당한다.

① TCP

두 개의 호스트 간에 연결된 데이터의 흐름을 보장하는 프로토콜로서 하위 네트워크 계층에서 사용할 자료 chunk를 자르고 받은 패킷에 대해 Ack를 보내고 다른 쪽의 Ack를 위해 Timeout을 지정하는 등의 일을 한다.

② UDP

상위 레이어에 대해 훨씬 더 간단한 서비스를 제공한다. UDP는 단지 두 개의 호스트 간에 하나의 패킷을 보내는 일을 한다. 이를 데이터그램(datagram)이라 한다. 그러나 이 패킷이 상대 호스트에 도착하는 여부에 대해서는 보장하지 않는다. 이런 신뢰성을 보장하기 위해서는 애플리케이션에서 이를 보장하도록 만들어야 한다.

5) 계층5(세션 계층): 응용 프로세스 간의 회선 형성 및 동기화

세션 계층은 시스템 간의 정보교환을 위한 세션의 연결과 조정을 담당하며 논리적 통신 선로인 선의 처리 및 세션을 통산 데이터의 전송 절차에 관하여 규정하고 있다. 또한 통신 도중 발생할 수 있는 세션의 이상 상태를 복구하여 적절한 상태에서 통신이 이루어질 수 있도록 함으로써 응용 프로세스 간의 통신을 위한 서비스를 제공한다.

6) 계층6(표현 계층): 데이터의 형식 설정 및 코드 변환

운영체제, 파일 시스템과 관련이 있으며 서버와 클라이언트 간의 상이한 데이터 표현방식 및 부호체계를 서로 변환하여 주는 서비스를 제공한다. 또한 데이터의 보안을 유지하기 위해 암호화에 관해서도 규정하고 있는데 통신기능과는 무관하지만 통신을 하는 데 수반되는 데이터의 처리에 관련한 사항들을 규정함으로써 응용 계층의 통신을 도와주는 계층이다.

7) 계층7(응용 계층): 응용 프로세스 간의 정보교환

사용자가 응용 프로그램을 통하여 네트워크 환경을 이용할 수 있도록 응용 프로세스 간의 정보교환을 실현해 준다. 예로서 TELNET, FTP 등 각종 네트워크 관련 프로그램들이 응용계층에 해당한다.

① SMTP(Simple Mail Transfer Protocol): 전자우편 전송
② FTP(File Transfer Protocol): 파일 전송
③ TELNET: 원격 컴퓨터 접속
④ HTTP: Web 서비스

3. 인터넷 주소

인터넷 주소(Internet Address)란 인터넷 통신을 위한 정보통신 기기가 개별적으로 갖는 유일한 주소를 의미한다.

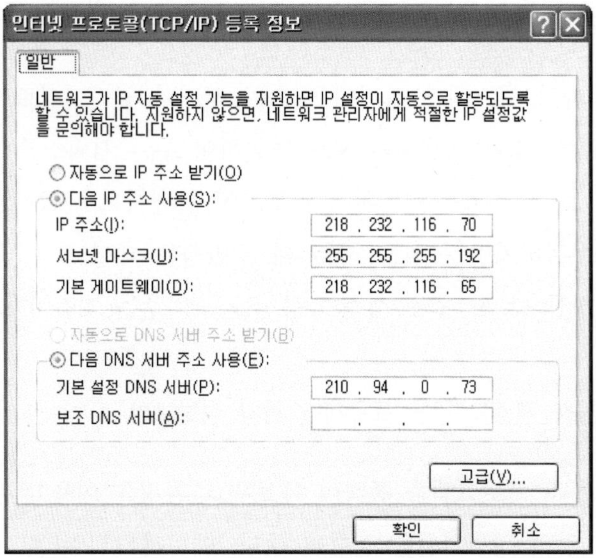

[그림 2-3] 인터넷 프로토콜(TCP/IP) 등록정보

1) IP 주소

인터넷을 이용하기 위한 모든 컴퓨터는 일정한 형식의 주소가 반드시 필요하다. 이러한 주소는 고유 식별번호로 표시되는데 이것을 IP 주소 또는 네트워크 주소라고 한다. IP 주소는 218.232.116.80처럼 총 32비트로 8비트씩 10진수로 표현된 숫자를 점으로 구분하여 표현한다.

IP 주소는 현재 IPv4와 IPv6이 있는데 현재 IPv4를 사용하고 있으나 IP 주소가 2005년에서 2011년 사이에 고갈될 것으로 예측되는 주소 한계(IPv4는 32비트 주소체계를 가지고 있기 때문에 이론상 가능한 주소 개수는 232=4,294,967,296개 약 42억 개의 주소 지정이 한계)로 인해 앞으로 IPv6(128비트 주소체계)로 옮겨 갈 것으로 예상된다.

ISOC(Internet SOCiety) 협의회에서는 한정된 IP 주소를 전 세계의 사람이 사용하기 위하여 산하에 NIC(Network Information Center)를 두고, 이곳에서 IP 주소를 배분하도록 하고 있다. 국내에서는 한국전산원 산하의 한국 인터넷 정보센터(KRNIC, KoRea Network Information Center)에서 이 업무를 관할한다.

■ IP 주소의 구성

IP 주소는 210.99.128.23과 같이 4개의 숫자가 점으로 구분된 형태이다. 원래 IP 주소는 32비트 2진수로 이루어져 있는데 2진수를 편의상 구분하기 쉽고 관리하기 쉽도록 2진수 8자리씩 끊어서 10진수로 표시하는 표기법을 사용한다.

IP 주소는 네트워크 ID 부분과 호스트 ID로 구분되는데 네트워크의 크기와 호스트 컴퓨터의 수에 따라 A, B, C, D, E 5가지의 클래스가 있다. D 클래스는 멀티캐스트용으로, E 클래스는 향후 사용을 위해 남겨 둔 것으로 실제로는 A, B, C 3개의 클래스만 사용되고 있다.

〈표 2-1〉 IP 주소의 구성

	A 클래스	B 클래스	C 클래스
사용규모	초대형 네트워크	중대형 네트워크	소규모 네트워크
IP 주소 범위	1.0.0.1 ~ 126.255.255.254	128.0.0.1 ~ 191.255.255.254	192.0.0.1 ~ 223.255.255.254
Subnet Mask	255.0.0.0	255.255.0.0	255.255.255.0
네트워크 ID 수	$2^7 - 2 = 126$	$2^{14} = 16,384$	$2^{21} = 2,097,152$
호스트 ID 수*	24bit $2^{24} - 2 = 16,777,214$	16bit $2^{16} - 2 = 65,534$	8bit $2^8 - 2 = 254$

* 호스트 ID 중에서 첫 번째는 네트워크 ID로, 마지막은 멀티캐스트 주소로 사용하기 때문에 2를 빼 준다.

2) 서브넷 마스크(Subnet Mask)

서브넷 마스크는 IP 주소에서 네트워크 ID와 호스트 ID를 분리하는 기준을 제시하는 역할을 한다. 즉, 4개의 영역으로 구분된 IP 주소에서 어디서부터 어디까지가 네트워크 ID이고 나머지가 호스트 ID인지를 구분하는 기준이 된다.

네트워크 ID와 호스트 ID를 구분하기 위해서는 서브넷 마스크를 IP 주소와 AND 연산을 취하면 되는데 단, AND 연산을 위해서 10진수로 표기된 IP 주소와 서브넷 마스크를 2진수로 변환한 후 AND 연산을 취해야 한다.

<표 2-2> 서브넷 마스크(subnet mask)

IP 주소	218.232.116.70	11011010.11101000.01110100.01000110
Subnet Mask	255.255.255.0	11111111.11111111.11111111.00000000
AND 연산 결과	218.232.116.0	11011010.11101000.01110100.00000000

위의 예에 따르면, 원래 IP 주소 중 앞 3자리가 결과로 나오게 된다. 바로 이것이 네트워크 ID(218.232.116.0)이고 남은 부분이 호스트 ID(70)가 된다. 만약, 2개 이상의 IP 주소들이 네트워크 ID가 동일하고 호스트 ID만 다르다면 이것은 같은 동네(같은 네트워크 ID)상에 있다고 할 수 있다.

3) 게이트웨이(Gateway)

게이트웨이란 '관문'이라는 뜻으로 찾아갈 주소의 길을 찾지 못할 때 무조건 게이트웨이로 패킷을 보내서 처리하도록 한다. 목적지 주소가 같은 네트워크가 아닐 경우에는 무조건 게이트웨이로 보내서 길을 찾아보도록 한다.

게이트웨이로 간 패킷은 게이트웨이의 주소 테이블을 통해서 목적지까지 찾아가게 되는데, 이 과정에서도 AND 연산 과정을 통해 계속하여 같은 주소인지 아닌지 비교하여 주소를 찾아가는 과정이 이루어진다. 이러한 과정을 '라우팅(Routing)'이라고 하며 통상 게이트웨이를 라우터(Router)라고도 할 수 있다.

4) DNS(Domain Name System)

DNS(Domain Name System)란 직관적으로 알 수 있는 도메인 이름 또는 호스트 이름을 숫자로 표현된 IP 주소로 해석해 주는 TCP/IP 네트워크 서비스를 말한다. DNS는 계층적 이름 구조를 갖는 분산형 데이터베이스로, 클라이언트/서버 모델을 사용한다. 즉, DNS 클라이언트는 도메인 이름과 IP 주소의 매핑 데이터베이스를 보유하고 있는 DNS 서버에서 응답을 받을 때까지 순차적으로 질의를 한다.

도메인(Domain)이란 컴퓨터 네트워크에서 비슷한 목적으로 관련된 범위 내에서 이용되는 컴퓨터 그룹의 이름으로 인터넷의 조직 계층을 표현한다. DNS(Domain Name System)란 인터넷에서 사용되는 IP 주소 대신 영문자로 이루어진 별칭을 사용하는 시스템을 의미한다.

IP 주소는 숫자로만 구성되어 있기 때문에 IP 주소와 병행하여 의미가 있는 영문자로 구성된 도메인 이름을 사용한다. 예를 들어, 강남대학교 웹 서버의 IP 주소는 210.99.128.23이다. 일반적으로 이 컴퓨터에 접속하려면 해당 컴퓨터가 가지는 인터넷 주소를 지정하여 연결을 시도한다. 그러나 이 렇게 숫자로 된 주소는 기억하기 쉽지 않으므로, 마치 별명처럼 해당 컴퓨 터에 www.kangnam.ac.kr이라는 별칭을 할당해 두고 이 별칭을 입력하여 해 당 컴퓨터에 접속한다.

DNS 서버란 도메인 이름에 해당되는 IP 주소 정보를 가지고 있어서 해 당 도메인에 대한 실제 주소를 가르쳐 주는 역할을 하는 컴퓨터를 의미한다.

5) 도메인(Domain)

인터넷에 연결된 모든 컴퓨터는 IP 주소를 가지고 있고, 컴퓨터를 찾아갈 때는 이 IP 주소를 이용하여 찾아간다. 그러나 우리는 인터넷 여행을 할 때 IP 주소를 이용하는 대신 해당 사이트의 이름이나 연상되는 단어를 조합한 www와 점으로 이루어진 주소를 사용한다. 이러한 주소를 '도메인 이름' 또 는 간단히 '인터넷 주소'라고 하고 이와 같은 주소 표기법을 URL(Uniform Resource Locator)이라고 한다. 즉, 인터넷상의 IP 주소로 이루어진 복잡한 주소체계를 보다 사람이 인식하기 쉬운 표기법으로 나타내는 방법이다.

일반적인 도메인 이름 부여 방식은 다음과 같다.

① 도메인 이름은 왼쪽에서 오른쪽으로 갈수록 상위 계층이다.
② 가장 오른쪽, 즉 최상위 도메인은 기관이나 지역을 나타낸다.
③ 다음 상위 계층은 해당 기관의 형태를 나타낸다.

④ 그 다음 계층은 해당 기관의 이름을 나타낸다.

⑤ 도메인 사이는 점(.)으로 구분한다.

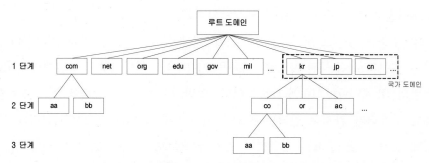

[그림 2-4] 도메인 부여 방식

도메인 이름 1단계에서 사용되는 기관명과 국가명은 다음과 같다.

〈표 2-3〉 도메인 1단계 기관명과 국가명

도메인	기관명	도메인	기관명
com	상업적 기관	kr	한국
edu	교육기관	jp	일본
gov	정보기관	uk	영국
net	네트워크 관련 기관	ca	캐나다
org	비영리 조직	de	독일

도메인 이름 2단계에서 사용되는 기관명은 다음과 같다.

도메인	기관명	신청자격
ac	대학/대학원	교육기관법 및 고등교육법에 의한 교육기관
co	사업/상용기관	영리를 목적으로 설립한 기업(개인 기업 포함)
or	비영리/단체	비영리 기관 또는 단체
go	정부기관	행정기관 또는 입법기관, 사법기관
ne	네트워크	네트워크 제공 기관
re	연구소	연구를 목적으로 설립된 기관 또는 단체
es	초등학교	교육기본법 및 초·중등교육법에 의한 초등학교·공민학교
ms	중학교	교육기본법 및 초·중등교육법에 의한 중학교·공민학교
hs	고등학교	교육기본법 및 초·중등교육법에 의한 고등학교·공민학교
sc	기타 학교	교육기본법 또는 기타 법령에 의하여 주문관청에 설립허가, 등록, 신고 등의 절차를 거친 교육·훈련 기관

6) URL(Uniform Resource Locator)

URL은 인터넷에서 특정 서버에 접속하고자 할 때 사용하는 것으로 자원의 위치 정보를 표현한다.

일반적으로 웹 브라우저는 인터넷에 존재하는 다양한 형태의 서비스를 동시에 지원하는 도구로 HTTP, FTP, 유즈넷, E-Mail, 고퍼, 텔넷(Telnet) 등의 서비스를 동시에 지원한다. 이러한 다양한 서비스를 제공하는 수많은 서버로부터 필요한 정보를 획득하려면 이들의 위치를 표시하는 체계가 필요한데, 이때 URL이 사용된다. URL은 인터넷에서 서비스를 제공하는 각 서버에 있는 파일의 위치를 명시하기 위한 것으로 접속할 서비스의 프로토콜 이름과 서버의 위치(도메인 이름), 접속할 자원인 파일의 위치와 이름을 포함한다. 일반적으로 서버의 주소까지만 표기하고 자원 이름을 생략하여 사용한다. 생략하면 해당 서버에 설정되어 있는 기본 파일이 지정된다.

서비스 프로토콜 이름://호스트 주소: 포트 번호/자원 이름

- 서비스 프로토콜 이름: 해당 호스트와의 접속에 사용할 프로토콜
- 호스트 주소: 접속할 호스트의 주소(도메인 이름 또는 IP 주소)
- 포트 번호: 해당 서비스에 할당된 포트 번호(일반적으로 기본 값일 경우 생략)

■ 자원 이름: 호스트 컴퓨터에서 원하는 자료의 이름(/디렉터리/파일 이름)

일반적으로 사용되는 서비스 프로토콜의 종류는 다음과 같다.

〈표 2-5〉 서비스 프로토콜의 종류

서비스 프로토콜 이름	자원의 형태(접근 방법)
HTTP(Hyper Text Transfer Protocol)	하이퍼텍스트 문서
FTP(File Transfer Protocol)	파일을 올리거나 내려 받기 가능한 파일
TELNET	원격지 컴퓨터로 로그인
GOPHER	고퍼 문서 혹은 메뉴
NEWS	뉴스그룹

URL의 예는 다음과 같다.

http://www.kangnam.ac.kr

http://www.kangnam.ac.kr/~goodman3/index.html

http://www.microsoft.com

news://news.kornet.net

제3절 인터넷의 다양한 서비스

1. WWW(World Wide Web)

불과 수년 전만 해도 인터넷을 사용하기 위해서는 UNIX의 여러 명령어들을 알고 있어야 했으므로 일반인들에게는 어렵게만 여겨졌고 쉽게 정보를 구하고 공개하기에 유리한 방법은 아니었다. 하지만 1989년 CERN(the European Laboratory for Particle Physics)에 의해 WWW 시스템이 개발되고

1993년 NCSA(National Center for Supercomputing Applications)에서 GUI 환경의 브라우저 Mosaic을 개발한 이후 사용자 편의성이 크게 향상되어 현재에까지 폭발적인 사용자 증가 추세를 보이고 있다. 다음은 World Wide Web에 관련된 주요 내용이다.

1) 주요 용어

① Hypertext, hypermedia

일반적으로 우리가 사용하고 있는 책이나 문서들은 그 형태가 순차적이다. 그러나 하이퍼텍스트는 비순차적인 문서로 문서의 순서는 그 문서를 열람하는 사람에 의해 정해진다. 문서를 보는 사람의 선택에 의해 다음 페이지가 결정되는 것이다. 하이퍼텍스트는 문자로 이루어진 문서와 링크로 구성된다. 하이퍼미디어는 문자로 이루어진 문서뿐만 아니라 멀티미디어 정보로 구성된 문서로서 하이퍼텍스트처럼 문서를 연결하는 것이다.

② HTTP(Hyper − Text Transfer Protocol)

HTTP는 WWW에서 이용되는 하이퍼텍스트 전송을 위한 프로토콜이다.

③ URL(Uniform Resource Locator)

URL은 인터넷상의 여러 정보자원을 지칭하기 위해 쓰인다. 일반적인 형태는 다음과 같다. method://host − name.domain/path

④ HTML(Hyper − Text Mak − up Language)

HTML은 하이퍼텍스트 문서를 기술하는 언어이다. SGML(Standard Generalized Markup Language)이라는 보다 일반화된 언어로부터 만들어졌으며 기존의 문서에 HTML에서 정의된 태그(tag)에 의해 기본적인 문서의 포맷 지정이나 하이퍼텍스트 연결의 보충 등을 기술할 수 있다. 삽입하는 형태로 하이퍼텍스트 문서를 만들 수 있다. Web 서버에서 제공하는 기본적인 문서의 형태가 HTML이다.

⑤ Web Browser(웹 브라우저)

Web의 클라이언트 역할을 하는 것으로 이것을 이용하여 인터넷을 편리하게 이용할 수 있다. 앞서 언급된 여러 가지 프로토콜을 WWW의 클라이언트(웹 브라우저)로 다룰 수 있다. 웹 브라우저는 프로토콜의 내용을 해석하고 그에 해당하는 표시 등을 하기 위한 기능을 가지고 있다. 브라우저에 따라 지원되는 것이 있고 지원되지 않는 프로토콜이 있다.

대표적인 웹 브라우저로 Netscape Navigator, Mosaic, MS Internet Explorer, Lynx 등이 있다.

2) WWW의 동작

WWW은 HTTP를 이용하여 클라이언트와 서버가 접속하고 HTML 문서로 클라이언트에 전송된다. 기본적인 동작은 클라이언트가 서버에 문서를 요청하면 그 문서를 전송하는 형식이다. 클라이언트가 웹 서버에 문서를 요청하는 메시지를 보내면 웹 서버는 요청한 문서를 HTML 형태로 클라이언트에 보낸다.

2. 인터넷 서비스의 종류

1) 전자 메일(Electronic Mail)

인터넷을 통해 가장 많이 전달되는 데이터가 바로 전자 메일 데이터이다. 전자 메일은 언제 어디서나 전 세계에 있는 상대방에게 무료로 빠르게 편지를 전달할 수 있기 때문에 기존의 종이로 된 편지를 빠르게 대처해 가고 있다.

[그림 2-5] 전자 메일

2) 인터넷 비즈니스

인터넷 비즈니스란 인터넷과 정보 기술을 결합하여 기업 구조를 바꾸고 이익을 창출할 수 있는 모든 사업 형태를 의미한다. 일반적으로 웹을 이용한 인트라넷을 구축하여 기업의 업무 혁신과 이윤을 극대화하며, 소비자들의 요구에 신속하게 대응하여 최대의 만족을 제공한다.

3) 전자상거래

전자상거래는 인터넷상의 쇼핑몰에서 물건을 검색하고, 주문, 구입하는 인터넷 활용 서비스로 실제 상점에 비해 빠르고 편리하여 사용자가 점차 늘어나고 있는 추세이며, 쇼핑몰을 운영하는 측에서는 운영을 위한 점포와 관리를 위한 점원이 필요 없기 때문에 경제적인 면에서 수익성이 높기 때문에 전망이 밝다.

[그림 2-6] 전자상거래

4) 교육

인터넷을 이용한 사이버 교육은 다양한 계층에서 실질적인 실시간 교육 서비스를 제공한다. 사이버 교육은 지역과 시간에 관계없이 시행되므로 매우 편리하다. 또한, 전자도서관은 네트워크를 이용하여 책과 논문 등을 검색하고 해당 자료를 제공받을 수 있다. 이러한 전자도서관은 각종 문헌을 전자 문서화함으로써 보관 장소와 관리비용이 최소화되며 컴퓨터와 네트워크를 이용한 검색과 내려 받기가 가능하므로 시공간적 제약을 극복할 수 있다.

[그림 2-7] 대학 사이버 교육

5) 문화

인터넷을 이용하여 인터넷 방송이나 영화 시청 그리고 음악 청취는 시공간을 뛰어넘어 편리하게 문화생활을 영위할 수 있도록 해 준다. 뿐만 아니라 인터넷 게임은 실세계가 주는 제약에서 해방되어 사이버 공간에서 여러 사람들이 한꺼번에 게임에 참여하여 경쟁하거나 협조면서 다양한 즐거움을 만끽할 수 있도록 해 준다. 이 외에도 극장이나 열차의 좌석 예매, 주식 매매, 은행 업무(인터넷뱅킹), 최신 뉴스 및 신문 읽기 등 실세계에서의 비효율적인 시간 활용을 보다 효율적으로 이용할 수 있도록 해 준다.

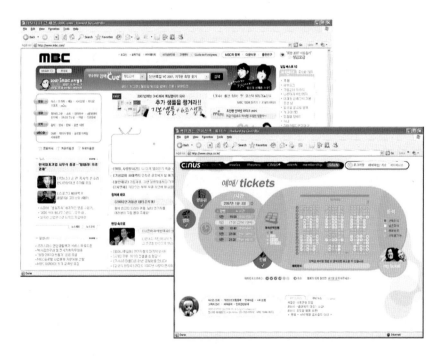

[그림 2-8] TV 사이트와 영화관 사이트

6) 통신

인터넷을 이용한 인터넷 폰은 음성 정보를 상호 교환하는 서비스로 미국의 보컬텍(VocalTec)이 1995년에 인터넷을 통한 음성 전달 소프트웨어를 처음 개발하면서 시작되었다. 이러한 인터넷 폰은 기존의 전화보다 저렴한 비용으로 국제전화를 이용할 수 있다.

인터넷 채팅에서 발전된 메신저(Instant Messenger)는 인터넷에 연결된 전세계의 친구들과 실시간으로 의사를 소통할 수 있는 서비스로 오늘날 인터넷에서 가장 많이 이용하는 서비스 중 하나이다.

[그림 2-9] 메신저

제4절 정보검색과 인터넷 검색 엔진

인터넷은 WWW(World Wide Web, 이하 웹)이 등장하면서 폭발적인 성장을 거듭하고 있다. 특히, 홈페이지 수가 급속하게 증가되면서 인터넷에 내포된 정보는 가히 상상도 할 수 없을 만한 정보량이 되고 있다. 뿐만 아니라, 일반적으로 우리가 사용하는 도서관 목록이나, 인쇄물, 상용 데이터베이스에 비해 훨씬 더 복잡하고 중앙 관리 체계가 없기 때문에 표준 포맷도 없다. 따라서 정리되지 않은 복잡한 정보 창고에서 원하는 정보를 찾아 오랜 시간 헤매는 것은 어쩌면 당연한 일일 것이다. 따라서 인터넷에서 원하는 정보를 찾기 위해 검색 엔진(Search Engine)은 없어서는 안 될 필수적인 기능이다.

검색 엔진은 그 유형에 따라 크게 주제별로 디렉터리를 유지하는 디렉터리 서버(Directory Server)와 일반적인 검색 엔진(Search Engine), 그리고 메타 검색 엔진(Meta Search Engine) 등으로 구분된다.

'검색 엔진'이라는 용어는 검색 엔진과 디렉터리란 개념의 구분 없이 사용된다. 하지만 엄밀히 말하면 이 두 방법은 리스트를 어떻게 컴파일 하느냐에 따라 차이가 나는 검색 방법이다.

〈표 2-6〉 검색 엔진

검색 엔진	디렉터리
HotBot과 같은 검색 엔진은 그 리스트를 자동적으로 생성한다. 검색 엔진이 웹을 훑고 다니고 사용자들은 그 검색 엔진이 찾아낸 내용을 검색하게 된다. 만약 웹 페이지 내용이 바뀌었다면 검색 엔진이 검색 동안 그 변경내용을 인식하여 페이지 리스트에도 그 변경 내용을 즉각 반영한다. 페이지 제목, 본문 내용, 기타 요소들이 모두 반영된다.	야후와 같은 디렉터리는 사람들이 직접 만든 리스트에 의존한다. 사용자들이 사이트에 간단한 내역을 제출하거나 디렉터리 편집자가 자신이 검토한 사이트에 대해 간단한 설명을 기술해 놓는다. 이렇게 내역이 제출된 디렉터리를 대상으로만 일치하는 내용이 검색되게 된다. 웹 페이지를 변경하였더라도 디렉터리 리스트 결과에 바로 반영이 되지 않기 때문에 반드시 변경된 내용을 수정하여야 한다.

1. 검색 엔진의 분류

1) 디렉터리 방식(주제별 검색 엔진)

인터넷에 있는 정보를 주제에 따라 분류해 놓은 목록을 제공하는 검색 엔진을 디렉터리 방식 또는 주제별(대분류) 검색 엔진이라고 한다. 주제별 검색 엔진은 정보를 찾기 위해 특별한 주제어(키워드)나 중심어를 선택하기 어려운 경우에 사용하면 해당 정보에 쉽게 접근할 수 있는 검색 엔진이다. 웹 사이트에는 주소와 그 사이트의 대표적인 내용 설명을 데이터로 가지고 있다. 예를 들어 'http://www.unicoop.co.kr'이라는 사이트인 경우, 주소와 함께 '대학생을 위한 종합 서비스' 식으로 간략한 설명을 담게 된다. 그리고 분류는 '교육: 고등교육: 대학교: 정보 서비스' 정도에 속하게 될 것이다. 즉 도서관에 비유하자면, 책의 제목과 책에 대한 간략한 소개를 담아 놓은 데이터베이스인 것이다.

검색은 등록된 사이트와 항목에 대해서만 가능하고, 속도가 빠른 것이 장점이다. 한 단어 내지 두 단어 정도의 검색어이면 만족할 만한 결과를 얻을 수 있다. 대부분의 경우 자체의 분류 항목을 먼저 검사하고, 그 안의 사이트를 검색한다. 항목 검사가 디렉터리 방식의 가장 큰 장점이다.

데이터의 양은 많은 곳은 수십만, 적은 곳은 수만 개의 데이터를 가지고 있다. 로봇 방식에 비해 데이터의 양이 100분의 1 정도로 적지만 알찬 정보가 많다. 실제 데이터 비율은 2:1 정도로 보아야 정확하다.

디렉터리 방식은 분야별로 검색이 가능하고, 검색된 데이터가 찾고자 하는 정보와 일치할 확률이 높고 특정한 정보를 담고 있는 문서가 아닌, 어떤 주제에 관한 사이트를 검색하는 데 유용하다는 장점을 가지고 있어 분야를 검색하는 기능이 뛰어나지만, 세밀한 검색이 불가능하다는 것이 단점이다. 디렉터리 방식인 주요 주제별 검색 엔진은 다음 <표 2-7>과 같다.

<표 2-7> 주요 주제별 검색 엔진

주제별 검색 엔진	URL 주소	비고
Yahoo(야후)	http://www.yahoo.com	영문
	http://www.yahoo.co.kr	한글
Simmany(심마니)	http://www.simmany.net	한/영문
Galaxy(갤럭시)	http://galaxy.einet.net	영문
WWW Virtual Library	http://vlib.stanford.edu	영문

[그림 2-10] 검색 엔진

2) 로봇 방식(통합형 검색 또는 지능형 검색 엔진)

로봇이란 일종의 소프트웨어로 기존에 수작업으로 홈페이지를 찾아다니며 색인하던 작업을 자동적으로 검색하고, 색인하여 이를 데이터베이스화하는 프로그램이다. 로봇 방식은 사람이 아닌, 로봇이라는 일종의 프로그램이 인터넷을 여행하면서 자동으로 홈페이지를 등록하게 된다. 따라서 사용자나 운영자의 입력이 불필요하며 자동으로 일정 기간마다 갱신된다. 등록 내용은 초기화면의 주소만 등록되는 디렉터리 방식과 달리 모든 문서의 내용이 저장된다. 책에 비유하면 표지만 등록되는 디렉터리 방식과 달리 책의 모든 내용이 등록된다.

이러한 로봇에 의해 만들어진 데이터베이스는 대부분이 주제어 검색이 가능하도록 설계되며 이때부터 인터넷 검색 엔진이 주제 검색에서 주제어 검색으로 전환하기 시작했다. 과거에 주제 검색 방식만 지원했던 검색 엔진들도 지금은 대부분이 주제어 검색 방식을 함께 제공하고 있다.

로봇 방식의 검색은 데이터의 양이 수천만에 달하므로, 한두 단어의 검색어로는 원하는 결과를 얻지 못할 수도 있다. 검색 사이트에 따라 다르지만, 정밀한 검색식을 사용하는 사이트도 있고, 사용자의 의도를 분석하여 가장 가까운 것을 찾아 주는 사이트도 있다. 검색어를 많이 넣을수록 정밀한 검색이 가능하다. 데이터의 양은 홈페이지의 모든 문서가 등록되므로, 보통 수백만에서 수천만 건의 데이터를 보유하고 있다. 로봇 방식은 데이터의 양이 많으므로 검색어와 검색식에 익숙해지면 아주 정밀하고 빠르게 검색을 할 수 있으며 문서 단위로 검색하므로 특정한 단어에 관해서도 검색이 가능하다는 것이 장점이다. 다음 <표 2-8>은 주요 메타 통합검색 엔진이다.

〈표 2-8〉 주요 메타/통합 검색 엔진

메타, 통합 검색 엔진	URL 주소	비고
미스 다찾니	http://www.mochanni.com	한글
Savvy Search	http://www.savvysearch.com	영문
W3 Search Engines	http://www.cuiwww.unige.ch	영문
CUSI	http://www.nexor.sun.fi	영문
Multithread query page	http://www.www.sun.fi	영문

[그림 2-11] 메타/통합 검색 엔진

3) 메타 검색 엔진(Front - End형 검색 엔진)

메타 검색 엔진에서는 자기 자신은 로봇, 스파이더, 크롤러 등을 이용한 정보 데이터베이스를 구축해 놓지 않고 여러 검색 엔진을 동시에 검색할 수 있도록 제공한다. 메타엔진은 자체의 데이터나 검색 엔진을 가지고 있지 않다. 검색식을 입력하면 다른 검색 엔진들에 그 검색식을 보내고 다시 결과를 받아 정리하여 일정하게 거르고 정렬하여 보여 주는 방식이다. 동시에 여러 개의 검색 엔진을 사용하는 효과가 있고, 검색결과도 뛰어난 편이지만 시간이 오래 걸리는 것이 단점이다.

로봇 방식의 검색 엔진 성능이 발전하면서, 메타엔진의 효용성이 많이 떨어졌고, 최근에는 거의 쓰이지 않는 추세이다.

2. 국내외 범용 검색 엔진173)

1) 야후!(http://www.yahoo.com: 영문, http://www.yahoo.co.kr: 한글)

가장 보편적으로 사용하는 검색 엔진으로서, 사용하기 쉽고, 대중화되어 초보자도 쉽게 사용할 수 있다. 야후는 디렉터리 방식에 속하므로, 사이트 단위로 검색을 하게 된다. 따라서 검색식을 만드는 것이 어렵지 않으므로, 찾고자 하는 단어를 한 개 내지 두 개 정도만 입력하면 손쉽게 결과를 볼 수 있다. 야후 검색 엔진은 결과를 보는 방식이다. 결과는 'Category'와 'Sites'로 나뉘는데, Category는 같은 주제를 가진 사이트를 모아 놓은 것이고(하드디스크의 디렉터리와 비슷하다.), Site는 검색어와 일치하는 사이트들을 의미한다(하드디스크의 파일과 비슷하다.). 따라서 특별히 찾고자 하는 사이트가 검색된 경우를 제외하고는, Category를 먼저 찾아보고, Site를 찾아보는 것이 정보에 빠르게 접근하는 방법이다. 다음 [그림 2 - 12]는 야후 검색 엔진의 초기화면이다.

---

173) 임경철 외, 교양인터넷(서울: 정익사, 2000), pp.306 - 336.

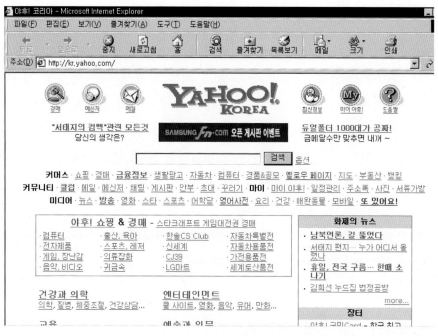

[그림 2-12] 야후 검색 엔진 초기화면

야후의 한국어판인 http://www.yahoo.co.kr도 모든 것이 동일하다. 한국어
판의 카테고리는 미국 야후의 Category와 연결되어 있으므로 미국과 한국을
동시에 검색하는 효과까지 기대할 수 있다. 다음 <표 2-9>는 야후 검색
엔진의 특성을 간략하게 설명한 것이다.

<표 2-9> 검색 엔진 야후의 특성

지원 범위	웹 사이트의 검색과 뉴스그룹 검색, E 메일주소 검색이 가능하다.
특이점	Options로 들어가면 검색의 범위와 방법을 지정할 수 있다.
용도	특정한 주제에 관한 사이트를 찾는 데 가장 적절하다. 특수하거나 지엽적인 정보 단위의 검색은 불가능하다.
장점 & 단점	키워드 한두 개만으로도 만족스러운 결과를 얻을 수 있다. 하지만 세세한 정보는 찾아낼 수 없다. 자체적으로 정보가 검색되지 않을 때는 자동으로 알타비스타와 연결해 준다.

2) 알타비스타(http://www.altavista.com: 영문,
   http://www.altavista.co.kr: 한글)

알타비스타는 1995년 12월부터 서비스가 시작된 검색 엔진으로 검색 엔진 중 검색기능이 가장 우수하다. 알타비스타는 한두 가지의 검색어를 입력하는 것으로는 원하는 정보를 찾을 수 없다. 예를 들어 computer라고 치면 대략 250만 건의 문서가 검색된다. 검색하고자 하는 단어를 차례대로 입력해도 그럭저럭 결과가 나오지만, 정밀하게 검색하기 위해서는 검색 기호를 사용하여 직접 검색식을 만들어야 한다. 알타비스타에서 사용하는 검색 기호는 수십 가지가 있지만, 다음 <표 2-10>에 제시된 연산기호만 알아도 쉽게 검색할 수 있다. Boolean Algebra의 기호인 and, or, not, near의 기호와 아래 표의 기호를 혼합하여 사용하면 더 좋은 결과를 얻을 수 있다. 알타비스타 검색 엔진의 특성은 다음 <표 2-10>과 같다.

<표 2-10> 알타비스타 검색 엔진 연산기호

대소문자 구분	소문자만 입력할 경우 대소문자 모두 검색된다. 대문자가 하나라도 입력되면 대소문자를 엄격히 구분한다.
*(wildcard) 사용	도스처럼 *를 사용할 수 있다. 단, 단어의 맨 마지막에만 가능하다.
+, - 사용	+는 반드시 들어가야 하는 단어, -는 절대 들어가서는 안 되는 단어이다.
_ _ 사용	여러 단어로 이루어진 검색어를 " " 로 하면, 하나의 단어로 인식한다.
*, +, -, _ _: 이외의 기호는 제외	옆의 기호 이외는 모두 빈칸으로 인식한다.
title:	홈페이지의 제목만 상대로 검색한다.
host:	호스트 이름에 검색어가 있는 홈페이지만 검색한다.

위의 표를 참조하여 검색식을 만들어 보자. +title: 'frog prince' tale story-dragon host: uk라는 검색식의 의미를 살펴보면, 제목에(title:) frog prince가 반드시(+) 들어가야 하고, tale이나 story라는 단어가 들어가면 더 좋고(+, -가 없으므로 있으면 좋고 없으면 그만이다.), dragon이라는 단어가 들어가서는 안 되며, 영국(uk) 내에 있는 문서를 검색하라는 의미이다.

지원 범위	웹 사이트 검색과 뉴스그룹 검색, 다국어 검색이 가능하다.
특이점	데이터의 수가 가장 많으며 숙련된 경우에는 가장 강력한 검색 엔진이다.
용도	초보자들이 사용하기에는 약간 어렵고, 일정수준 검색식에 숙련되어 있어야 제대로 된 결과를 얻을 수 있다. 다른 검색 엔진에서 결과를 못 얻을 때 최후의 보루로 사용할 수 있는 검색 엔진이다.
장점 & 단점	검색식을 잘 만들어 내면 원하는 정보를 쉽게 찾을 수 있지만, 잘못 만들었을 경우 예상치 못한 결과를 보여 준다. 데이터의 개수가 워낙 많아 한두 개의 검색어로는 결과를 얻기 힘들다.

다음 [그림 2-13]는 알타비스타 검색 엔진의 초기화면이다.

[그림 2-13] 알타비스타 초기화면

검색식을 잘 만들어 내면 원하는 정보를 쉽게 찾을 수 있지만, 잘못 만들었을 경우 예상치 못한 결과를 보여 준다. 데이터의 개수가 워낙 많아 한두 개의 검색어로는 결과를 얻기 힘들다.

3) 핫봇(http://www.hotbot.com)

핫봇 검색 엔진은 검색의 적합률이 대체로 높은 편이다. 다시 말하면 검색자의 의도와 가장 가까운 결과를 보여 주는 검색 서비스 엔진이다[그림 2 - 14].

[그림 2-14] 핫봇 검색 엔진 초기화면

특히 핫봇은, 사용하기 쉽고 결과의 정확성이 높으며 특정한 파일 타입 (예를 들어 그림, 동영상 등)에 관해서 검색이 가능하다는 것이 장점이다. 핫봇은 검색식 없이 자신이 찾고자 하는 검색어(두 개 이상도 가능하다)를 입력하는 것만으로도 알타비스타와 야후에 버금가는 검색결과를 보여 준다. 특이한 점은 'Image, Audio, Video, Shockwave'를 지원해 주는 것이다. 검색어를 입력하고, Image에 클릭하면 관계되는 사진이 있는 홈페이지를 찾아 주는 기능을 가지고 있다. 이런 기능 때문에 핫봇은 문서만 찾아 주는 다른 검색 서비스에 비해 활용도가 훨씬 높다. 화면 아래의 'Super Search'를 클릭하면 더 정밀한 검색이 가능하며, 자신이 지정하는 파일 타입(예를 들어 .scr을 입력하면 화면 보호기를 검색)에 관해서 검색할 수도 있다. 단순한 문서가 아닌 파일을 찾거나, 복잡한 검색식을 만들 자신이 없다면 핫봇이 가장 사용하기 편한 검색 서비스일 것이다. 다음 <표 2 - 12>에서 핫봇의 특성을 설명하였다.

〈표 2-12〉 검색 엔진 핫봇의 특성

지원 범위	웹 사이트 검색이 주이다.
특이점	검색식을 사용하지 않음에도 불구하고, 사용자의 의도와 일치하는 결과가 많이 출력되어 사용하기 쉽다.
용도	파일의 검색에 많이 사용하며, 검색식을 만들 자신이 없을 경우에도 도움이 된다.
장점 & 단점	사용하기 쉽고, 파일 단위로 검색이 가능하다.

4) 라이코스(http://www.lycos.com)

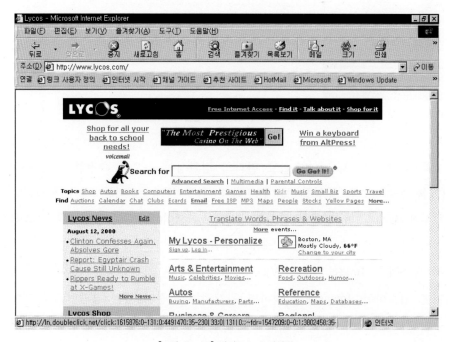

[그림 2-15] 라이코스 초기화면

라이코스 검색 엔진은 최근 들어 알타비스타에 비해 이용도가 낮지만 다른 검색 엔진에 비해 역사와 전통을 자랑하는 검색 엔진이다. 로봇 방식으로 성공한 거의 최초의 검색 엔진이고, 핫봇처럼 사용이 쉽다. 다음 <표 2 – 13>는 검색 엔진 라이코스의 특성을 설명한 것이다.

〈표 2 – 13〉 검색 엔진 라이코스의 특성

지원 범위	웹 사이트 검색이 주이고, 그래픽과 사운드 검색이 가능하다. 자체 선정기준에 의해 뽑은 Top 5%에 한해서 검색할 수 있어, 양질의 사이트를 찾아낼 수 있다.
특이점	갱신 주기가 빠르고, 천만 건 정도의 데이터를 계속 유지한다. 없어진 사이트도 빨리 삭제되며, 점수가 출력되어 사용하기 편리하다.
용도	야후 다음으로 사용하기에 적당하다. 알타비스타가 어렵다면 라이코스가 대안이 될 수 있다.
장점 & 단점	쉽게 사용할 수 있지만, 알타비스타만큼 정밀하게 검색하는 것은 불가능하다.

5) 심마니(http://www.simmani.com)

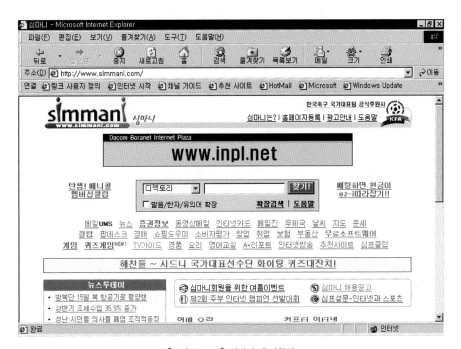

[그림 2 – 16] 심마니 초기화면

심마니 검색 엔진은 주식회사 한글과 컴퓨터에서 개발된 검색 엔진으로서 많이 사용되는 엔진이다. 심마니는 국내에서 만든 만큼 한글 검색에 적합하게 만들어져 있으며, 디렉터리 방식과 검색 엔진 방식을 동시에 지원한다. '검색어'란에 검색하고자 하는 단어를 입력하는 것으로 검색이 이루어지며, 두 개 이상을 입력할 경우 '와(과)'와 '또는'을 사용할 수 있다. '와'는 and 역할을 하고, '또는'은 or 역할을 한다. 옆의 발음 확장은 비슷한 발음이 나는 단어를 찾아 준다. 실수로 '팬티움'이라고 입력해도, '팬티엄', '펜티엄' 모두 검색된다. 검색결과에서 분류 항목은 야후의 Category, 사이트는 Site, 웹 문서는 알타비스타의 문서와 비슷한 의미이다. 따라서 분류 항목부터 찾아보는 것이 좋다. 신문기사는 같은 검색어로 국내 신문을 검색할 수 있으며, 그 뒤의 세 가지는 외국 검색 엔진이다. 심마니는 국산 검색 엔진답게 한글에 잘 어울리며, 여러 가지의 검색방법(분류항목, 사이트, 웹 문서……)을 동시에 사용하므로 검색결과의 신뢰성도 높다. 다음 <표 2-14>은 검색 엔진 심마니의 특성을 나타낸 표이다.

〈표 2-14〉 검색 엔진 심마니의 특성

지원 범위	국내 웹 사이트에 한해 검색할 수 있으며, 신문기사도 동시에 검색할 수 있다.
특이점	한글 처리에 있어서는 타의 추종을 불허한다. 그리고 오래된 역사만큼 데이터도 충실하며, 다양한 검색방법을 동시에 시도할 수 있다.
용도	국내 사이트 검색에 가장 널리 쓰인다.
장점 & 단점	쉬운 사용법이 장점이지만, 시스템이 약간 불안한 것이 큰 단점이다.

6) 네이버(Naver)(www.naver.com)

네이버는 한국과학기술원 데이터베이스 및 멀티미디어 연구실에서 개발한 검색 엔진 프로그램이다. 형태분석기를 사용하여 정확한 한글/한자 및 영어 처리와 복합명사 분석기능을 제공하고 다양한 연산자와 정교한 검색 도구를 제공하기 때문에 최근 국내 및 국외에서도 각광을 받고 있다. 다음 [그림 2-15]는 네이버 검색 엔진 초기화면이다.

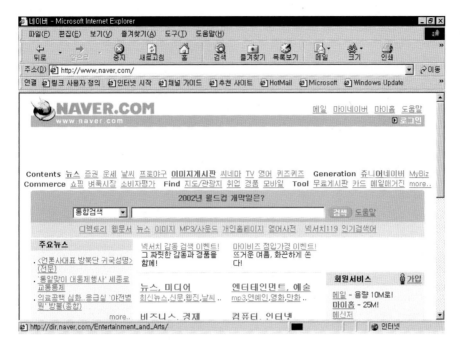

[그림 2-17] 네이버 검색 엔진 초기화면

3. 기타 검색 엔진

주로 많이 이용되고 있는 검색 엔진을 위에서 소개하였다. 이 외에도 검색 엔진은 여러 종류가 있으나 여기에서는 특징이 있는 검색 엔진 중 간단히 몇 가지 Site를 소개하고자 한다.

1) 해외 검색 엔진

■ http://isurt.yahoo.com
이미지만을 전문적으로 검색해 준다.
■ http://www.infoseek.com
웹, 뉴스, FAQ 등 다양한 영역에 관해 검색할 수 있으며, 주로 한 가지 주제에 관해 다양한 방법으로 심도 있게 검색하고자 할 때 주로 사용한다.
■ http://www.excite.com

자체적인 평가 기준에 의해 분류한 5만여 개의 사이트를 따로 제공하고 있다. 얼마 전의 검색 엔진 평가에서 핫봇에 이어 2위를 차지했다.

■ http://www.mckinley.com

마젤란이라고 부르는 검색 엔진으로 익사이트처럼 자체 평가기준에 의해 별(★)을 사용하여 사이트를 추천하고 있다.

■ http://www.semio.com

자바 기술을 사용한 검색 엔진인데, 아직 안정화가 되지 않은 듯하다.

2) 국내 검색 엔진

■ http://www.kachi.com

대구대학에서 개발한 검색 엔진으로 알타비스타와 같이 로봇 방식으로 동작한다. 대학에서 개발한 만큼 기능은 뛰어나지만 속도가 느리다.

■ http://ibot.iworld.com

ISP인 아이네트에서 제공하는 검색 엔진으로 검색어와 관련된 광고를 게재하는 방식이 독특하다.

■ http://www.zip.org

나우누리의 인터넷 동호회인 ISF에서 만든 검색 엔진으로, 디렉터리 방식을 사용하고 있다. 인터넷 초보자들에게 도움이 되는 사이트로 뽑혔다.

■ http://www.idetect.com

정보탐정이라는 검색 엔진으로 검색결과가 좋은 편이다.

■ http://www.dir.co.kr

한국의 디렉터리 목록으로 데이터가 충실하다. 하지만 검색기능이 빠져 있다.

3) 메타 검색 엔진

■ http://guaraldi.cs.colostate.edu:2000

메타 검색 엔진 중 가장 유명한 검색 엔진이다.

■ http://www.search.com

인터넷 토털 서비스 업체인 CNET에서 만든 검색 엔진으로 자체의 검색기능도 제공하고 있다.

■ http://www.mochanni.com

'미스 다찾니'라는 서비스로 국내에서 제일 많이 활용되는 메타 검색 엔진이다.

4) 특수 검색 엔진

- http://www.simmany.com

  검색 엔진 목록을 보관하고 있다.

- http://www.dejanews.com

  뉴스그룹 기사를 검색하는 엔진이다. 다양한 검색방법을 제공하며, 뉴스그룹에 바로 글을 쓰는 등, 뉴스그룹과 관련된 모든 기능을 제공한다.

- http://www.cnn.com/SEARCH/index.html

  CNN에서 제공하고 있는 시사 뉴스를 검색할 수 있다.

- http://www.bigbook.com

  기업정보, 개인정보, 전화번호, 메일주소 등을 검색할 수 있다.

- http://cityguide.lycos.com

- http://city.net

  도시 정보검색 엔진이다.

- http://www.filez.com

  소프트웨어와 쉐어웨어 등을 검색해 준다.

제5절 도서관에서 인터넷 활용

1. 인터넷이 도서관에 미친 영향

정보사회에서는 도서관이 정보의 제공처로서 대단히 중요한 위치에 있다. 오늘날 많은 도서관들이 전자도서관 시스템(Electronic Library System)을 구축하여 운영되고 있으며, 전자도서관은 소속기관 내의 전산망과 연동되어 있기 때문에 도서관 소장 데이터베이스뿐만 아니라 인터넷 정보망을 통하여 다양한 협력적 기반 위에서 여러 정보 제공 기능을 수행하고 있다. 인터넷 정보망으로 연결된 전자도서관은 전통적인 도서관 업무인 상호 대차, 정보봉사, 수서, 문헌전송, 목록, 서지정보 접근, 대출, 장서개발, 문헌조사 등 거의 모든 분야에 응용될 수 있다.[174] 또한 전자정보가 증가하고 그 입수도

용이해짐에 따라 이러한 정보자원을 조직화하는 작업도 전자도서관에서 이루어지고 있다. 도서관에서는 오랫동안 정보자원을 공유하는 일에 가담해 왔는데, 1960년대 중반에 미 의회도서관에서 마련한 MARC는 그 대표적인 예라 할 수 있으며 최근에는 전문 데이터베이스를 구축하여 이용하거나 전문 데이터베이스 정보센터와 협력하여 목록뿐만 아니라 전문까지도(Full text) 검색할 수 있는 전문정보 공유 시스템을 갖추고 있다. 이와 같은 결과로 세계의 정보센터인 OCLC, WLN는 데이터베이스의 네트워크화에 선두 주자가 되었고, 통신 시스템의 발달과 더불어 도서관과 이용자들의 정보이용 방법에 대한 종전의 개념을 급격히 변화시켰다. 이제 도서관은 국내의 도서관과의 협력망은 물론 세계 유수의 도서관과도 연결되어 이용자들에게 정보제공 서비스를 극대화시키고 있다. 이러한 협력망 구축은 전자도서관의 구축뿐만 아니라 인터넷 정보망이 큰 역할을 했다 해도 과언이 아닐 만큼 인터넷의 공헌이 크다 하겠다. 다음은 미국과 일본의 전자도서관 중 많이 알려진 도서관의 사이트를 소개한 것이다.

1) Berkeley Digital Library SunSITE http://sunsite.berkeley.edu

이곳은 전자출판물과 서비스를 구축·제공하고 있는 UC Berkeley 도서관과 Sun Microsystems사의 지원을 받아 유지되는 대표적인 전자도서관이다. 세계 각국의 Digital Librarian이 매일 새로운 정보를 제공하고 있는 'What's New', 원하는 정보를 찾는 데 유용한 각종 목록과 색인을 모아둔 'Catalogs & Indexes', 각종 검색자료 및 행정정보를 모아 둔 'Help & Search', 문서와 자료를 모아 둔 'Collections', 지적 재산권 및 기술정보 등 전자도서관 개발자들을 위한 자료를 제공하고 있는 'Information', 전자도서관 사업을 추진하고 있는 각 도서관들의 계획서 및 제안서 등을 모아 둔 'Research & Development' 등이 메뉴로 제공되고 있다.

---

174) 강숙희, 「도서관 참고봉사에 있어서의 인터넷 정보자원의 활용」, 도서관, Vol.50 No.2, 1995, pp.27 – 53.

2) Libweb – Library Servers via WWW
http://sunsite.berkeley.edu/Libweb/

Libweb에는 현재 6대륙의 45개국 1,000개 이상의 도서관 리스트가 수록되어 있다. 키워드로 검색이 가능할 뿐만 아니라 각 국가별로 관련 도서관을 검색할 수도 있다.

3) British Library http://portico.bl.uk

대영도서관의 온라인 정보서버인 PORTICO(Online Information about the British Library)는 영국 국립도서관의 소장 도서 및 각종 서비스에 대한 정보를 제공한다. 또한 대영도서관은 유럽의 국립 혹은 연구도서관들을 위하여 Gabriel과 CERN(Consortium of European Research Libraries) 웹 서비스의 호스트 역할을 하고 있다.

Gabriel은 유럽의 국립도서관들을 위한 웹 서버로, 유럽국가 간의 국립도서관의 기능, 서비스, 정보검색을 단일화하려는 데 그 목적이 있다. Gabriel을 통하면 유럽국가 34개국의 국립도서관을 방문할 수 있다.

CERN의 목적은 연구도서관들이 유럽 인쇄물의 개발과 유지, 접근을 개선하기 위해 정보원과 전문성을 공유하고자 하는 것이다.

4) DTB Information http://www.dtu.dk/index_e.htm

이 사이트는 덴마크에 있는 전문도서관에 대한 정보를 제공하며 대부분의 정보는 영어로 구성되어 있다.

5) National Diet Library(日本 國立國會圖書館) http://www.ndl.go.jp

일본 국립국회도서관은 국회의 입법연구 활동을 지원하는 의회도서관과 일반 국민들을 위한 국립도서관의 기능을 가진 포괄적인 도서관이다.

이곳은 일본 국립국회도서관의 소식, 서비스, NDL의 전망으로 구성되어 있다. 특히 새로 추가된 정보인 국립국회도서관 전자도서관 프로젝트 (Electronic Library Projects of National Diet Library)에는 Pilot Electronic Library의 목적과 연혁, 프로젝트의 종류에 대해 기술되어 있고 아시아 자료에 대한 목록을 이미지화하여 수록한 Asian Information Supply System 등에 대한 설명이 수록되어 있다.

6) National Library of Australia http://www.nla.gov.au

호주국립도서관의 새로운 소식, 소장 도서정보 안내가 수록되어 있으며, 웹이나 Telnet을 통해 OPAC 검색을 할 수 있다.

그 외 인터넷 관련 정보, 각국의 정부기관 및 호주의 정부기관들이 연결되어 있고, 정부의 정책과 정보고속도로(Information Superhighway)에 관하여 호주를 비롯한 미국, 일본 등 6개국의 자료와도 연결되어 있으며, 호주의 각 도서관 및 온라인잡지 등과도 연결되어 있다.

7) National Library of Canada http://www.nlc‐bnc.ca/ehome.htm

캐나다 국립도서관은 의회에 의해 설립된 연방기관이다. 캐나다의 출판물을 수집·보존·발전시키는 것 외에도 범국가적으로 도서관 정보원과 서비스를 개발하여 캐나다 각 도서관의 정보공유를 촉진하는 역할을 담당하고 있다. 메뉴는 크게 일반정보, 서비스, 캐나다 정보원으로 나뉘어 있다.

'일반정보'에서는 도서관에 관련된 각종 정보가 제공되고 있고, '서비스'는 도서관, 출판인 및 연구원들을 위한 서비스로 나누어 접근하도록 되어 있고, 서비스 중 'Access AMICUS'를 선택하면 2개 국어로 구성된 AMICUS 라는 정보 시스템에 접근할 수 있으며 전자출판물도 검색이 가능하다. '캐나다 정보원'에는 정부기관, 주제별 정보, 캐나다의 각 도서관 및 목록, 디지털 프로젝트 등이 소개되어 있다.

8) NL.Line; National Library Board of Singapore

　http://www.asianconnect.com/nlline

　싱가포르 국립도서관위원회에서는 각 지역 도서관에 관한 정보와 도서관 서비스, 데이터베이스, 뉴스, 웹 정보 등에 대해 안내하고 있다. NL.Line은 싱가포르 국립도서관위원회에서 사용되고 있는 OPAC 데이터베이스의 온라인 목록검색이 특징이다.

9) U. S. Library of Congress http://www.loc.gov

　미 의회도서관은 미래사회를 위해 역사적이고 독창적인 자료들을 수집, 유지, 보존할 뿐만 아니라 국립 디지털도서관 프로젝트(National Digital Library Project)를 통해 국내외 어느 곳에서도 검색할 수 있도록 하고 있다.

　미국의 문화와 역사와 관련된 일차정보원과 기록 자료로 구성되어 있고 영상과 사진 및 음향 자료 등도 제공되는 'American Memory', 입법과정 및 법안에 대한 정보가 제공되는 'THOMAS', 각종 전시물을 볼 수 있는 'Exhibitions', 수서, 정리, 특별 프로그램, LC 목록기준 및 접근법 등에 관한 정보가 제공되는 'Library Services', 연구원과 정보전문가를 위한 곳으로 LC 목록, 타 도서관, 특수주제 데이터베이스, 그 외 LC의 인터넷 정보원들이 연결되어 있는 'Research Tools' 등이 메뉴로 제공되고 있다. 또한 미국 특허청과 세계법률정보망, LC 잡지인 Civilization과도 연결되어 있다.

10) Schweizerische Landesbibliothek;

　　Swiss National Library http://www.snl.ch

　스위스 국립도서관의 홈페이지로서, 방문자들은 도서관에 대한 전반적인 안내정보를 볼 수 있을 뿐만 아니라 OPAC을 이용하여 소장목록에 접근할 수도 있다. 이 사이트의 정보는 독어와 불어로 되어 있다.

11) WWW Virtual Library http://www.w3.org/vl/

W3 가상도서관은 주제별, LC분류별, 인기순위 10위 내의 주제분야별, 홈페이지 방문 횟수에 따라 리스트화한 통계별로 구분하여 검색할 수 있다.

12) 국내 전자도서관 사이트 사례

- 서울대학교 중앙도서관(http://solarsnet.snu.ac.kr)
(각종 학술정보 및 전자저널 제공)
- 한국과학기술원(KAIST)과학도서관(http://libr0.kaist.ac.kr)
- 대외경제정책연구원(http://www.kiep.go.kr/~vlib)
(가상 참고사서 시스템)
- 기초과학지원연구소 학술정보실(http://biblio.kbsi.re.kr)
(기초과학 학술지 목차 DB 제공 및 원문 복사 서비스)

2. 도서관에서 인터넷 활용 방법[175]

인터넷에서 지원하는 서비스에는 telnet, archie, gopher 등 여러 종류가 있으며 이러한 서비스는 도서관 업무 활용의 목적에서 정보검색 도구와 정보교류 도구의 2가지 형태에서 이용될 수 있다. 정보검색의 도구로는 Archie, Gopher, Veronica, WAIS, Telnet, WWW, Newsgroup, finger, whois 등을 이용할 수 있고 정보교류의 목적으로는 E-Mail, Newsgroup, Mailing List, IRC, WWW 등이 이용된다. 전자도서관에서 활용할 수 있는 인터넷 서비스의 기능은 다음과 같이 설명될 수 있다.[176]

---

175) 문성빈, 「인터넷을 이용한 전자도서관 구현」, KRNET'95 특강자료집, 1995, pp.455-473.
176) 김휘출, 사서를 위한 인터넷(서울: 영미서적, 1995). 참고.

1) 전자우편(E - Mail)

① 전자우편(E - Mail)

전자우편(E - Mail)은 도서관 사서와 도서관 정보이용자 간의 온라인 참고 면담의 도구로 이용하여 데이터베이스의 위치 정보와 전문 자체 정보제공 및 검색 시스템의 원문정보를 제공할 수 있는 원격탐색의 도구로 사용될 수 있다. 이러한 기능은 도서관 간의 우편 서비스나 상호 대차 의뢰와 같은 온라인 정보자원의 문헌 전송을 가능하게 해 줄 뿐만 아니라 출판사와 서적상들과의 도서 주문 및 문의 기능으로 이용할 수 있다.

② 메일링리스트(Mailing List)

메일링리스트(Mailing List)는 같은 관심 분야나 주제를 가진 사람들끼리 전자우편으로 정보를 교환 또는 토론하는 도구를 말한다. 잘 알려진 메일링리스트 'Listserv'에 가입만 하면 모임에서 송신되는 모든 메일들을 받아 볼 수 있기 때문에 도서관 사서들에게 가장 인기 있는 서비스의 하나이다. 따라서 메일링리스트는 도서관 종사자들 간의 정보교환의 도구로 이용할 수 있음은 물론 도서관 사서들 간의 인간관계를 넓혀 주며 도서관 이슈를 신속히 접할 수 있게 해 주어 도서관의 균등한 발전을 가능하게 한다. 외국에서는 도서관 관련 메일링리스트가 수백 개에 이를 정도로 활성화되었다. 다음은 도서관 사서나 도서관 정보이용자들이 주로 이용할 수 있는 메일링리스트들이다.

- ARIZSLS@LISTSERV.ARIZONA.EDU(도서관학 토론)
- BI - 1@VM1.NODAK.EDU(도서관 이용자)
- COLLDV - L@USCVM(장서개발)
- ILL - L@UVMVM(상호 대차 토론 그룹)
- LIBADMIN@UMAB(도서관 경영)
- LIBRARY@MIAMIU(도서관과 사서)
- LIBREF - L@KENTVM(도서관 정보검색)
- LIBRES@KENTVM(문헌정보학 연구)

③ 뉴스그룹(Newsgroup)

뉴스그룹(Newsgroup)은 인터넷상에서 전문 주제별로 정보를 교환하는 일종의 게시판으로서 흔히 'Usenet'이라고도 한다. 뉴스그룹에서는 각종 의견의 교환이나 토론, 회의가 가능하므로 부진한 도서관 및 유관기관 간의 신속한 연락망(각종 정보교환, 학술 세미나 및 행사 안내 등)과 학술 토론의 장으로 활용할 수 있으며, 대표적인 도서관 관련 뉴스그룹은 다음과 같다.

- alt.info−science(도서관학)
- asu.library.announce(도서관 안내)
- bit.listserv.autocat(도서관 목록)
- bit.listserv.circplus(도서관 환경)
- bit.listserv.libref−l(참고봉사)
- bit.listserv.libres(문헌정보학 연구)
- bit.listserv.lis−l(문헌정보학과 학부생)
- comp.internet.library(전자도서관에 대한 토론)
- k12.library(학교도서관)
- tamu.electronic.library.resources(전자도서관)
- tnn.internet.library(인터넷 도서관 정보)
- utexas.class.lis386−1(문헌정보학 입문)

메일링리스트나 뉴스그룹은 그 수가 매우 많으며 계속적으로 증가하고 있으므로 아래의 사이트에서 검색하면 필요한 리스트를 쉽게 찾을 수 있다.

- http://www.listz.com
- http://www.tile.net:2001

2) Telnet

Telnet이란 이용자가 원격지 호스트에 접속하여 사용할 수 있게 해 주는 서비스이다. 이것은 교육이나 연구 등의 공공목적뿐만 아니라 상업적 데이터베이스를 원격으로 검색할 수 있게 지원하는 데에도 사용된다. 원격 접속시에는 대부분의 호스트들이 사용계정과 패스워드를 요구하지만 상업용 이외의 기관, 예를 들어 대학도서관에서는 OPAC(Online Public Access Catalog)의 열람 및 검색을 누구에게나 허락하고 있다. OPAC은 이용자가 목록정보를 탐색할 수 있는 열람 탐색 시스템으로서 도서관 장서로의 접근점이 다양하고 관내 정보자원의 차원을 넘어 타 기관 정보자원을 이용할 수 있게 하여 온라인 예약, 대출 상태 확인 등을 가능하게 하는 등 이용자 정보 요구를 해소시킬 수 있으며 또한 도서관에서는 타 기관의 OPAC을 이용하여 서지정보 입수, 소장 도서 비교 등을 통해 상호 대차 및 문헌 전송의 주요 접근 도구로 이용할 수 있다.

Telnet을 통해 접근할 수 있는 가장 풍부한 정보원은 바로 전 세계 도서관의 OPAC을 이용한 문헌정보 데이터베이스이다. 물론 대학/연구도서관의 목록뿐만 아니라 일정 비용만 지불하면 OCLC, CARL 등의 종합목록도 이용할 수 있다. 인터넷을 이용한 OPAC은 telnet 이외에도 gopher나 WWW을 통해서도 가능하다.

- telnet 203.244.128.58

그러나 OPAC을 이용하려면 대상 도서관의 IP ADDRESS를 일일이 기억해야 하는 불편이 있으므로 아래의 OPAC의 디렉터리를 이용하면 접근 가능한 도서관 및 전자문헌들의 접근법을 쉽게 알 수 있다.

- http://biho.taegu.ac.kr/~libinfo/link/list.html

3) Gopher

인터넷의 다양한 서비스나 정보자원을 직접 메뉴상에서 번호를 선택함으로써 원하는 서비스를 이용할 수 있도록 해 주는 도구이다. 일반적으로 gopher는 CWIS(Campus Wide Information System)으로 발달하였으며 전 세계에 분산되어 있는 각종 정보를 제공해 주는 서비스이다. 따라서 gopher를 이용하면 교육과 학술적인 정보(예: 도서관 목록, 학교 정보, 신문, 전자사전 등)의 입수에 매우 유용하다. 또한 gopher는 계층구조의 메뉴형식과 전문(full‒text)을 제공하므로 인터넷의 자원을 공유할 수 있는 방법의 하나이다.

- gopher://ukoln.bath.ac.uk:7070/11/
(Bulletin Board for Libraries)
- gopher://gopher.uiuc.edu(전 세계 gopher 정리)
- gopher://marvel.loc.gov/1(미 의회도서관)
- gopher://gopher.msu.edu(네트워크 및 데이터베이스 관련 정보)
- gopher://gopher.unc.edu(도서관 및 정보학 관련 정보)
- gopher://info.anu.edu.au(도서관 정보)
- gopher://gopher.sunet. se:70/11/Subject%20Tree/Library%20Science(도서관 정보)
- gopher:/vega.lib.ncsu.ed u:70/11/beyond/gophers/library‒gophers(도서관 정보)
- gopher://info.anu.edu.au(호주 국립대학)
- gopher://library.berkeley.edu:72/11/ejrnls/Current.Cites(Current Cites)

4) WAIS, Archie, FTP

WAIS(Wide Area Information Server)란 인터넷에 산재되어 있는 데이터베이스를 키워드로 검색하여 주는 도구이다. WAIS는 다양한 종류의 정보의 자동 색인과 전문 검색을 지원하며 동일한 프로토콜(Z39.50)을 사용하여 서로 다른 컴퓨터 시스템 간의 탐색 요구 및 검색결과를 위한 데이터통신을 원활하게 해 준다. 또한 자연어로 검색이 가능하기 때문에 초보자도 쉽게 이용할 수 있으며 다른 서버에 있는 복수의 데이터베이스를 동시에 탐색할 수 있다.

Archie는 인터넷상의 Anonymous FTP 사이트에 있는 파일들을 검색할 수 있게 해 주는 도구이다. 이때에는 파일의 제목을 대상으로 검색하며 검색된 파일은 FTP(File Transfer Program/or Protocol)로 접속하여 전송할 수 있다. 따라서 Archie와 FTP는 그 자체로서 정보원의 가치를 가지고 있지는 않다고 볼 수 있다.

5) WWW

기존의 인터넷 서비스들이 문자 형태로 제공한 것에 비해 WWW은 문자뿐만 아니라 그래픽, 음성, 동화상 등의 멀티미디어 정보를 지원하므로 인터넷의 대중화에 가장 큰 공헌을 하였다. WWW는 Hypertext에 기반을 두고 있으며 기존의 Gopher, WAIS, Archie, FTP, E‒Mail, Newsgroup, Mailing List 등을 통일된 환경에서 제공함으로써 이용자로 하여금 'Internet=WWW'라는 등식을 성립시킬 정도로 인터넷 환경의 커다란 변화를 불러왔다. 최근에 폭발적인 유행을 일으키고 있는 이른바 '인터넷 홈페이지'는 다름 아닌 WWW에서 구동되는 HTML(Hyper‒text Mark‒up Language) 문서를 지칭한다. 화려한 그래픽으로 장식된 홈페이지의 홍수는 일반인들의 정보 마인드 제고에 많은 이바지를 하였지만, 상업적 정보 및 불필요한 정보의 범람, 정보고속도로의 병목 현상 등 수많은 문제점을 노출하기도 하였다.

WWW은 그래픽을 이용하여 사용자가 마우스로 클릭만 하면 원하는 정보를 거미줄처럼 따라가면서 볼 수 있는 방식의 컴퓨터 사용 환경인 GUI (Graphic User Interface)를 구현함으로써 초보자도 쉽게 인터넷을 사용할 수 있게 해 주며 단순히 문자정보라는 틀에서 벗어나 정보를 다양하게 제공하는 인터넷의 가장 대표적인 도구로 자리를 굳혔고, 이러한 장점이 현재 인터넷의 대중화에 결정적으로 기여하게 된 것이다. 도서관에서 유용하게 활용할 수 있는 WWW 사이트를 소개하면 다음과 같다.

- Internet Public Library
- http://ipl.sils.umich.edu

IFLA

- http://www.nlc−bnc.ca/ifla/
- ERIC(교육학, 문헌정보학, 경영학 분야의 학술잡지, 논문의 서지사항 및 초록)
- telnet://ericir.syr.edu

(Login: gopher, Passwd: ?)

- http://ericir.syr.edu

UnCover(CARL이 제공하는 학술잡지 기사 검색 및 원문 전송 서비스)

- telnet://database.carl.org
- http://wdev.carl.org/cgi−bin/unCover/
- Library of Congress(미 의회도서관)
- http://www.loc.gov

Amazon(도서 검색 및 주문)

- http://www.amazon.com
- Bulletin Board for Libraries
- http://www.bubl.bath.ac.uk/BUBL/

ALA

- http://www.ala.org

NlightN(상업용 데이터베이스의 문헌정보 검색)

- http://www.nlightn.com

KINDS(한국언론연구원의 신문 기사 데이터베이스)

- http://www.kpi.or.kr
- Library Web
- http://sunsite.berkeley.edu/Libweb

두산세계대백과사전

- http://dsency.interpia.net

Eletronic Library(유료)

- http://www.elibrary.com

6) 인터넷 정보검색

방대한 인터넷의 정보자원을 효과적으로 이용하기 위해서는 여러 가지의 참고자료를 이용하는 방법 이외에도 검색기술의 습득이 필수적이라 할 수 있다. 인터넷, 특히 WWW의 검색방법은 그 기준에 따라 다양하게 구분할 수 있지만 일반적으로는 검색방법에 따라 주제(Subject) 검색과 주제어(Key-word) 검색으로 나눌 수 있다. 주제 검색은 해당 검색 엔진이 이미 설정해 놓은 주제 분류를 따라 접근하는 방식이며, 주제어 검색은 사용자의 키워드 입력을 통해 검색하는 방법이다.

주제 검색은 '메뉴 검색', '분류 디렉터리' 등으로 불리기도 하는데 천리안과 같은 PC통신 서비스의 메뉴체계나 혹은 도서관에서의 분류표를 떠올리면 쉽게 이해할 수 있을 것이다. 주제 검색을 제공하는 곳은 무수히 많으며 아래는 몇 가지 예이다.

- http://www.bubl.bath.ac.uk/BUBL/ (Bulletin Board for Libraries)
- http://www.spectracom.com/islist/ (Yanoff's Special Internet Connections List)
- http://ivory.im.com/~mundie/DDHC/CyberDewey.html (Dewey Decimal Classification)
- http://korea.directory.co.kr(Korea Directory)

주제어 검색은 기존의 주제 검색을 위해 수작업으로 홈페이지를 찾아다니며 색인하던 작업을 자동적으로 검색하고, 색인하여 이를 다시 데이터베이스화하는 로봇(Robots, 혹은 Spiders) 개념을 도입하여 개발한 것으로서 흔히 '검색 엔진'으로 통칭하고 있다. 이용자는 키워드 입력을 통해 정보를 검색할 수 있으며 효과적인 검색을 위하여 대부분의 검색 엔진은 불리언 논리와 같은 다양한 연산자를 제공한다.

인터넷 검색 방법의 유의사항

① 검색어는 되도록 제목에 나올 만한 것으로 한다.
② 검색 엔진의 용도를 잘 알아야 한다(문서를 검색하면서 야후를 접속하면 안 됨).
③ 특별한 경우가 아니면 디렉터리 방식으로 먼저 검색하고, 로봇 방식을 다음에 사용하는 것이 좋다.
④ 한두 번에 결과를 찾지 못하면 될 때까지 끈기를 가지고 도전한다.
⑤ 검색 엔진을 많이 알고, 정확한 사용법을 알면 시간이 절약된다.
⑥ 검색이 잘 안 될 때에는 검색식이나 검색어, 검색 엔진을 바꾸어 본다.
⑦ 전문적인 내용을 찾고자 할 때는, 일반 검색 엔진에서 그 분야의 전문 사이트를 찾고, 그 안에서 찾는 것이 효율적이다.

chapter 03

컴퓨터 통신 활용 방법

제1절 컴퓨터 통신 기반 환경

1. 정보제공자 환경

컴퓨터 통신을 위한 기반 환경은 정보제공자 환경과 정보이용자 환경으로 구분하여 각각 하드웨어적 환경, 소프트웨어적 환경으로 나뉜다.

1) 하드웨어

① 서버(Server)

서버는 클라이언트. 서버 모델에서, 네트워크

[그림 3-1] 서버

상에서 클라이언트에 대하여 정보를 제공하는 컴퓨터나 프로그램을 말한다.

즉, 서버는 정보나 자원을 수용, 관리하여 서버에 요구하여 정보나 자원을 이용하려는 클라이언트에 제공하는 역할을 수행하는 하드웨어나 소프트웨어이다.

서버에는 X서버(X 윈도우 시스템의 서비스 제공), 파일(File)서버, 프린터(Printer)서버, 통신서버, 데이터베이스(Data-base)서버 등이 있다.

② 무정전 전원장치(UPS: Uninterruptible Power Supply)

UPS는 일종의 전원충전장치로 본체에 배터리를 내장하여 전원을 충전, 저장해 두었다가 정전 또는 전압저하 발생 시 순간적으로 내장전원으로 교체되어 컴퓨터에 전원을 공급해 준다.

UPS는 그 용량에 따라 저장 전원의 용량이 결정되며 정전 또는 전압저하로 인하여 UPS 저장전원으로 교체되는 경우 이상발생 시 신호음을 내보내 컴퓨터 관리자가 사용하고 있는 컴퓨터를 정상적으로 종료할 수 있는 시간적 여유를 제공한다.

③ DAT

콤팩트디스크(CD)의 원리와 같이 디지털 녹음 방식을 사용한 녹음테이프. 원래 음악용으로 개발되었으나 데이터 기록용 등으로 사용할 수 있다. 오디오테이프 형태의 데이터 백업장치.

④ RAID

데이터를 여러 개의 바이트 단위로 나누어서 여러 개의 디스크 드라이브에 대해 병렬로 읽기와 쓰기를 하는 자기 디스크 장치를 말한다. 다른 말로 Disk Array라고도 한다.

RAID의 종류에는 IBM RAMAC, 아이스버그 9200 등이 있다.

⑤ Storage

컴퓨터에서 데이터와 프로그램을 저장하기 위하여 사용하는 장치. 일반적으로 자기 디스크 또는 자기 테이프 등과 같은 보조 기억 장치를 가리키는 경우에 storage라는 용어를 사용한다.

2) 소프트웨어

① 운영체제(Operating System)

컴퓨터 하드웨어와 사용자의 응용 프로그램 사이에 위치하여 응용 프로그램이 하드웨어를 쉽게 사용할 수 있도록 해 주고 전체적인 시스템의 효율을 극대화시키기 위해 하드웨어 및 소프트웨어 자원(resource)을 관리하는 프로그램들의 집합을 말한다.

운영체제의 종류에는 UNIX, LINUX, WINDOWS NT 등 다양한 종류가 있다.

② 데이터베이스 관리 프로그램(DataBase Management System)

상호 관련된 데이터 파일의 집합인 데이터베이스와 데이터베이스를 이용하는 응용 프로그램 사이에서 중개 역할을 하는 소프트웨어로 데이터의 공동 이용, 데이터의 중복 방지, 응용 프로그램 작성의 용이, 데이터의 상호 모순 방지 등의 기능을 제공한다.

최근까지 관계형 데이터베이스 관리 시스템(Relational DB − MS; RDBMS)이 DBMS의 주류를 이루어 왔으며 그 대표적인 것이 ORACLE이다. 그러나 최근 객체 지향적 개발 기법의 향상으로 인해 객체 지향적인 데이터베이스 관리 시스템(Objective DBMS)이 급격히 부상하고 있다. 또한 DBMS는 인터넷과 인트라넷의 보편화와 더불어 웹 페이지와 연동하게 되는 경우가 많아지고 있으며, 최근의 DBMS 환경들은 이러한 추세를 반영하여 개발되고 있다.

데이터베이스 관리 프로그램의 종류에는 ORACLE, MS − SQL, INFORMIX, SYBASE, MYSQL 등 여러 종류가 있다.

③ 웹 서버 프로그램(Web Server Program)

서버의 정보화 자원을 웹상에서 서비스를 가능케 해 주는 프로그램으로 웹 서버 프로그램의 종류에는 IIS, Apache web server, Netscape server, Samba server, personal web server 등 여러 종류가 있다.

④ 웹 프로토콜(Web protocol)

컴퓨터 간에 또는 컴퓨터와 단말기 간에 상호 통신할 때 데이터를 오류 없이 원활하고 신뢰성 있게 주고받기 위하여 규정한 통신규약이다. 인터넷은 기본 프로토콜로 TCP/IP를 채용하고 있다.

종류에는 TCP/IP, Winsock, PPP 등이 있다.

⑤ 웹 데이터베이스 저작 프로그램

DBMS에서 제공되는 유틸리티 프로그램들을 사용하여 개발된 응용 프로그램이다.

3) 정보통신 시스템

정보제공자가 서버에 축적된 정보와 자원을 통신망을 통하여 클라이언트에 제공하기 위해서는 정보통신 시스템을 구축해야 한다. 정보통신 시스템은 인터넷 공유를 위한 정보통신 시스템과 내부공유를 위한 정보통신 시스템으로 구분될 수 있다.

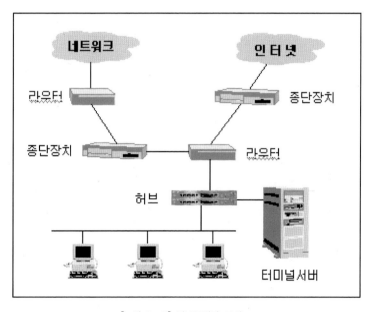

[그림 3-2] 정보통신망 구성도

① Router

네트워크와 네트워크를 연결해 주는 장비로 웹 서버를 인터넷을 통하여 공유하기 위해서는 인터넷과 웹 데이터베이스가 라우터를 통해서 상호 연결되어야 한다.

② 종단장치(DSU, CSU)

일종의 고속모뎀으로 인터넷을 통하여 전송되는 정보를 라우터에 전달해주는 정보변환 장치로 속도에 따라 DSU(56 Kbps), CSU(T1급), HSM(256Kbps) 등으로 구분된다. 인터넷 정보공유 환경에서는 CSU와 HSM이 많이 사용되고 있다.

③ Hub

웹 서버를 LAN상의 내부공유를 위하여 웹 서버와 연결될 여러 개의 네트워크 연결 소켓으로 구성된 하나의 허브를 중심으로 다수의 PC를 연결하여 공유 환경을 만들 수 있는 네트워크 중계 장치이다. 일반적으로 건물이나 공간의 구조에 따라 설치 대수를 결정하게 된다.

2. 이용자 환경

1) 하드웨어

① 정보 단말기(PC)

컴퓨터 통신 및 멀티미디어 전자매체를 활용할 수 있는 하드웨어적, 소프트웨어적 사양을 갖춘 컴퓨터로 일반적으로 PC(Personal Computer)라고 부른다.

최근 정보의 생산과 유통형태가 텍스트 정보 중심에서 멀티미디어 정보로 전환되고 클라이언트의 정보활동이 증대됨에 따라 하드웨어적, 소프트웨어적 사양이 날로 증가하고 있다.

② 정보 송수신 장치(모뎀 또는 LAN Card)

컴퓨터 통신을 위한 이용자 환경의 정보 송수신장치는 사용하는 통신회선의 종류에 따라 모뎀, LAN Card 등을 필요로 한다.

■ 모뎀(Modem)

모뎀은 전화회선을 이용하여 컴퓨터 통신을 하려는 이용자 환경에 필요한 장비로 일종의 신호 변환장치이다.

■ 랜 인터페이스 보드(LAN Interface Borard)

랜 인터페이스 보드(LAN Interface Borard)는 LAN 접속 보드 또는 랜 카드 (LAN Card)라고도 한다.

랜 인터페이스 보드는 클라이언트의 컴퓨터에 장착하여 LAN의 전송 매체 (Cable)와 접속하여 서버와의 정보 커뮤니케이션을 가능케 하는 하드웨어 장치이다.

③ 출력장치

컴퓨터 통신을 이용한 전자정보의 유통이 증가하면서 통신상에서 수용한 정보를 자가 출력장치를 통하여 인쇄매체로 출력하는 빈도수가 날로 증가하고 있다.

따라서 이용자 환경에서의 출력장치 즉, 프린트시스템은 전자정보를 인쇄매체로 변환하여 생산, 활용하는 역할을 수행한다.

④ 음성 커뮤니케이션 장치

전화를 통한 음성 커뮤니케이션이 컴퓨터와 컴퓨터 통신기술의 발달로 컴퓨터 음성 커뮤니케이션이라는 새로운 방식의 음성 커뮤니티를 탄생시키게 되었다. 흔히 인터넷 전화라고 불리는 컴퓨터 음성통신을 위해서는 이용자 환경에 헤드폰과 마이크를 혼합해 놓은 헤드세트와 사운드 카드가 필수적이다.

2) 소프트웨어

① 운영체제(Operating System)

컴퓨터와 사용자 간 커뮤니케이션(communication)을 가능케 하는 환경을 제공하여 주는 프로그램으로 운영체제의 종류에는 Windows, Linux, Os2, Mac OS 등이 있다.

② 웹 브라우저(Web Browser)

인터넷상에 연결된 서버와 커뮤니케이션을 가능케 하는 응용 프로그램으로 웹 클라이언트라고도 한다. 웹의 초창기에는 모자이크(Mosaic)가 주로 사용되었으나, 최근에는 넷스케이프 커뮤니케이터(Netscape Communicator), 인터넷 익스플로러(Internet Explorer)가 웹 브라우저로 많이 사용되고 있다.

웹 브라우저의 종류에는 Explorer, Netscape, Lynx, Vosaic, Cello, Mosaic 등이 있다.

③ 전자우편(E - mail) 프로그램

전자우편 프로그램은 컴퓨터 네트워크를 통해서 컴퓨터 대 컴퓨터, 컴퓨터 대 워크스테이션 등의 단말기끼리 텍스트나 이미지와 같은 형태의 정보를 메일로 교환할 수 있도록 해 주는 프로그램이다. E - mail 프로그램의 종류에는 아웃룩익스프레스와 넷스케이프 E - mail 프로그램 등이 있다.

④ 음성 커뮤니케이션 프로그램

전화를 통한 음성 커뮤니케이션이 컴퓨터와 컴퓨터 통신기술의 발달로 컴퓨터 음성 커뮤니케이션이라는 새로운 방식의 음성 커뮤니티를 탄생시키게 되었다.

보통 인터넷 전화라고 하는데, 가장 많이 사용하는 것은 다이얼패드를 가장 많이 사용하고 있다.

제2절 컴퓨터 통신 환경 설정

1. 컴퓨터 통신을 위한 하드웨어

컴퓨터 통신을 위해서는 기본적으로 각 컴퓨터에 네트워크 카드(Network Card) 일명 LAN 카드가 설치되어 있어야 하며 각 컴퓨터와의 연결을 위한 네트워크 케이블이 필요하다. 또한, 다수의 컴퓨터를 연결하기 위해서는 연결하고자 하는 컴퓨터의 개수만큼의 포트를 갖는 스위치/허브도 필요하다.

1) 네트워크 카드(Network Card)

랜 카드(Lan Card)라고도 하며 다양한 종류의 카드들이 있다.

〈표 3-1〉 랜 카드의 종류

표준 인터넷 카드	PC나 매킨토시를 비롯한 모든 컴퓨터에서 사용하는 가장 일반적인 네트워크 카드이다. 일반적으로 10Mbps/100Mbps의 속도를 가진 이더넷 카드들이 사용되며 근래에는 무선 네트워크를 위한 무선 랜 카드들도 많이 보급되고 있다.
PCMCIA 방식의 네트워크 카드	노트북 사용자가 네트워크를 사용하기 위한 네트워크 카드로 작은 크기와 편리한 휴대성으로 노트북의 PCMCIA에 삽입하여 사용한다. 데스크 탑에서 사용되는 표준 이더넷 카드보다 비싼 단점이 있다.
USB 네트워크 카드	USB를 이용하며 컴퓨터가 켜 있는 동안에도 연결하거나 해제할 수 있는 핫 플러깅(Hot Plugging) 기능을 사용할 수 있고 플러그 앤 플레이를 완벽하게 지원하기 때문에 가장 손쉽게 네트워크를 구축할 수 있는 장점이 있으나 표준 이더넷 카드보다 다소 느린 단점이 있다.

2) 네트워크 케이블(Network Cable)

네트워크 케이블은 컴퓨터 간의 네트워크를 위한 연결선으로 다양한 종류들이 있다.

<표 3-2> 네트워크 케이블의 종류

UTP 케이블		UTP(unshielded twisted pair) 케이블은 RJ-45 케이블이라고도 하며 전화선과 유사한 모양을 하고 있다. 두 대의 컴퓨터 간에 직접 연결할 경우에는 크로스 케이블이라는 UTP 케이블을 이용한다. UTP 케이블은 비교적 가까운 거리의 네트워크를 위해 만들어진 것으로 최대 100미터 이내의 거리에서만 이용되며 가장 일반적인 케이블이다.
BNC 케이블		RG-58 A/U 동축케이블이라고도 하며 BNC 케이블을 이용한 네트워크 연결 방법을 10Base-2 형태라고 한다. BNC 케이블은 최대 10Mbps의 속도를 지원하기 때문에 속도가 느리다는 단점이 있는 반면에 최대 185미터까지 연결이 가능하며 비용이 저렴한 장점이 있다. 현재는 속도를 이유로 거의 사용하지 않는다.
USB 브리지 케이블		USB 포트를 이용하여 네트워크 구성을 하는 방법에서 사용되는 케이블로 한쪽 컴퓨터를 Host로 다른 컴퓨터를 Guest로 세팅하여 컴퓨터 간에 파일이나 프로그램을 공유한다. 일반적으로 노트북과 일반 PC를 연결하는 데 많이 사용한다.

3) 스위치와 허브

스위치/허브는 3대 이상의 컴퓨터를 네트워크로 연결할 때 중앙에서 집중하는 장비로, 연결된 각 노드들 간의 데이터 통신이 원활하게 되도록 해주는 장치이다.

<표 3-3> 스위치와 허브의 종류

스위치/허브	스위치와 허브는 외관상 비슷하게 생겼지만, 내부적인 동작효율은 스위치가 월등히 뛰어나다. 연결할 수 있는 컴퓨터의 수에 따라서 4포트(Port), 8포트, 12포트, 16포트, 24포트 순으로 등급이 나뉜다.

2. 컴퓨터 통신을 위한 장비 설치 및 설정하기

네트워크를 구성하기 위해서는 다음과 같이 하드웨어를 설치하고 Windows 시스템을 설정해야 한다.

① 컴퓨터에 랜 카드를 설치한다. Window 2000/XP에서는 PnP의 지원으로 랜 카드나 사운드 카드 등과 같은 하드웨어를 설치할 경우 자원 설정과 드라이버가 자동으로 설치된다.

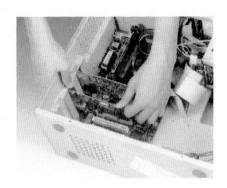

[그림 3-3] 랜 카드 설치

② 랜 카드에 일반 케이블을 연결한 후 xDLS 모뎀의 연결 단자에 연결한다. 스위치/허브와 컴퓨터의 전원이 모두 들어온 상태에서 물리적인 연결이 정상적이면 각각의 LED에 불이 켜진다.

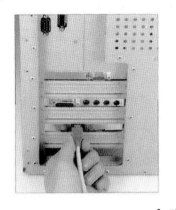

전화선 연결
(TEL,Phone RJ11포트)

랜카드와
연결된 케이블

[그림 3-4] 랜 카드와 모뎀 연결

③ 네트워크 정보 확인 및 설정하기 위해 [시작]-[내 네트워크 환경]을
선택한 후 좌측에 [빠른 실행 메뉴]에서 [네트워크 연결 보기]를 클릭한다.

[그림 3-5] 네트워크 정보 확인 및 설정

④ 현재 설치된 네트워크 어댑터(랜 카드, IEEE1394 등)들의 정보가 나타
난다. 이 중에서 설정할 어댑터를 마우스 오른쪽 버튼으로 클릭한 후 [속성
(R)]을 선택하거나 설정할 어댑터를 선택한 후 좌측에 [빠른 실행 메뉴]에서
[이 연결의 설정 변경]을 클릭한다.

⑤ [로컬 영역 연결 속성] 대화상자에서 [인터넷 프로토콜(TCP/IP)]을 선
택한 후 [속성(R)] 단추를 클릭한다.

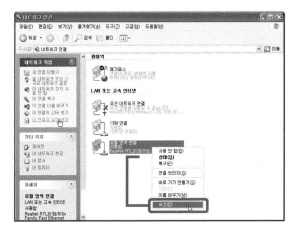

[그림 3-6] 로컬 영역 연결 속성

⑥ [인터넷 프로토콜(TCP/IP) 등록 정보] 대화상자가 나타난다. 자동 설정의 경우 IP와 DBS 서버 주소를 모두 자동으로 받도록 설정되어 있다. 랜 카드를 설치하면 기본적으로 자동 설정 상태가 되기 때문에, 일반적인 환경에서 특별히 손댈 필요가 없다.

[그림 3-7] 인터넷 프로토콜(TCP/IP) 등록정보

3. Internet 접속하기

ADSL이나 CATV 회선을 이용하여 Internet을 사용하기 위해서는 여러 가지 준비사항이 필요하다. 이러한 준비사항에 대하여 알아보자.

1) ADSL을 이용한 Internet 접속

[1.6 기본 장비 설치 및 설정하기]에서와 같이 ADSL 회선을 이용한 인터넷 설정을 완료한 후 ADSL 접속 방법을 알아보자.

① 현재 ADSL 모뎀과 랜 카드가 정상적으로 동작하고 있다면 [시작] - [내 네트워크 환경]을 선택한 후 좌측에 [빠른 실행 메뉴]에서 [네트워크 연결 보기]를 클릭한다.

② [네트워크 연결] 창에서 [새 연결 만들기]를 클릭한다. [새 연결 마법사]가 나타난다. [다음(N)>] 버튼을 선택한다.

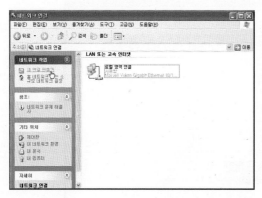 

[그림 3-8] 인터넷 새 연결 만들기

③ [새 연결 마법사] 2단계에서 네트워크 연결 형식을 '인터넷에 연결'을 선택한 후 [다음(N)>] 버튼을 선택한다.

④ [새 연결 마법사] 3단계에서 어떻게 인터넷을 연결할지를 선택한다. 여기서는 '연결을 수동으로 설정'을 선택한 후 [다음(N)>] 버튼을 선택한다.

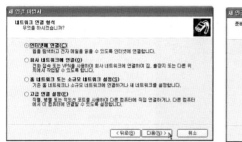

[그림 3-9] 수동으로 연결 설정

⑤ [새 연결 마법사] 4단계에서 세부적으로 연결할 방법을 선택한다. ADSL일 경우에는 '사용자 이름 및 암호를 필요로 하는 광대역 연결을 사용하여 연결'을 선택한 후 [다음(N)>] 버튼을 선택한다.

⑥ [새 연결 마법사] 5단계에서 연결하는 통신 서비스 사업자(Internet Service Provider)의 이름을 입력한다. 이때 ISP 회사의 명과 반드시 일치할 필요는 없다. [다음(N)>] 버튼을 선택한다.

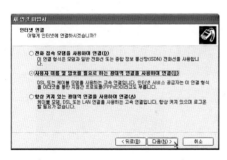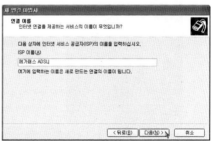

[그림 3-10] 통신 서비스 사업자 이름 입력

⑦ [새 연결 마법사] 6단계에서는 ADSL 가입 시 신청한 사용자 이름(ID) 과 암호를 입력하고 [다음(N)>] 버튼을 선택한다.

⑧ [새 연결 마법사] 마지막 단계인 새 연결 설정이 완료에서 '바탕 화면에 이 연결 바로 가기 만들기'를 선택하여 접속 아이콘을 바탕 화면에 만든다. [마침] 버튼을 선택한다.

[그림 3-11] 바탕화면 바로가기 만들기, 마침

⑨ 새로 만든 연결 설정이 저장되고, 접속창이 나타난다. [연결(C)] 버튼을 선택하면 인터넷에 접속된다. 잠시 후 작업표시줄에 연결되었다는 아이콘과 메시지가 나타난다. 이제 인터넷을 이용할 수 있다.

[그림 3-12] 새로 만든 연결이 설정된 바탕화면그림 108

제3절 컴퓨터 통신 활용

1. 통신 전용 프로그램

1) 웹 브라우저 사용방법(익스플로러)

① 익스플로러의 기본 구조

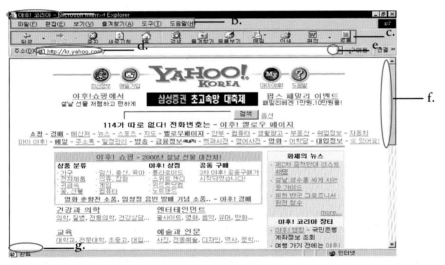

a. Title: 홈페이지 제목 표시 바로 접속하는 홈페이지의 제목이 나타난다.
b. 메뉴바: 익스플로러가 가지고 있는 기능별 메뉴를 볼 수 있다.
c. 툴바: 익스플로러의 메뉴들 가운데서 가장 즐겨 사용하는 메뉴들을 표시하고 있다.
d. 주소 입력창: 접속하려는 웹 사이트의 주소를 입력하는 창
e. 드롭다운 버튼: 최근 접속했던 곳들의 주소를 볼 수 있다.
f. 스크롤바: 웹 문서의 크기가 규격화된 하나의 화면보다 클 경우 페이지를 넘겨볼 수 있다.
g. 상태표시줄: 현재 접속 진행상황을 알려 준다.

[그림 3-13] 웹 브라우저 화면

② 웹 사이트 접속방법

▶ 웹 사이트 주소를 인지하고 있는 경우

'주소 입력창'에 인지하고 있는 웹 주소를 입력하고 'Enter' 키를 누르면 해당 웹 사이트에 접속된다.

[그림 3-14] 주소 입력창

▶ 등록된 사이트를 이용하는 경우

메뉴의 '즐겨찾기'에 빈번하게 이용하는 웹 사이트를 사전에 등록하고 접속 필요 시 '즐겨찾기' 창을 열어 등록된 웹 사이트에 접속할 수 있다.

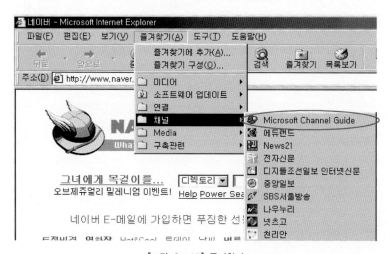

[그림 3-15] 즐겨찾기

③ '즐겨찾기' 등록방법

웹 사이트를 이동하다가 빈번하게 이용할 필요가 있다고 판단되는 사이트가 발견될 경우 해당 사이트 접속 상태에서 즐겨찾기 메뉴나 아이콘을 열고 '즐겨찾기 추가' 버튼을 클릭하면, [그림 3-16]과 같은 화면이 나타난다. 이때 사이트의 주소는 자동으로 입력(편집할 수도 있음)되도록 '확인' 버튼을 누르면 추가된다.

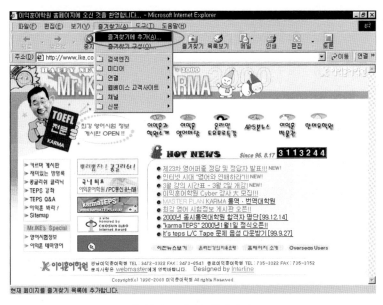

[그림 3-16] 즐겨찾기 추가

[그림 3-17] 즐겨찾기 추가 확인

만일, [그림 3-18]에서 추가하는 사이트 위치를 지정하려면 '위치지정' 아이콘을 클릭해서 원하는 위치에서 웹 사이트를 즐겨찾기할 수 있다.

즐겨찾기 추가
즐겨찾기 목록에 이 페이지를 추가합니다.
확인
오프라인 사용 가능(M)
사용자 정의(U)...
취소
이름(N):
이익훈어학원
위치 지정(C) <<
위치(I):
Favorites
새 폴더(W)...
검색엔진
미디어
신문
연결
웹베이스 고객사이트
채널

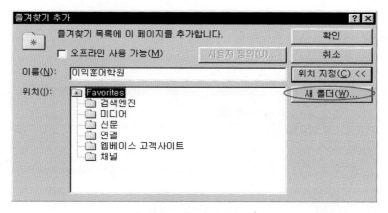

[그림 3-18] 새 폴더 추가

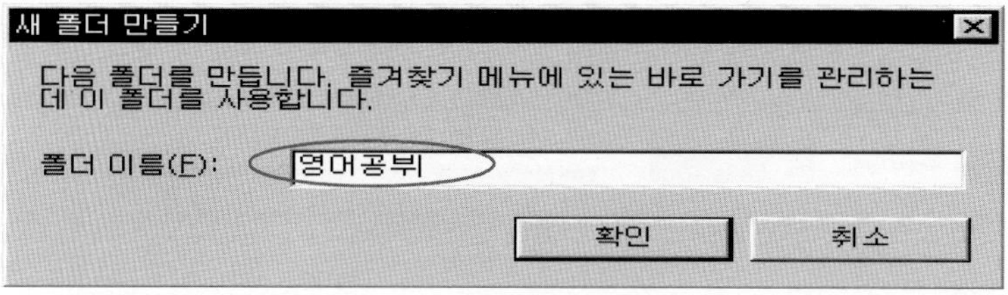

새 폴더 만들기
다음 폴더를 만듭니다. 즐겨찾기 메뉴에 있는 바로 가기를 관리하는 데 이 폴더를 사용합니다.
폴더 이름(F):
영어공부
확인
취소

[그림 3-19] 폴더 이름 추가

이때 원하는 폴더가 없을 경우 '새 폴더' 버튼을 클릭해서 원하는 폴더 이름을 입력하여 폴더를 생성하면 된다.
(ex: 영어공부, 마이폴더 등……)

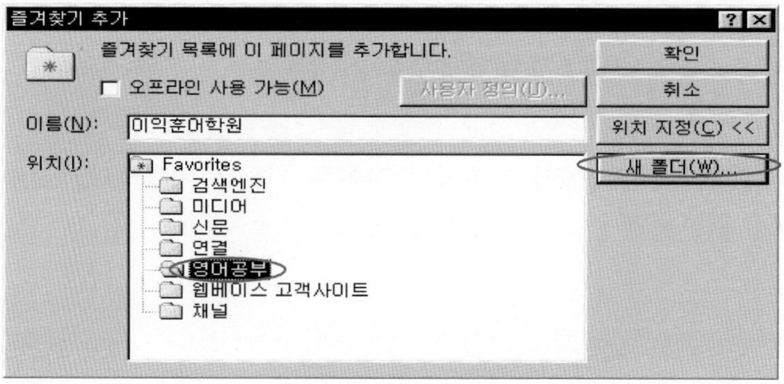

즐겨찾기 추가
즐겨찾기 목록에 이 페이지를 추가합니다.
확인
오프라인 사용 가능(M)
사용자 정의(U)...
취소
이름(N):
이익훈어학원
위치 지정(C) <<
위치(I):
Favorites
새 폴더(W)...
검색엔진
미디어
신문
연결
영어공부
웹베이스 고객사이트
채널

[그림 3-20] 새 폴더 확인

원하는 폴더의 이름을 입력하고 확인을 하면 [그림 3 - 20]과 같이 새로
운 폴더가 생긴 것을 확인할 수 있다. 여기서 '확인' 버튼을 클릭하면 즐겨
찾기를 마칠 수 있다. 추가하여 생성된 즐겨찾기 사이트를 보려면 메뉴에서
즐겨찾기를 선택하면 생성된 사이트가 나타나고 클릭하면 그 사이트에 접
속된다.

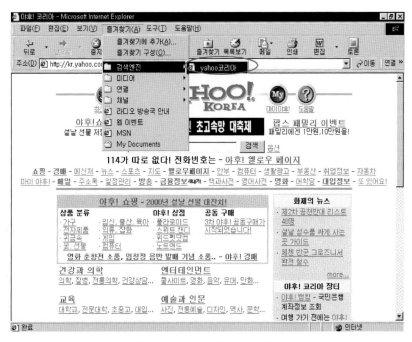

[그림 3 - 21] 즐겨찾기 추가 확인

④ 기 접속 사이트를 이용하는 경우

브라우저는 접속한 경험이 있는 사이트 정보를 기록하는 'History' 파일
을 자동으로 생성한다. 따라서 '이동' 메뉴를 선택하면 열어 본 페이지를
순서대로 볼 수 있고 재접속할 수 있으며 '열어 본 페이지 목록 열기' 항목
을 선택하면 기존에 접속했던 사이트를 손쉽게 접속할 수 있을 뿐 아니라,
제목, 주소, 마지막 접속일, 만기 날짜, 마지막 고친 날짜 등의 정보를 알
수 있다.

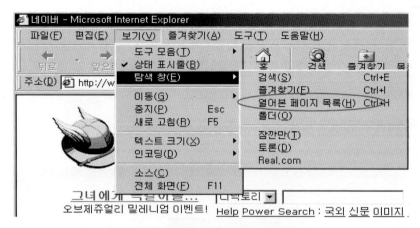

[그림 3-22] 열어 본 페이지 목록1

[그림 3-23] 열어 본 페이지 목록2

2. 커뮤니케이션 전용 프로그램

1) 전자 메일

(1) 전자 메일(E-Mail)의 이해

전자 메일(Electric Mail)은 인터넷 이용자들이 가장 많이 사용하는 서비스로 인터넷에서 가장 많은 데이터 전송량을 보이는 서비스이다. 홈페이지를 이용하기 위해서는 웹 서버(Web Server)가 필요하듯이 전자 메일을 이용하기 위해서는 메일 서버(Mail Server)가 반드시 필요하다. 일반적으로 메일 서버는 각각의 인터넷 도메인별로 운영되며 각 도메인의 메일 서버는 해당 도메인의 우체국 역할을 한다.

전자 메일의 송수신 과정은 다음과 같다.

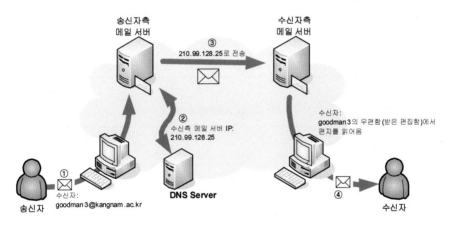

[그림 3-24] 전자 메일의 송수신 과정

① 송신자가 작성한 메일을 송신자 측 메일 서버로 전송한다.

② 송신자 측 메일 서버는 수신자 메일 주소를 분석하여 해당 도메인 메일 서버의 IP를 DNS로부터 조회를 요청한다. DNS 서버는 수신자 도메인 메일 서버의 IP 주소를 전달해 준다.

③ DNS 서버로부터 확인된 IP 주소의 수신자 측 메일 서버로 메일을 발송

④ 수신자 메일 서버는 수신된 메일을 수신자 메일함(Mail Box)에 보관해 놓는다. 수신자는 자신의 메일함(받은 편지함)에 접속하여 메일을 확인한다.

홈페이지 또는 웹(Web) 서비스가 HTTP(Hype Text Transfer Protocol)를 이용해서 데이터를 교환하듯이 전자 메일도 메일 전송 프로토콜에 의해 메일 정보를 전달한다. 이러한 메일 전송 프로토콜에는 대표적으로 SMTP(Simple Mail Transfer Protocol)와 POP3(Post Office Protocol)가 있다.

〈표 3-4〉 대표적인 프로토콜

프로토콜	설명
SMTP(Simple Mail Transfer Protocol)	인터넷에서 전자 메일을 전송할 때 이용하는 표준 프로토콜로 두 컴퓨터 사이의 메일 교환 표준으로 정의되어 있다. SMTP를 통해 전달되는 데이터는 7비트 ASCII 코드로 기술되어 있다.
POP3(Post Office Protocol 3)	메일 서버가 메일을 받고 사용자가 읽을 수 있도록 메일을 사용자에게 전달하는 대표적인 전자 메일 수신 프로토콜 중 하나이다. POP3 을 이용한 메일 수신의 단점은 메시지를 한 번 내려 받으면 다른 컴퓨터에서는 이미 내려 받은 메시지를 받을 수 없다는 것이다. 따라서 메일을 수신했을 때 서버에 복사본을 저장하는 기능을 가진 전용 프로그램들이 많이 사용된다.

〈표 3-5〉 프로토콜의 예

ISP	URL	POP3	SMTP
강남 대학교	http://www.kangnam.ac.kr	mail.kangnam.ac.kr	mail.kangnam.ac.kr
네띠앙 (유료)	http://www.netian.com	netian.com mail.netian.com	netian.com mail.netian.com
신비로	http://www.shinbiro.com	mail.shinbiro.com	mail.shinbiro.com
한미르	http://www.hanmir.com	mail1.hanmir.com mail2.hanmir.com	mail1.hanmir.com mail2.hanmir.com
야후	http://www.yahoo.co.kr	pop.mail.yahoo.co.kr	smtp.mail.yahoo.co.kr
깨비	http://www.kebi.com	pop.kebi.com	제공하지 않음
엠파스	http://www.empas.com	제공하지 않음	제공하지 않음
다음	http://www.daum.net	제공하지 않음	제공하지 않음
천리안	Htto://www.chollian.net	pop.chollian.net	Mail.chollian.net
드림위즈	http://www.dreamwiz.com	유료 가입자만 제공	유료 가입자만 제공
하나포스	http://www.hanafos.com	mail.hanafos.com	mail.hanafos.com
코리아 닷컴	http://www.korea.com	유료 가입자만 제공 mail.korea.com	유료 가입자만 제공 mail.korea.com

(2) 초보자를 위한 Web Mail

웹 메일(Web Mail)은 메일 서버와 클라이언트 간의 메일을 웹 기반으로 교환하는 방법을 사용함으로써 초보자들이 손쉽게 전자 메일을 사용할 수 있도록 전자 메일을 웹(Web) 기반에서 서비스하는 방법이다. 따라서 웹 메일은 컴퓨터나 인터넷에 대한 사전 지식이 적은 초보자나 여러 장소로 자주 이동하면서 전자 메일을 이용하는 사용자의 경우 편리한 반면에 기본적인 기능만을 제공하기 때문에 전문적인 기능을 필요로 하는 사용자의 경우에는 적합하지 않다.

웹 메일은 메일 서버에 존재하는 각 사용자의 우편함을 클라이언트 컴퓨터에서 접속하여 우편함에서 메일을 확인하고 메일을 작성하는 것이다. 따라서 메일을 사용하기 위해서는 반드시 메일 서버에 접속하여야 하기 때문에 인터넷이 항상 온라인 상태여야 하며 Internet Explorer와 같은 웹 브라우저를 이용해야 한다.

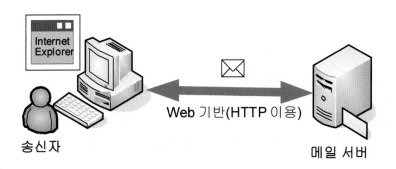

[그림 3-25] 웹 메일에 관한 설명

■ 장단점

일반 메일에 비해 웹 메일의 장단점은 다음과 같다.

－ 장점

· 컴퓨터와 인터넷에 대한 지식이 충분하지 않아도 누구나 손쉽게 사용할 수 있다.

· 웹서비스가 가능한 컴퓨터에서 손쉽게 메일을 이용할 수 있기 때문에 이동성이 많은 사용자에게 편리하다.

– 단점

· 메일함의 한계로 대용량의 메일들을 관리하기 어렵다.

· 초보자를 위한 메일로 전문가적인 기능들이 부족하다.

· 이미 확인한 메일도 인터넷이 불가능할 경우 메일을 확인할 수 없다.

■ 메일 확인

강남대학교(www.kangnam.ac.kr)의 웹 메일을 사용하기 위해서는 다음과 같은 과정을 따른다.

① 강남대학교 초기 홈페이지에서 좌측에 있는 메뉴 중 [메일스튜디오]를 클릭한다.

② 강남대학교 웹 메일 시스템 초기 페이지가 나타난다. 자신의 아이디와 비밀번호를 입력한 후 [Log In] 단추를 클릭한다.

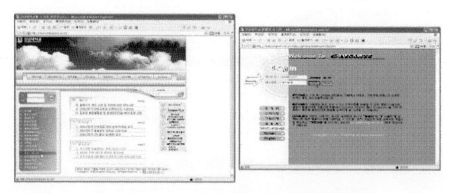

[그림 3-26] 웹 메일시스템의 예) 강남대학교 웹 메일 초기화면

③ 새로 도착한 메일, 등록된 스케줄, 공지사항 등이 나타난다.

④ 메일을 확인하기 위해 좌측의 메뉴에서 [새 편지 확인]을 클릭한다. 도착한 메일 목록이 나타난다.

[그림 3-27] 새 편지 확인

⑤ 메일 내용을 확인하기 위해서는 해당 메일의 제목을 클릭한다.

■ 메일 작성

메일을 작성하기 위해서는 다음과 같은 과정을 따른다.

① 메일 시스템 초기 화면에서 좌측의 [편지쓰기] 메뉴를 클릭한다.

② 편지 쓰기 화면에서 [받는 사람] 항목에 받을 사람의 E-Mail 주소를 입력한다. 이때, 여러 명에게 동일한 메일의 내용을 전송할 경우에는 E-Mail 주소를 ;으로 구분하여 입력한다. [제목], [내용]에 메일의 제목과 내용을 입력한다.

[그림 3-28] 편지 쓰기 방법

③ 메일에 첨부할 파일이 있는 경우에는 [찾아보기] 버튼을 클릭한 후 [파일 선택] 대화상자에서 첨부할 파일을 선택한 후 [열기(O)] 단추를 선택한다.

④ 첨부 파일이 적용된 것을 확인하고 상단이나 하단의 발송 버튼을 클릭한다.

[그림 3-29] 첨부파일 방성

⑤ 메일을 전송하기 전 확인을 위한 대화상자가 나타나며 내용이 올바르면 [확인] 버튼을 클릭한다.

⑥ 잠시 후 전송이 완료되고 전송 결과가 화면에 나타난다. 발송상태에 'Success'라고 나타나면 정상적으로 전송된 것을 의미한다.

[그림 3-30] 전송 결과

강남대학교의 웹 메일은 메일을 작성하고 보내는 기능 외에 주소록, 스케줄 관리 등 편리한 기능들이 추가되어 있다. 이에 대한 자세한 사항을 해당 홈페이지나 부록을 참조하기 바란다.

(3) E-mail 프로그램(아웃룩 익스프레스)

웹 브라우저를 이용하는 웹 메일과는 달리 메일 서버에 접속하여 E-mail을 주고받는 전용 프로그램을 이용하는 일반 메일은 초기부터 사용하는 E-Mail이다. 일반 메일을 사용하기 위한 메일 클라이언트 프로그램으로는 Outlook Express가 대표적이며 메일 서버와 POP3/SMTP 프로토콜을 이용하여 편지를 주고받는다.

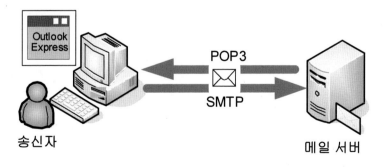

[그림 3-31] E-mail 프로그램(Outlook Express)

■ 장단점
- 장점
· 메일에 대한 다양한 전문가적인 기능을 제공하므로 메일의 이용과 관리에서 매우 효과적이다.
· 메일을 자신의 컴퓨터에 저장하므로 컴퓨터의 용량에 따라 무제한으로 메일을 저장할 수 있다.
· 컴퓨터에 다운로드된 메일의 경우 인터넷의 접속 없이 메일을 빠르게 확인할 수 있다.

- 단점
· 여러 컴퓨터에서 메일을 확인할 경우 사전 설정을 해 주어야 하는 번거로움이 있다.
· 메일을 한 번 컴퓨터로 다운로드하면 다른 컴퓨터에서 확인할 수 없기 때문에 반드시 복사해서 다운로드하는 주의를 기울여야 한다.

Outlook Express는 인터넷 E-Mail 주소를 갖고 있는 사람이면 누구와도 메일을 주고받거나 뉴스그룹 등에서 정보를 교환할 수 있는 Microsoft사의 E-Mail 전용 프로그램이다. Outlook Express의 주요 기능은 다음과 같다.
· 여러 개의 E-Mail 계정을 하나의 프로그램에서 사용할 수 있다.
여러 개의 E-Mail 계정을 소유한 경우 각각의 E-Mail을 확인하기 위해 개별적으로 로그인을 하여야 하는데 이러한 과정 없이 하나의 프로그램에서 모든 E-Mail을 확인할 수 있다.
· **메일을 빠르고 쉽게 전달하고 확인할 수 있다.**
Outlook Express의 [배달] 버튼을 클릭하면 이전에 설정해 놓은 계정의 메일을 로그인 절차 없이 실제로는 Outlook Express가 대신하여 한 번에 메일을 보내고 가져온다.
· **주소록을 사용하여 E-Mail 주소를 저장하고 검색할 수 있다.**
주소록은 사용자가 입력한 정보를 저장하는 기능뿐만 아니라 수신한 E-Mail에 대한 회신을 할 때 주소록에 자동으로 상대방의 메일 주소를 저장하거나 개인 서명을 편집 및 제작이 가능하다.

■ Outlook Express의 시작

Outlook Express를 실행하기 위해서는 다음과 같은 세가지 방법이 있다.

① [시작] 버튼을 클릭한 후 [모든 프로그램]-[Outlook Express]을 선택한다.

② 화면 하단의 빠른 실행 도구 모음에서 [Outlook Express] 아이콘을 클릭한다.

③ 바탕화면에 [Outlook Express] 아이콘을 더블 클릭한다.

Outlook Express를 처음 실행하게 되면 계정을 만들 것인지를 묻는다. 연결 마법사에 의해 메일 계정을 한 번 설정하면 다음부터는 묻지 않고 곧바로 메인 화면이 나타난다.

■ 메일 계정 등록하기

Outlook Express를 사용하기 위해서는 반드시 메일 계정을 등록해야 하는데 메일 계정을 등록하기 위해서는 연결 마법사를 이용하면 된다. 연결 마법사는 Outlook Express를 처음 실행시켰을 경우 자동으로 실행되지만 만약, 처음 실행한 경우가 아니라면 다음과 같은 과정으로 연결 마법사를 실행시킨다.

① 주 메뉴 [도구(T)]에서 [계정(A)]을 선택한다.

② [인터넷 계정] 대화상자에서 상단의 [메일] 탭을 클릭한 후 [추가(A)] 버튼을 클릭한 후 [메일(M)]을 클릭한다.

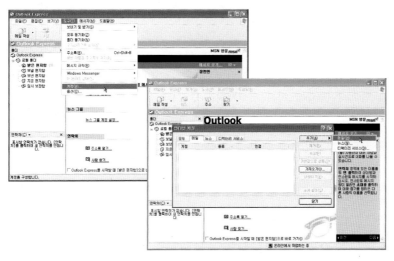

[그림 3-32] 인터넷 메일 계정 추가하기

③ [인터넷 연결 마법사] 대화상자가 나타나고 [표시 이름(D)] 항목에 메일이 전달되었을 때 보낸 사람에 나타날 문자를 입력한 후 [다음(N)] 버튼을 선택한다.

④ [전자 메일 주소(E)]에 자신의 E-Mail 주소를 입력한 후 [다음(N)] 버튼을 선택한다.

[그림 3-33] E-Mail 주소 입력

⑤ 전자 메일 서버 이름을 입력하는 대화상자가 나타나면 [받은 파일 (POP3, IMAP 또는 HTTP) 서버(I)] 항목과 [보내는 메일(SMTP)서버(O)] 항목에 E-Mail 서버 측의 받는 메일 서버와 보내는 메일 서버의 IP나 도메인 주소를 입력한 후 [다음(N)] 버튼을 선택한다.

⑥ 인터넷 메일 로그온 정보를 입력하는 대화상자에서 [계정 이름(A)]과 [암호(P)] 항목에 자신의 계정 이름과 암호를 입력한다. 로그온할 때마다 암호를 입력하기 싫은 경우에는 [암호 저장(W)] 항목을 선택하여 체크 표시를 한다. [다음(N)] 버튼을 선택한다.

[그림 3-34] 계정 및 암호 입력

⑦ 정상적으로 계정 설정이 완료되었다는 의미의 대화상자가 나타난다. [마침] 버튼을 선택한다.

⑧ [인터넷 계정] 대화상자에 등록된 계정이 나타난다. [닫기] 단추를 선택한다.

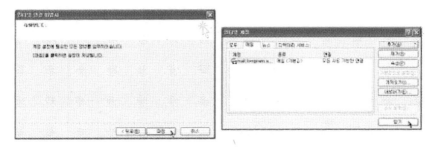

[그림 3-35] 등록 계정 표시

일반적으로 편지를 보내는 경우에는 해당 서버에 등록된 사용자인지를 확인하지 않고 누구나 자유롭게 편지를 보낼 수 있도록 되어 있다. 그러나 최근에는 이러한 기능을 악용하여 다량의 스팸 메일을 발송하는 경우가 생겨 편지를 보낼 때도 등록된 사용자인지를 확인한 후 편지를 발송하도록 SMTP 서버의 인증으로 요구하는 경우가 있다.

① 주 메뉴 [도구(T)]에서 [계정(A)]을 선택한다.
② [인터넷 계정] 대화상자에서 상단의 [메일] 탭을 클릭한 후 계정을 선택한 후 [속성(P)] 버튼을 클릭한다.
③ 상단의 [서버] 탭을 선택한 후 [보안 암호 인증을 사용하여 로그온(S)] 항목을 클릭하여 체크 표시를 한다.

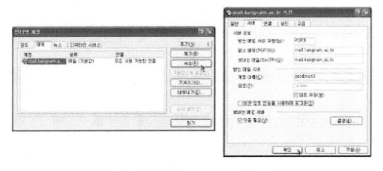

[그림 3-36] 보안 암호 인증 로그인

④ [확인] 버튼을 선택한다.

만약, 받는 메일 서버(POP3 서버)와 보내는 메일 서버(SMTP 서버)의 로그온 설정이 다른 경우에는 [설정(E)] 버튼을 선택한다. [보내는 메일 서비스] 대화상자에서 [로그온 정보(O)]를 선택한 후 [계정 이름(C)]과 [암호(P)] 항목에 보내는 메일 서버의 계정 이름과 암호를 입력한 후 [확인] 버튼을 선택한다.

[그림 3-37] 로그온

■ Outlook Express 화면 구성

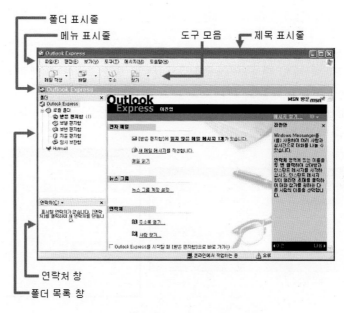

[그림 3-38] Outlook Express 화면 구성

Outlook Express의 사용자 인터페이스는 사용자가 자유롭게 변경이 가능하다.

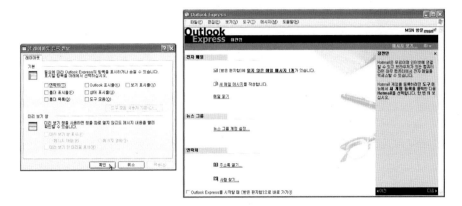

[그림 3-39] Outlook Express 인터페이스 변경그림 125

① 주 메뉴 [보기(V)]를 선택한 후 [레이아웃(L)]을 선택한다.
② [레이아웃 등록 정보] 대화상자에서 화면에 표시하고자 하는 항목을 선택한 후 [확인] 버튼을 선택한다.

■ 편지 확인하기

Outlook Express에서 E-Mail 받기란 메일 서버에 접속하여 자신의 메일함에 있는 E-Mail들을 POP3 프로토콜을 이용해 가져오는 과정을 의미한다.

[그림 3-40] POP3 프로토콜로 메일 가져오기

① Outlook Express에서 메일 서버를 통해 도착한 E-Mail을 내 컴퓨터의 편지함으로 받아오기 위해 주 메뉴 [도구(T)]에서 [보내기 및 받기(S)]를 선택하거나 도구 모음의 [배달] 버튼을 클릭한다.
메일 서버에 접속한 후 메일 전송 상태를 표시하는 대화상자가 나타난다.

[그림 3-41] 메일 가져오기 전송상태

[배달] 버튼의 오른쪽에 있는[작은 삼각형(▼)]을 클릭하면 [모두 보내기 및 받기], [모두 받기(R)], [모두 보내기(S)]를 선택할 수도 있다. 여러 개의 메일 계정을 등록해 둔 경우에는 아랫부분의 임의의 계정을 선택하면 선택한 해당 계정에 대해서만 메일 보내기와 받기 작업이 이루어진다.

[그림 3-42] 선택 받기작업

⟨표 3-6⟩ 받기 종류

모두 보내기 및 받기	새로운 편지를 받고 보낼 편지를 보낸다.
모두 받기	새로운 편지만 받는다.
모두 보내기	편지를 받지 않고 보낼 편지만 보낸다.

② [받은 편지함]에 도착한 메일의 수가 나타나고 [받은 편지함] 폴더는 굵은 글씨로 나타난다. 굵은 글씨로 표시된 메일 제목은 현재 읽지 않은 상태임을 표시한다.

메시지 목록에 표시된 열의 버튼을 이용하면 편지를 특정 순서로 정렬시킬 수 있다.

〈표 3-7〉 편지를 정렬하는 방법과 종류

우선순위 아이콘	메시지를 우선순위에 따라서 정렬하며, 긴급한 메시지를 목록의 위에 위치시킨다.
첨부 파일 아이콘	첨부 파일이 있는 메시지가 위로 나타나게 정렬한다.
플래그 아이콘	플래그(중요한 메시지일 경우 다시 보기 위해서 메시지에 표시할 수 있다.)가 있는지 여부로 우선순위를 결정한다.
보낸 사람 아이콘	메시지를 보낸 사람의 이름을 알파벳과 국어의 자음 기준으로 정렬한다.
제목 아이콘	메시지의 제목에 의해 우선순위로 정렬하는데 알파벳과 국어의 자음순으로 정렬한다.
받은 날짜 아이콘	메시지를 받은 날짜 순서로 정렬한다.

③ 내용을 확인하고자 하는 편지의 제목을 더블 클릭하면 편지의 내용을 보다 자세히 확인할 수 있다.

이곳을 클릭하면 정렬된다.

[그림 3-43] 편지 정렬

■ 편지 쓰기

Outlook Express에서 E-Mail을 보내는 기능은 Outlook Express 자체에서 E-Mail을 보내는 것이 아니라 SMTP 서버에 연결하여 E-Mail을 보낸다. 따라서 E-Mail을 전송하기 위해서는 반드시 인터넷에 연결되어 있어야 하고 SMTP 서버가 미리 설정되어 있어야 한다.

① 주 메뉴 [파일(F)]에서 [새 메시지(N)]-[메일 메시지(M)]를 선택하거나 도구 모음에서 [메일 작성] 단추를 클릭하거나 옆의 [작은 삼각형(▼)]을 클릭한 후 원하는 편지지를 클릭한다.

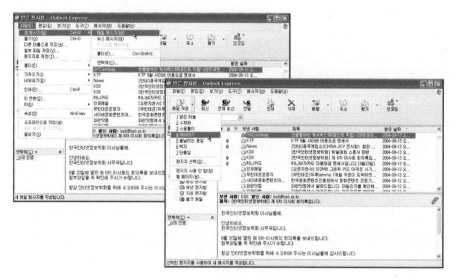

[그림 3-44] 편지지 고르기

② [새 메시지] 창이 나타난다. E-Mail을 보내기 위한 기본 정보를 입력한다.

〈표 3-8〉 기본정보 입력

받는 사람	받을 사람의 E-Mail 주소를 입력한다. E-Mail 주소를 입력할 때는 직접 입력하거나 주소록을 이용한다. 받은 메일에 회신을 할 때는 자동으로 받는 사람의 E-Mail 주소가 입력되어 있다. 여러 사람에게 메일을 보낼 때는 주소를 세미콜론(;) 또는 콤마(,)로 구분하여 사용한다.
참조	편지를 참조할 사람이 있을 경우 그 사람의 E-Mail 주소를 입력한다. 참조는 단지 참조라고 표시될 뿐 받는 사람과 동일하게 취급된다.
제목	보낼 메시지에 대한 짧고 명확한 주제를 입력한다.

[그림 3-45] 기본 정보 입력하기

③ [새 메시지] 창의 하단 부분에 보낼 내용을 입력한다. 내용을 입력하고 서식 도구 모음을 이용하여 글꼴이나 크기 등 작성한 메시지를 꾸밀 수 있다.

④ 주 메뉴 [파일(F)]에서 [메시지 보내기(E)]를 선택하거나 도구 모음에서 [보내기] 버튼을 클릭한다. 메시지를 보내고 나면 [보낼 편지함]에 잠시 보관된 후 인터넷에 연결되었을 때 일괄 발송되는데, 발송이 완료되면 작성한 메시지는 [보낸 편지함]으로 이동된다.

■ 첨부 파일 보내기와 받기

첨부 파일이란 E-mail과 함께 전달되는 파일을 의미한다. 첨부 가능한 파일은 그림, 문서, 프로그램 파일, 사운드나 동영상 파일 등 어떤 종류이든 상관없이 첨부가 가능하지만 일반적으로 메일 서버에서의 제한으로 10M(Mega) 바이트 이하의 파일만이 첨부가 된다.

① 새 메시지 창에서 주 메뉴 [삽입(I)]에서 [파일 첨부(A)]를 선택하거나 도구 모음에서 [첨부] 버튼을 클릭한다.

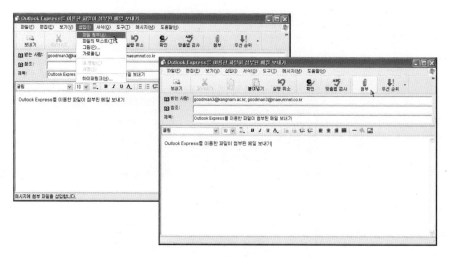

[그림 3-46] 파일 첨부

② [첨부 파일 삽입] 대화상자에서 첨부할 파일을 선택한 후 [첨부
(A)] 버튼을 선택한다.

③ 메시지 창에 파일이 첨부된다. 메시지를 작성한 후 [보내기] 버
튼을 클릭한다.

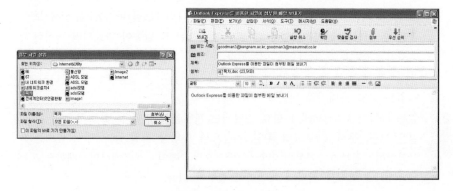

[그림 3-47] 파일 첨부 2

파일이 첨부된 메일과 일반 메일을 구분하기 위해 일반적으로 클립형태
의 표식을 달아서 구분한다. 첨부된 파일을 확인하기 위해서는 현재 사용

328

중인 컴퓨터의 임의 폴더에 파일을 다운받은 후 확인할 수 있다. 이때 사용
자가 저장될 장소를 직접 지정할 수도 있다.

① 파일이 첨부된 메일을 받으면 메일 제목 창에 있는 클립 모양이 메일
왼쪽 옆에 나타난다. 미리보기 창에서 보면 오른쪽 위쪽에 클립 모양이 나
타나는데 그것을 누르면 메뉴가 나타나다.
② 첫 번째 메뉴는 첨부된 파일을 응용 프로그램에 의해 실행하고, 두 번
째 메뉴는 첨부된 파일을 내 컴퓨터로 저장한다. 또는 파일을 선택하면 경
고 창이 나타나는데 그때 [열기(O)]를 선택한 후 [확인] 버튼을 선택한다.

[그림 3-48] 첨부 파일 저장

③ [첨부 파일 저장]을 선택하면 다음과 같은 대화상자가 나타난다. 여러
개의 파일이 첨부된 경우에는 저장할 파일을 선택하거나 모두를 특정위치
의 폴더를 선택하여 저장할 수 있다.

■ 메시지 회신과 전달
① 받은 편지함의 목록에서 답장을 하고자 하는 메시지를 선택한 다음 도
구 모음에서 [회신] 버튼을 클릭한다.
② 받은 메시지의 원본이 포함된 메시지 창이 나타난다. 이때 제목에는 선
택한 메시지의 제목이 입력되어 있는데 회신 메시지임을 알리기 위해 'Re:'
가 입력되어 있다. 메시지를 작성한 후 [보내기] 버튼을 클릭하여 메일을
전송한다.

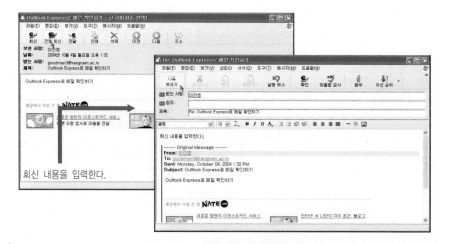

[그림 3-49] 회신 내용 입력그림 135

① 동일한 메시지를 다른 사람에게 전달하고자 하는 경우에는 전달할 메시지를 선택한 후 [전달] 버튼을 클릭한다.

② 전달하고자 하는 메시지가 포함된 창이 나타난다. 이때 제목에는 'Fw:'가 입력되어 전달되는 메시지임을 표시한다. 받는 사람의 주소에 전달하고자 하는 사람의 E-mail 주소를 입력하고 [보내기] 버튼을 클릭한다.

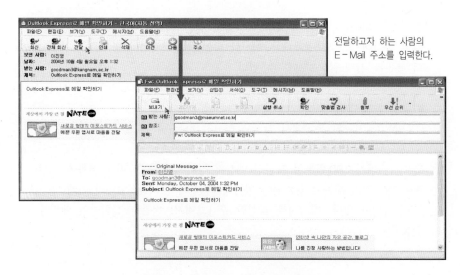

[그림 3-50] 수신자의 E-Mail 입력하기

■ 주소록 사용

주소록은 E-Mail을 보낼 때 받는 사람의 주소를 일일이 입력하거나 외우고 있어야 하는 불편함 없이 간단한 방법으로 메일 주소를 입력할 수 있기 때문에 매우 편리하다. Outlook Express에서는 주소록을 효율적으로 관리할 수 있도록 여러 기능을 제공하는데, 개인정보를 관리할 수 있을 뿐만 아니라 개인정보를 그룹으로 묶어 관리할 수도 있다. 이러한 기능은 동일한 메일을 여러 사람에게 보내야 하는 경우 매우 편리하다.

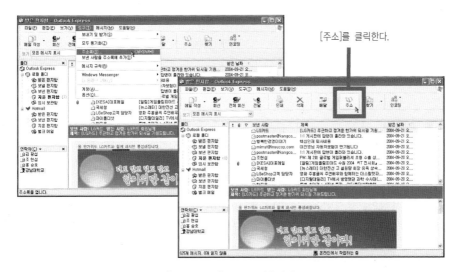

[그림 3-51] 주소록 사용하기

E-Mail 주소를 주소록에 추가하려면 다음의 세 가지 방법 중 하나를 사용하면 된다.

① 주 메뉴 [파일(F)]에서 [새 연락처(C)]를 선택하거나 도구 모음에서 [새 주소록]을 클릭한 후 [새 연락처(C)]를 클릭한다.

② 메시지 목록에서 주소록에 추가하고자 하는 메시지의 제목에서 마우스의 오른쪽 버튼을 클릭한 후 [보낸 사람을 주소록에 추가(B)]를 선택한다.

③ 메시지 목록에서 주소록에 추가하고자 하는 메시지를 선택한 후 주 메뉴 [도구(T)]에서 [보낸 사람을 주소록에 추가(D)]를 선택한다.

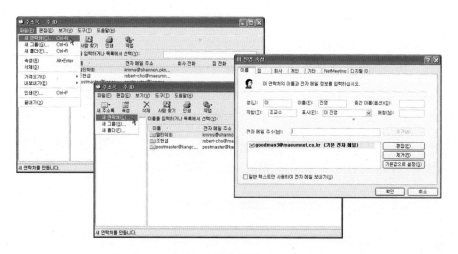

[그림 3-52] 주소록에 새로운 주소 추가하기

■ 메시지 규칙

Outlook Express의 메시지 규칙을 이용하면 메일을 편리하게 관리할 수
있다. 예를 들어, 특정 사람에게 받은 메시지나 제목에 특정 단어가 포함된
경우에 지정한 편지함으로 바로 이동되도록 규칙을 설정함으로써 메일 관
리를 보다 효율적으로 관리할 수 있다. 특히, 스팸 메일과 같은 귀찮은 메
시지들을 지운 편지함으로 바로 가도록 만들 수 있다. 여기서는 '광고'와
같은 단어가 메일 제목에 포함된 스팸 메일을 지운 편지함으로 필터링 되
도록 설정하여 보도록 한다.

① 주 메뉴 [도구(T)]에서 [메시지 규칙(R)]을 선택한 후 [메일(M)]을 선택
한다.

② [새 메일 규칙] 대화상자가 나타난다. [1. 규칙의 조건 선택(C)]에서
[제목란에 특정 단어 포함]을 선택하고 [2. 규칙의 동작 선택(A)]에서 [지정
된 폴더로 이동]을 선택한다.

[그림 3-53] 새 매일 규칙 선택

③ [3. 규칙 설명(편집하려면 밑줄이 그어진 값을 클릭하십시오.)(D)]에
밑줄이 그어진 [특정 단어 포함]을 클릭한다.

④ [특정 단어 입력] 대화상자에서 [특정 단어 또는 구를 입력하고 [추
가]를 클릭하십시오(T)] 입력 상자에 필터링하고자 하는 문자를 입력한 후
[추가(A)] 버튼을 선택한다. 추가할 단어가 있는 경우 반복한다. [확인] 버튼
을 선택한다.

⑤ [새 매일 규칙] 대화상자의 [3. 규칙 설명(편집하려면 밑줄이 그어진
값을 클릭하십시오.)(D)]에 밑줄이 그어진 [지정된]을 클릭한다.

⑥ [이동] 대화상자에서 이동시키고자 하는 폴더인 [지운 편지함]을 선택
한 후 [확인] 버튼을 선택한다.

⑦ [새 매일 규칙] 대화상자의 [4. 규칙 이름(N)]에 규칙의 이름을 입력한
후 [확인] 버튼을 클릭한다.

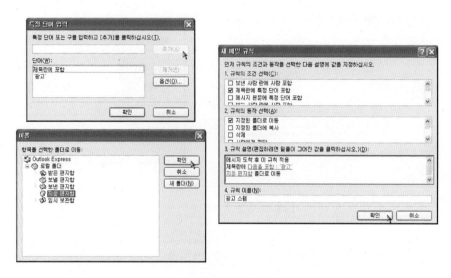

[그림 3-54] 새 규칙 입력하기

⑧ 규칙을 지금 즉시 적용하고 싶다면 [메시지 규칙] 대화상자에서 [지금 적용(A)] 버튼을 선택한다.

⑨ [지금 메일 규칙 적용] 대화상자에서 [지금 적용(P)] 버튼을 클릭한다.

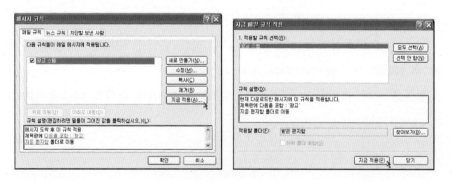

[그림 3-55] 새 규칙 적용하기

⑩ 규칙이 적용되는 과정의 대화상자나 나타난 후 규칙이 적용 완료되었다는 메시지의 대화상자가 나타난다. [확인] 버튼을 선택한다.

■ Outlook Express 옵션

Outlook Express의 옵션 메뉴에는 메시지와 관련된 다양한 기능이 있다. 주 메뉴 [도구(T)]에서 [옵션(O)]을 선택한다.

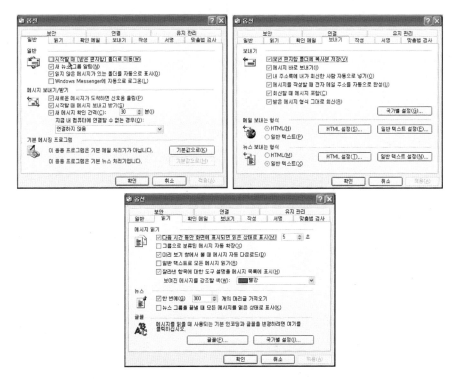

[그림 3-56] Outlook Express 옵션

[일반] 탭
- 시작할 때 [받은 편지함] 폴더로 이동
  Outlook Express가 실행되면 초기 화면으로 자동으로 [받는 편지함]으로 이동한다.
- 읽지 않은 메시지가 있는 폴더를 자동으로 표시
  목록 폴더의 글꼴을 진하게 표시해 준다.
- 새로운 메시지가 도착하면 신호음 울림
  메시지가 도착했을 때 벨소리를 울려 준다.

- 시작할 때 메시지 보내고 받기

  Outlook Express가 실행되면 자동으로 메일 서버에 접속하여 서버와 클라이언트 간 편지를 주고받는다.

- 새 메시지 확인 간격

  메일 서버에 접속하여 메시지를 가져오는 시간 간격을 설정한다. 만약 이 옵션이 설정되어 있지 않다면 수동으로 메시지를 교환하게 되기 때문에 반드시 [배달] 버튼을 클릭해야 한다.

[보내기] 탭

- 메시지로 바로 보내기

  메일을 작성한 후 [보내기] 버튼을 클릭하면 바로 메시지를 전송한다.

- 내 주소록에 내가 회신한 사람 자동으로 넣기

  메일을 회신하면 상대방의 E-Mail 주소가 자동으로 주소록에 등록된다.

- 회신할 때 메시지 포함

  받은 편지에 대해 회신을 하면 메시지 창에 받은 편지의 내용이 포함된다. 만약 회신 시 받은 편지의 내용을 포함시키지 않고자 할 경우에는 이 항목을 해제한다.

[읽기] 탭

- 다음 시간 동안 화면에 표시되면 읽은 상태로 표시

  사용자가 받은 메일의 제목을 클릭한 후 지정된 시간 동안 내용을 보면 제목을 보통 글자 크기로 변경해 준다.

- 글꼴

  메시지의 내용을 볼 때 사용할 인코딩 방식이나 글꼴을 지정할 수 있다.

2) 채팅

채팅 프로그램은 여러 가지가 있으나 이 책에서는 ICQ를 대상으로 설명하겠다. ICQ를 설치하려면 인터넷 공개자료실에서 ICQ 프로그램을 다운로드하여 인터넷에 접속한 상태에서 컴퓨터에 설치해야 한다. 왜냐하면 곧바로 등록 절차가 실행되기 때문이다. 일단 실행만 시키면 그 다음에는 마법사가 알아서 자동으로 설치를 진행해 준다. 다른 프로그램을 실행시킨 상태에서 인스톨을 하게 되면 에러가 발생할 수 있으므로 실행 중인 다른 프로그램을 종료시키고 인스톨을 하도록 하는 것이 좋다. 설치가 끝나면 곧바로 등록 마법사(Registration Wizard)가 자동으로 실행된다. 처음으로 ICQ를 설치하는 사람은 New User를 선택하고, 이미 번호를 가지고 있는 사람은 Existing User를 선택하면 된다. 번호를 이미 받은 적이 있는데 New User를 선택하면 번호가 또 생기게 된다.

■ 등록

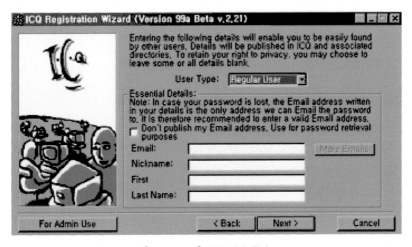

[그림 3-57] 전송 매체 확인

[그림 3-58] ICQ 등록화면

등록 시에는 LAN 사용자인지 모뎀 사용자인지 선택해 주어야 한다. LAN 사용자의 경우에는 파이어 월이 있는지 없는지에 따라 달라진다. 파이어 월이 있는 경우에는 해당 시스템 관리자에게 도움을 요청하는 것이 좋다. 그 다음에는 개인정보를 적어 준다. 여기에서 중요한 것은 Email을 기록해 주는 것이 좋다. 다른 사람들에게 Email을 알려 주기 싫다면 바로 위에 있는 Don't publish my email에 체크하면 된다.

[그림 3-59] 패스워드 확인

[그림 3-60] ICQ 메뉴

비밀번호는 자신이 기억할 수 있는 것을 등록해야 한다. 만약 나중에 비밀번호를 잊어버리는 경우 http://www.icq.com/password/에 가면 Email로 비밀번호를 받을 수 있다. Privacy Level은 그대로 놓아 둔다. Add Users라는 버튼이 있다. ICQ를 사용하는 사람이라면 반드시 사용하지 않을 수 없는 중요한 버튼이다. ICQ: 맨 위의 파란 줄에는 사용자가 받은 ICQ 가 나온다. Instructions Button: ICQ의 도움말 페이지로 이동한다.

To Advanced Mode: 고급 모드로 이동하는 버튼이다.
Find Random Chat Partner: 채팅할 사람을 찾는 버튼이다.
Add Users: 지금 여기에서 사용할 버튼은 이것 하나뿐이다.
Online/Offline: Online – 녹색 꽃은 접속 중이라는 뜻이고,
Offline – 빨간 꽃은 접속되어 있지 않다는 뜻이다.

처음에 Add User 버튼을 누르는 이유는 메시지를 보낼 상대를 찾기 위해서이다. 다음과 같은 화면이 나올 것이다. 일종의 검색 엔진이라고 생각하면 된다.

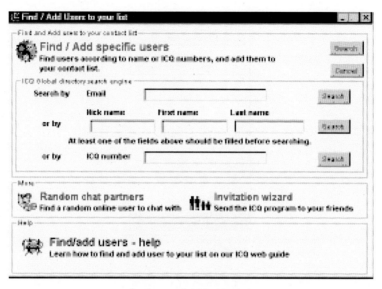

[그림 3-61] ICQ 친구검색

위와 같은 첫 화면이 나타날 것이다. 이 화면에서 지인의 정보를 기록하면 그 사람의 ICQ 를 알 수 있다.

Email: ICQ를 사용하고 있는 사람의 Email 주소를 알면 ICQ 를 찾을 수도 있다.

Nickname(별명), First name(이름), Last name(성)

별명이나 이름을 알면 ICQ 를 찾을 수도 있다. 그러나 정확하게 적지 않으면 검색이 안 되므로 되도록 Email이나 ICQ 를 직접 입력하는 것이 좋다.

ICQ number: ICQ 를 알면 이곳에 직접 입력하면 된다. 테스트를 위해서 10211234를 적어 보자. Search를 클릭하면 그 사람의 정보가 나타난다. 그것을 다시 더블 클릭하면 ICQ 윈도에 그 사람의 이름이 추가된다. 메시지를 보내 보도록 하려면 ICQ 윈도에 표시된 그 사람의 이름을 클릭하면 메뉴가 나타나게 된다.

■ 메시지 보내기

이어 등록한 사람의 이름을 클릭하면 7개의 메뉴가 나타난다. 이 메뉴들을 이벤트 메뉴(Event Menu)라고 한다.

[그림 3-62] ICQ 팝업메뉴

■ Message

메시지를 보내는 메뉴이다. 가장 많이 사용하는 메뉴이다. 사람 이름을 더블 클릭하면 자동적으로 이 메뉴로 넘어가게 된다.

■ Web Page Address(URL)

자기의 웹 브라우저(익스플로러나 넷스케이프)에 표시된 페이지를 상대방에게 곧바로 보낼 수 있는 기능이다. 아주 유용한 기능 중 하나이다.

■ ICQ Chat

채팅 메뉴이다. 채팅과 메시지는 어떻게 다를까? 메시지는 1:1로 하지만 채팅은 여러 명이 동시에 하는 것이다. 채팅에 관한 것은 약간 복잡하다. 채팅에 관한 내용은 뒤에 설명되어 있다.

■ Info

상대방의 개인정보를 보는 메뉴이다. 물론 그 사람이 기록해 놓은 내용만 볼 수 있다.

■ Rename

표시되는 이름을 변경하는 메뉴이다. 즉, 예를 들어 playguy로 표시되는 사람을 기억하기 쉽도록 이 메뉴를 이용해 play 등으로 바꿀 수 있다.

■ Delete

그 사람을 삭제할 때 사용하는 메뉴이다.

■ Advanced Features

이 메뉴를 선택하면 메뉴의 수가 늘어나고 기능도 복잡해진다.

■ 메시지

사람 이름을 더블 클릭하거나 Event Menu에서 Message를 클릭하면 메시지를 보낼 수 있는 윈도우가 나타난다. 메시지는 상대방이 Offline일지라도 (접속하지 않았어도) 전달이 된다. 물론 상대방은 접속했을 때 그 메시지를 확인하게 된다.

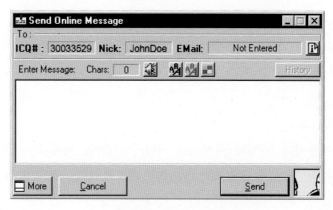

[그림 3-63] 메시지 창

메시지를 보내려면: 메시지를 보낼 사람의 이름을 클릭한다. 메뉴에서 Message를 선택한다. 그림과 같은 창이 나타날 것이다. 이것을 메시지 창이

라고 한다. 메시지를 입력한다. ICQ 99a 버전에서는 메시지의 길이에 제한이 없다. 단, 받는 사람이 옛날 버전을 사용하고 있거나 Offline인 경우에는 Email로 보내야 된다는 메시지가 뜨게 될 것이다. Send 버튼을 누른다. 메시지를 취소하려면 Cancel을 클릭한다.

여러 사람에게 한 번에 메시지 보내기: 동시에 여러 사람에게 같은 메시지를 보낼 수도 있다. 메시지 윈도우의 왼쪽 아래를 보면 More라는 버튼이 있다. 이 버튼을 클릭한다. Multiple Recipients(여러 명의 수신자)를 클릭한다. 오른쪽에 사람 이름들이 있는 윈도우가 생겨날 것이다. 지금 처음으로 테스트를 해 보는 것이라면 아마 아무 이름도 안 나타날 것이다. 메시지를 동시에 보낼 사람들의 이름을 체크한다. Send를 클릭한다.

■ 메시지 받기

메시지를 받는 경우엔 어떨까? 메시지를 보낸 사람의 이름 옆에 ▦아이콘이 나타날 것이다. ICQ 윈도우를 줄여 놓았다면 작업표시줄의 꽃 아이콘 대신에 이 아이콘이 나타나게 된다.

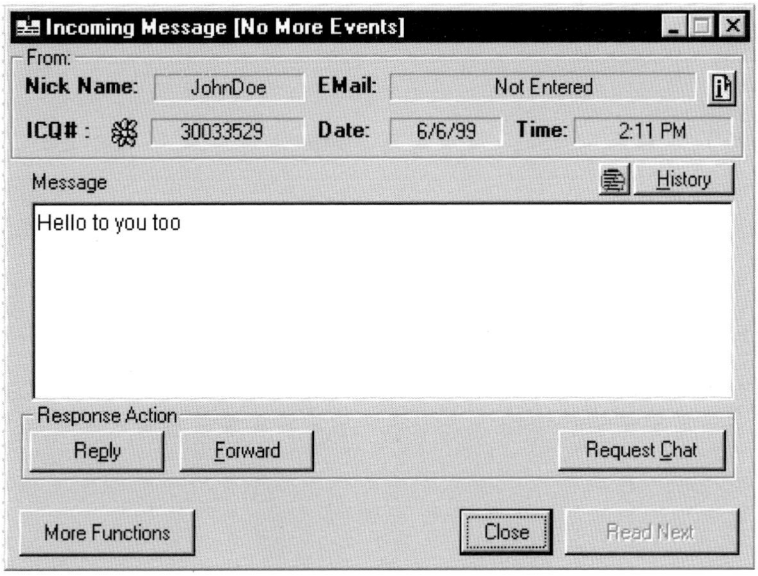

[그림 3-64] 메시지쓰기

그 사람의 이름을 더블 클릭하면 메시지를 확인할 수 있다. 메시지를 확인하고 난 후, 답변하는 방법에는 여러 가지가 있다. 각 버튼에 따라 다음과 같은 기능들이 있다.

Reply(답장): 메시지 윈도가 열린다. 메시지를 보낼 때와 같은 방법으로 보낸다.

Forward(전달): 받은 메시지를 그대로 다른 사람들에게 전달해 줄 수 있다. 이 버튼을 누르면 옆에 새로 생겨나는 윈도우에서 전달받을 사람을 체크해 주면 된다. Request Chat(채팅 요청): 이 버튼을 누르면 메시지를 채팅 요청을 하게 된다. 채팅에 대한 내용은 뒷부분에서 다룬다. 오른쪽 윗부분에 있는 History History(히스토리) 탭은 주고받은 메시지를 확인하는 버튼이다. Info(정보) 아이콘을 누르면 그 사람에 대한 정보를 볼 수 있다. 물론 그 사람이 입력해 놓은 정보만을 볼 수 있다. 메시지를 다 읽기 전에 연속해서 메시지가 전달되면 아래쪽에 Read Next(다음 메시지 읽기) 버튼이 활성화된다. 이 버튼을 누르면 다음 메시지를 확인할 수 있다. Close(닫기) 버튼은 메시지 윈도우를 닫는다. 상대방이 보낸 메시지는 상대방이 정해 놓은 폰트의 종류와 색깔로 보이게 된다. 상대방이 정해 놓은 색깔과 폰트에 관계없이 항상 자기가 정해 놓은 설정대로 메시지를 받으려면 히스토리 옆에 있는 🖳 버튼을 클릭한다.

3. 정보검색

컴퓨터 통신 즉, 인터넷상에서의 정보검색은 정보원 검색과 주제정보 검색으로 구분할 수 있다. 왜냐하면, 인터넷상에는 수많은 정보원(사이트)이 연결되어 있고 이 정보원들은 각각 독립적으로 특정정보를 제공하고 있기 때문에 1차적으로 찾고자 하는 주제정보를 제공하는 정보원을 검색하게 되고 2차원으로 그 정보원에 접속하여 상세한 주제 검색을 통하여 요구정보를 탐색하게 된다.

1) 정보원 검색

인터넷상 정보원 검색 엔진은 그 종류와 기능이 다양한데 일반적으로 기능에 따라 주제 검색 엔진, 단어 검색 엔진, 메타 검색 엔진 등으로 구분된다. 정보원 검색을 위한 검색 엔진은 사이트 운영자의 검색 관련 등록정보나 로봇 에이전트(Robot Agent) 프로그램을 이용하여 수집된 정보를 형태소 분석하여 색인어를 생성한다.

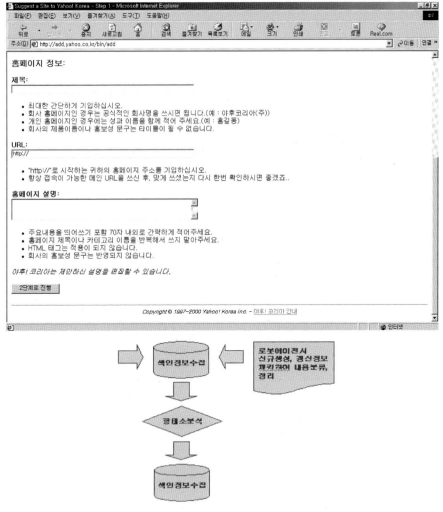

[그림 3-65] 검색 엔진의 색인어 추출과정

■ 주제별 정보원 검색

– 정보원의 주제를 대분류, 중분류, 소분류 등으로 분류하여 이용자가 광의
의 주제에서 출발하여 협의의 주제를 검색할 수 있도록 함으로써 검색결과
의 재현율을 낮추고 정도율을 높이는 방법이다.
물론, 주제별 정보원 검색 시에도 선택한 주제범위 내에서 단어별 정보원
검색을 할 수 있기 때문에 이용자가 선택적으로 사용할 수 있다.

대표적 주제별 정보원 검색 엔진은 다음과 같다.

– Yahoo: www.yahoo.co.kr

– Einet Galaxy: www.einet.net

– www virtual Library: www.w3.org/hypertext/

datasources/bysubject/

[그림 3-66] 야후코리아 메인화면

■ 단어별 정보원 검색 엔진

인터넷 사이트들의 URL을 데이터베이스화하여 검색어(키워드)를 입력하여 원하는 정보원을 검색하는 검색 엔진으로 ;이 정확하지 않을 경우 정보원이 발견될 수 있다.

대표적 검색 엔진은 알타비스타로 단어 입력창에 (검색어)를 입력하고 Submit 아이콘을 클릭하면 결과를 디스플레이해 준다.

대표적인 검색 엔진은 다음과 같다.

– 알타비스타(Altavista): www.altavista.digital.com/

– 라이코스(Lycos): www.lycos.com/

– Web Crawler: www.webcrawler.com/

– Harvest www Broker: www.town.hall.org/brokers/

www – home – pages/

– World Wide Web Worm: www.cs.colorado.edu/home/

mobrayan/www.html

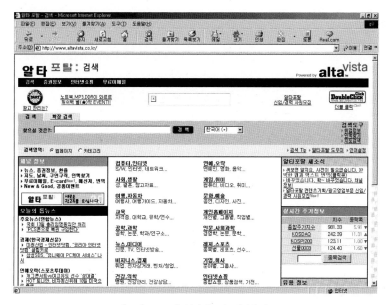

[그림 3–67] 알타비스타 메인화면

■ 메타 정보원 검색 엔진

메타 검색 엔진은 이용자가 질의한 질의어를 여러 개의 정보원 검색 엔진에 동시에 질의하고 그 결과를 하나로 모아서 정리하여 이용자에게 결과를 제공하는 검색 엔진으로 자체 데이터베이스가 없다.

특히 멀티 스레드 기법을 사용함으로써 단시간에 여러 검색 엔진을 검색할 수 있을 뿐만 아니라 다국어를 지원하는 것이 특징이다.

대표적인 검색 엔진은 다음과 같다.

- W3 Search Engine: cuiwww.unige.ch/meta-index.html

- Cusi: web.nexor.co.uk/susi/cusi.html

- Savvy search: www.cs.colostate.edu/~dreiling/

smartform.html(영문)

guaraldi.cs.colostate.edu:2000/form?lang=korean(한글)

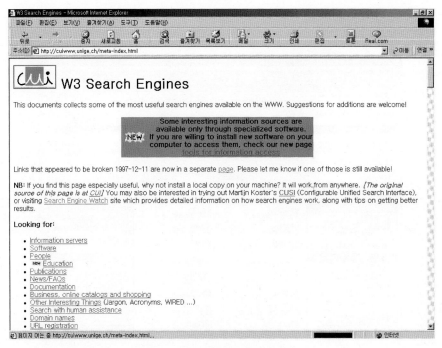

[그림 3-68] W3 search 메인화면

■ 검색 엔진을 이용한 정보원 접속

인터넷에는 수많은 사이트가 연결되어 있기 때문에 '주소'를 다 기억한다는 것은 불가능하다. 따라서 인터넷상에 공개된 검색 엔진이라고는 검색 시스템을 통해서 사이트를 검색하여 접속하는 것이 일반적이다.

① (질의어) 검색

검색 엔진을 선택한 후 '검색어' 입력창에 질의어를 입력하고, 검색된 결과 가운데서 해당 사이트를 클릭하여 접속한다.

[그림 3-69] 질의어 검색

② 카테고리

인터넷 사이트를 수록정보의 성격에 따라 대, 중, 소 카테고리를 분류하여 Library화함으로써 정보의 주제에 따라 카테고리 검색을 통하여 탐색범위는 정형화하고 그 결과를 선택, 접속각 분야별 카테고리에 의하여 검색한다.

[그림 3-70] 카테고리 검색

2) 주제정보 검색

인터넷상에 공개된 검색 엔진을 정보원을 찾는 검색 엔진이라고 전제한 다면, 각각의 정보원에 탑재된 검색 엔진은 조직화된 서지적 정보를 탐색하는 검색 엔진이라고 해야 할 것이다. 조직화된 서지적 검색 엔진은 주제어 검색 엔진, 단어 검색 엔진으로 구분할 수 있는데 일반적으로 두 가지 방식을 병행하고 있다.

특히, 정보원 검색 엔진은 표준화된 툴(Tool)을 적용하지 않고 있는 반면 정보원에 탑재된 주제정보 검색 엔진은 Marc 표준을 채택하고 있어 조직적인 정보검색이 가능할 뿐만 아니라 데이터의 통합이 용이하다.

또한, 연산기능을 강력하게 제공함으로써 검색의 재현율을 줄이고 높일 수 있기 때문에 핵심 요구정보의 탐색이 용이하다.

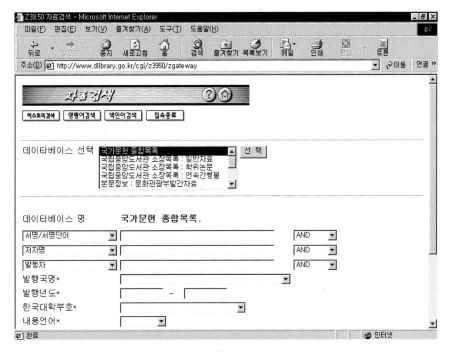

[그림 3-71] 주제정보 검색

4. 인터넷 정보의 수용

인터넷상에서 정보를 검색하여 이용자 컴퓨터에서 수용하는 방법은 복사에 의한 수용, 파일 다운받기에 의한 수용 등으로 구분된다.

1) 복사에 의한 수용

메뉴의 '편집'에서 '전체선택' 기능을 이용하여 대상 페이지를 선택한 후 메모장이나 워드프로세서에 '붙여넣기' 하여 자신의 컴퓨터에 파일을 만드는 방법이다.

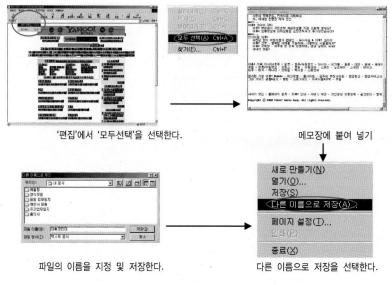

'편집'에서 '모두선택'을 선택한다.   메모장에 붙여 넣기

파일의 이름을 지정 및 저장한다.   다른 이름으로 저장을 선택한다.

[그림 3-72] 복사에 의한 수용

2) 파일 받기에 의한 수용

웹 사이트에서 (다운로드)를 허용하는 정보를 전송받아 내 컴퓨터에 수용하는 것으로 '대상파일을 선택'하면 '파일 다운로드' 화면이 나타나면 '디스크에 저장'을 선택(저장하지 않고 열어 보기 위해서는 '현 위치에서 이 파일을 엽니다'를 선택)한 후 '확인'을 클릭한다. 저장할 파일을 다른 이름으로 저장하려면 '다른 이름으로 저장' 화면에서 파일 이름을 입력하고 폴더 위치를 선택한 후 '확인'을 클릭한다.

단, 저장된 파일을 열어 보기 위해서는 작성한 저작도구가 내 컴퓨터에 설치되어 있어야만 가능하다.

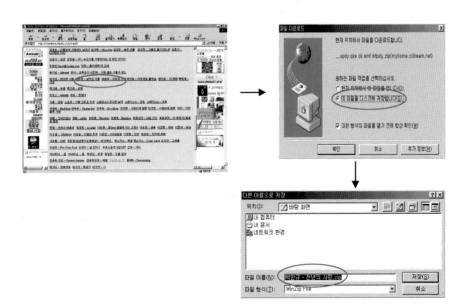

[그림 3-73] 파일받기에 의한 수용

| chapter 04 |

웹 데이터베이스 구축방법

인터넷의 확산과 함께 데이터베이스의 중요성은 더욱 강조되고 있다. 자료의 보물창고라고 불리는 인터넷에서 정보를 효율적으로 탐색하기 위하여 웹과 데이터베이스의 결합은 필연적이다. 기존의 데이터베이스 전용 클라이언트들도 브라우저 기반의 클라이언트로 이전되고 있는 실정이다.

본 장에서는 웹과 데이터베이스를 이용할 수 있는 가장 기본적인 개념에 대하여 설명한다.

제1절 웹(Web)의 개요

1. 웹(Web)의 개념

Web(World Wide Web)은 www. w3 등으로 표현되기도 하나 일반적으로 웹(Web)이라고 불리고 있다.

1987년 스위스의 Tim Berners – Lee가 제안한 이래, 1990년부터 하이퍼텍스트(Hypertext) 탐색이 가능한 최초의 웹(Web) 브라우저가 탄생되었고, 1993년 Marc Andresen이 GUI(Graphic User Interface) 환경의 응용 프로그램을 개발함으로써 급속하게 확산되었다.

Web은 HTML(Hyper Text Markup Language)라는 언어로 하이퍼텍스트(Hypertext)를 구축하여 독립된 정보원에 축적된 정보는 물론 URL(Uniform Resource Locate) 링크(Link) 지정으로 네트워크(Network)상의 다른 정보원이 축적하고 있는 정보까지 HTTP(Hypertext Transfer Protocol)라는 통신 프로토콜을 이용, 모든 정보를 이음매 없이 액세스(Access)할 수 있는 광역정보 시스템이라 할 수 있다.

2. 웹(Web)의 구성요소

웹(Web)은 인터넷(Internet), 하이퍼텍스트(Hypertext), 멀티미디어(Multimedia)로 구성된다.

1) 인터넷(Internet)

인터넷은 웹(Web) 정보 커뮤니케이션을 위한 기반 환경으로 인터넷 통신 에뮬레이터인 브라우저는 인터넷 커뮤니케이션뿐만 아니라, 웹(Web) 커뮤니케이션을 위한 브라우저로도 사용되고 있다.

따라서 인터넷 브라우저는 [그림 4-1]에서 보는 바와 같이 인터넷상에서 제공되는 다양한 서비스와 웹(Web) 서비스를 동시에 이용할 수 있도록 지원되고 있다.

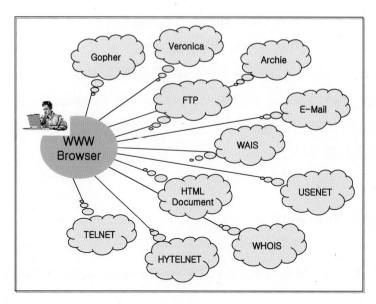

[그림 4-1] 웹 브라우저와 인터넷 서비스

2) 하이퍼텍스트(Hypertext)

정보를 텍스트(Text)의 나열이라고 전제한다면, 일반정보는 이와 관련된 다른 정보와 연결고리(Hypertext)를 갖고 있지 않기 때문에 독립된 정보로 데이터베이스 안에 존재하게 된다. 따라서 인터넷상에서 하나의 정보를 탐색하고 이와 관련된 정보를 탐색하려면 반복된 탐색과정을 거쳐 다시 탐색해야 하는 불편함이 있다.

그러나 하이퍼텍스트는 하나의 정보와 이와 관련된 다른 정보가 서로 연결 포인트를 갖고 있기 때문에 최초 탐색된 정보를 중심으로 관련 정보의 연결점(단어 또는 아이콘 형태의 연결점)을 클릭하여 손쉽게 연계 탐색을 할 수 있다.

즉 하이퍼텍스트는 일반정보와 동일한 정보이지만 탐색된 선택정보의 연결점을 통하여 관련 정보를 꼬리에 꼬리를 물고 탐색할 수 있도록 연결해 주어 이용자에게 광범위한 정보탐색을 가능하게 함으로써 효율적인 탐색은 물론 탐색 시간을 크게 절약해 준다.

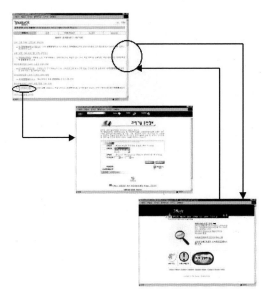

[그림 4-2] 하이퍼텍스트 탐색과정

3) 하이퍼미디어(Hypermedia)

멀티미디어(Multimedia)를 하나의 중심 미디어 중심으로 보조 미디어가 유기적으로 조합된 정보라고 전제한다면, 하이퍼미디어는 텍스트 정보뿐만 아니라, 멀티미디어 정보를 하이퍼링크(Hyperlink) 방식에 의하여 연결하는 것을 말한다.

즉, 하이퍼텍스트가 문자, 숫자, 기호 등이 조합된 텍스트 정보를 하이퍼 링크 방식에 의하여 연계 탐색할 수 있는 기술이라면, 하이퍼미디어는 문 자, 소리, 그래픽, 화상, 애니메이션, 동화상 등 멀티미디어 정보를 하이퍼 링크 방식에 의하여 연계 탐색할 수 있는 기술로 하이퍼텍스트의 상위 기 술이다.

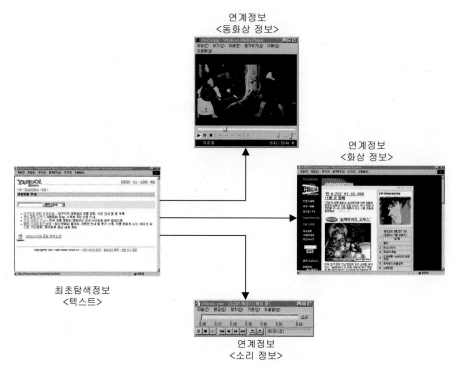

연계정보
<동화상 정보>

연계정보
<화상 정보>

최초탐색정보
<텍스트>

연계정보
<소리 정보>

[그림 4-3] 하이퍼미디어 탐색 과정

3. 웹(Web)의 커뮤니케이션 원리

웹(Web)은 정보탐색자가 인터넷상에서 브라우저를 이용, HTTP 및 URL 을 통하여 인터넷에 연결된 정보원에 접속(Connection)하여, 정보를 요청 (Request)하면 HTML 문서 및 데이터베이스 형태의 정보를 탐색자가 제공 받을 수 있는 정보 시스템이다.

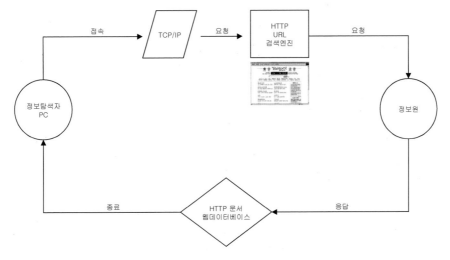

[그림 4-4] Web의 정보 커뮤니케이션 원리

[그림 4-4]에서 보는 바와 같이 인터넷 브라우저를 이용한 정보 커뮤니케이션은 정보탐색을 기반으로 이루어지는데 정보탐색은 그 목적에 따라 1차 탐색과 2차 탐색으로 구분할 수 있다.

1차 탐색은 인터넷상에 공개된 검색 엔진을 이용하여 인터넷상에 연결된 정보원을 탐색하는 것을 말한다. 따라서 인터넷 정보원 탐색은 검색 엔진이 얼마나 체계적이고 조직적인 검색환경을 제공하느냐에 따라 재현율과 정도율이 달라진다.

현재 인터넷상에 공개된 검색 엔진은 대부분이 재현율을 높이는 방법으로 설계되었기 때문에 정도율을 높이려면 표준화된 주제 분류체계 채택을 통한 주제탐색 방식과 사전식 탐색 방식이 채택되어야 할 것이다. 왜냐하면 검색 엔진에 등록된 정보원이 제공하는 정보는 광범위한 주제 분야를 포괄하고 있기 때문에 학문적, 임상적 연구를 토대로 고안된 표준분류방식을 통하여 정보원이 제공하는 정보를 분류하여 등록할 경우 이용자는 보다 정도율이 높은 탐색활동이 가능해질 것이다. 또한 주제어 탐색 시 그 결과가 많을 경우 현재의 검색 엔진은 대부분이 페이지 구분을 통하여 1, 2, 3, 4식으로 표현되고 있기 때문에 이용자가 요구정보원을 찾기 위하여 시력 탐색에 많은 시간을 할애할 수밖에 없다.

따라서 이를 해소하기 위하여 사전식 탐색 방식을 부가적으로 도입하면 이용자가 하나의 주제어로 질의하여 다수의 결과를 얻었다고 하더라도 가, 나, 다…… 순 또는 A, B, C…… 순에 의하여 요구정보원을 쉽게 발견할 수 있을 것이다.

2차 탐색은 인터넷상에 공개된 검색 엔진을 이용하여 요구정보를 제공하는 정보원 탐색 결과를 바탕으로 정도율이 높을 것으로 판단되는 하나의 정보원을 선택하여 하이퍼링크 방식에 의하여 접속, 해당 정보원이 제공하는 검색 엔진을 이용하여 요구정보를 탐색하여 결과를 수집하는 과정이다. 따라서 2차 검색은 정보원마다 서로 다른 검색 엔진을 채택할 수 있기 때문에 탐색 방식이 서로 다를 수 있다.

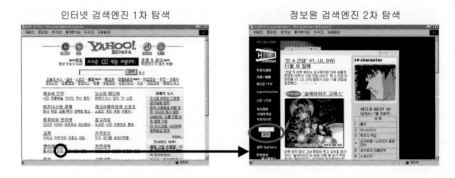

[그림 4-5] 인터넷 정보원의 1차 탐색과 2차 탐색

제2절 웹 데이터베이스의 개요

1. 웹 데이터베이스의 개념

데이터베이스는 목적이 같은 동질성을 가진 데이터(Data)들을 모아서 데이터 사이를 유기적으로 결합, 일정한 법칙에 따라서 연결하여 이용할 수

있도록 한 데이터들의 집합체를 말한다. 따라서 데이터는 정보를 구성하는 하나의 요소로서 이를 조직화하여 데이터베이스화할 때 정보로서의 가치를 지닐 수 있는 것이다.

만일, 데이터베이스를 구축하지 않고 독립된 파일 처리 방식을 통하여 정보를 관리할 경우, 첫째, 새로운 정보가 추가될 때마다 새로운 파일을 준비해야 하고 둘째, 각각의 파일마다 중복된 데이터가 존재하게 되며 셋째, 네트워크상에서 이용이 불가능하기 때문에 전자우편 등 대체 커뮤니케이션 수단을 이용하여 정보를 제한적으로 유통해야 하는 문제점이 있다.

그러나 정보를 데이터베이스화할 경우 첫째, 새로운 정보가 발생되더라도 새로운 파일을 준비할 필요가 없고 둘째, 중복된 데이터가 존재하지 않으며 셋째, 네트워크상에서 정보공유가 가능해지기 때문에 효율적으로 정보를 관리하고 활용할 수 있다.

이러한 데이터베이스 기술의 편리성에도 불구하고 과거에는 LAN상이나 온라인상에서 제한된 이용자만이 데이터베이스 정보를 이용하였으나 웹이 출현하면서 인터넷상에서 다수가 공유할 수 있는 환경으로 발전되고 있다.

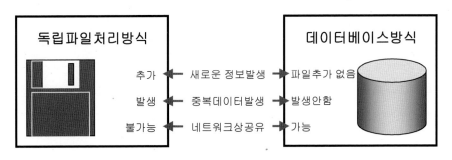

[그림 4-6] 독립 파일처리 방식과 데이터베이스의 비교

[그림 4-6]에서 보는 바와 같이 데이터베이스 기술은 독립 파일처리방식에 비교하여 정보의 관리, 공유 환경을 획기적으로 개선하였기 때문에 대부분의 정보 관리자가 데이터베이스 기술에 의하여 정보를 관리하고 공유할 수 있도록 정보인프라를 구축하고 있다. 그러나 과거의 데이터베이스 기

술은 독립된 정보관리 시스템을 중심으로 LAN이나 온라인(On‐line) 중심
의 정보통신기술을 이용하여 이용자가 데이터베이스가 제공하는 정보를 이
용할 수 있도록 설계되었기 때문에 광역 정보 서비스가 불가능하였다.

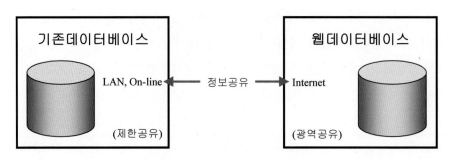

[그림 4‐7] 기존 데이터베이스와 웹 데이터베이스의 정보공유 환경비교

  따라서 [그림 4‐7]에서 보는 바와 같이 기존 데이터베이스는 제한된 정
보공유 환경을 가지고 있는 반면 기존 데이터베이스 정보를 HTML 기술과
하이퍼링크 기술을 이용하여 인터넷상에서 공유할 수 있는 웹 데이터베이
스로 변환할 경우 인터넷을 기반으로 한 광역공유 환경으로 전환할 수 있
다. 또한 기존의 대부분의 데이터베이스들이 새로운 목적을 가진 또 다른
데이터베이스를 새로이 생성코자 할 경우 데이터베이스에 대한 충분한 기
술적 지식이 없이는 새로운 데이터베이스를 생성하기가 어려운 것이 사실
이다. 그러므로 대부분의 정보관리자가 이용자의 요구에 따라 새로운 데이
터베이스를 추가로 생성하기 위해서는 그에 적합한 상업용 데이터베이스 프
로그램을 도입하거나 전문가에게 의뢰하여 개발하는 것이 일반화되어 있다.
  그러나 최근 데이터베이스의 패러다임이 웹 데이터베이스로 전환되면서
인터넷기술을 기반으로 한 다양한 형태의 웹(Web) 데이터베이스 저작 툴
(Tool)의 개발로 정보관리자가 이를 활용하여 정보의 형태에 따라 그 목적
에 적합한 웹 데이터베이스의 추가 생성이 가능하게 되었다.
  웹(Web) 데이터베이스 저작 툴(Tool)을 이용할 경우 정보관리자는 멀티미
디어 정보를 수용할 수 있는 다양한 형태의 웹 데이터베이스를 손쉽게 구

축함은 물론 광역공유 제공 환경을 만들 수 있다. 그러나 현재 개발된 대부분의 웹(Web) 데이터베이스 저작 툴(Tool)은 MARC 포맷을 표준으로 설계되는 정보 데이터베이스 프로그램과는 달리 표준화가 이루어지지 않고 있기 때문에 서로 다른 데이터베이스와 데이터베이스 간 데이터 통합이 불가능하다는 문제점을 가지고 있다.

정보 데이터베이스 프로그램을 설계할 때 표준화된 MARC 포맷을 표준으로 설계하는 이유가 첫째, 데이터베이스 프로그램 제작자를 달리하는 서로 다른 정보원과의 데이터 통합을 손쉽게 하기 위한 것과 둘째, 제작자가 다른 데이터베이스 프로그램으로 데이터베이스 구조를 전환할 경우 기존에 데이터베이스화한 정보를 손쉽게 수용할 수 있도록 하기 위한 것이라고 전제한다면, 웹(Web) 데이터베이스 저작 툴(Tool)의 표준화가 필요할 것이다.

그러나 서로 다른 정보원과 데이터를 통합의 필요성이 없고, 제작자가 새로운 버전을 개발할 때 기존의 버전에 의하여 데이터베이스화한 정보를 손쉽게 수용할 수 있도록 웹 데이터베이스 저작 툴을 유지, 발전시켜 나간다면 그다지 큰 문제는 발생하지 않을 수도 있다.

특히 인터넷을 기반으로 한 광역정보공유 환경에서는 각각의 정보원이 독립된 웹 데이터베이스를 구축하고 인터넷상에 공개된 검색 엔진을 이용하여 정보원을 탐색한 후, 독립된 웹 데이터베이스에 접근하여 각각의 데이터베이스가 제공하는 서로 다른 검색 엔진을 이용하여 요구정보를 탐색하는 정보인프라 구축이 일반화되어 가면서 웹(Web) 데이터베이스 저작 툴(Tool)을 도입하는 정보원이 날로 증가하는 추세이다.

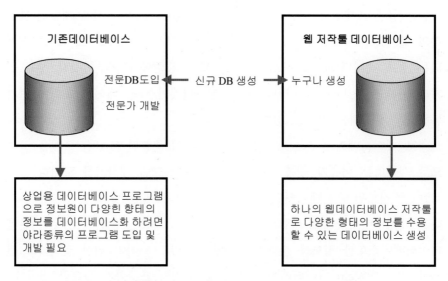

[그림 4-8] 기존 DB와 웹 저작 툴을 이용한 웹 DB의 신규 DB 생성 비교

왜냐하면 [그림 4-8]에서 보는 바와 같이 웹 데이터베이스 저작 툴은 하나의 저작 툴 도입으로 도서, 저널, 비도서자료(클리핑 자료, 사진자료 등) 등 다양한 정보의 서지정보 데이터베이스와 본문(Full-text)정보 데이터베이스 구축, 탐색 환경 설정은 물론 쌍방향 커뮤니케이션 환경 구축, Web library 구축, 가상교육 환경 구축, 전자상거래 환경 구축, 홈페이지 구축 등 인터넷 기반의 토탈 정보 인프라의 구축이 용이하기 때문이다.

2. 웹 데이터베이스의 구성요소

웹 데이터베이스 구성요소를 [그림 4-9]에서 보는 바와 같이 DBMS (Database Manasement System) 운영 프로그램, 웹 서버 프로그램 등이라고 전제한다면 웹 데이터베이스 저작 툴은 이들 프로그램이 제공하는 유틸리티(Utility) 프로그램을 사용하여 개발되는 웹 응용 프로그램(Application Program)이라고 할 수 있다.

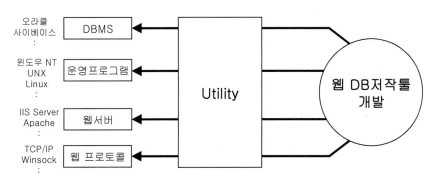

[그림 4-9] 웹 데이터베이스 개발에 기반이 되는 프로그램 유틸리티

따라서 웹 데이터베이스 저작 툴은 웹 데이터베이스를 구성하는 각각의 프로그램들의 종류가 다양하기 때문에 가능하면 이를 고려해서 개발하는 것이 좋다.

왜냐하면 특정한 프로그램이 제공하는 유틸리티 프로그램을 사용하여 개발되었을 경우 이에 적합한 환경을 가지고 있지 않은 정보환경에서는 운영이 불가능하다.

물론 웹 응용 프로그램이 요구하는 기반 프로그램들을 도입할 수도 있으나 응용 프로그램을 도입할 때마다 사양이 다르다는 이유로 해당 프로그램이 요구하는 기반 프로그램을 도입하는 것은 바람직하지 않다.

그러므로 정보관리자가 웹 데이터베이스 프로그램을 도입할 때는 그 응용 소프트웨어가 요구하는 기반 환경의 하드웨어, 소프트웨어 사양을 정확하게 파악하여 현재 운영되고 있는 시스템의 사양에서 운영하는 데 문제가 없는지를 검토한 후 도입 여부를 결정해야 한다.

3. 웹 데이터베이스의 관리

DBMS(Database Management System)는 데이터베이스의 구조를 관리하고 데이터베이스화된 정보에 대한 접근(Access)을 제어하는 프로그램들의 집합체로 DBMS는 탐색자와 응용 프로그램을 기반으로 데이터베이스화된 정보 사이에서 탐색자의 요구를 컴퓨터 시스템이 처리할 수 있는 복잡한 코드(Code)로 변화시켜 주는 교량적 매개체 역할을 수행하는 복잡한 구조를 지니고 있기 때문에 데이터베이스를 구축하고 관리하기 위해서는 데이터베이스 관리 시스템과 응용 프로그램(Application Program)이 필요하다.

그러나 (그림 4 - 10)에서 보는 바와 같이 탐색자가 DBMS의 복잡한 구조를 이해하지 못하더라도 DBMS에서 제공되는 유틸리티(Utility) 프로그램 등을 사용하여 개발된 응용 프로그램(Application Program)을 통하여 DBMS와 커뮤니케이션하기 때문에 어려움을 느끼지는 않는다.

따라서 정보관리자는 응용 프로그램 사용방법 숙지만으로도 기본적인 데이터베이스 관리가 가능하다.

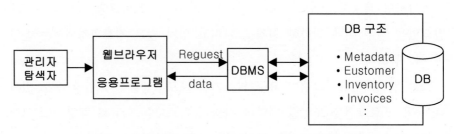

[그림 4 - 10] DBMS와 응용 프로그램의 교류에 의한 데이터베이스 관리

웹 데이터베이스 저작 툴 역시 DBMS에서 제공되는 유틸리티 프로그램들을 사용하여 개발된 응용 프로그램이기 때문에 정보관리자가 DBMS에 대한 기술적 지식이 없어도 웹 데이터베이스 저작 툴 사용방법 숙지만으로 손쉽게 데이터베이스를 생성하고 관리할 수 있다.

4. 데이터베이스의 서버

사용자가 웹 브라우저로 데이터베이스를 검색하기 위한 보편적 서버의 구성을 살펴보면, 클라이언트인 웹 브라우저는 HTTP라는 프로토콜을 사용하고 웹 서버에 검색을 요청하게 된다. 보통 클라이언트가 직접 데이터서버에 요청을 하는 방식보다는 웹 서버는 웹 브라우저의 요청을 데이터베이스 서버에 전달하여 결과를 얻는다. 데이터베이스 서버로부터 얻은 처리결과를 클라이언트에 넘겨주어 클라이언트의 화면에 표시되는 것이 일반적인 웹 데이터베이스 처리방식이다.

다음은 웹상에서 일반적으로 사용되는 데이터베이스이다.

1) 오라클(Oracle)

세계 최대의 데이터베이스 공급업자 중 하나이다. 오라클에서는 데이터베이스뿐만 아니라 웹 서버, 개발도구 등도 함께 제공하고 있으며 웹을 통한 전사적 자원관리(ERP: Enterprise Resource Planning) 등 일관된 작업 환경을 제공하고 있다. 오라클 워크그룹에는 Oracle 7 RDBMS, Oracle Object for OLE, Oracle 7 ODBC Driver, SQL*Net, GUI 데이터베이스 관리 툴, SQL*Loader, Windows용 SQL*Plus 등이 제공된다.

2) 인포믹스(Informix)

인포믹스에서 제공하는 데이터서버로는 INFORMIX - Universal Server,

INFORMIX – DataBlade Modules, INFORMIX – Illustra, INFORMIX – Extended Parallel Server(XPS), INFORMIX – OnLine Dynamic Server(ODS), INFORMIX – OnLine Workgroup Server – (OWS) 등이 있다. 이 중 인포믹스 유니버설 서버는 객체지향 기술을 접목하여 이미지, 오디오, 타임시리즈 등 비정형 데이터의 처리를 제공한다. 또한 인포믹스 – 온라인 워크그룹 서버는 클라이언트/서버 환경에서 웹/인트라넷을 통합한 DB – MS이다.

3) 사이베이스(Sybase)

사이베이스에서 제공하는 데이터베이스로는 Sybase SQL Server11, Sybase SQL Server Professional for Windows NT, Sybase SQL Anywhere, SQL Anywhere Professional, Sybase IQ, Sybase Mpp, Sybase dbQ 등이 있다.

4) 마이크로소프트 SQL(Microsoft SQL)

백오피스 수트의 일부로 제공되는 SQL 데이터베이스 서버이다. SQL 서버 인터넷 커넥터도 별도로 제공하고 있다. 최근에 유닉스 환경에서 윈도즈 NT 환경으로 시스템을 구성하는 사례가 늘면서 데이터베이스도 마이크로소프트 – SQL 서버를 사용하는 사례가 많아지고 있다. 마이크로소프트는 SQL 서버 7.0을 지난주에 제조사들에 공개하였다.

마이크로소프트는 이 제품이 고급의 유닉스시스템에서 작동하는 경쟁사의 데이터베이스들과 겨룰 수 있는 능력을 자랑해 왔다. 그리고 동시에 이 제품이 윈도즈 95에서도 작동할 수 있는 하향성 확장에 대해서도 강조해 왔다. 그러나 이 제품의 적재적소인 중급 시장에 대해서는 별로 말하지 않았었다. 비록 사장인 스티브 볼머(Steve Ballmer)가 "중급 시장에서는 당연히 SQL 서버 7.0이 최적의 데이터베이스"라고 말한 것이 전부지만 일부 소프트웨어 업체, 데이터 웨어하우징 전문가, 기타 유통업자들은 이 제품이 중급 시장에 나올 때 가지는 수익 가능성을 이미 감지하고 있었다.

마이크로소프트는 중급 시장을 500대 내지 1,000대의 PC 공간을 가진 업체로 분류한다. 마이크로소프트의 추산으로는 13만 5천 개의 회사가 이에 속한다. 이들의 대부분은 50대 내지 499대의 PC를 이미 보유하고 있다 (평균은 83대). 그리고 평균 3명의 정보관리 직원을 가지고 있으며 절약과 긴축을 모토로 한다. 마이크로소프트는 NT, 백오피스(BackOffice), 익스체인지 서버(Exchange Server), SQL서버 등을 이 시장을 장악할 무기로 보고 있다. 그리고 몇몇 협력사는 이미 SQL 서버 7.0의 잠재성을 이 시장에서 발견하고 있다. 마이크로소프트의 제휴사이자 기업정보업체인 코그노스 (Cognos)의 디렉터인 톰 캠스(Tom Camps)는 마이크로소프트가 특별히 데이터 웨어하우징이 그리 성공하지 못했던 중급 시장을 겨냥하고 있다고 말한다. 그는 마이크로소프트가 데이터 웨어하우징 모듈을 SQL 7.0에 일체화한 것은 좋은 출발이지만 중급 시장을 제대로 공략하려면 좋은 데이터 변환 서비스와 다차원의 데이터 저장 기능을 필요로 한다고 말한다. 마이크로소프트가 SQL 7.0으로 중급 시장을 바라보는 유일한 소프트웨어 업체는 아니다. 네이비전(Navision Software US, Inc.)은 기업 관리 소프트웨어 업체이며 연간 매출이 500만 달러에서 2억 5천만 달러에 달하는 회사들을 대상으로 하고 있다. 네이비전은 SQL 7.0에 의거한 자사의 금융, 제조 및 유통 소프트웨어를 곧 시판한다. 그 밖에도 중급 시장을 노리며 SQL 7.0을 취급하는 독립 소프트웨어 업체로는 아이메이션퍼블리싱 소프트웨어(Imation Publishing Software Corp.)가 있다. 출반 예비 작업을 위한 소프트웨어와 미디어 자산 관리 솔루션을 판매한다.

5) 마이크로소프트 액세스(Microsoft Access)

마이크로소프트 오피스 수트의 일부로 제공되는 관계형 데이터베이스 관리 시스템이다. 마이크로소프트의 인터넷 어시스턴트를 사용하면 액세스 데이터베이스에 담긴 정보를 기반으로 HTML 문서를 만드는 데 사용된다. 클라이언트 환경에서 마이크로소프트 액세스가 널리 사용되고 있으며 액티브

X 컨트롤을 충분히 활용할 수 있는 이점이 있다.

마이크로소프트의 인터넷 인포메이션 서버(IIS)에 있는 인터넷 데이터베이스 커넥터(IDC)에 대한 파일을 작성할 수 있다. 이렇게 하면 액세스 개발 환경을 사용할 필요가 없으며 ODBC 드라이버와 액세스 데이터 파일만 사용한다. idc 확장자를 가진 파일은 ODBC 데이터 소스에 이름을 붙이고 쿼리를 정의한다. .htx 확장자를 가진 파일은 리턴 값을 형식화하여 원격 브라우저에 표시토록 한다. 마이크로소프트 IIS(Internet Infornation server)에 IDC(Internet Database connector)를 사용하면 동적인 HTML 페이지를 만드는 과정을 단순화할 수 있어서 그러한 구조를 자신의 웹 페이지에 첨가시킬 수 있다. 이는 마이크로소프트 ACCESS 데이터베이스에서 정보의 대화형 검색, 표시 그리고 수정을 할 수 있도록 하는 인트라넷과 인터넷 웹 사이트를 개발하고 유지 관리할 수 있게 한다. 이러한 애플리케이션은 데이터의 양이 그리 크지 않을 경우에 적합하다. 개발환경으로는 세 가지 사항이 만족되어야 한다. 첫째, 웹 사이트 방문자는 웹 브라우저를 가지고 있어야 한다. 둘째, 서버에 IIS/IDC가 수행되고 있어야 한다. IDC는 HTTPODBC.DLL이라는 이름의 DLL이다. 셋째, 서버에 ACCESS for Windows 95 Open Database Connectivity(ODBC) 드라이버가 설치되어야 한다. idc는 'thread-safe' ODBC 드라이버이어야 한다. 왜냐하면 여러 클라이언트가 동일한 데이터 소스에 대해 동시에 쿼리를 시작할 수 있게 하기 위함이다.

6) 폭스프로(FoxPro)

PC에 기반을 둔 마이크로소프트 제품. 마법사 기반의 개발환경으로 IDC에 의존하고 있지 않다. ISAPI에 종속되어 있지 않으므로 실행할 때 마이크로소프트 IIS가 꼭 필요한 것은 아니다. 중요한 요소로는 WWW 서치 페이지 위저드, CGI 스크립트, 비주얼 폭스프로 인포메이션 서버가 있다. 브라우저는 HTTP 서비스를 통해 지정된 CGI 스크립트와 상호작용을 한다.

7) 오브젝트스토어 PSE프로(Object store PSE Pro)

오브젝트 디자인사가 만든 '오브젝트스토어 PSE프로'는 순수객체지향 데이터베이스 관리 시스템(DBMS)이다. 하지만 오라클이나 인포믹스 등 여느 DBMS와 비교해서는 곤란하다. 'PSE프로 포 C++3.0'과 'PSE프로 포 자바 3.0'의 두 플랫폼을 지원하는 이 제품은 각각 프로그램 소스가 20MB에 불과할 정도로 작다. 이 프로그램을 운용하는 데 필요한 메모리 자원도 1백 50KB에 불과해 다른 DBMS에 비해 절반 정도의 메모리만 필요로 한다. 또한 데이터를 순수한 객체 형태로 관리하기 때문에 객체와 시퀀스 간, 혹은 객체와 관계형로(Row) 간 변환에 요구되는 JDBC, SQL, 매핑코드 등을 제거해 버려 같은 상황에서 관계형 DBMS(RD BMS)나 객체형 DBMS (ORDBMS) 보다 30~60% 정도 더 적은 코드만으로 데이터를 관리할 수 있다. 이러한 코드의 절약으로 제품의 개발기간을 단축하고 유지보수 비용도 절감할 수 있는 장점을 얻을 수 있게 된다. 또한 데이터베이스의 크기가 50KB이든 5백 MB든 관계없이 일관된 속도로 작업을 수행할 수 있는 효과도 얻을 수 있다. 또한 이 제품은 사용자의 애플리케이션과 동시에 설치되므로 사용자가 별도의 세트업이나 튜닝, 설정 등의 작업을 할 필요가 없어 관리로 인한 부담을 주지 않는다. 특히 'PSE프로 포 자바3.0'의 경우 순수 자바 데이터 베이스이기 때문에 윈도CE, 자바OS, Vx웍스 등 실시간 운용체계(RTOS)에서 윈도NT, 솔라리스 등 서버플랫폼에 이르기까지 자바 및 퍼스널자바가 운용될 수 있는 플랫폼 어디서나 실행할 수 있다. 이 제품은 멀티미디어 데이터를 많이 다루는 방송국, 통신업체, 은행, 인터넷 분야 등에서 많이 사용될 것으로 보인다. 이 제품의 가격은 26만 4천 원이며 무료 평가버전은 오브젝트 디자인사나 국내 공식공급업체인 데이텍사에서 다운로드할 수 있다.

5. 데이터베이스 도구

데이터베이스를 웹에 연동시키려면 데이터베이스 도구(Database Tool)가 필요하다. 다음은 웹에 연동시키는 데 필요한 애플리케이션들이다.

1) PHP/FI

Rasmus Lerdorf가 개발한 것으로 초기에는 홈페이지의 방문자를 기록하는 스크립트에서 출발하였다. PHP는 Ramus의 개인 홈페이지(Personal Home Page: PHP) 도구에서 유래하였다. 이후 SQL 데이터베이스를 사용하기 위해 HTML 문서 내에 명령어를 삽입 가능한 스크립트를 첨가하였다. 이 스크립트는 데이터베이스를 이용한 폼의 작성을 용이하게 만들어 주기 때문에 폼 인터프리터(Forms Interpreter: FI)의 역할을 수행한다. PHP/FI는 C로 작성된 CGI 프로그램으로서 유닉스 시스템에서 컴파일되어 사용된다. PHP/FI 스크립트는 삽입된 명령어를 해석하여 그 결과를 또 다른 HTML 문서를 통해 출력시킨다. 자바스크립트를 이용하여 데이터베이스를 쓰는 것과는 달리, PHP/FI는 브라우저에 독립적이다.

2) Delphi Client/Server Suite

볼랜드 인터내셔널 제품으로 웹을 위한 클라이언트/서버 애플리케이션 도구로 적합하다. 데이터베이스를 사용하기 위해서 볼랜드 데이터베이스 엔진을 제공하며 웹 서버에 미리 설치해야 한다. BDE는 웹상의 메모리에 탑재되고 ISAPI나 NSAPI를 호출한다. 이후부터 데이터베이스에 연결이 가능하다. 보통 CGI 기반의 애플리케이션의 요청이 들어올 때만 데이터베이스와 연결을 주선하는 것과는 달리 웹 서버가 수행 중인 동안에는 항상 여러 명의 사용자에게 데이터베이스를 연결시킨다.

3) Cold Fusion

Allaire 회사 제품으로 HTML 내에 스크립트를 작성하게 해 주는 시스템이다. 데이터베이스 인터페이스인 Cold Fusion은 스크립트를 처리하여 HTML 문서 내에 스크립트로 작성된 결과를 돌려준다.

4) 4D Web Smart Server

매킨토시상에서 널리 사용되던 ACI US 회사 제품인 데이터베이스 개발 도구이다.

5) W3 – mSQL

mSQL을 만든 David Hughes가 웹 페이지 내에서 mSQL 데이터베이스를 쉽게 사용할 목적으로 만들었다.

6) Haht Site

HAHT Software 회사 제품으로 데이터 지향의 웹 애플리케이션을 개발하는 도구이다. 클라이언트 기반의 HahtSite IDE와 별도의 서버 기반의 HahtSite Engine으로 구성되어 있다.

7) Msqlperl

Andreas Koenig가 개발한 것으로 mSQL 데이터베이스 서버를 사용하기 위한 펄 인터페이스이다. mSQL API를 사용하여 펄로 작성된 CGI 스크립트를 작성할 수 있게 하고 mSQL에서 사용 가능한 SQL명령어를 만들어 낸다.

8) JAM WEB ToolKit

JYACC 회사 제품으로 클라이언트/서버 개발도구이다.

9) Net Dynamics

Spider Technologies 회사 제품으로 개발언어로 자바를 사용하였다. NetDynamics Studio, GUI 개발 환경, NetDynamics 애플리케이션 서버로 구성되어 있다. 대부분의 웹 개발 시스템이 부분적인 기능을 제공하는 것과는 달리 이 제품은 HTML 문서로 직접 쓸 수 있는 표준 기반의 웹 시스템을 제공하는 뛰어난 기능을 제공한다.

10) 마이크로소프트의 DB Web

대화형 Schema Wizard를 사용하여 웹 페이지를 만들게 한다. Schema Wizard는 GUI 인터페이스로서 데이터베이스 내에서 무엇을 검색할 것인가와 웹 페이지 내에 어떤 필드를 표시할 것인가를 명시해 준다. dbWeb은 ODBC 데이터 소스와 IIS 사이의 게이트웨이 역할을 수행한다.

11) VisualWave

ParcPlace – Digitalk 회사 제품으로 VisualWorks에 기반을 둔 스몰토크 개발환경을 제공한다.

12) Web Galaxy Information Edition

Allen Systems Group 회사 제품으로 프로그래머가 아닌 사람이 대화형 웹 애플리케이션을 만들 수 있도록 설계되었다.

13) Web Objects Enterprise

NextSoftware 회사 제품으로 브라우저와 서버에 독립적이며 CGI, NSAPL, ISAPI와 연동되며 자바 애플릿과 상호작용이 가능하다. Web Adapter를 통해 웹 서버와 작동되며 웹 서버에서 요청을 받으면 어댑터가 지정된 WebObjects 애플리케이션으로 그 요청을 보내서 처리하게 한다. 요청을 받은 WebObjects 애플리케이션은 'WEBOBJECT……' 태그가 있는 HTML 문서를 다루게 된다.

14) DB Gateway

DBGateway는 윈도우 NT하에서 작동하는 32비트 비주얼 베이직 WinCGI 애플리케이션으로 마이크로소프트 액세스와 폭스프로 데이터베이스와 웹의 연동을 제공한다.

표 목차

그림 목차

참고문헌

강동채, 지적 재산권의 형사적 이해, 서울: 세창문화사, 2003.

강상현, 정보통신 혁명과 한국사회, 서울: 한나래, 1996.

강석호, 정보체계론, 서울: 박영사, 1990.

강숙희, 「도서관 참고봉사에 있어서의 인터넷 정보자원의 활용」, 도서관, Vol.50 No.2(1995).

강혜영 외, 정보활용의 이해, 전주: 신아출판사, 2003.

구용완, 데이터통신과 컴퓨터네트워크, 서울: 이한출판사, 1994.

권기현, 정보사회의 논리, 서울: 나남, 1997.

권병호, 정기옥. 유비쿼터스시스템의 이해, 서울: 신론사, 2004.

권태환, 조형제 편. 정보사회의 이해, 서울: 미래미디어, 1997.

김경우, 현대정보관리 시스템개론, 서울: 학문사, 1997.

김경자, 창조적지식기반사회를 위한 학교교육과정론, 서울: 교육과학사, 2003.

김광웅, 강성남. 정보사회와 행정, 서울: 한국방송통신대학교, 2002.

김명주, 곽덕훈. 유비쿼터스의 이해, 경기: 이한출판사, 2007.

김병주, 정보의 힘, 서울: 한국도서관협회, 2004.

김석용, 김대식 역. 21세기 매뉴팩처링, 서울: 동아출판사, 1994.

김완석 외, 유비쿼터스 컴퓨팅의 기념과 업계 동향, 서울: 정보화기술연구소, 2003.

김우룡, 뉴미디어개론, 서울: 나남출판, 1998.

김윤철, 「지식정보사회의 전자정부 실현에 관한 연구」, 학위논문 2001.

김창환, 유비쿼터스 컴퓨팅 동향 분석, 서울: 전자부품연구원 전자정보센터, 2003.

김휘출, 사서를 위한 인터넷, 서울: 영미서적, 1995.

노옥순, 김효정 역. 참고서비스와 참고과정, 서울: 구미무역 출판부, 1989.

노정순, 이효숙. 정보와 뉴미디어, 아세아문화사, 1996.

넥서스 컨설팅(주) 교육부, 인터넷 검색, 서울: 사이버출판사, 1996.

문성빈, 「인터넷을 이용한 전자도서관 구현」, KRNET'95 특강자료집.

미래와 사회 역, 정보시대와 지식관리, 서울: 도서출판 시유시, 2000.

미셸 푸코, 오생근 역. 감시와 처벌(감옥의 역사), 나남출판사, 2005.

매일경제신문사 역, 고도정보사회, 서울: 매일경제신문사 출판부, 1988.

박광로, 홈네트워킹과 유비쿼터스, www.etri.re.kr

박성호, 저작권 법의 이론과 현실, 서울: 현암사, 2006.

박온자, 정보원과 정보이용, 서울: 아세아 문화사, 2001.

박일종, 「문헌정보학과 WWW 홈페이지의 필요성과 준비에 관한 연구」, 도서관
        학논집, 제24집, 1996.

박준식, 정보 서비스론, 대구: 계명대학교출판부. 1998.

_____, 참고정보원, 서울: 태일사, 2003.

백영균 외, 교육방법 및 교육공학, 서울: 학지사, 2008.

_____, 유비쿼터스 시대의 교육방법 및 교육공학, 서울: 학지사, 2005.

사공 철 외, 과학기술정보의 이해, 서울: 한국도서관협회, 1997.

_____, 도서관 정보학사전, 서울: 도서관협회, 1996.

성동규, 사이버커뮤니케이션, 서울: 세계사, 2005.

손경란, 신특허법론, 서울: 법영사 2005.

송기호, 학교도서관 운영의 실제, 서울: 한국도서관협회, 2000.

신숙원 외, 과학기술정보의 이해, 서울: 서강대학교출판부, 1998.

신윤식 외, 정보사회론, 서울: 데이콤출판부, 1992.

심우섭, 이나리. 디지털 정보탐색 방법의 이해, 경기: 한국디지털도서관포럼, 1999.

안동근 외 3인, 정보통신윤리 교육교재 및 프로그램 개발에 관한 연구: Research
        in An Educational Program and A Textbook on Infoethics, 99. 1. 31. 정보
        통신윤리위원회.

안현수, 「세계 최대의 학술연구망인 인터넷에 관한 소고」, 국회도서관보, V.30
        No.6, 1993.

유명희, 인터넷과 정보검색사, 서울: 파워북, 1996.

유사라, 정보화 사회와 도서관 정보네트워크, 서울: 나남출판, 1996.

유양근, 도서관의 환경변화와 미래도서관, 한국디지털도서관포럼, 1996.

_____, 정보사회와 정보이용. 경기: 한국디지털도서관포럼 2000.

_____, 디지털 도서관, 서울: 희중당, 2001.

_____, 문헌정보학 연구방법론, 경기: 강남대출판부, 2007.

윤대우, 「지식정부 구현전략에 관한 연구」, 학위논문 2001.

윤희윤, 대학도서관경영론, 대구: 경인문화사, 2002.

이경호, 고영만. 정보학, 대구: 인쇄마당, 2002.

이기혁, 류영달, 김진영. 유비쿼터스 사회를 향한 기술과 서비스, 서울: 진한 M
        & B. 2005.

이기혁, 유비쿼터스 인터넷 전략, 서울: 진한 M & B. 2004.

이광숙, 「정부혁신을 위한 전자정부 구축방안」, 학위논문 2004.

이상국, 김완석. 세계각국의 유비쿼터스 컴퓨터 전략, 서울: 전자신문사, 2003.

이용재, 전문도서관 마케팅경영전략, 한국도서관 정보학회지, 38(3) 2007.

이정춘, 현대사회와 메스미디어, 서울: 나남. 1990.

이종문, 웹 데이터베이스 구축방법의 이해, 경기: 한국디지털도서관포럼, 1999.

_____, 컴퓨터 통신 활용 방법의 이해, 경기: 한국디지털도서관포럼, 2000.

이병기, 인터넷 자원활용론, 서울: 창조문화사, 1999.

이홍주, 이장욱. 유비쿼터스혁명, 서울: 이코북, 2004.

일경산업신문 편, 고도정보사회, 서울: 매일경제신문사, 1988.

임걸철 외, 교양인터넷, 서울: 정익사, 2000.

임은선, RFID, 서울: 국토연구원, 2004.

_____, 전자신문사, 유비쿼터스 백서, 서울: 전자신문사, 2005.

전석호, 정보사회론, 서울: 나남, 1996.

전자신문사, 유비쿼터스 백서, 서울: 전자신문사, 2005.

정덕훈 외 역, 정보기술의 이해, 서울: 교보문고, 2002.

정민진, 「공공도서관에서의 인터넷 활용 기반구축 방향」, 석사학위 청구논문, 경
    북대학교 대학원, 1996.

정보사회학회 편, 정보사회의 이해, 서울: 나남출판, 1999.

정보시대 편집부 역, 정보화 사회, 서울: 정보시대, 1988.

정보통신윤리위원회, U 시대의 인터넷윤리, 경기: 이한출판사, 2007.

정상조, 지적 재산권법, 서울: 홍문사, 2006.

정영미, 「인터넷 학술정보자원의 분석 및 활용에 관한 연구」, 정보관리학회지,
    Vol.12 No.1, 1995.

정은희, 「인터넷을 활용한 정보검색 봉사」, 국회도서관보, V.32 No.2.

정진우, 「지식정보사회에서 전자정부의 역할」, 인문사회과학논총 제10권 2003.

조동기 역, 정보사회이론 서울: 나남, 2007.

조원희 역, 「인터넷의 모든 것」, 인포북 1994, Vol.50 No.2, 1995.

조혜순, 「도서관에서의 인터넷 활용」, KRNET'95 발표자료집, 1995.

차대운, 21세기 정보사회론, 서울: 형설출판사, 2002.

최문기, 김연, 심재무. 과학기술과 지식재산권법, 부산: 신지서원, 2007.

_____. 과학기술과 지식재산권법, 서울: 신지서원, 2007.

최진석, 한국정보사회론, 서울: 기한재, 1997.

추병완, 정보윤리교육론, 서울: 울력, 2001.

한국도서관협회, 도서관 실무편람, 서울: 한국도서관협회, 1994.

한국전자통신연구소, 그린시대의 정보통신, 서울: 한국전자통신연구소, 1996.

한국전자통신연구소, 정보고속도로의 길목, 서울: 한국전자통신연구소, 1996.

한국전자통신연구원, 21세기 정보통신: 핵심기술 및 산업전망, 서울: 한국전자통
　　신연구원, 1998한국정보통신윤리위원회, 한국정보처리학회, 서울: 이한출
　　판사, 2006.

하원규, 김동환, 최남희 공저. 유비쿼터스 IT혁명과 제3공간 1, 전자신문사, 2002.

한국도서관협회, 최신문정보학의 이해, 서울: 한국도서관협회, 2008.

　　　　　　　　, 한국도서관연감, 서울: 한국도서관협회, 2007.

한국정보통신학회, 한국정보처리학회, U시대의 인터넷윤리, 서울: 이한출판사,
　　2006.

한복희, 「정보봉사의 증진을 위한 사서들의 네트워크 이용 연구」, 도서관학논집,
　　제23집, 1995.

한상완, 정보사회의 전개와 정보활용, 서울: 구미무역, 1998,

　　　　, 지식정보사회와 지식정보의 활용, 서울: 구미무역(주), 2001.

함명식, 문헌정보교육학개론, 대구: 태일사, 2003.

홍석기 역, 정보지배사회가 오고 있다. 서울: 자작나무, 1997.

홍성욱, 파놉티콘 – 정보사회 정보감옥, 책세상, 2002.

홍재현, 김병주. 「도서관에서의 인터넷 이용과 과제」, 제2회 한국정보관리학회
　　학술대회 논문집, 1995.

홍정순 역, 「도서관 봉사의 혁신도구, 인터넷 이용」, 국회도서관보 V.33 No.2,
　　1996.

홍현진, 노영희. 국제기구 지식정보원의 이해와 활용, 경기: 한국학술정보(주),
　　2006.

F. 웹스터, 조동기 역. 정보사회이론, 서울: 나남, 2005.

J.G. 메르키오르, 이종인 역. 푸코, 시공사, 2001.

A. K. Jain, R. Bolle, *Biometrics: Personal dentification in 32. Networked Society*,
　　Kluwer, New Your, 1998.

Albrow. Martin, *The Global Age; State and Seciety beyond Modernity*. Cambridge:
　　Pelity. 1996.

Alderts, Dabid S, *The Unintended Consequences of Information Age Technologies*.
　　Washington.DC: National Defense University Press. 1996.

Alter, S., *Information System: A Management Perspective*, Massac – husetts: Addison –
　　Wesley, 1992.

Angel, Ian, *The New Barbarium Manifesto*. Kogan PAGE. 2000.

Audrey N. Grosch, *Library Information Technology and Networks*, New York: Marcel
　　Dekker Inc, 1995.

Bamford. James. *Body of Secrrts*. New York: Doubleday. 2001.

Bell,Daniel, The Coming of the Post – industrial Society, Newyork: Longman, 1984.

Berkowitz. Bruce. *The New Face of War*. New York: Free Press. 2003.

Bhangwati, Jagdish. *In Defence of Globalisation*. Oxford: Oxford University Press. 2004.

Dalrymple. Theodore, *Our Culture, What's Left of Lt. Chicago*. Ill: Ivan R. Dee. 2005.

Darnton,G., *Information in the Enterprise*: It's more than Technology, London: Digital Press/Butterworth Heinemann, 1992.

Gary M. Pitkin, The National Electronic Library, London: Westport, Connecticut, 1996.

John Naisbitt, Megatrends, Newyork: Werner Books, 1982.

Stuart Macdonald, Information for Innovation, Oxford University Press, 1998.

찾아보기

지식기반사회 17, 27, 32, 158, 206
지식의 정보화 16, 27, 56
지식정보사회 16~18, 20~23, 25~27,
　32, 33, 36, 48, 50~52, 55, 56,
　60, 70, 75, 78, 81, 83, 85, 89,
　113, 194, 196~198, 239, 386
지식정보자원 80
지역전통 문화정보 66
지역정보화 21, 48, 204
지적 기술 26, 40, 45, 91
지적 문화유산 199
지적 재산 16
직접위성방송 192
질의어 348, 349
질적 정보 69, 83
질적 효율성 104

(ㅊ)
차량 항법 시스템 175
찰스 존셔 29
참고문헌 77, 383
창의력 33, 34
창출체제 39, 40
채팅 262, 336, 339, 341, 344
천리안 289, 312
첨단기술정보팀 231
첨단학술정보센터 229, 231
첨부파일 316
초고속 인터넷 113
초고속 정보통신망 16, 91, 107, 116~118,
　130
초고속 통신망 35, 113, 117
초록 78~81, 199, 210, 211, 231~233,
　235, 288
초록지 85, 212
촉각정보 67
추론정보 68
추상적 형용 63
축적효과성 62
출력장치 168, 295
출판사항 78, 232
출판업계 79, 232
취미정보 66

칩 145, 146, 149, 150, 152, 153, 155,
　169

(ㅋ)
캐나다 정보원 280
커뮤니케이션 18, 23, 30, 35, 45, 47,
　49, 51, 57, 58, 76, 146, 162~164,
　176, 182, 184, 295, 296, 311,
　355, 358, 361, 364, 366
커뮤니케이션 기술 18
커뮤니케이션이론 19, 24
컨트롤러 173
컴파일 263, 372
컴뮤니케이션 33
컴퓨터 바이러스 54
컴퓨터 해킹 54
컴퓨터기술 19, 32, 145
케이블 114, 123, 124, 141, 142, 183,
　297~299
코드정보 67
콘텐츠 158, 161, 164, 195
클라이언트 100, 141, 245, 246, 249,
　252, 257, 290, 293~296, 313,
　317, 336, 354, 367~370, 372~374
클럽재 71
키오스크 165
키워드 218, 268, 279, 286, 289

(ㅌ)
탁상회의 시스템 106
탈공업사회 29
탈공업화 36, 91
탈대량소비사회 30
탈부르주아 30
탈자본주의 30
탈프로테스탄트 30
탐구학습활동 86
태그 149, 155, 162, 169, 170, 257, 375
터미널 124, 155, 245
터치스크린 165
테이프 선별타자기 105
테크노스트레스 102
텍스트 정보 46, 294, 357

▌약력 및 경력

서울교육대학교 졸업

강남대학교 문헌정보학과 졸업

한양대학교 교육대학원, 교육학석사(사서교육)

단국대학교 대학원, 이학석사(정보과학)

단국대학교 대학원, 이학박사(정보과학)

웨스트민스터 신학대학원(Th. M.) 1년 수료

Washington State University(visiting scholar)

강남대학교: 정보전산소 소장, 자체평가연구위원장,
　　　　　학생처장, 도서관 관장, 전략기획운영단 단장, 교학부총장 역임

현재: 강남대학교 인문대학 문헌정보학과 교수
　　　강남대학교 대학원 원장

[학회 및 협의회 활동]

한국정보전산협의회 상임이사 역임

전국학생처장협의회 부회장 역임

경인지역학생처장협의회 회장 역임

한국디지털도서관 연구회 회장

한국정보관리학회 이사 역임, 종신회원

한국도서관정보학회 이사 역임, 종신회원

한국문헌정보학회 종신회원

한국정보처리학회 종신회원

한국정보교육학회 종신회원

▌저서

『정보시대의 컴퓨터과학』, 희중당, 1997, 공역

『도서관자동화 프로그램』, 희중당, 1997, 공역

『컴퓨터와 정보사회』, 희중당, 1998, 공역

『디지털도서관』, 희중당, 2000, 공역

『정보사회와 정보이용』, 2001, 디지털포럼, 저서

『문헌정보학연구방법론』, 2007, 강남대학교출판부, 저서

지식정보사회의 이해와 정보활용 방법

초판인쇄 | 2009년 2월 27일
초판발행 | 2009년 2월 27일

지은이 | 유양근
펴낸이 | 채종준
펴낸곳 | 한국학술정보㈜
주 소 | 경기도 파주시 교하읍 문발리 513-5 파주출판문화정보산업단지
전 화 | 031) 908-3181(대표)
팩 스 | 031) 908-3189
홈페이지 | http://www.kstudy.com
E-mail | 출판사업부 publish@kstudy.com

등 록 | 제일산-115호(2000. 6. 19)
가 격 | 25,000원

ISBN 978-89-534-1129-6 93020 (Paper Book)
      978-89-534-1130-2 98020 (e-Book)